英语专业系列教材

A COURSE IN TRANSLATION BASICS

翻译概论

主编 文 军

编者 王晨爽 张广法 张文鹤 刘锦晖

滕 雄 姬 洋 王 亚

清华大学出版社

北 京

内 容 简 介

本书共 12 章，内容全面系统，理论阐释与翻译实践相互支撑。包含翻译价值论、主体论、客体论、过程论、环境论、能力论、批评论、技术论、管理论、研究方法论、论文写作论、翻译的未来展望等章节内容；课后练习类型丰富，兼顾时代性和趣味性，设计了“案例分析”“思考题”“扩展阅读”等题型。本书可供英语和翻译专业本科生和研究生使用，也可供翻译研究方面的专业人士和爱好者阅读参考。

本书附配 PPT 课件以及教学大纲，可登录 ftp:// ftp.tup.tsinghua.edu.cn/ 下载。

图书在版编目（CIP）数据

翻译概论 / 文军主编. —北京：清华大学出版社，2021.8 (2023. 8重印)
英语专业系列教材
ISBN 978-7-302-57275-6

Ⅰ. ①翻… Ⅱ. ①文… Ⅲ. ①翻译理论－高等学校－教材 Ⅳ. ① H059

中国版本图书馆 CIP 数据核字（2021）第 004985 号

责任编辑： 倪雅莉
封面设计： 子 一
责任校对： 王凤芝
责任印制： 杨 艳

出版发行： 清华大学出版社
网 址： http://www.tup.com.cn, http://www.wqbook.com
地 址： 北京清华大学学研大厦 A 座 **邮 编：** 100084
社 总 机： 010-83470000 **邮 购：** 010-62786544
投稿与读者服务： 010-62776969, c-service@tup.tsinghua.edu.cn
质量反馈： 010-62772015, zhiliang@tup.tsinghua.edu.cn
印 装 者： 涿州市般润文化传播有限公司
经 销： 全国新华书店
开 本： 170mm×230mm **印 张：** 19.75 **字 数：** 361 千字
版 次： 2021 年 8 月第 1 版 **印 次：** 2023 年 8 月第 4 次印刷
定 价： 79.00 元

产品编号：089914-01

前 言

2020 年 5 月，教育部英语专业教学指导分委员会编著出版了《普通高等学校本科外国语言文学类专业教学指南》(上海外语教育出版社，2020)(以下简称《指南》)，这是在国标基础上对各个专业教学的细化，翻译专业也在其中。《指南》从培养目标、培养规格、课程体系、教学计划、教学要求、教学评价、教师队伍、教学条件、质量管理等方面对翻译专业的教学过程进行了全方位的描述，具有鲜明的特点（肖维青，冯庆华，2019：8-13，20），对于规范翻译专业教学、推进专业发展意义重大。

而要完成翻译专业的培养目标，课程教学是必不可少的一环。《指南》指出，翻译专业的课程体系包含翻译知识 / 理论课、技能课、实践课等类别，与翻译知识 / 理论相关的课程有“翻译概论”“英汉名译赏析”“英汉对比与翻译”“中西翻译理论概论”。其中，“翻译概论”是唯一的核心课程。换句话讲，“翻译概论”是翻译专业课程体系中地位最为突出的知识 / 理论课。

鉴于“翻译概论”的重要性，我们编写了这本教材。总体而言，本教材具有以下几个特点：

1. 内容选择的全面性

《翻译概论》内容的全面性体现在本教材择选了翻译的基本要素：对翻译的定义及价值、翻译主体、翻译客体、翻译过程、翻译环境的阐释，有助于学生认识翻译；翻译的策略与技巧、翻译能力和翻译批评能够帮助学生提高翻译水平以及对译作的赏析能力；翻译技术和翻译管理两章介绍了与翻译实务密切相关的现代技术和管理的知识。鉴于学生都有毕业论文的要求，本教材特地用两章介绍了翻译研究方法和论文写作方法。本教材既考虑到了翻译知识本身的系统性，也关照了翻译专业本科学生的培养需求。

2. 理论引入的适切性

虽然“翻译概论”属于知识 / 理论课，但要在有限的课时内涉猎系统的翻译理论显然不太现实。因此，本教材采用的方法是在对相关知识的介绍过程中适量引入相关理论，而不是花大量篇幅去全面阐释各种翻译理论流派。如在“翻译能力论”一章中，我们介绍了翻译能力的各种观点：自然翻译说、先天 + 养成说、超能力说，翻译能力多元构成模式，国内翻译能力构成模式研究以及翻译能力发展观等，让学生对翻译能力具备系统全面的了解。

3. 练习设计的丰富性

为帮助学生巩固已学知识、拓展学术视野，我们在“练习”部分设计了三种题型：其一是“案例分析”，此部分旨在用具体的实例来说明本章所涉及的理论或知识，如“翻译批评论”就选择了《傲慢与偏见》的片段，并要求学生根据其原文和译文进行翻译批评；其二是“思考题”，侧重学生对本章内容的深化；其三是“扩展阅读”，提供了国内外与某章相关的论文和著作，以开阔学生的学术眼界，为他们进一步研究提供必要的参考。

本教材的编写团队均为正在从事英汉翻译教学与研究的高校教师和博士生，他们具备扎实的理论功底并具备丰富的翻译实践经验，这是本书质量的重要保证。本教材也难免存在疏漏之处，恳请读者批评指正。

本教材的出版，还要感谢清华大学出版社外语分社的郝建华社长和责任编辑倪雅莉女士。她们专业的态度和能力使本书从选题立项到出版都非常顺利。

编者

2021 年 6 月

目 录

第一章 翻译与翻译价值论

第一节 翻译的定义

自人类有史可载以来，翻译就作为连接国家与国家、民族与民族、文化与文化的桥梁，在人类生活中起着不可或缺的重要作用。在绵亘数千年的历史进程中，翻译促进了字母表的发明，推动了民族语言的发展，催生了民族文学的诞生，惠及了知识的传播，扩展了宗教的流传，加速了文化价值观的交融，提高了词典的编撰，巩固了政治权力……[1] 可以毫不夸张地说，没有翻译，国际交流就无从谈起；没有翻译，就没有科技的发展；没有翻译，就没有人类的进步……

翻译的历史源远流长，真可谓古已有之，于今为烈。但什么是翻译？我们有必要先作一简略介绍。要弄清什么是翻译，有必要从翻译一词的定义谈起。所谓定义，系指“对于事物的本质特征或一个概念的内涵和外延的确切而简要的说明”[2]。

迄今为止，有关“翻译”的定义至少以数十种计，下面先摘引一则：

（1）I would therefore describe a good translation to be, that, in which the merit of the original work is so completely transfused into another language, as to be as distinctly apprehended, and as strongly felt, by a native of the country to which that language belongs, as it is by those who speak the language of the original work.[3]

泰特勒这则定义虽下于几百年以前，但它与当今流行的“读者反应论”有着异

---

1 Selisle, J. & Wordsworth, J. *Translators Through History*, 1995.

2 中国社会科学院语言研究所词典编辑室编. 现代汉语词典（修订本）. 北京：商务印书馆，1996，第 298 页.

3 Tytler, A. F. 论翻译的原则. 北京：外语教学与研究出版社，2012，第 11 页.

曲同工之妙。这则定义表明"翻译"的本质是"the merit of the original work is so completely transfused into another language..."。试比较下面两则定义：

（2）Translation is the expression in another language (or target language) of what has been expressed in another, source language, preserving semantic and stylistic equivalences.[1]

（3）Translate: (v.t.) ① express the sense of (word, sentence, speech, book, poem, etc. or abs.) in or into another language, in or to another form of representation, in plainer words etc.[2]

定义（2）可视为定义（1）的翻版，"preserving semantic and stylistic equivalences"显系定义（1）中"merit"一词的具体化。定义（3）则不仅说明了与前两个定义相同的特色，同时还说明了"翻译"的外延："...in or into another language, in or to another form of representation, in plainer words etc."下面《现代汉语词典》对"翻译"条目的解释，可以看作对上述外延的一种合理解释：

(4) 翻译：①把一种语言文字的意义用另一种语言文字表达出来（也指方言与民族共同语、方言与方言、古代语与现代语之间一种用另一种表达）；把代表语言文字的符号或数码用语言文字表达出来：～外国小说 / 把密码～出来……

上引四则定义虽有所不同，但从根本上，它们都是围绕"翻译是一种行为"这一概念展开的（如"transfused""been expressed""express""表达出来"），很难说全面描述出了"翻译"的"本质特征"，因此有的学者又尝试着对它进行了重新定义：

(5) 翻译是译者将这一种语言文字所蕴含的意思用另一种语言文字表述出来的文化活动[3]。

应该说，这一定义中的"活动"是中心词，因为翻译活动决定了翻译的生命力，翻译活动正是翻译之所在，它也正是翻译存在的终极根据[4]。上述定义侧重突出了"译者"和"文化"：译者是翻译活动的主体，是原文到译文的完成者，是沟通原文与译文读者的中介。他的素质、他的翻译观、他的双语能力、百科知识，乃至他从事翻译

---

1 转引自 Gile, D. *Basic Concepts and Models for Interpreter and Translator Training*. Amsterdam: John Benjamins Publishing Company, 1995, p. 5.

2 *Concise Oxford*. 6th ed. Oxford: Oxford University Press, 1976.

3 王克非. 论翻译研究与分类. 中国翻译，1997（1）.

4 张柏然. 翻译本体论的断想. 外语与外语教学，1998（4）.

活动时的生理状况、心理变化等等，都会影响到译品（translation version）（这就是出自同一译者之手的一部译作中，为何从个别段落的局部来看可谓精彩纷呈，而总体来看却风格不统一、失却和谐的原因[1]）。而文化则会对翻译产生至关重要的影响。“因为人（译者）是一定社会文化的产物，他的活动必定反映出一定的文化意义，甚至往往是社会文化的原因决定了译者译什么，怎么译。”[2] 同时，社会文化因素也往往决定了读者阅读的偏好，它反过来又作用于出版者，这也是各种“热”兴衰变换的原因。

因此，翻译活动由古至今数千年延续不断，而且愈演愈烈，盖缘于文化交际的需要，缘于译者（translator）、译品（translation product）、读者（reader）这种翻译活动和阅读活动所形成的“审美实践活动”。上述三者是翻译活动得以存在延续的三大要素。

上引定义（5）虽较好地表述了翻译的本质特征，但将“翻译”的外延仅囿于“一种语言文字”至“另一种语言文字”，似乎有失狭窄。方梦之先生在《翻译新论与实践》（1999）中提出了下面的定义：

(6) 翻译是按社会认知需要，在具有不同规则的符号系统之间所作的信息传递过程。[3]

这里侧重讨论“具有不同规则的符号系统之间的”信息传递，此语较为全面地概括了“翻译”活动的外延。“符号学研究一切人类的符号系统。这里不是符际和语际，只要是有不同的规则系统就可视为不同的符号系统。正因为符号系统不同才需要翻译。”[4] 以“具有不同规则的符号系统之间”来描述“翻译”的外延，显然更为全面：它不仅指“语言文字”，“也指方言与民族共用语、方言与方言、古代语与现代语之间一种用另一种表达”，还可包括“把代表语言文字的符号或数码用语言文字表达出来”[定义（4）]。

综合定义（5）、（6），我们推荐“翻译”的定义如下：

(7) 翻译是译者在具有不同规则的符号系统之间进行的信息传递的文化活动。

上述定义（1）–（4）是从语言角度对翻译进行的定义，主要强调原文与译文的

---

1 许钧. 文学翻译批评研究. 南京：译林出版社，1992，第 40 页.

2 王克非. 论翻译研究与分类. 中国翻译，1997（1）：11-13.

3 方梦之. 翻译新论与实践. 青岛：青岛出版社，1999，第 4 页.

4 同上，第 4-5 页.

关系；定义（5）则主要从文化角度考察翻译，属于文化学派的观点。就历史上对翻译的定义或对其本质的说明，有很多种视角，如语言转换说（认为转换对象是语言）、内容转换说（认为转换对象是内容）、内容形式转换说（认为转换对象是内容与形式）、言语产物转换说（认为转换对象是话语）、信息转换说（认为转换对象是信息）、思维活动说（认为翻译是一种思维）、文化活动说（认为翻译是一种文化活动）等。[1] 这些视角有助于我们更为全面地认识翻译的内涵。

而随着时代的发展，不少学者都提出重新定义翻译。如2016年5月14–15日在上海交通大学举行的“何为翻译？——翻译的重新定位与定义”高层论坛上，黄友义指出，翻译在传统上属于幕后服务型工作，但随着中国走上世界舞台中央，翻译的作用也越加突出，翻译进入了参与全球治理的新时代。新形势下翻译也有着新的特点：（1）中国的国际受众发生重大变化，挑战传统翻译理念；（2）中国需要更加积极的对外传播，更加具有时代特点的翻译；（3）中国需要对外传播中华思想，展示中国文化元素。当今时代是大数据时代，现代翻译技术的快速发展给翻译行业带来了新的机遇和挑战，传统的翻译形态、翻译重点、翻译技巧，乃至翻译定义都发生了变化。这种变化要求改变翻译人才培养理念，更加重视多学科知识教育和实践能力的培养。[2] 谢天振教授对新时代的翻译观做了重新界定。他认为，当前翻译所处的时代语境发生了很大变化：（1）主流翻译对象不再是传统的宗教典籍和文学、社科名著，而是大量的实用文献，包括经济、科技、政治文件等；（2）翻译的方向从历史上主要的“译入”变为大量的“译出”；（3）科学技术手段对翻译的参与更多。相应地，人们的翻译观也需随之调整：（1）必须跳出文学翻译的思维习惯；（2）正视译入与译出的差异，正视译介规律；（3）调整翻译人才培养理念。为推广适应新时代语境的翻译观，他提出两点建议：首先要加强译界内部的交流和沟通；其次对目前广泛使用的翻译著作和教材的翻译理念进行梳理，在翻译教学界进行新翻译观的宣传，如此新的翻译观才有望真正确立。[3]

以上可以看出，对翻译的重新定义，实际上与翻译的社会环境变化、翻译对象的变化密切相关。要了解翻译的对象，就有必要考察翻译的分类。

1　黄忠廉，刘丽芬. 翻译观流变简析. 语言与翻译，1999（4）：27-30.

2　李翼，胡开宝. 新时代语境下的翻译研究探索：第二届“何为翻译？——翻译的重新定位与定义”高层论坛综述. 东方翻译，2016（4）：86-89.

3　同上.

第二节 翻译的分类

在讨论翻译的分类之前，有必要区别一下“翻译”一词的具体涵义。我们不妨再引一段文字：

The process or result of converting information from one language or language variety into another... The aim is to reproduce as accurately as possible all grammatical and lexical features of the “source language” original by finding equivalents in the “target language”. At the same time all factual information contained in the original text... must be retained in the translation.

这段引文实则区分了翻译的过程和结果，亦即此词包含两个意思。Roger T. Bell[1] 认为 translation 包含三方面的意义：

① translation: the process (to translate; the activity rather than the tangible object);

② a translation: the product of the process of translating (i.e. the translated text);

③ translation: the abstract concept which encompasses both the process of translating and the product of that process.

所谓分类，系指“根据事物的特点分别归类”[2]，其目的是细化研究对象，有利于研究工作的深入。

粗略而论，翻译（包含具体的与抽象的）可分为两大类：翻译实践与翻译理论。

翻译实践包含 translating 和 a translation 两种含义，即既指翻译活动，又指其产品（译作、译品）。根据翻译实践活动的不同，它又可作不同的划分，如从比较宏观的层面，按照雅各布逊（Roman Jackobson）的观点，翻译可以分为三种类型：语内翻译（intralingual translation）（如古汉语作品译为现代汉语）、语际翻译（interlingual translation）（如俄语译为法语）、符际翻译（intersemiotic translation）（如暗码译为明码）。

按照翻译的主体性质可分为：人工翻译、机器翻译（machine translation）；目前盛行的计算机辅助翻译、机器翻译译后编辑也可算作人工翻译和机器翻译的结合。

按照翻译的客体性质可分为：文学翻译（literal translation）（如诗歌翻译、小

---

1 Bell, R. T. *Translating and Translation: Theory and Practice*. London: Routledge, 1991, p. 13.

2 中国社会科学院语言研究所词典编辑室编. 现代汉语词典（修订本）. 北京：商务印书馆，1996，第 368 页.

说翻译等）、非文学翻译（non-literal translation）（如经贸翻译、科技翻译等）；

按翻译工具可分为：口译、笔译等；

按翻译情境可分为：即席翻译、同声传译等；

……

针对上述翻译实践活动的分类，翻译研究自可分别进行，如研究非文学翻译中的经贸翻译（甚至可以更细，如研究广告翻译、电报的翻译等），研究口译（或更细之，研究口译中的同步传译）等。但过于细化，反而会使翻译研究显得繁锁，因此目前对翻译研究的分类，通常是探讨包容面较广的大类划分。在此领域，影响最大的是霍姆斯《翻译学的名与实》[1] 中提出的整体框架，描绘了翻译学的范围。这个框架后来由以色列著名翻译学者图里（Gidoen Toury）用下图呈现（见图 1-1）：

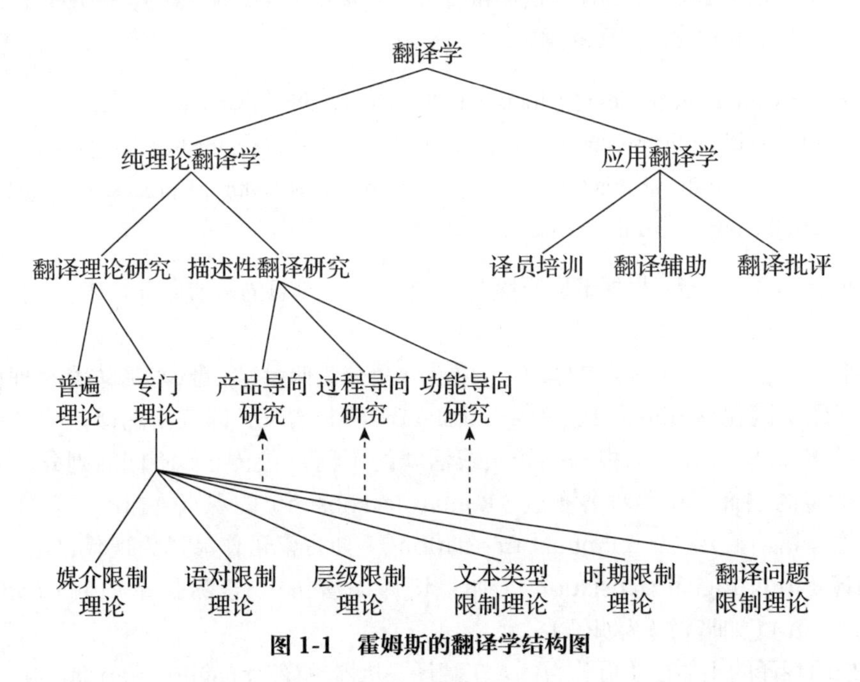

图 1-1　霍姆斯的翻译学结构图

从上图可以看出，翻译学包括“纯理论翻译学”和“应用翻译学”两大分支。前者又包括“翻译理论研究”和“描述性翻译研究”。在“翻译理论研究”中，“普遍理论”意指针对所有翻译语对所能提炼的普遍规则。当然，这一命题的解决并不容易。“专

1　[英]芒迪. 翻译学导论：理论与应用（第 3 版）. 李德凤等译. 北京：外语教学与研究出版社，2014，第 10 页.

门理论”主要涉及一系列翻译相关的研究：

- 媒介限制理论：它与翻译的分类有密切关系，主要依据翻译活动的方式来进行研究。翻译媒介可分为人工翻译和机器翻译。人工翻译可分为笔译和口译（口译又可再细分为交替传译、同声传译等）；机器翻译可分为全自动机器翻译和计算机辅助翻译。
- 语对限制理论：指研究对象限定于特定的语对，如英译汉、法译汉、德译俄、日译英等。这一类包含的研究对象广泛，是目前翻译研究中涉及最多的领域。
- 层级限制理论：指在特定语对的翻译研究中，就词、句子、语篇等不同层级进行研究。这类研究有助于解决翻译的具体问题，同时有助于对某语对翻译的整体把握。
- 文本类型限制理论：指对话语类型或体裁的研究。翻译实践中，译者需面对不同类型的文本，因而有了诗歌翻译、小说翻译、戏剧翻译、法律翻译、商务翻译、科技翻译等。对不同语对、不同体裁的文本翻译进行系统研究，有助于对各类体裁文本特色的分析。
- 时期限制理论：指对特点时间段或特定时期翻译的研究，属于翻译史的范畴。不同的时代在翻译对象、翻译理念等方面常有差别，这类研究有助于探讨翻译的演变，挖掘翻译与时代的关联。
- 翻译问题限制理论：指对翻译中特定问题的研究，如中国译界对翻译标准的研究（严复的“信、达、雅”，钱锺书的“神似”，许渊冲的“音美、意美、形美”等）。

当然，上面的分类是便于区分不同的研究对象，在实际的研究中，它们往往相互交织。如王晨爽、文军发表的《抗战时期（1931—1945）外国儿童文学的译介及其影响》(《中国比较文学》，2008 年第 4 期）一文，就涉及文本类型限制（外国儿童文学）；时期限制（抗战时期（1931—1945），还有翻译问题限制（文学作品的译介及影响）。

图 1-1 的“描述性翻译研究”包括下面 3 个方面的内容：

- 产品导向研究：主要探讨翻译文本，既可是一对一的原文和译文，也可是一对多的复译。这类研究应该是翻译研究领域数量最多、产出最大的一类。
- 过程导向研究：此图中的过程导向侧重于译者心理的研究，着重探讨译者的思维过程。目前采用的方法如有声思维（TAP）、眼动法、键盘追踪法等。（参见第四章）

- 功能导向研究：此类研究重点考察翻译在译入语社会中的作用与功能。我国近年来研究的“翻译文学”就属于此类研究。（参见第六章）

与上述纯理论翻译学相对应的是应用翻译学，在霍姆斯结构图基础上展开的“应用翻译学”如下图[1]（见图 1-2）：

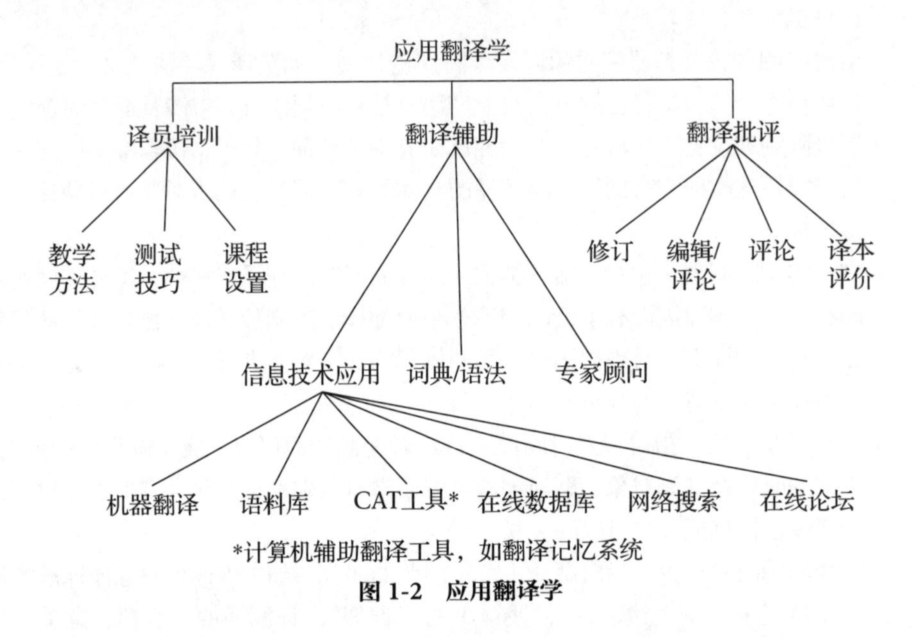

图 1-2　应用翻译学

上图包含以下三个部分：

其一是译员培训。译员培训在欧洲尤为发达，包括课程设置、教学方法、测试技巧等都已有比较多的研究。而在中国，译员培训更多地是以翻译教学的方式展开，即在翻译专业本科、翻译硕士等层次，以系统的课程来培养未来的译员，它所涉及的内容较上图更为丰富，如专业发展、教学管理等。

其二是翻译辅助。此部分包括词典、语法等工具书和专家顾问等人力资源，其中最为引人注目的是“信息技术应用”板块，上图举出了机器翻译、语料库等，与之相关的内容请参见本书第九章。

其三是翻译批评。相关内容参见本书第七章。

1　[英]芒迪. 翻译学导论：理论与应用（第 3 版）. 李德凤等译. 北京：外语教学与研究出版社，2014，第 13 页.

第三节 翻译的价值

翻译有什么价值？这一问题涉及翻译为何能立足的根本。“事实是产生价值的物质前提，没有事实就不可能有价值，事实的价值是一种客观存在，但是价值的这种客观存在必须得到人的思维反映，否则这种事实的价值就得不到彰显，人也就认识不到这种价值的存在，更不会对价值本身进行深入的研究。”[1] 翻译现象古已有之，其作为一种“事实”无可置疑，其价值也无可置疑。

价值存在与主客体的认知活动中，其特质就在于客体对主体的作用是否同主体的结构、尺度或需要相符合、一致或接近。翻译价值的特点体现在三个方面，即目的性、规律性和动态性。

对于翻译价值的具体表现，不少学者进行过卓有成效的探讨，如许钧在总结前人研究的基础上，从五个方面探讨了翻译价值，即翻译的社会价值、文化价值、语言价值、创造价值和历史价值。[2] 方梦之则认为“翻译价值一般侧重于社会文化价值、美学价值和学术价值”。[3] 可以看出，许钧的五种翻译价值观和方梦之的三种翻译价值观既有重叠之处，也有区别。翻译的价值当然也不限于上面的表述，下面我们从翻译的社会文化价值、学术价值、学科价值和个人发展价值四个方面对之加以阐释。

一、翻译的社会文化价值

可以说，翻译在社会价值的各个方面——经济价值、精神文化价值、科技发展价值等——都有非常充分的表现。从历史发展的角度看，翻译与人类的进步密不可分。国际译联曾组织过一个项目，最后出版了《历史上的翻译家》一书。该书从历史发展的恢宏角度，论述了从人类最早有了书写系统开始，翻译为“字母表的创制”“各国语言的发展”“国家文学的产生”“知识的传播”“宗教的传播”“文化价值的传播”“词典的编写”和“历史的发展”作出了卓越的贡献（Jean Delisle，1995）。有人甚至认为，一个社会是否先进可以用它的翻译作品来衡量。

而在当今社会，翻译更是扮演着人类社会推进器的角色。当代社会对翻译的需求，刘宓庆将之归纳为四个方面：人才需求、产品需求、功效需求和质量需求。如人

---

1 高雷. 翻译价值论. 北京：中国社会科学出版社，2016，第 7 页.

2 许钧. 翻译论. 武汉：湖北教育出版社，2003，第 380-395 页.

3 方梦之. 应用翻译研究：原理、策略与技巧. 上海：上海外语教育出版社，2013，第 17-20 页.

才需求将极大地促进翻译教育事业的发展：根据欧洲的估计，受翻译培训的学员每增加 10 人，即需师资 1 人；学员每增加 50 人，即需行政管理和教辅人员 1 人。再如产品需求。在社会经济高度发达、科技迅猛发展的今天，对翻译的需求更趋明显：如 20 世纪初，整个欧洲每年翻译出版的文学作品只有几十种，到 20 世纪 90 年代（1997—1998），欧洲各大国出版的文学翻译著作就达到了 4 000 种。据估计，在 21 世纪的前 50 年，仅科技、文化方面的国际交流所需的翻译著作每年约 2 万种，50 年共约 100 万种。若仅以 20 世纪的翻译力量，以每年出版 5 000 种计，需 200 年才能完成[1]。而这些统计，还没有包括需求日益增大的会议翻译、同声传译、旅游翻译等口译形式。

正因为翻译所具备的这些社会价值，决定了翻译在满足社会需求方面所具备的巨大潜力。

二、翻译的学术价值

方梦之认为："翻译的学术价值并不在于翻译作为一项实践活动本身，而是说通过翻译，或以翻译为手段，人们进行学术研究，从而体现它的理论意义。"[2]

在学术研究中，利用翻译了解世界学术动态，把握学术前沿话题，这是学术研究的应有之义，是每位学者的基本功。除此之外，翻译的学术价值，还体现在对学科的构建上。如范梦栩[3] 专门探讨了社会学著作的汉译，作者认为"晚清至民国，国内有识之士纷纷通过翻译引进西学，希望解决国家面临的危机。该时期内，社会学逐渐走入中国学术的中心地带，对近现代中国社会的发展变迁产生了重大影响。社会学著作汉译至今已有一百多年的历史，是中国社会学发展的驱动力之一"。正是社会学著作的汉译，使中国的社会学学科得以建立并逐渐发展。

社会学的汉译只是我国诸多学科学术引进、学科建立的个案之一，中国的不少学科，从自然科学到人文社科，都可以寻找到"译入－学科建立－发展－本地化"的轨迹。这一个案给我们的启示之一是，在"翻译学科"的研究上其实还大有可为：从某一学科翻译的源头开始，梳理其学术翻译的轨迹，展示其发展史，对于我们更深刻地

---

1 刘宓庆. 翻译教学：实务与理论. 北京：中国对外翻译出版公司，2003，第 7-9 页.

2 方梦之. 应用翻译研究：原理、策略与技巧（修订版）. 上海：上海外语教育出版社，2019，第 19 页.

3 范梦栩. 社会学著作汉译史（1895—1949）——研究述评与展望. 山东外语教学，2019（5）：120-129.

理解翻译的学术价值大有裨益。

三、翻译的学科价值

对任何学科而言，构建相应的课程，培养相关的人才，是学科发展的必由之路。将人类文明演进过程中所积淀的文化知识转化为学校课程，并使这些课程内容有效地帮助学生的发展，始终是学校课程发展的一项重要任务。课程的构建与建设，不仅可以使相关专业的知识条理化、系统化，有利于学科知识的积淀，同时课程建设与课程研究本身也是该学科的重要组成部分：不同时期学术思潮在学科上的反映，都会不同程度地对课程内容等产生影响；而通过课程的固化，又可使相关内容得以推广，得以应用，使学科发展的基础更为坚实。

翻译学科当然也不例外。翻译学科在近几十年的发展，为翻译课程及教学研究注入了活力，课程内容及教材编写呈现出多元化的特色。据张美芳的研究[1]，中华人民共和国成立后到 1998 年的翻译教材，大致可以分为“词法、句法流派翻译教材”“功能流派翻译教材”和“当代译论流派翻译教材”。前两类流派翻译教材的分类依据的是英国语言学家威金斯对外语教学大纲的分类概念。威金斯认为，外语教学大纲大致可以分为综合类和分析类。综合类教学大纲把语言分成不同的部分，然后一部分一部分地教学。在设计这种教学大纲时，一个完整的语言体系往往被肢解成语法结构清单和词汇项目。词法、句法流派翻译教材就具备了这些特点。分析类教学大纲以语言行为为单位，以语言功能进行编排，对语言项目没有严格的限制。重要的语言结构可以从所出现的语篇中分离出来，供学生分析学习，这个过程就是分析的过程。在此大纲中，语言的结构从属于语言的功能。功能流派翻译教材就属于此类。而第三类“当代译论流派翻译教材”与翻译理论的联系颇为直接。如有的教材采用符号学语义模式作为讨论翻译问题的基础，有的把语义学的分析法引入翻译理论，并用于翻译问题[2]，还有的把文化学、语用学、读者理论、信息理论等融入翻译问题的讨论中，使翻译教学的视野有所扩大，分析的理论性有所加强[3]。

而翻译课程及教学的研究，也为翻译学科的健康发展提供了保障：除却研究内容的广泛性、层次性、针对性、实用性等特点外，仅遍及全球的从翻译学士到翻译博士

---

1 张美芳. 翻译教材研究. 上海：上海外语教育出版社，2001，第 54-56 页.

2 同上，第 101-106 页.

3 同上，第 120 页.

的完整培养体系，就为翻译事业的长远发展提供了智力保障和人才保障。据不完全统计，世界范围内授予各类翻译学位的机构已达108家（中国大陆的学校和科研机构未计算在内）[1]，遍及亚洲、非洲、欧洲、拉丁美洲；其中有不少大学已形成了从本科到博士的完整体系，如香港浸会大学、香港中文大学、香港岭南大学、土耳其伯加兹大学、加拿大蒙特利尔大学、渥太华大学、美国卡内基-梅隆大学、奥地利格拉茨大学、捷克卡尔大学、法国巴黎第三大学高级口笔译学院、英国曼彻斯特科技大学等。事实上，以上仅是部分统计，另据 *The Translators Handbook*[2]，仅在美国就有77所大学开设了翻译课程，全世界究竟有多少开设翻译课程的大学，尚无准确统计。

四、翻译的个人发展价值

人的发展通常包括三个领域：认知领域（如知识、理解、运用、分析等）、情感领域（如兴趣、爱好等）、动作技能领域（如技能、技术等）[3]，翻译的个人发展价值所揭示的是翻译与个人需要之间的关系。

翻译常常被视为外语学习五大技能（听、说、读、写、译）之一，它对人在技能方面的发展是不言而喻的。但翻译的价值还体现在认知和情感领域。

我们知道，翻译虽常被视为一种技能，但它绝不是像开车床、驾驶汽车那样，有固定的程序、严密的操作规范（如驾驶汽车就不能先开车、后点火），翻译所涉及的是两种语言、两种文化。翻译最基本的两个层次——理解和表达——实际上就与人的认知密切相关。据方梦之的研究[4]，译者的工作心理一般是从完善自我（对原作而言）到表现自我，最终达到实现自我。“完善自我是为了更好地表现自我，而表现自我是为了最终实现自我。在表现自我的过程中进一步完善自我，而自我实现又是完善自我和表现自我的动机。如此三位一体，构成一个循环的心理图式。”因此，翻译对于译者认知的发展颇具意义。

而从情感发展的角度看，翻译所涉及的内容几乎无所不包：政治、经济、文化、社会、科技、贸易等。在拓宽知识面、提高翻译能力的同时，翻译能够提高译者对相关领域的兴趣，发挥主观能动性，并使兴趣、爱好发展成追求——这种发展可能与某

1 柯平，鲍川运. 世界各地高校的口笔译专业与翻译研究机构. 中国翻译，2002，23（4）：59-66.

2 Sofer, M. *The Translators Handbook*. Rockville, MD: Schreiber Publishing, 1999, pp. 365-378.

3 钟启泉. 现代课程论. 上海：上海教育出版社，1989，第311页.

4 方梦之. 翻译新论与实践. 青岛：青岛出版社，1999，第40页.

一科技专业有关，也可能与文学翻译有关。我国 20 世纪不少文豪都曾是翻译家，如郭沫若、巴金、冰心等（《中国翻译家词典》）。在我国当代科技发展史上，不少著名科学家都曾主译或编译了许多重要的科学文献并对翻译发表过许多重要的见解，如张香桐、汪道、刘东生、严济慈、钱三强、钱临照等。鉴于他们在翻译上的成就，被誉为翻译家毫不过分[1]。

本章小结

本章我们简要地介绍了关于翻译的若干定义，并尝试给出了翻译的定义，其后对翻译的类别和翻译研究的各个领域进行了阐述。翻译之所以发生、发展，与其价值密不可分，本章从翻译的社会文化价值、学术价值、学科价值和个人发展价值四个方面对翻译的价值进行了探讨，对于我们更好地把握翻译的功能当有裨益。

练　习

思考题

1）我们综合其他学者的论述，尝试给出了翻译的定义。请给翻译做出新的定义，并简述其要点。

2）本章仅简单列举了翻译的各种类别，请用实例对这些类别加以说明。

3）霍姆斯的翻译学结构图中比较详细地列举了翻译研究的领域。随着时代的发展，请举一两例说明翻译研究的新领域。

4）关于翻译的价值，除本章所列举的四种以外，请再举例说明翻译的其他价值。

1　李亚舒，黎难秋. 中国科学翻译史. 长沙：湖南教育出版社，2000，第 550 页.

第二章 翻译主体论

在翻译史的大部分时间里，作者一度被认为是翻译实践的绝对主体，对此几乎无人置疑，翻译主体问题也基本无人讨论。到了 20 世纪末，开始有人专门撰文探讨翻译主体问题，研究涉及翻译主体、译者主体、主体性和主体间性等议题，但刊文量较少，翻译主体研究并未成为翻译学界的热点话题。进入 21 世纪，探讨这个话题的文章和专著越来越多，此话题逐渐成为一个理论热点。何谓翻译主体、译者主体、主体性和主体间性？为什么在 20 世纪末开始有人专门探讨这个问题？翻译主体研究的总体趋势是什么？翻译主体研究的内容是什么？学界有哪些主要观点？本章围绕以上几个问题展开讨论。第一节为研究概述，梳理了翻译主体研究的总体趋势、基本概念和翻译主体观。第二节、第三节论述了两种主要的翻译主体观及其表现形式。希望学习完本章内容之后，大家对翻译主体研究的总体趋势、相关概念和具体表现能有一个总体的把握，从理论的高度去理解翻译理论和实践之间的辩证关系，进而促进理论研究和实践水平的提高。

第一节 研究概述

一、基本概念

所谓翻译主体论，是有关翻译主体问题的观点和理论，主要涉及翻译主体、作者主体、译者主体、作者–译者–读者共同主体，以及与此相关的主体性、主体间性、受动性等议题。研究问题涵盖谁是翻译的主体，主体性和主体间性的具体表现，主体性和受动性之间的关系等。以上有关翻译主体论的定义涉及多个核心概念，其中最重要的概念为“主体”“主体性”“主体间”和“主体间性”。下面我们对以上概念进行简单梳理。

主体和客体是西方哲学上的两个重要概念，不同的哲学流派对这两个概念都有论述。按照马克思主义哲学的观点，主体指实践活动和认识活动的承担者，客体指主体实践活动和认识活动的对象，即同认识主体相对立的外部世界[1]。我们可以说，主体是人，客体是自然，却不能说人是主体，自然是客体，因为并非任何人都可以成为主体，任何自然都可以成为客体。主体是有头脑、能思考、从事社会实践活动和认识活动的个人或社会集团，客体是主体活动所指向的对象[2]。主体和客体具有多种形式：主体可以分为个人主体、集团主体、社会主体；客体可以分为自然客体、社会客体以及以物质形式、物质载体表现出来的精神客体，还包括主体的对象性活动和作为认识、改造对象的自我[3]。主体性是人作为主体的规定性，而不是主体作为人的规定性[4]，是"人在主体与客体关系中的地位、能力、作用和性质"[5]。

主体以及主体性以主客体关系为基础，而主体间性以主体与主体关系为前提。从字面意义上讲，主体间性指的是两个或两个以上主体之间的关系，它超越了主体与客体关系的模式，进入了主体与主体关系的模式[6]。在主客体关系中，主体认识活动和实践活动的对象均是客体，如果这个对象是人，也不例外。如果把人也当作客体，这不可避免地和"他人不是客体"的论断相矛盾，解决的办法是在处理人与人之间的关系时，从"主体－客体"或"主体－中介－客体"的模式向"主体－主体"或"主体－中介－主体"的模式转变[7]。主体和客体相对，主体性是在"主体－客体"关系模式中主体的属性。主体间性是在"主体－主体"关系中内在的性质[8]。

翻译活动的参与者很多，包括作者、译者、读者、委托人、赞助人、编辑等，这些人是否都是翻译主体，这个问题是有争议的。翻译主体有狭义和广义两种理解。狭义上的翻译主体指译者，或称"译者主体"，广义上的翻译主体指翻译活动全过程的参与主体，除了译者之外，还包括作者主体和读者主体：作者主体提供原本，原本是

---

1 金炳华. 马克思主体哲学大辞典. 上海：上海辞书出版社，2003，第 183 页.

2 同上.

3 同上.

4 陈先达. 关于主体和主体性问题. 求是学刊，1991（15）：39.

5 金炳华. 马克思主体哲学大辞典. 上海：上海辞书出版社，2003，第 184 页.

6 郭湛. 论主体间性或交互主体性. 中国人民大学学报，2001（3）：32.

7 同上.

8 同上.

翻译的基础；读者主体参与原本和译本的价值创造[1]。因而，广义翻译主体包括译者、作者、读者，甚至包括委托人、赞助人等。翻译主体性是翻译主体在翻译过程中所表现出来的主观能动性。就译者主体而言，其主体性贯穿翻译活动的全过程，不仅体现在译者对作品的理解、阐释和语言层面上的艺术再创造，也体现在对翻译本文的选择、翻译的文化目的、翻译策略和在译本序跋中对译作预期文化效应的操纵等方面[2]。

翻译主体论就是哲学主体问题在翻译研究领域内合理的逻辑延伸，具体涵盖翻译主体、译者主体、主体性和主体间性等议题。同时，翻译主体问题又和翻译研究这个学科的发展历程直接相关，体现了具体学科在研究对象、问题、方法、视角和理论框架上的特点。在 20 世纪 80 年代，翻译研究领域内发生文化转向之后，特别是随着解构主义译论的兴起，作者的主体地位发生动摇，甚至有理论直接宣称“作者已死”，译者的主体地位得到极大的凸显，有学者专门撰文，甚至出版专著探讨翻译主体问题。其实，在翻译研究领域内，翻译主体问题争议颇多，远未达成一致。下面，我们首先对翻译主体研究进行简单综述，概括总体趋势，展现宏观概貌，然后梳理出几种主要的翻译主体观，使大家对翻译主体研究有一个宏观的把握。

二、总体趋势

为了分析翻译主体论的总体研究趋势，我们于 2020 年 7 月 7 日，在中国知网数据库中，在检索条件中以“翻译主体”或“译者主体”或“译者的主体”[3]为关键词搜索篇名，搜索结果制作成统计图 2-1。从图 2-1 可以看出，从 1996 年到 2020 年的 25 年时间里，共刊文 2 825 篇，年均发表 113 篇。这 25 年的研究可以大致分为四个阶段：1996—2002 年为起步期；2003—2010 年为上升期；2011—2020 年为繁荣期。下面对三个阶段的特点分别论述。

---

1 方梦之. 中国译学大辞典. 上海：上海外语教育出版社，2011，第 81 页.

2 同上，第 91 页.

3 在文献检索中我们发现，有些文章的题目包含关键词“译者的主体性”或“译者的主体地位”。如果我们只以“翻译主体”或“译者主体”为关键词进行搜索，则会遗漏这些文献。如果我们在文章题目中以“翻译”和“主体”或“译者”和“主体”进行组合搜索，则会得到大量与翻译研究无关的文章，如“Procedures for Studying Transcription and Translation of Viral and Host Nucleic Acids in Interferon-treated Cells”。

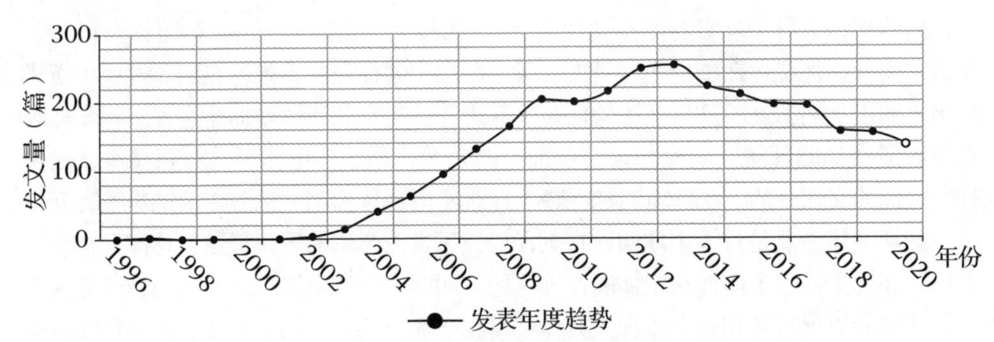

图 2-1 有关“翻译主体论”的研究总体趋势分析

第一个阶段为起步期，时间跨度为 1996—2002 年，共 7 年，共刊文 14 篇，年均 2 篇（详见表 2-1）。在这个阶段，有学者开始撰文专门讨论译者主体性问题，呼吁学界和译界正视译者的主体性。高宁[1] 在《论译者的主体地位》一文的开篇就阐明了他的观点：长期以来，译者一直被认为是作者的传声筒，这种观点遮蔽了译者的主体性存在。他认为译者的主体性表现在两个方面：（1）体现在接受原著过程中；（2）体现在审美再创作过程中[2]。曹合建、黄露[3] 的文章题目虽然是《论翻译主体在翻译中的能动作用》，但其实论述的就是译者主体问题，他们认为译者主体表现在三个方面：（1）译作的选材；（2）译者的理解、内化和抽象；（3）译者的外化、重述和表达。舒奇志、杨华[4] 认为译者在文学翻译中兼具读者、阐释者和作者三重身份，其主体性体现在阐释文本和发挥目的语优势上。这个阶段的研究主要是对翻译主体，即译者主体性的初步探索，理论视角单一，结论欠系统性。

表 2-1 有关“翻译主体论”的研究起步期的刊文量统计

年份	1996	1997	1998	1999	2000	2001	2002
刊文量	1	4	1	1	1	1	5

1 高宁. 论译者的主体性地位——兼论翻译标准的设立原则. 上海科技翻译，1997（1）：7.

2 同上.

3 曹合建，黄露. 论翻译主体在翻译中的能动作用. 湖南大学学报（社会科学版），1998（2）：55-56.

4 舒奇志，杨华. 互文性理论与文学翻译中译者的主体性. 湘潭大学社会科学学报，1999（6）：118.

第二个阶段为上升期，时间跨度为2003—2010年，共8年，共刊文911篇，年均114篇（详见表2-2）。2002年之后，翻译主体问题受到了学界的持续关注，刊文量逐年稳步上升，从2003年的15篇，一直增加到2010年的200篇。这个阶段的研究更深入，视角更多元化，成果更系统化。具体的研究可以分为以下四个主要方面。第一，具体翻译现象中体现出来的译者主体性得到了关注，比如《红楼梦》译本中的译者主体性、《圣经》译本中的译者主体性、法律术语翻译中的译者主体性等。第二，一些学者开始关注译者主体性的限制性因素，认为译者需要发挥其主观能动性，但主观能动性的发挥有其限制性因素。第三，谁是翻译主体的争论开始出现，大致有三种观点：一是认为作者是主体；二是认为译者是主体；三是认为作者、译者和读者是共同主体。第四，解读翻译主体问题的理论视角开始变得多元化，有阐释学视角、女性主义视角、生态翻译学视角、分析哲学视角等。

表2-2 有关“翻译主体论”的研究上升期的刊文量统计

年份	2003	2004	2005	2006	2007	2008	2009	2010
刊文量	15	41	63	94	131	164	203	200

第三个阶段为繁荣期，时间跨度为2011—2020年，共10年，共刊文1 850篇，年均206篇（因2020年数据暂时无法获得，仅统计2011—2019年的数据，详见表2-3）。这个阶段的研究年均刊文量更大，研究更加深入，除了依然按照第二个阶段的研究方向发展之外，还出现了一个新的动向，即非文学翻译中的翻译主体及译者主体性问题受到关注，如旅游翻译、科技翻译、佛经翻译、外宣翻译、众包翻译等。新动向的出现既体现了理论研究的内在发展逻辑，又体现了翻译实践的发展趋势。

表2-3 有关“翻译主体论”的研究繁荣期的刊文量统计

年份	2011	2012	2013	2014	2015	2016	2017	2018	2019
刊文量	215	248	253	222	211	196	194	157	154

在近三十年的时间里，翻译主体研究经历了一个从概念内涵和具体表现等方面论证译者主体性的初级阶段，逐渐发展到从阐释学、女性主义、解构主义等多个理论角度，针对翻译实践的不同领域和模式，集中、系统、深入地阐释翻译主体问题的阶段，研究涉及作者主体、译者主体、交互主体、主体性和主体间性等问题，研究呈现出视角的多元化、论证的深入化和研究结果的系统化等趋势。这种趋势既体现了翻译学这

门新学科从初步创立到稳步发展的总体规律，也体现了具体研究领域从研究问题初步提出到逐步深入背后的逻辑规律。在翻译主体研究的起步阶段，学界对翻译主体问题基本没有争论，一般认为翻译主体就是译者[1-3]，研究主要聚焦于译者主体、主体性概念解析和译者主体性的具体表现形式。随着研究的深入，翻译主体争议开始出现，译者主体的论断受到了质疑：有人认为翻译实践中不存在单一主体，翻译主体包括作者、译者和译文读者；有人认为以上主体概念的外延依然过于狭窄，除了以上三个因素之外，还包括委托人。这种争论同时和翻译研究范式、翻译模式、翻译策略、创造性叛逆、翻译文体、文学、语言学、认知科学、哲学等各种因素深深地交织在一起，使原来看起来比较简单的翻译主体问题变得越来越复杂。为了使大家对翻译主体问题有一个较为全面的把握，我们以翻译主体论的基本观点为纲，把翻译主体论划分为狭义的翻译主体和广义的翻译主体两类，分别梳理基本概念和具体表现。

第二节 狭义的翻译主体

马克思主义哲学认为，主体指实践活动和认识活动的承担者[4]，所以主体只能是人。翻译实践活动中涉及的人主要包括作者、译者、读者、委托人、赞助人、编辑等。这些人是否都可以成为翻译的主体，学界对此是有争论的：一种观点认为，翻译主体是译者，而且只能是译者；另一种观点认为，翻译主体有多个，大多数人认为翻译主体是作者、译者和读者，还有人把译本的接受环境、文中人物纳入翻译主体的范畴。以上两种翻译主体观同时存在，第一种把译者当作唯一主体的主体观可以称为狭义主体观，后一种囊括多个主体的主体观可以称为广义主体观。本章第二节、第三节对这两种主体观进行概括，介绍其基本内容、论证视角和具体表现等。

一、译者主体

有必要说明的是，不论是狭义的翻译主体观，还是广义的翻译主体观均支持译

1　高宁.论译者的主体性地位——兼论翻译标准的设立原则.上海科技翻译，1997（1）：7-10.

2　葛校琴.译者主体的枷锁——从原语文本到译语文化.外语研究，2002（1）：62-65.

3　穆雷，诗怡.翻译主体的“发现”与研究——兼评中国翻译家研究.汉英对比与翻译国际研讨会暨中国英汉语比较研究会第五次全国学术研讨会，中国上海，2002.

4　金炳华.马克思主体哲学大辞典.上海：上海辞书出版社，2003，第183页.

者主体，区别是狭义主体观认为译者是唯一的翻译主体，而广义主体观认为翻译主体除了译者之外还包括其他主体。有大量的论文直接论述译者主体性问题，但并未明确提出“译者是唯一翻译主体”的观点。明确提出狭义主体观学者较少，主要有袁莉和陈大亮两位。袁莉[1-2]在《关于翻译主体研究的构想》（2002）和《文学翻译主体的诠释学研究构想》（2003）中阐明了她的翻译主体观，认为译者是唯一的主体性要素。但是，她并未论证这个观点，而是以此为前提，从诠释学的视角重新阐释了文学翻译的本质，认为翻译的实质不是对原文意义的追索或还原，而是翻译主体（即译者）能动地理解和诠释原作品的过程，译者与原作者的关系应是围绕原文本的一种对话、沟通与融合。

针对学界对翻译主体的争论，陈大亮[3]认为在原文作者、译者和读者这三个可能的主体之中，只有译者才是翻译主体。为了论证自己的观点，他首先分析了“主体”和“主体性”这两个概念。他指出，主体首先是人，但并非所有的人都是主体，主体最本质的特征是它的社会性和实践性，但是当我们用哲学意义上的主体和主体性来分析讨论翻译主体时，不能把马克思的“人始终是主体”的论断教条化，认为原文作者、译者和读者都是翻译主体。在原文作者、译者和读者这三个“人”当中，在翻译过程中表现出能动性、创造性和自主性的只能是译者[4]。接着，他驳斥了“原文作者是翻译主体”的观点，认为“原文作者是翻译主体”的观点是语言镜像论的一种反映。这种语言观认为，语言是一面镜子，可以准确地再现作者的思想，读者阅读的过程就是通过对文本的解读来追寻原意的过程。在这种语言观之下，作者居于核心地位，完全垄断了对文本意义的解释权。这种语言观后来逐渐受到新批评主义、结构主义和后结构主义的批评，作者被宣布“已死”，原文的意义被无限延异，文本的意义在读者的“视域”和文本的“视域”融合中产生，读者获得了解读文本意义的主动权。我们应该抛弃重建作者原意的传统翻译观，理解并非揣摩作者原意，“翻译也不是复制作品背后的作者意图，而是面向文本本身”[5]。

广义翻译主体论认为原作者、译者和读者可以平等对话，作者、译者和读者都是

---

1 袁莉. 关于翻译主体研究的构想. 张柏然，许钧编. 面向21世纪的译学研究. 北京：商务印书馆，2002，第397-406页.

2 袁莉. 文学翻译主体的诠释学研究构想. 解放军外国语学院学报，2003（3）：74-78.

3 陈大亮. 谁是翻译主体. 中国翻译，2004（2）：5-9.

4 同上：4.

5 同上：5.

翻译主体。对此，作者也进行了反驳。他认为，翻译参与者之间的对话关系有别于人与人之间现实的、面对面的言语交际。言语交流具有共时性、当下性和共同的语境，而翻译参与者之间的交流没有这些特性，他们面对的是用书写固定下来的文本，作者、译者和读者并非实时在场。作者认为，原作者和译者不在统一时空，无法对话，翻译是一种跨语言、跨文化、跨时空的不对称交流[1]。

"译者是唯一翻译主体"的论断是不是就否定了主体间性的概念呢？作者在该文最后对主体间性概念重新进行了界定。首先，原文作者和读者不是翻译主体，但是他们分别属于创作主体和接受主体，三类不同性质的主体不能混淆。作者强调，译者是翻译主体，作者是创作主体，读者是接受主体，三类主体之间体现的是一种平等的主体间性关系，在翻译活动的全过程中各司其职[2]。同时，作者也不支持把译者划分为中心主体，作者和读者划分为边缘主体的观点，因为这违背了主体间性中平等对话的原则。因此，作者把翻译的主体间性归结为以下四点：（1）作者、译者与读者之间的互动关系；（2）翻译的学科性质是主体间性的；（3）翻译的方法论是主体间性的；（4）译者对文本的理解是主体间性的。

二、译者主体性的表现

查明建、田雨[3]认为，译者主体性是指"作为翻译主体的译者在尊重翻译对象的前提下，为实现翻译目的而在翻译活动中表现出的主观能动性，其基本特征是翻译主体自觉的文化意识、人文品格和文化、审美创造性"。屠国元、朱献珑[4]也持相似的观点，他们认为译者主体性是"译者在受到边缘主体或外部环境及自身视域的影响制约下，为满足译入语文化需要在翻译活动中表现出的一种主观能动性，它具有自主性、能动性、目的性、创造性等特点"。简而言之，译者主体性就是译者在翻译过程中展现出来的主观能动性。主观能动性为人所特有，是指"人的主观意识和实践活动对于客观世界的反作用或能动作用"[5]。与动物不同，人的活动具有目的性和自觉性，在与客观世界互动的过程中会表现出主观能动性。人的主观能动性包括两个方面：一是认

1 陈大亮. 谁是翻译主体. 中国翻译，2004（2）：5.

2 同上.

3 查明建，田雨. 论译者主体性——从译者文化地位的边缘化谈起. 中国翻译，2003（1）：22.

4 屠国元，朱献珑. 译者主体性：阐释学的阐释. 中国翻译，2003（6）：10.

5 金炳华. 马克思主体哲学大辞典. 上海：上海辞书出版社，2003，第205页.

识世界；二是改造世界，这两个方面相互区别，又相互统一，其基础是社会实践[1]。人的意识对客观存在会有反应，但是这种反应不是消极被动的，而是积极主动的。人的认识能够在实践的基础上由感性认识逐步上升到理性认识，进而能够对客观现象进行解释，提出新的设想或方案，或根据对事物本质的理性认识对事物的发展趋势做出合理的预测。人对世界的认识和改造需要统一于实践活动中：若不把认识变为改造世界的行动，人的主观能动作用就无从表现；没有科学认识指导下的实践是盲目的实践，也达不到改造世界的目的[2]。译者的主观能动性包括对翻译现象的认识和翻译实践两个方面。对翻译现象的认识包括对翻译方法、原则、译本作用等方面的认识，是人的意识对翻译现象的能动的、有目的的、有意识的认识。译者的翻译实践是人对世界改造的一种方式，体现了译者对翻译现象的认识。译者的主体性具体地表现为译者在翻译全过程中、在具体的语境下，为了特定的目的所做的具体选择，包括原文的选择、文本意义的解读和翻译策略的选择三个方面。

（一）原文的选择

译者在翻译过程中会做出一系列选择，这些选择涉及翻译过程中方方面面的因素，宏观的因素有原文的选择、文本主题的解读、译文读者对象的分析等，微观的因素有翻译方法的选择、原文字词句意义的分析、遣词造句、翻译辅助工具的使用，甚至是工作时间、地点、环境等。选择意味着自由，自由体现了主体的主观能动性或主体性，但是这种主体性并非没有限制的主体性，而是受到具体语境下的历史、文化、社会、政治因素的制约，是具有限制的主体性。在译者的这些选择当中，在时间上居前和在逻辑上居先的选择是对原文的选择，因为译者首先要先选择原文，才能实施后续的步骤，或者说后续步骤的选择均需以原文的选择为基础。

在原作的选择上译者并非完全受动，会展现出一定程度的主观能动性。翻译文学作品的译者一般会选择自己喜欢的作品进行翻译。翻译过王安忆的《长恨歌》（*The Song of Everlasting Sorrow*）、余华的《活着》（*To Live*）、叶兆言的《一九三七年的爱情》（*Nanjing 1937: A Love Story*）等当代文学作品的白睿文曾说过，他翻译的作品全部都是他自己挑选的，而且全部是出于爱好，对于不喜欢的作品，即使出版社给很高的稿酬，他也不会去翻译。他说，“翻译就像谈恋爱，译者一定要对作品有很强烈的感觉，

1　金炳华. 马克思主体哲学大辞典. 上海：上海辞书出版社，2003，第 205 页.

2　同上.

真的要爱上那个作品，不然长达几个月，甚至是几年的翻译过程会非常痛苦。"[1] 白睿文所谓的对作品的"强烈的感觉"或者"爱"其实体现的正是译者在作品选择上的主体性，他根据自己的喜好选择作品，译其所爱，爱其所译，绝对不译他不喜欢的作品。但是译者在作品选择上的主体性并非毫无限制的自主性，除了个人喜好之外，还受到其他因素的制约，读者的接受度就是其中之一。白睿文说，他选择文学作品，除了个人的兴趣和文学判断之外，还要考虑市场因素。他说，如果一本小说他自己很喜欢，但翻译之后没有出版公司愿意出版，在目的语市场没有读者那也是没有用的[2]。

原文的选择还和翻译目的直接相关，体现了译者对翻译作用的理性认识。19 世纪末，中国近代著名政治活动家、启蒙思想家梁启超在《变法通义》中单辟一章，专论翻译，他说"故今日而言译书，当首立三义：一曰，择当译之本；二曰，定公译之例；三曰，善能译之才。"[3] 梁启超所谓的"择当译之本"就是指原作的选择问题。他认为之前的同文馆和江南制造局翻译馆翻译的绝大部分都是兵学著作，这无助于国家富强。为了推行他的维新变法，他认为要多译"西方法律、政治、历史、教育、农学、矿学、工艺、商务、学术名著和年鉴等书"[4]。在他的积极倡导之下，一大批西方的社会科学著作被译介到中国，从一定程度上促进了社会的变革。

（二）意义的解读

译者解读原文意义所展现出来的身份属性和意义观直接相关。意义观大致可以分为两种：本质主义和非本质主义。本质主义的意义观认为"意义是客观的和稳定的，译者的职责就是找到并转换这些意义，同时保持隐身"[5]，或者说，语言和文本中具有"永远稳定的意义"，这些意义"可以超越历史、意识形态和心理"[6]。在这种意义观之下，原文被视为一种"不变实体"，翻译则被视为是对文本的"跨语言、跨文化和跨时间的理想的中立再现，而不管译者的意识、潜意识、动机和目标是什么"[7]。在本质

---

1 吴赟. 中国当代文学的翻译、传播与接受——白睿文访谈录. 南方文坛，2014（6）: 48.

2 同上.

3 郭延礼. 中国近代翻译文学概论. 武汉：湖北教育出版社，1998，第 227 页.

4 同上.

5 Chesterman, A. & Arrojo, R. Shared Ground in Translation Studies. *Target,* 2000, 12 (1): 151.

6 Arrojo, R. The Ethics of Translation in Contemporary Approaches to Translator Training. In M. Tennent. (Ed.) *Training for the New Millennium: Pedagogies for Translation and Interpreting*. Philadelphia: John Benjamins Publishing Company, 2005, p. 225.

7 Ibid, p. 226.

主义的意义观之下，意义被认为是客观、稳定地存在于文本之中的，这些意义不因时间、地点、社会环境等因素的改变而改变，译者的任务就是通过对文本的分析来找寻这些客观的意义，并把这些意义“安全地从一种语言运输到另外一种语言中”[1]。在这种意义观之下，译者在翻译过程中是隐身的，也是缺乏主动性的。

非本质主义的意义观认为，“意义（包括‘翻译’概念本身的意义）从本质上来说是不稳定的，意义必须根据每个单独的具体情形具体解释”[2]，或者说“语言不是客观地表达世界而是构成世界，意义并非独立于语言而存在，任何意义诠释的背后都是主观权力的结果”[3]。在这种意义观之下，作者并非决定文本意义的绝对权威，文本也不再是“从神学角度上讲可以抽出单一意思的一行行文字”，而是一个“各种写作交织的多维空间”[4]，读者并非被动地寻求文本中稳定的意义，而是参与到了文本意义的生成过程之中。对于读者在文本意义解读上所展现出的主观能动性，鲁迅曾有过专门论述，他说“单是（《红楼梦》的）命意，就因读者的眼光而有种种：经学家看见《易》，道学家看见淫，才子看见缠绵，革命家看见排满，流言家看见宫闱秘事……”[5]。在这种意义观之下，翻译不再被认为是对原文意义的忠实再现，而是一种再创造，译者在翻译过程中会展现出主观能动性，在译本中彰显自己对文本的独特理解，其显形不可避免。

（三）策略的选择

翻译策略有多种多样，译者可以根据自己对原文意义的解读、文体、翻译目的、原语和译语在文化、意识形态、诗学观点等方面的差异选择具体的翻译方法。比如，不同译者在翻译同一部作品时，在翻译策略的选择上会展现出明显的差异。有学者通过系统的译本对比发现，大卫·霍克斯（David Hawkes）和杨宪益、戴乃迭在英译《红楼梦》时，在翻译策略的选择上展现出了明显的差异：杨戴两位译者总体上倾向于选择“异化”的翻译策略，而霍克斯更倾向于“归化策略”，同时霍克斯和杨戴各自的翻译策略在政治、宗教和伦理道德三个方面的倾向大体一致、均衡的同时，仍存在分

---

1 Arrojo, R. The Ethics of Translation in Contemporary Approaches to Translator Training. In M. Tennent. (Ed.) *Training for the New Millennium: Pedagogies for Translation and Interpreting*. Philadelphia: John Benjamins Publishing Company, 2005, p. 226.

2 Chesterman, A. & Arrojo, R. Shared Ground in Translation Studies. *Target,* 2000, 12 (1): 151.

3 宋美华. 本质主义，还是非本质主义？——翻译研究传统、现代与后现代哲学意义观的思考. 上海翻译，2019（5）：10.

4 [法] 罗兰·巴特. 罗兰·巴特随笔选. 怀宇译. 天津：百花文艺出版社，2005，第 299 页.

5 鲁迅. 鲁迅全集（第八卷）. 北京：人民文学出版社，2005，第 179 页.

布方面的细微差异[1]。比如，“天有不测风云，人有旦夕祸福。”一句杨戴译为“Storms gather without warning in nature, and bad luck befalls men overnight.”，原文的意象和句法结构基本保留，为异化法，而霍克斯译为“The weather and human life are both unpredictable.”，原文部分意象被删减，句法结构被调整，为归化法。

即使是同一作者在同一时期翻译同一部作品时也会使用不同的翻译策略。詹姆士·理雅各（James Legge）曾在1871年和1876年连续翻译出版了两个版本的《诗经》。对比发现，1871年的译诗为无韵体自由诗，在译诗建行和词语的翻译上更加忠实于原诗，而1876年的译诗采用英诗韵律，在译诗建行和词语的翻译上改写较多。比如《雅·十月之交》原诗有64行，1871年的译诗同样为64行，而1876年的译诗则缩减为36行，比原诗少28行。除此之外，两个译本在副文本的使用上也存在明显差异，1871年译本的副文本对原诗和译诗的解释极为详尽，而1876年译本的副文本的解释更加简略。

负责任的译者在翻译一部作品前会根据作品的特点和具体的社会文化语境对翻译策略的选用做一个整体的规划，确定宏观基调，在翻译的过程中会根据具体的问题对翻译策略做出相应的调整，在初稿完成之后还会对译本进行反复校对。译者在翻译的全过程中均展现了在翻译策略选择上的主体性。

第三节 广义的翻译主体

广义的翻译主体观认为翻译主体不只包括译者，还包括作者、读者、接受环境、文学作品中的人物等。但不论广义翻译主体的外延是什么，它和狭义翻译主体观都认为译者是翻译主体。第二节已经对译者的主体性及其表现进行了论述，本节将重点关注广义翻译主体中的其他因素，首先分析和广义翻译主体相关的主体间性概念，然后探讨主体间性的具体表现。

一、主体间性

广义的翻译主体有多个，比如作者、译者和读者等，但广义的翻译主体并非若干

1 姜秋霞，郭来福，杨正军. 文学翻译中的文化意识差异——对《红楼梦》两个英译本的描述性对比研究. 中国外语，2009，6（04）：90-94，97.

翻译主体的简单相加，而是体现了一种看待翻译主体问题的新视角。主体性是主体所具有的属性，它的认识论基础是“主体－客体”二元对立的主体哲学。这种哲学以“主体－客体”或“主体－中介－客体”的模式处理所有关系。实际上，这种模式在处理人与自然、人与物的关系时是行之有效的，但在处理人与人之间的关系时，就遇到了“他人不是客体”的窘境[1]。解决这个问题的理论方法就是在处理人与人之间的关系时，代之以“主体－主体”的模式。主体间指的是两个或两个以上主体的关系，主体间性是“主体－主体”关系中内在的性质[2]。主体间性强调的是多个主体以平等的身份参与到交往活动当中，彼此之间相互认同、相互尊重，以达到最大程度的相互理解和沟通。

近年来越来越多的研究显示，译者并非翻译活动中的唯一主体，其主体地位的确立并非以否定其他翻译活动参与者的主体性为前提，或者说“译者的主体作用不是孤立的，而是与作者和读者的作用紧密相连”[3]。所谓的翻译主体间性是指翻译活动中的作者、译者、读者、委托人等主体之间在相互认同和相互尊重的前提下的平等对话和交往的关系，主要体现为三个方面的关系：（1）原文作者和译者之间的关系；（2）译者和译文读者之间的关系；（3）译者和委托人之间的关系。

二、主体间性的表现

（一）原文作者与译者

原文作者和译者之间的关系一直是翻译理论研究的核心议题之一。传统语文学范式和语言学范式的译论认为，作者具有决定原文意义的绝对权威，作者的原意固定在原语的文字之中，译者的职责是通过对语言文字的解读去破解文本背后的意义，然后使用译语文字重新表述出来。在这个过程中，译者被要求做到绝对忠实，对原意不得有任何遗漏、删减和歪曲。翻译史上对译者“仆人”“舌人”“传声筒”等的比喻就是对这种译者地位的生动反映。在这种翻译研究范式之下，原文作者被视作翻译活动的唯一主体。后现代译论，如后殖民主义译论、女性主义译论、解构主义译论等，则与此相反，作者被宣告“已死”，作为读者的译者被赋予了解读原文的权威。这种译论把译者视作翻译的唯一主体。当然，不论是语文学范式的译论，还是语言学范式的

1 郭湛. 论主体间性或交互主体性. 中国人民大学学报，2001（3）：32.

2 同上：32-33.

3 许钧. 翻译的主体间性与视界融合. 外语教学与研究，2003（4）：290.

译论，抑或是后现代译论均表现出了单一主体的倾向，否定主体之间的平等交往的关系。

主体间性强调交往双方之间地位的平等关系，也就是说“在翻译活动中，作为原文文本创作主体的作者与作为原文文本解释主体的译者双方都是各自独立、彼此平等的主体，他们之间的交往是一种相互承认、相互尊重的交往关系”[1]。作者并非像罗兰·巴特宣称的那样“已死”，文本的意义完全取决于读者，译者在翻译的过程中也不可能做到透明。译者在动手翻译之前需要了解创作背景、文化习俗、政治经济状况、意识形态等宏观社会文化因素，同时还需要了解作者的成长经历、语言风格、审美观点等个人因素，以期对原意有一个整体的把握。同时，根据阐释学的观点，任何读者都会带着个人的“前理解”，阅读的过程就是读者的视界和作者的视界融合的过程。任何读者都带有自己独特的“前理解”，在阅读的过程中不可能把自己的“前理解”排除，做到透明。作者与译者之间的主体间性强调双方需要在尊重彼此差异基础上，进行平等的沟通和交往，同时需要尊重作者的主体性和译者的主体性。

（二）译者与译文读者

译者的身份比较特殊：在作者与译者的关系中，译者的身份是读者；但在译者与译文读者的关系中，译者从某种程度上又具有了创作者的身份。在译者和译文读者之间的关系上，译者曾被视为隐形人，读者阅读的虽然是已经融入译者“前理解”的译语文本，但译语文本的作者仍被视为是原文作者，译语文本的意义被视为就是原语文本的意义。这是一种用主客体思维看待译文读者与译者关系的方法，译者被当作客体，其主体性被忽略。与以上不同，后现代译论中存在过分张扬译者主体性，忽略读者主体性的倾向，译者可以根据自己的目的对原作进行改写或操纵，译语读者的需求从一定程度上被忽略。这仍然是主客体思维的一种表现。译者和译文读者之间的主体间性要求，译者在进行翻译时需要充分尊重潜在读者的审美取向、教育水平、意识形态等因素，选择恰当的方法处理原语文化的差异性特征，以适应译语读者的特点和需求。

（三）译者与委托人

除了以上两种主体间关系之外，还存在译者和委托人之间主体间关系。从理论上讲，在译者和委托人之间的关系上，委托人往往具有绝对的话语权，他们可以影响翻

1　刘卫东. 交互主体性：后现代翻译研究的出路. 中国科技翻译，2006（2）：7.

译的全过程，包括原文的选择、译者的选用、翻译目的、译作用途，甚至是译者的具体操作，译者需严格按照委托人的要求完成翻译工作。但实际的情况常常与此相反，译者和委托人之间经常缺乏交流沟通[1]，这难免会影响翻译过程的顺利进行，甚至直接影响译文质量。译者和委托人缺乏沟通表现在两个方面。第一个表现是委托人仅提供原语文本，翻译要求不明或不全。笔者曾接到过药品说明书翻译的任务，当时笔者想了解译文的读者对象和使用目的等相关信息，因为这会直接影响到翻译策略的选择：如果读者对象是专业读者，比如监管机构、研究人员等，则需要全译；如果读者对象为普通患者，则可以使用变译策略，省略过于专业的内容。但实际上，委托人没有对这些信息进行说明，有时候可能连委托人自己都不清楚这些信息。第二个表现是译员遇到问题不积极主动地和委托人交流。在实际的翻译过程中，译员经常需要了解某段文字的上下文、具体使用语境、读者对象等因素，进而根据这些信息选择具体的翻译方法，但并非所有译员在需要了解这些信息时都能积极主动地和委托人沟通。毫无疑问，这会直接影响到译文的质量。

译者和委托人之间缺乏沟通的原因可能在译者一方，也可能在委托人一方，他们或者是对翻译活动的认识和经验不足，或者是责任心不强，但根本原因是双方在翻译活动中没有遵守主体间性原则。因此，在翻译活动当中，译者和委托人在相互尊重的基础上进行有效的沟通和协调就显得十分必要。

本章小结

本章探讨了翻译主体论的相关问题。第一节为翻译主体研究概述，分析了翻译主体问题的基本概念，梳理了翻译主体研究的总体趋势，并把翻译主体划分为狭义翻译主体和广义翻译主体两种。狭义的翻译主体指把译者当作唯一主体的主体观，或称“译者主体”，其主体性表现在原文的选择、意义的解读和翻译策略的选择这三个方面；广义的翻译主体有多个，如作者、译者和读者等，但广义的翻译主体并非若干翻译主体的简单相加，而是体现了一种看待翻译主体问题的新视角，即主体间性视角。主体间性强调的是多个主体以平等的身份参与到交往活动当中，彼此之间相互认同、相互尊重，以达到最大程度的相互理解和沟通。翻译主体间性是指翻译活动中的作者、译者、读者、委托人等主体之间在相互认同和相互尊重的前提下的平等对话和

1 张南峰. 谈译者与委托人的沟通问题. 中国科技翻译，1995（3）：37.

交往的关系，主要体现为三个方面的关系：（1）原文作者和译者之间的关系；（2）译者和译文读者之间的关系；（3）译者和委托人之间的关系。

练　习

1. 案例分析

翻译主体分为狭义主体和广义主体，虽然二者在翻译主体的构成上存在分歧，但均同意译者是翻译的主体。本章练习的案例分析部分专门分析译者的主体性及其体现，大家请看托马斯·赫胥黎（Thomas H. Huxley）[1] 的 *Evolution and Ethics, and Other Essays* 中的一段：

> It may be safely assumed that, two thousand years ago, before Caesar set foot in southern Britain, the whole country-side visible from the windows of the room in which I write, was in what is called "the state of nature". Except, it may be, by raising a few sepulchral mounds, such as those which still, here and there, break the flowing contours of the downs, man's hands had made no mark upon it; and the thin veil of vegetation which overspread the broad-backed heights and the shelving sides of the coombs was unaffected by his industry. The native grasses and weeds, the scattered patches of gorse, contended with one another for the possession of the scanty surface soil; they fought against the droughts of summer, the frosts of winter, and the furious gales which swept, with unbroken force, now from the Atlantic, and now from the North Sea, at all times of the year...

严复曾把赫胥黎的这本书译为《天演论》，当然严复绝对不是随便选择了这本书，而是有着特定的目的。清朝末年，洋务运动的失败，人们要求更为彻底的改革。洋务派期望通过引进西方科技，以达到富国强兵的目的，但维新派主张更为全面和彻底的改革。在这个背景下，翻译被用来当作引进西学的手段，以达到开民智的政治目的。赫胥黎的这本书讲的主要是达尔文的进化论思想。严复认为，这种思想对于开民智具有重要作用，因此选择此书。这体现了译者在原文选择上的主体性。严复在意义的解

---

1 Huxley, T. *Evolution and Ethics, and Other Essays*. London: Macmillan, 1895, pp. 1-2.

读和翻译策略的选择上也颇具特色。严复对原作进行了删减和改造：选择了达尔文的进化论、斯宾塞普遍进化观和赫胥黎的观点，在译文中增加了按语，融入自己的见解，将他自己认为可以起到开民智作用的部分予以采用，对无用的部分则大胆删去。

除了严复对原文的选择和改造之外，《天演论》的译文语言也很有特色：

> 赫胥黎独处一室之中，在英伦之南，背山而面野。槛外诸境，历历如在几下。乃悬想二千年前，当罗马列大将恺彻未到时，此间有何景物。计惟有天造草昧，人功未施，其借征人境者，不过几处荒坟，散见坡陀起伏间。而灌木丛林，蒙茸山麓，未经删治如今日者，则无疑也。怒生之草，交加之藤，势如争长相雄，各据一抔壤土。夏与畏日争，冬与严霜争，四时之内，飘风怒吹，或西发西洋，或东起北海，旁午交扇，无时而息……[1]

译文语言是古文，主要为四字或五字结构，结构对称，用词考究，语言简练，语言古色古香。严复使用古文翻译的一个重要原因是他的读者对象主要是士大夫以及统治阶级，而非普通民众，因为他需要用自己的译文去争取这些多读古书的士大夫的支持，进而宣传自己的思想，最终实现开启民智、自强保种的目的。

在严复的《天演论》出版了一百多年之后，北京大学出版社又组织宋启林等译者重译了*Evolution and Ethics, and Other Essays*，并将其收入“科学素养文库·科学元典丛书”。同样是这一段，新译文摘录如下：

> 可以有把握地设想，2000年前，当恺撒尚未登陆英国南部时，如果从我写作的屋子往窗外看，整个原野还处在所谓的“自然状态”。或许只有几座隆起的坟茔，就像如今四处散落的坟堆那样，破坏了丘陵地带流畅的轮廓。除此之外，人类的双手再没有在这儿留下什么痕迹。覆盖在广阔高地和峡谷斜坡上那薄薄的植被，也没有受到人类劳作的影响。土生土长的牧草、杂草，还有散布其间的一丛丛金雀花，你争我夺，抢占着贫瘠的表层土壤。这些植物盛夏抗击干旱，寒冬抵御严霜，而且一年四季都要面对时而从太平洋、时而从北海刮来的狂风。[2]

译文语言不再是古文，而是白话，且多用直译，原文也未做删节。一百多年后的

1　[英]赫胥黎. 进化论与伦理学. 严复译. 北京：北京大学出版社，2010，第145页.

2　同上，第3页.

中国已发生天翻地覆的变化，当下的社会环境与严复时期的社会环境已完全不同：我们面对的不再是开启民智、自强保种的问题，而是提高国民教育水平和科学素养的问题；读者对象也不再多读古书的士大夫阶层，而是普通大众。所以译者的这种处理方式也就不难理解。

从以上分析可以看出，严复和当代译者选择原著的动机不同，对原著的理解不同，译文的读者对象不同，翻译策略的选用也不相同，以上区别最终造成了译文语言风格上的巨大差异，充分体现了译者主体性。

2. 思考题

1）本章第一节的研究概述显示，我国的翻译主体研究大致始于 20 世纪 90 年代。请结合翻译翻译思想史和本章第一节的内容，讨论导致翻译主体研究出现于这个时期的因素。

2）结合自己的翻译经验谈谈译者的主体性体现在哪些方面。

3）翻译主体论和翻译研究范式之间有什么关系？

4）翻译主体论重在分析翻译主体的主体性和主体间性，但这并不意味着翻译主体有无限的自由。如何认识翻译的主体性 / 主体间性与受动性之间的关系？

5）陈大亮在《谁是翻译主体？》一文中驳斥了“作者、译者和读者都是翻译主体”的观点，其中一个重要论据就是原作者、译者和读者之间的对话不同于人与人之间的、面对面的口头交际。请讨论一下广义的翻译主体中所谓的交际概念。

3. 扩展阅读

段峰. 2007. 透明的眼睛：文化视野下的文学翻译主体性研究. 成都：四川大学.
朱湘军. 2006. 从客体到主体——西方翻译研究的哲学之路. 上海：复旦大学.
陈大亮. 2005. 翻译研究：从主体性向主体间性转向. 中国翻译，(02): 3-9.
胡庚申. 2004. 从“译者主体”到“译者中心”. 中国翻译，(03): 12-18.
陈大亮. 2004. 谁是翻译主体. 中国翻译，(02): 5-9.
葛校琴. 2006. 后现代语境下的译者主体性研究. 上海：上海译文出版社.
许钧. 2003. 翻译的主体间性与视界融合. 外语教学与研究，(04): 290-295.
袁莉. 2003. 文学翻译主体的诠释学研究构想. 解放军外国语学院学报，(03): 74-78.

第三章

翻译客体论

本章重点介绍与翻译主体（译者）相对的翻译客体，包括翻译对象、接受对象两部分内容。客体，哲学上指主体以外的客观事物，是主体认识和实践的对象（《现代汉语词典》）。本章的翻译对象指翻译涉及的文体、体裁，接受对象指翻译的目标读者。

第一节 翻译对象

这里的翻译对象指的是翻译文体，即根据不同的文体特点作出合适的翻译转换。文体既可以指文章风格，也可以指文章体裁。文章风格属于主体范畴，和人有关，例如《文心雕龙·体性》论述的“四组八类”——“雅与奇反，奥与显殊，繁与约舛，壮与轻乖”；文章体裁属于客体范畴，和物有关，相当于英文中的 genre（a particular style used in cinema, writing, or art, which can be recognized by certain features）。

本节论述的文体指客体，也就是文章体裁。按照体裁不同，传统上一般将翻译分为文学翻译和非文学翻译两大类，但也有一些体裁既有文学性，也有非文学性，比如旅游翻译、外宣翻译。它们既有文学性的一面，比如介绍当地旅游的文学性语言，领导人引用的经史子集、诗句等；也有非文学性的一面，比如名人故居、在中国共产党领导下取得的成就等信息类介绍。本章将翻译对象分为非文学翻译、文学翻译、典籍外译三部分论述，前两者突出文本特点，后者突出文本价值。

Peter Newmark[1] 曾将语言功能归结为以下六种：informative function（信息功

---

1 Newmark, P. *Approaches to Translation*. Oxford & New York: Pergamon Press, 1981.

能），expressive function（表情功能），vocative function（呼唤功能），aesthetic function（美学功能），phatic function（寒暄功能），metalingual function（元语言功能）。语言功能和文体类别、翻译策略均有关联，比如，科技文体主要是信息功能，以传递信息为主，多采用语义翻译（semantic translation）方法。

一、非文学翻译

非文学翻译，也叫应用翻译、专门用途（简称“专用”；英文 English for Specific Purposes，简称 ESP）翻译，囊括新闻翻译、科技翻译、商务翻译等各行业翻译。专用英语课程专注某一职业或行业的英语，比如技术英语、科学英语、医务英语、酒店英语、旅游英语等。

本节选取新闻翻译、旅游翻译、商务翻译、法律翻译、科技翻译、字幕翻译等类型分门别类、枚举论述。

（一）新闻翻译

新闻文体的最大特点就是新，展开来说就是内容时新，用词时髦，此外还有用语精简的特点。伴随社会的高速发展，人们生活节奏的加快，新闻用词也有着和以往不同的新特点，其中最典型的就是用词缩略，如“双标（双重标准）”“密接（密切接触）”“消杀（消毒杀菌）”等，反映了新时代读者花最少精力，从最简用语中获得最多信息的高效阅读心理需求。过去，电报和出版印刷的用语精简是出于紧急需要和成本制约，如今新闻用语精简则是互联网时代新闻电子化转向所透视出的大众读者的高效阅读期待。对新闻翻译感兴趣的读者可以参看北外教授陈德彰编著的《热词新语翻译谭》，这是中国对外翻译出版公司、中译出版社等出版的一套系列丛书。书的内容是网络上和媒体上出现的各类时髦新词，主要落脚点或目的是翻译（陈德彰《热词新语翻译谭》后记）。

编辑或记者在写作标题时，都想在标题里尽量融入新闻要素，即新闻人物、新闻事件、新闻时间、新闻地点，也就是西方新闻总结出的 4W（who, what, when, where）[1]，读者从新闻标题中可以捕捉关键信息，以决定是否继续阅读下去。陈述句用于阐释、解释、说明、规定和判断，语言显得比较客观、平实。除非“标题党”为了流量、吸引眼球，故作夸张语气、惊人之语外，在许多情况下，新闻标题往往是陈

1 廖志勤. 英文新闻标题及其翻译策略. 中国科技翻译，2006（2）：45.

述句[1]。

例 1

Boeing Launches Long-haul Passenger Jets 波音公司推出飞得最远的“环球飞机”

Fans Hope to Save New York Hotel 纽约热心民众挽救百年老饭店[2]

摘译是翻译新闻内容常用的一种翻译策略。所谓摘译就是译者摘取一些认为重要的，或者说传达了重要信息的段落或内容作为翻译对象进行翻译。比方在一篇名为“Binoculars Spot Dangerous Gases”[3]的报道中，全文共有 12 段，但是译者仅译 6 段，近一半他认为不够重要的内容被删除。另一篇报道，标题是“Shengyang Woos Foreigners to Manage Firms”[4]，全文共分 16 自然段，而译文仅剩 7 段。英国《星期日泰晤士报》于 1999 年 8 月就美国航空航天公司研制的一种可推动卫星的微型发动机予以报道，共分 14 段，而译文仅 4 段。在香港回归之前、人民大会堂香港厅竣工之际，新华社北京 6 月 15 日以《华堂溢彩迎回归》为题发了一篇报道（记者李凯、李鲲）。与此同时，该消息被译成英文，见于《中国日报》，播向海外。中文全文共分五大部分，首段介绍，后面三部分分别以三个小标题的形式出现，最后一段结尾，总结全文。译成英文之后，全文一气贯通，没有中文报道成几个板块的小标题。从段落来说，中文报道大小共有 22 段，英文报道为 13 段，中英文段落差达 9 段之多。[5]

（二）旅游翻译

彭萍[6]认为翻译旅游文本可遵循以下总体原则：遵循旅游文本的功能和目的，忠实地传达原文的实质性信息；遵循旅游文本的文本类型，在译文中体现广告宣传的语气；迎合目的语读者的文化和审美诉求，灵活处理文化和美学信息；采取灵活的翻译策略。

文军等人通过调查来自不同国家的外国游客的反应与态度，发现中国目前旅游翻译中存在颇多问题。其中拼写和遗漏错误是因重视不够；语法和表达不当则是因译者

---

1 廖志勤. 英文新闻标题及其翻译策略. 中国科技翻译，2006（2）：45.

2 同上.

3 *The Sunday Time*，1999 年 8 月 22 日.

4 *South China Morning Post*，1999 年 9 月 25 日.

5 俞建村. 论新闻报道的翻译特点. 上海科技翻译，2001（3）：25.

6 彭萍. 实用旅游英语翻译（英汉双向，第 2 版）. 北京：对外经济贸易大学出版社，2016，第 10-13 页.

语言功底不足所致；而中国式英语、用词累赘和文化误译主要是因为译者缺乏正确的理论指导。这些错误都造成了游客不同程度的误解，影响了景点的宣传力度。[1]

比较典型的例子如下：

1. 中国式英语

例 2

原文：望江台

原译：the River-gazing Platform

改译：the River-side Platform

分析：原译受汉语影响，逐字死译，往往令外国游客迷惑不解。洋泾浜英语一直是困扰译者的问题，虽然这类错误所占比例不大，但反映出我们在翻译中仍然受母语思维的束缚，翻译不够灵活地道。[2]

2. 文化误译、用词累赘

例 3

原文：果皮、纸屑、酒瓶、罐头盒等废弃物，请扔进垃圾箱。

原译：Waste materials and rubbishes such as rinds, scraps of paper, lasses and tin cans must be thrown into garbage cans.

改译：Don't litter.

分析：原译虽然尚可理解，但语言显得重复累赘，造成此类现象的直接原因是译者受原文束缚，逐字硬译，受试的外国游客指出这样的翻译完全不必要，只需“Don't litter”一句即可。[3]

这些调查结果表明，旅游翻译应以传达信息为主，以外国旅客的可接受度为基础，把握原文的主要内容，采取灵活的翻译方法。[4]

（三）商务翻译

商务文本就其主要文体形式而言，有公文体、广告体、论说体、契约体、应用体

---

1 文军，邓春，辜涛，蒋宇佳. 信息与可接受度的统一——对当前旅游翻译的一项调查与分析. 中国科技翻译，2002（1）：64.

2 同上：52.

3 同上：52.

4 同上：64.

等。这些不同的文体形式，由于交际功能的不同，对翻译标准的要求亦不相同。[1]

广告的主要功能是劝购功能，即说服读者去购买广告中所宣传的产品或服务。广告翻译是否成功取决于它能否在译文读者中起到同样的作用。[2]

例 4

原文：Where there is a way, there is a Toyota.

译文 1：丰田汽车，风行天下。

译文 2：车到山前必有路，有路必有丰田车。

分析：上例是丰田汽车公司的商务广告标语，巧妙化用了英语谚语“where there's a will, there's a way”。译文 2 同样借用了中国谚语“车到山前必有路，船到桥头自然直”(《增广贤文》)。译文 1 的“风行”同样巧妙，既可以表示车速迅捷，又可以表示车辆畅销，一语双关。两种译文都具备良好的劝购效果。

商务应用文的翻译应遵循“入乡随俗”的原则，即在将中文商务应用文译成英语时，译者应“尽可能地参考相关文件的英语原文，参照它们的内容、格式和文字来进行写作和翻译”，用英语中“‘约定俗成’的语言和形式”来进行创造性的翻译。[3-4]

例 5

The Deputy Prime Minister of Australia
and Minister for Overseas Trade
Dr J. F. Cairns
requests the pleasure of your company
at a Banquet
On Friday, 11 October, 1974
from 12.30 to 1.30 p.m.
in Hall Three of the Beijing Exhibition Center
To mark the opening of the Australian Exhibition
R.S.V.P.
Tel: ______________

1 马会娟. 论商务文本翻译标准的多元化. 中国翻译，2005 (3)：82.

2 同上.

3 恒齐，隋云. 商务应用文的英译应与国际接轨. 中国翻译，2003 (3)：74.

4 马会娟. 论商务文本翻译标准的多元化. 中国翻译，2005 (3)：82.

> 谨定于1974年10月11日（星期五）12时半至下午1时半假座（注：借用的意思）北京展览馆3号大厅举行宴会，庆祝澳大利亚展览会开幕。
> 敬请光临
>
> 澳大利亚副总理兼海外贸易部长
> 杰·弗·凯恩斯博士
>
> （请赐复电话：　　　　　）

中文译文由于遵循了译入语请柬的文体格式和表达习惯，让人看起来亲切、自然，易为读者接受。[1] 此外，汉译语体正式、庄重、得体，表达了对对方的尊重和重视，是值得学习效仿的范文。

商务合同是一种契约文体，其文本具有用语正式、句式严谨以及篇章结构固定等特点，涉外合同翻译的具体标准包括以下三个方面：（1）用词准确，译文完整；（2）行文通顺，条理清楚；（3）符合契约的文体特点。[2]

例6

原 文：The date of receipt issued by transportation department concerned shall be regarded as the delivery of goods.

译文：由有关的运输机构所开具收据的日期即被视为交货日期。

改译：由承运的运输机构所开具收据的日期即被视为交货日期。

通过以上内容，可以看出，商务翻译的难点不仅在于原文的准确理解，还在于译文的规范表达。初学商务翻译的人往往对这种正式规范的商务文本写作感到无从着手，翻译错漏百出，建议多多阅读相关书目，熟悉相关术语及规范表达方式，并通过实践逐步提高自己的商务写作翻译能力。

（四）法律翻译

李长栓[3] 认为，“像做任何专业的翻译一样，译者必须对相关专业知识有基本的了解”，“了解世界法律体系的基本情况，对于理解相关的文本和议题十分重要，是做好法律翻译的基础，故译者应予以充分重视。”法律语言在书面表达上的一个显著特点

1　马会娟. 论商务文本翻译标准的多元化. 中国翻译，2005（3）：83.

2　同上.

3　李长栓. 世界两大法系简介及关键术语的翻译. 东方翻译，2014（5）：73，78.

就是多用长句，这也就是法律的起草者和翻译者所说的“一句话”结构。在英、汉法律文本中，这种使用长句表达的倾向缘于立法者试图将某一问题的相关信息全部安置于一个完整的句子之内，避免几个分散的句子可能引起的歧义。[1] 此外，法律文本还存在大量名词化的特点。

例 7

Since criminal law is framed in terms of imposing punishment for bad conduct, rather than of granting rewards for good conduct, the emphasis is more on the prevention of the undesirable than on the encouragement of the desirable.

例 8

The law does not punish a failure to live up a heroic standard of behavior.

以上例句均选自国内通用的“法律英语”教材，其中大部分选自顾海根、姚骏华主编的《法律英语教程》，还有一些选自何家弘主编的《法律英语》。这类名词化词语表达的是非生命体，属于“无灵词语（inanimate words）”，其构成主要来自三种途径:（1）由动词加后缀构成;（2）由形容词加词缀构成;（3）动词直接用作名词。同时，这类名词化词语的句法功能在于体现文本的客观性以及描述的客体性。法律本来是以服务社会以及社会中的主体为目的，但是法律为体现其客观公正性，又极力地抹杀叙述的主体性。从这类名词化词语的句法形式来看，与其他文体的使用情况相似，在句中可以出现在除谓语以外的任何主要成分中。这类名词化词语在法律英语中有其显著的句法特征，那就是大量地充当主语，并常用于“there be”“it be”以及介词宾语结构中，显示出明显的客体性思维的句法特征。[2]

张法连[3] 提出法律翻译的四项基本原则：准确严谨、清晰简明、前后一致、语体规范。李克兴[4] 根据中国法律译本中滥用古旧词的现象，提出了古旧词使用的四项专用原则：一、简明作文原则；二、读者理解和认可原则；三、用词经济原则；四、用词可重复原则。李克兴建议在法律英译或写作中，以这四项原则为指引，慎用或尽可

1 张长明，平洪. 法律英语的句法特点及其汉英翻译策略. 广东外语外贸大学学报，2005（4）: 15.

2 傅敬民. 法律英语名词化词语的汉译研究，上海翻译，2007（3）: 34.

3 张法连. 法律文体翻译基本原则探究. 中国翻译，2009（5）: 72.

4 李克兴. 论英文法律文本中古旧词的使用原则——兼评中国法律译本中滥用古旧词的现象. 中国翻译，2010（4）: 61.

能少用古旧词。

在词汇层面，有法律专用词汇（如 litigation），有在法律文本中拥有多种专业词义的词汇（如 settlement、prejudice）。

例 9

原文：The parties agreed to a settlement without prejudice to the remaining litigation.

译文：双方同意在不影响其余诉讼的情况下达成和解。

分析：litigation 是法律专用词汇，意为“诉讼”，表示通过法律程序来解决纠纷，如：The claim is currently in litigation（该索赔正处在诉讼阶段）。settlement 除了“迁徙、移居”的意思，在法律文本中还有“协议、和解”的意思，如 an out-of-court settlement (=made without asking a court to decide) 表示“庭外和解”。prejudice 常见的释义是“偏见”，如 Jane Austin 所写著名小说《傲慢与偏见》(*Pride and Prejudice*)；但在法律翻译中，短语 without prejudice (to something) 却有特殊的含义，意思是“在不影响（其他法律事项）的前提下”。

（五）科技翻译

科技（science and technology），是科学技术的简称。比如，生命科学（life science）偏属科学范畴，机械工程（mechanical engineering）偏属技术范畴，以上同属科技范畴。韩其顺、王学铭[1]认为，“科技文体崇尚严谨周密，概念准确，逻辑性强，行文简练，重点突出，句式严整，少有变化，常用前置性陈述，即在句中将主要信息尽量前置，通过主语传递主要信息。科技文章文体的特点是：清晰、准确、精练、严密。”傅勇林、唐跃勤[2]认为，“科技英语文体的特征有：词汇含义深，用词简洁、准确，句子之间关系复杂，语法结构严谨，语气正式，陈述客观，逻辑性强，专业术语较多等。科技英语文体结构严谨、条理清晰，行文规范描述客观，在词汇、句法和语篇特征等方面与其他英语文体有一定差别。把握科技英语文体的基本特征，是做好科技英语翻译的前提。”此外，科技文体还存在容易造成错误理解的“一词多义”词汇。学科术语的专属性，可借助学科专业词典，如：梁炳文主编的《英汉航空航天工程词典》(*The English-Chinese Dictionary of Aeronautical and Astronautical Engineering*)（商务印书馆 2000 年出版）。

1　韩其顺，王学铭编著. 英汉科技翻译教程. 上海：上海外语教育出版社，1990，第 17 页.

2　傅勇林，唐跃勤主编. 科技翻译. 北京：外语教学与研究出版社，2011，第 1 页.

例 10

原文：Coronavirus Disease 2019 (COVID-19) is a novel respiratory illness caused by SARS-CoV-2. Viral entry is mediated through viral spike protein and host ACE2 enzyme interaction. Most cases are mild; severe disease often involves cytokine storm and organ failure. Therapeutics including antivirals, immunomodulators, and vaccines are in development.（from *Cell* journal, DOI: 10. 1016/j.cell. 2020. 04. 013）

译文：2019 冠状病毒病（COVID-19）是由严重急性呼吸综合征（注：综合征，指因某些有病的器官相互关联的变化而同时出现的一系列症状，也叫症候群）冠状病毒 2 号（SARS-CoV-2）引起的新型呼吸道疾病。病毒的侵入是通过病毒刺突蛋白和宿主血管紧张素转化酶 2（ACE2）（注：ACE2 是 Angiotensin-converting enzyme 2 的缩写）的相互作用来介导的。多数情况只是轻症病例；重症疾病则通常伴有细胞因子风暴和器官衰竭。目前，包括抗病毒药、免疫调节剂和疫苗在内的治疗药物正在研发之中。

分析：原文选自《细胞》期刊，是全球最权威的生命科学学术期刊之一。我们可以看到其中有众多行业术语的使用，这对于没有生命科学背景知识的译者来说，查证术语就是一项重要的工作。另一方面，我们也要注重一些非专业词在专业文本的表达，例如：原文的 entry 译为"侵入"就比译为"进入"要好，原文的"mediate"译为"介导"就比译为"中介"要好。

（六）字幕翻译

字幕翻译（subtitling）是翻译学的新型研究领域和研究热点，也是视听翻译（audiovisual translation）的主要类型之一。从 *Perspectives*、*Meta*、*Babel* 等知名翻译期刊对此类论文的欢迎程度可以看出，经过多年发展视听翻译研究的格局已基本形成，视听翻译在翻译研究领域已拥有一席之地[1]。字幕翻译的对象主要是电影、电视剧和所有需加字幕的视频节目或文件等。字幕是视原节目的需要，在后期通过技术手段加在屏幕上的图片文字，是对原节目的一种解释性的说明。[2]

钱绍昌提出影视语言不同于书面文学语言的五个特点：聆听性、综合性、瞬间性、通俗性以及无注性，同时结合个人翻译实践介绍了影视翻译的七点经验（注：篇幅所限，此处不再展开详情，读者可参看《中国翻译》2000 年第 1 期《影视翻译——

1 王晨爽. 国外视听翻译研究的知识图谱分析. 外语学刊，2017（1）：82.

2 杨洋. 电影字幕翻译述评. 西南交通大学学报（社会科学版），2006（4）：94.

翻译园地中愈来愈重要的领域》一文），这些对电影字幕翻译具有很大的指导意义。[1-2] 哥本哈根大学 Henrik Gottlieb 教授提出了字幕翻译的十种方法：展译（expansion）、释译（paraphrase）、转译（transfer）、仿译（imitation）、抄译（transcription）、换译（dislocation）、缩译（condensation）、减译（decimation）、删译（deletion）和弃译（resignation），堪称字幕翻译研究的经典之论。Gottileb[3]、李新新[4]、程维[5] 以纪录片《美丽乡愁》的翻译实践为例，提出了字幕翻译的原则：译文语域适当；精简叙事，避免"喧宾夺主"；注重叙事的连贯性。

例 11

字幕：叶问：勉强求全等于故步自封。

It holds you back.（《一代宗师》）

分析：该字幕指过去有人在邯郸学走路，不但没有学到当地的姿势和步法，反而忘记了自己原来的步法，只好爬着回去。比喻生搬硬套，没学到别人的优点，却丢掉了自己的长处。因此这里用"It holds you back"强调退步了。对于电影字幕来说，简洁传神是第一要务，字幕译者的处理比《新世纪汉英大词典》中的直译"Be complacent and conservative"更为简洁。[6-7]

此外，肖维青、王华树、席文涛等学者强调了技术在字幕教学和翻译中的重要作用。肖维青[8] 探讨了如何利用译配字幕软件 Subtitle Workshop 教授影视翻译课，设计课程活动，从而激发翻译课堂中学生动手动脑的热情，调整翻译专业学生的知识结构和专业技能。王华树、席文涛[9] 阐述了计算机辅助翻译技术在保持字幕翻译一致性、改善字幕翻译质量、提高字幕翻译效率等方面所发挥的极其重要的作用。

---

1 钱绍昌. 影视翻译——翻译园地中愈来愈重要的领域. 中国翻译，2000（1）：61-65.

2 杨洋. 电影字幕翻译述评. 西南交通大学学报（社会科学版），2006（4）：96.

3 Gottlieb, H. Subtitling: A New University Discipline. In C. Dollerup & A. Lindegaard. (Eds.) *Teaching Translation and Interpreting*. Amsterdam: John Benjamins, 1994.

4 李新新. 中国的影视翻译研究. 西华大学学报（哲学社会科学版），2005（S1）：103.

5 程维. 纪录片字幕汉英翻译研究——以纪录片《美丽乡愁》的翻译实践为例. 上海翻译，2014（2）：24-27.

6 惠宇. 新世纪汉英大词典. 北京：外语教学与研究出版社，2004，第 581 页.

7 岳峰主编. 中国影视输出策略研究：翻译与传播效果. 北京：中国社会科学出版社，2018，第 124-125 页.

8 肖维青. 论影视翻译课程的技术路径. 中国翻译，2012（5）：44-47.

9 王华树，席文涛. 计算机辅助翻译技术视角下的字幕翻译研究. 英语教师，2014（12）：32-38.

二、文学翻译

文学翻译涉及的体裁主要有诗歌、戏剧、小说、散文等。文学作品和学术作品有所不同，而最显著的不同就是文学作品的形象化、个性化。诗歌的韵律节奏、戏剧的矛盾冲突、小说的人物情节、散文的随兴漫谈，无不表现出各自鲜明的个性特征。

（一）诗歌翻译

中西诗歌翻译在音韵、意象及意向性方面具有大量的互文性特点，作为译者既要充分认识到中外诗歌中的互文特点，又要采取适当的策略传递互文的契合。[1] 对互文性理论有所贡献的先行者之一艾略特（T. S. Eliot）认为，一位诗人的个性不在于他的创新，也不在于他的模仿，而在于他把一切先前文学囊括在他的作品之中的能力，这样，过去与现在的话语同时共存。他说："我们常常会发现：在他的作品中，不仅最好的部分，而且最具有个性的部分都是他前辈诗人最有力地表明他们的不朽的地方。"[2] 例如，艾略特《荒原》中描写的战后年代，在中国诗词中也可以找到类似的描写。如姜白石（姜夔，号白石道人）在公元 1176 年写了一首《扬州慢》，描绘战火洗劫后的扬州，和广征博引的《荒原》有类似之处。[3]

不论汉诗还是英诗，都存在格律现象，如：五言绝句、七言律诗、十四行诗（sonnet）、英雄双韵体（heroic couplet）。董杰[4] 认为译诗存在两大派别：格律派和自由派。"格律派认为原诗是格律诗，是讲求格律的，根据翻译应当"求信"的原则，译诗自然应当最大限度地与原诗在内容和形式上保持一致，也即应当具备同原诗相同至少是相近的格律。""自由派认为，汉英属于两种完全不同的语言体系，彼此差异很大。汉语是以单音节为主的象形语言，而英语是以多音节为主的拼音文字。从中西的文学传统来看，中西文学和文化之间虽有交流，但文学传统上的差异还是比较大的；这种文学传统上的差异导致读者的审美取向也会出现较大的距离。再者，从译者的自身能力来看，除非译者的双语均达到母语水平，否则以诗译诗肯定会显得不伦不类。基于以上的原因，自由派学者认为，在译文中移植原诗韵律既是不可能的，也是不可取的。"

---

1 刘军平. 互文性与诗歌翻译. 外语与外语教学，2003（1）：55.

2 程锡麟. 互文性理论概述. 外国文学，1996（1）：73.

3 许渊冲. 诗词·翻译·文化. 北京大学学报（哲学社会科学版），1990（5）：35-36.

4 董杰. 汉语古诗的内在韵律与英译标准. 上海大学学报（社会科学版），2006（2）：147.

辜正坤[1]说，“一个人把诗译成别的语种的诗，单纯精通外语和自己的母语是不够的，顶多成功一半，另一半是他对诗歌本身有精当的理解，他的审美鉴赏能力也必须是上层的。许渊冲先生在这一方面是非常合格的。再一方面是他很勤奋，每次见到他，他总在伏案工作。无论是在国内还是在国际上，将汉语诗词译成外文，数量上是无人能和他相比的。”许渊冲[2]曾高度概括了二三百年来（particularly from the 1860s to the 1980s）汉语诗词英译的概况，指出“早期译者可分三派：直译派以韦利（Waley）为代表，意译派以翟理士（Giles）为代表，仿译派以庞德（Pound）为代表。后来直译分为散体派和逐字翻译派，代表人物分别为华逊（Watson）和巴恩斯通（Barnstone）；意译派分为诗体派和现代派，代表人物分别为登纳（Turner）和艾黎（Alley）；仿译派发展为改译派，代表人物是雷洛斯（Rexroth）。中国译者中也有八派的代表：早期直译有初大告，意译有蔡廷干，仿译有林语堂。后期散体译者有杨宪益，逐字译者有黄雯，诗体译者有许渊冲，现代派译者有林同济，改译者有翁显良。”

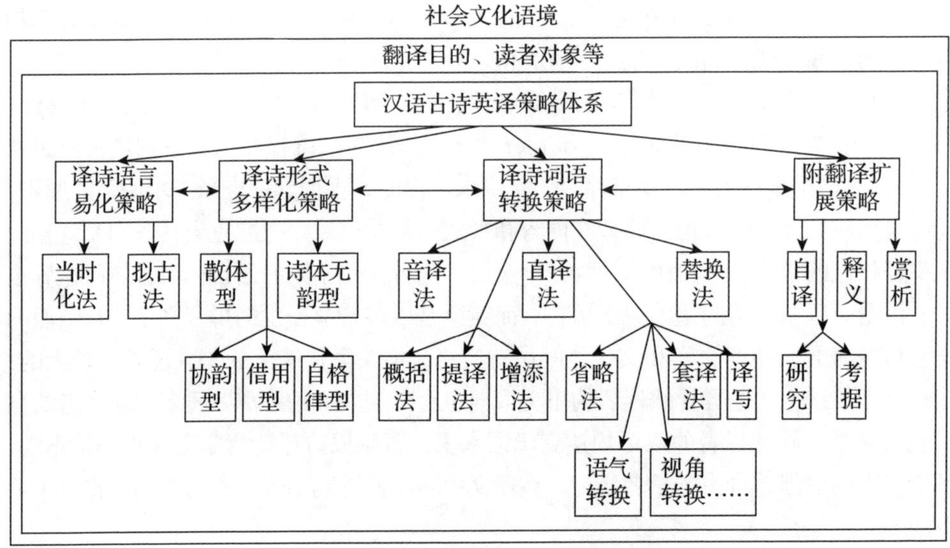

图 3-1　汉语古诗英译策略体系

1　于国华等. 唐诗走向世界——《汉英对照唐诗三百首》众人谈. 中国大学教学，2001（4）：19.

2　许渊冲. Development of Verse Translation. 外国语（上海外国语学院学报），1991（1）：35.

近年来，诗歌翻译研究出现了更为丰硕系统的研究成果，文军等[1-2]提出的汉语古诗英译策略体系，在丰富的诗歌翻译语料库的基础之上，从译诗语言、译诗形式、译诗词语、附翻译（注：附翻译是译者依据社会文化需求、读者对象以及出版要求等，在翻译过程中除译作外增加的相关信息，其方式包括自译、释义、赏析、研究、考据等。这些策略的采用因译者的认知和偏好而异，其内容包罗万象但又与译作密切相关，其产生因译作而起，是附属于翻译的副产品，故命名为“附翻译”[3]）等多个维度，系统构建了诗歌翻译的研究体系（见图 3-1）。

（二）小说翻译

优秀小说既是一部百科全书、包罗万象，又是一出人间百态、悲喜交集。外国小说，如玛格丽特·米切尔的《飘》（*Gone with the Wind*）、查尔斯·狄更斯的《双城记》（*A Tale of Two Cities*）；中国小说，如曹雪芹《红楼梦》、金庸《天龙八部》、周振天《神医喜来乐》，均属此类。

由于中西方文化的异质性，中国小说和西方小说在体制结构、语言修辞、审美旨趣等方面都存在着诸多不同，这就使译者面临一个选择，即在翻译的过程中是完全遵循中国小说的传统，还是根据西方的价值取向对中文进行改编，使之符合西人小说的体例习惯。在中国古典小说西译的初期，编译者大都选择了后者，译文和中文原文间出现了一定程度的差异，这种差异表现在体制、情节、词语等各个方面。[4]中国古典小说具有特殊的小说体制，如章回小说有回目和开头诗词，话本小说在正话之前往往有入话；西方小说则为章节体，开篇即进入正文，没有回目、诗词或入话。[5]鉴于中西小说的诸多不同，译者采取了一些翻译策略，可概括如下：对故事单元做出调整和组合，以符合西方小说的章节特点，如殷弘绪在翻译《今古奇观》的三篇小说时，将译文分为四篇作品，或直接删去入话，或以入话单独构成一篇作品，对中文的故事单元做出重新组合；添加解说性文字，为西方读者提供中国文化的背景知识；增加细节和心理描写，使人物形象的塑造更贴近西人的写作技巧；因价值观念差异对情节内容进

1 文军，陈梅. 汉语古诗英译策略体系研究. 中国翻译，2016（6）：92-98.

2 文军. 汉语古诗英译策略体系再论. 外语教育研究，2019（1）：61-65.

3 文军. 附翻译研究：定义、策略与特色. 上海翻译，2019（3）：2.

4 宋丽娟，孙逊. “中学西传”与中国古典小说的早期翻译（1735—1911）——以英语世界为中心. 中国社会科学，2009（6）：187-188.

5 同上：188.

行删节和改写，如帕西（Thomas Percy）译本（注:《好逑传》最早的英译本为英国东印度公司职员詹姆斯·威尔金森所译，由托马斯·帕西编辑出版。因帕西对《好逑传》最早英译本的出版问世贡献颇大，学术界一般称之为帕西译本[1]）删去了《好逑传》中回目和诗词歌赋的翻译；除采取以读者所在国文化为标准，对中文做出改编使之符合西人的价值观念之外，亦出现尊重原著、在翻译中尽可能保留原著面目的做法，如德庇时（John Francis Davis）译《好逑传》对小说回目和诗词都做了翻译。[2] 杨绛谈及文学翻译时，曾引用唐人刘知几《史通·外篇》的观点——“点烦”（点，用笔加点，审识章句，表示删除；烦，冗杂寡要的文字。点烦就是删去不必要的文字）。“点烦”在小说翻译中并不少见，晚清、民国、当代等不同时期均有“点烦”翻译小说典型译本，如林纾译《茶花女》、傅东华译《飘》、郝玉青译《射雕英雄传》。

20 世纪 70 年代起，葛浩文已译介了中国大陆及港台的近 30 位作家的 40 多部现当代小说，夏志清称他是“公认的中国现代、当代文学之首席翻译家”。[3] 就小说翻译而言，葛浩文认为译者的语言必须具有习俗性和时代感（idiomatic and contemporary），而不是华而不实的虚饰（flashy）。葛浩文还非常注重词汇的选择，很少随意删去原文中的谚语、俗语、谐音，并以最大的努力在英文中再现类似的情景效果。读葛浩文的翻译小说仿似读英文原创小说，却并无置身于美国社会的感觉。小说翻译，乃至文学翻译的最高境界正在于此：一国之文学经翻译后成为异域文学，从而真正达到了文化交流的目的。[4] 葛浩文表示，尽管他重视原作中的方言，但“不会纠结于把方言一字不落地准确翻译出来”。他处理汉语方言词的办法颇为灵活变通：设法“找到一个传递相同意义的英文俚语词、地域方言词、略显古雅或不常见的英文词来翻译，但如果找不到，就干脆不用这样的英文词”。[5] 例如，莫言在《红高粱》中为了逼真描写民国时期山东的土匪文化，用了一个山东方言词“抃饼”，并在小说正文中加注说明:“（土匪们）肚子饿了，就抓两个人，扣一个，放一个，让被放的人回村报信，送来多少张卷着鸡蛋大葱一把粗细的两拃多长的大饼。吃大饼时要用双手抃住往嘴里塞，故曰‘抃饼’。”[6] 可见“抃饼”是当地绑匪索要的一种具有赎金功

---

1 宋丽娟，孙逊.“中学西传”与中国古典小说的早期翻译（1735—1911）——以英语世界为中心. 中国社会科学，2009（6）: 187.

2 同上: 188-190.

3 吕敏宏. 论葛浩文中国现当代小说译介. 小说评论，2012（5）: 4.

4 同上: 10.

5 Stalling, J. The Voice of the Translator: An Interview with Howard Goldblatt. *Translation Review*, 2014 (88): 8.

6 莫言. 红高粱家族. 北京：人民文学出版社，2007，第 40-41 页.

能的地方小吃，因此“吃拃饼的”暗指土匪，是方言委婉语。葛浩文把上述最后一句译作：Since they stuffed the rolled flatbreads into their mouths with both fists, they were called “fistcakes”. 同时把“吃拃饼的”译成“a man who eats fistcakes”。[1] “fistcake”显然是葛浩文自创的，可归入他所说的“不常见的英文词”。《红高粱》的故事人物多是乡下粗人，他们看到或提到“土匪”，心里想到的或脱口而出的必定是“吃拃饼的”。葛译传达了这个方言词的地域、社会文化内涵，从而适度保留了方言的文体功能。[2]

此外，在小说翻译中还存在改译改写的现象，如陈佩玲改写《红楼梦》。陈氏是想还原曹雪芹因时代局限想写但又不敢写的真髓，同时也增加了小说的神秘色彩。也许正因为此，陈氏声称她的改写是出于对原著更深层次上的忠诚[3]。在西方文学的视域里，《红楼梦》披上了现当代英美文学的外衣，融入了英语世界的文学传统，得到了读者的接受和认可，在西方世界的传播和推介可谓顺风顺水。[4]

（三）戏剧翻译

戏剧，是“综合艺术的一种，由演员扮演角色，当众表演情节，显示情境的一种艺术。在中国，戏剧是戏曲、话剧、歌剧等的总称，也常专指话剧”[5]。在西方，戏剧就是指话剧，常用来塑造人物和反映社会生活。[6]

Reiss 将戏剧文本定性为“听觉媒体”文本，指出这类文本的创作目的不是阅读而是说或唱，是为了与观众沟通，它依赖于非言语媒介或其他非言语表达形式，既有听觉的，也有视觉的。[7] Bassnett 在《翻译研究》（*Translation Studies*）一书中提出戏剧翻译的特殊性。首先，戏剧文本不完整。其次，戏剧文本中不仅包含语言符号，还包含其他符号——副语言系统和动作文本。这些符号使戏剧文本具有可演出性，并且可以辨别，因此译者的任务是确定这些结构并将其译入目的语[8-9]。Snell-Hornby 延

---

1 Mo, Y. *Red Sorghum: A Novel of China*. H. Goldblatt. (trans.) London & New York: Penguin Books, 1994, p. 47.

2 汪宝荣. 试论中国现当代小说中乡土语言英译原则与策略，山东外语教学，2016（5）：110.

3 刘泽权.《红楼梦》的蝉蜕——品陈佩玲之英语《红楼》. 红楼梦学，2015（5）：154.

4 同上：157.

5 夏征农. 辞海（缩印版）. 上海：上海辞书出版社，1989，第 563 页.

6 黎昌抱. 从词语标记看王佐良戏剧翻译风格——以《雷雨》为例. 外语与外语教学，2008（4）：48.

7 潘智丹，杨俊峰. 国外戏剧翻译研究的发展及流变. 外语教学与研究，2013（2）：289-290.

8 Bassnett, S. *Translation Studies* (3rd edition). Shanghai: Shanghai Foreign Language Education Press, 2004, p. 122.

9 潘智丹，杨俊峰. 国外戏剧翻译研究的发展及流变. 外语教学与研究，2013（2）：289-290.

续并发展了 Reiss 的观点，将戏剧文本划为“多媒体文本”，认为多媒体文本与小说、短篇故事或抒情诗不同，其中的文字文本只是更大、更复杂的整体的一部分。[1] 而且，包括戏剧剧本和歌剧歌词在内的多媒体文本都有共同的特点，即它们都是专门为舞台上的现场演出创作，都是只有在演出时才能发挥出全部潜力的乐谱。[2] Newmark[3] 认为戏剧翻译主要以演出为目的，为了使译文能成功搬上舞台，译者在翻译时必须突出其戏剧性，具体要求包括：语言必须简洁，要强调动作而不是描述和解释，要表达文本中的潜台词，并且使用现代活的语言进行转换，等等。[4]

《茶馆》自 20 世纪 80 年代初搬上外国舞台以来，受到了外国观众的喜爱和欢迎。《茶馆》演出的成功除了原作的艺术魅力和演员精湛的表演技巧以外，英若诚译的剧本本身也起了很大的作用。该剧本充分考虑了舞台演出的需要，重视再现原剧本的口语化特征，在处理虚字、活句、习语以及称谓方面手法灵活，不拘一格。[5]

例 12

庞太监：说得好，咱们就八仙过海，各显其能吧！

Eunuch Pang: Well said! Let's both try our best, and see what happens.

分析：“八仙过海，各显其能”是汉语中一个常见的谚语，英语中没有贴切对应的表达方式。英译舍形象取意义，译为“Let's both try our best, and see what happens”，非常口语化地译出了人物的意思和语气，译笔干净利落，适合台词上口的原则。[6]

英若诚先生所译《茶馆》在很多方面都体现了戏剧翻译的动态表演性原则，译本充分考虑了戏剧翻译的特殊性，重视再现原剧本的口语化特征，照顾到观众的感受，从而保证了舞台演出的需要，值得戏剧翻译者学习和借鉴。[7] 在戏剧翻译的过程中，译者除了忠实于原剧本的内容以外，还应特别注意戏剧翻译的特殊规律：即翻译剧本

---

1 Snell-Hornby, M. Theatre and Opera Translation. In K. Piotr & K. Littau. (Eds.) *A Companion to Translation Studies*. Clevedon: Multilingual Matters, 2007, p. 108.

2 潘智丹，杨俊峰. 国外戏剧翻译研究的发展及流变. 外语教学与研究，2013（2）: 290.

3 Newmark, P. *A Textbook of Translation*. Shanghai: Shanghai Foreign Language Education Press, 2001, pp. 172-173.

4 潘智丹，杨俊峰. 国外戏剧翻译研究的发展及流变. 外语教学与研究，2013（2）: 290.

5 马会娟. 论英若诚译《茶馆》的动态表演性原则. 解放军外国语学院学报，2004（5）: 47.

6 同上：48.

7 同上：50.

也必须像原剧本一样具备可供演出的语言特征。[1] 张汨、文军[2] 以朱生豪《仲夏夜之梦》翻译手稿为个案，通过定性与定量研究发现，朱生豪翻译手稿中动词、名词、代词、语序和句子等方面的修改处体现出了其对译文“可读性”和“可表演性”的不懈追求。

（四）散文翻译

散文翻译有其特殊的规律和要求，它与小说翻译必然是有区别的。不少小说可以通过情节取胜，但散文大多没什么情节，很多情况下靠文采取胜。[3] 刘士聪认为，散文翻译的至高境界是再现原文的韵味，即再现声响和节奏、意境和氛围以及个性化的话语方式。[4]

例 13

原 文：Studies serve for delight, for ornament and for ability. Their chief use for delight, is in privateness and retiring; for ornament, is in discourse; and for ability, is in the judgment, and disposition of business. (Francis Bacon, *Of Studies*)

译文：读书足以怡情、足以傅彩、足以长才。其怡情也，最见于独处幽居之时；其傅彩也，最见于高谈阔论之中；其长才也，最见于处世判事之际。（王佐良　译）

分析：培根的原文，意思一层套一层，句子一环扣一环，条理清楚，脉络分明，结构严谨，逻辑严密。译文也充分体现了这种特点。[5] 培根是生活于 16 世纪末、17 世纪初的作家，他所用的英语是当时流行的英语。译文所用文言最大特点是简练，但译者用的又不是那种艰深古奥、诘屈聱牙的古文，而是浅近的文言。既体现了原作的语言风格，又浅显易懂。[6]

在为数不多的散文翻译研究著作中，具有较大影响力的译本共有四个，分别是翟理斯（Giles）的《古文选珍》（*Gems of Chinese Literature: Prose*）、卜立德（Pollard）的《古今散文英译集》（*The Chinese Essay*）、杨宪益的《熊猫丛书·唐宋诗文选》和

---

1 马会娟. 论英若诚译《茶馆》的动态表演性原则. 解放军外国语学院学报，2004（5）：46.

2 张汨，文军. 朱生豪翻译手稿描写性研究——以《仲夏夜之梦》为例. 外语与外语教学，2016（3）：127.

3 [美]华盛顿·欧文. 见闻札记：美国文学之父眼中的 19 世纪欧洲. 刘荣跃编译. 桂林：广西师范大学出版社，2004，译序.

4 陈宏薇. 野草之韵的成功再现——刘士聪英译散文《野草》赏析. 外语教育，2003（00）：11.

5 杨志才. 一篇精彩的译文——读王佐良译《谈读书》. 中国翻译，1983（9）：40.

6 同上：42.

收录了各家译文的《大中华文库·唐宋文选》(共两册)。这四个译本分别代表了不同时期国内外译者和汉学家对于唐宋散文乃至中国古代散文的翻译和研究状况。[1] 翟理斯是向英语世界介绍中国古代散文的先驱。他在浩瀚的中国古典文献中寻珍觅宝，选取精华，逐篇译成英语。《古文选珍》应是第一部向西方介绍中国古代散文的书。[2]

张培基在英译胡适散文《差不多先生传》时认为，应以保持原作明白晓畅、朴素自然的风格为要。除要求译文符合英语习惯和规范外，遣词宜力求通俗，造句宜力求简洁。[3] 词语的增减是避免死译的常用方法之一。文章的标题《差不多先生传》虽可一字不漏地译为"A Biography of Mr. About-the-Same""A Story of Mr. About-the-Same""Life of Mr. About-the-Same"，但均不如把"传"字撇开，仅仅译为"Mr. About-the-Same"即可，读来干净利落，符合标题应尽量简短扼要的要求。[4] 最后，还应注意所用词语是否和原作的语体一致。如"不上一点钟，差不多先生就一命呜呼了"中的"一命呜呼"是俏皮话，相当于上海方言中的"翘辫子"。如用 died 或 passed away 等来表达，规范有余，神似不足，故以戏谑性俚语 kicked the bucket 取代之。[5]

此外，原文略显啰唆之处不必严格按照原文全部译出，例如："若是说我写小说何日开始，这就是第一课吧"(张恨水《我写小说的道路》)，原文不必按字面直译，现按"这就是我小说生涯的开端"译为 That's the beginning of my career as a novelist 即可。[6]

第二节 接受对象

在翻译领域，读者对象(readership)包括源语读者(SL readers)、译语/目的语读者(TL readers)。本节"接受对象"指的是译语读者，也就是说，我们做翻译给谁看，译语读者是谁。根据接受对象的不同，可以选择不同的翻译策略与方法。

1 李雪丰. 唐宋散文英语译介之旅：1923—2012——兼论山水游记文的翻译风格. 西安外国语大学学报，2019 (3)：104.

2 刘士聪. 介绍一部中国散文经典译作——兼谈 David Pollard 的汉英翻译艺术. 中国翻译，2005 (2)：52.

3 张培基. 英译胡适名篇《差不多先生传》. 外国语 (上海外国语大学学报)，1995 (2)：56.

4 同上：57.

5 同上：57.

6 张培基译注. 英译中国现代散文选 (四). 上海：上海外语教育出版社，2012，第 19 页.

翻译公司的接受对象主要为翻译客户以及翻译客户的目标读者。如果可能的话，译者应该充分尊重客户的翻译要求。比如，有些敏感内容要做删减或替换为适合出版的译文；有些客户只求了解原文大意，原文内容无须全部译出；有些客户对译文格式有比较严格的要求；有些客户要求译文语言和风格要适合客户的目标读者阅读，等等。

翻译教材的翻译对象主要为翻译专业师生。尤其是外研社、外教社等出版社近年来不断引进翻译的一系列国外出版的翻译学经典著作，作国内翻译教学教材之用。此类情况，一般都采用语义翻译的方法，或者摘译其中要点，以传递信息为主。如李德凤译芒迪（Munday）著《翻译学导论》。

翻译专著的翻译对象主要为相关内容或翻译的爱好者，此处可分为儿童（注：儿童一词古今意义有所差异，此处指未成年人）读者、成人读者两大类。其实，真正优秀的儿童文学是没有国别界限和年龄界限的，如大部分安徒生童话，少长咸宜、雅俗共赏，成年人和老年人也爱读。[1] 笔者在幼年、青年、中年等不同年龄段每每读到《卖火柴的小女孩》都不禁为之动容，甚至落泪。

对儿童读者或观众（比如观看译制动画）而言，翻译作品最好配上相关插图画面，确保对孩子有足够吸引力。儿童文学的译者应有强烈的文体意识，熟悉儿童语言，洞察儿童心理，才能创造出“功能对等”的深受儿童读者喜爱的译作。[2] 与成人文学相比，儿童文学一般都有比较明确的目标读者，比如《杨柳风》（*The Wind in the Willows*）是肯尼斯·格雷厄姆（Kenneth Grahame）写给他先天眼睛有问题的独生子阿拉斯泰尔（Alastair）的（赵武平译本序）；《爱丽丝漫游奇境记》（*Alice's Adventures in Wonderland*）是刘易斯·卡罗尔（Lewis Carroll）写给教长女儿爱丽丝（Alice）的（陈复庵译本序）。创作和翻译儿童文学首先应把目标读者的特点考虑在内。[3]

例 14

原文：I've just finished the English-to-Spanish translation of a children's infographic that aims to inform 10- or 7-year old readers about COVID-19.

I've enjoyed it so far, putting myself into the shoes of a child and making informed choices about:

1 叶君健. 儿童文学这个品种. 文学自由谈，1991（3）：33.

2 徐德荣. 儿童文学翻译刍议. 中国翻译，2004（6）：33.

3 同上.

- Sentence structure (i.e. easy-to-read sentences for their age)
- Word choice and syllable-length
- Readability
- Style

The translation is "finished", but it still needs polishing. So, I'll leave it for today and I'll get back at it tomorrow with fresh eyes to spot on the minor details. (Serna)

译文：从英语到西班牙语的儿童信息图表翻译始告完成，本人旨在向7岁或10岁的读者小朋友介绍新型冠状病毒肺炎。

我向来喜欢将自己置身儿童立场，并对以下事项做出明智选择：

- 句子结构（即适于儿童年龄阅读的句子）
- 选词与音节长度
- 可读性
- 风格

译文虽已初步"告成"，但尚需打磨。因此，我今天暂时将其搁置，留待明日以全新眼光回顾初译，着眼译文细节。（笔者译）

以上内容是自由译者Serna针对儿童读者做英西翻译（from English into Spanish）的经验心得总结，他提出了四点注意事项：句子结构（即适于儿童年龄阅读的句子）；词语选择和音节长度；可读性；风格。这些注意事项对儿童文学译者具有借鉴意义。

练 习

1. 案例分析

以下内容是曹植对建安二十二年（公元217年）爆发大瘟疫的记载，其中有对疫情产生原因的看法——"此乃阴阳失位，寒暑错时，是故生疫"，在距今将近两千年的那个时代，这是很了不起的见解。请尝试通过"语内翻译""语际翻译"两个步骤英译这段文字。

曹植《说疫气》曰：建安二十二年，厉气流行，家家有僵尸之痛，室室有号泣之哀。或阖门而殪，或覆族而丧。或以为疫者鬼神所作。夫罹此者悉被褐茹藿之子，荆室蓬户之人耳。若夫殿处鼎食之家，重貂累蓐之门，若是者鲜焉。此乃阴阳失位，寒暑错时，是故生疫。而愚民悬符厌之，亦可笑。(《太平御览》)

分析

语内翻译——古汉语译为现代汉语：

（汉献帝）建安二十二年，强烈的传染病不断蔓延。几乎家家户户都经历着丧失亲人的悲痛，哀伤的号泣声不时传来。有的是全家病死，有的是一族俱亡。有人认为，疫气是鬼神带来的。而遭遇这次灾难的人，都是粗衣恶食、荆舍蓬门的贫苦百姓啊！想想那些华堂玉食、貂服厚褥的富贵人家，像这样染病的情况却很少。这是因为阴阳失衡，寒暑错位，所以会产生瘟疫。而无知的人却用悬符的方法来驱秽，也是很可笑的事情啊！（韩邦亭　译）

语际翻译——现代汉语译为现代英语：

In 217 A.D., a highly infectious disease spread across China. Almost every household was experiencing grief of loss of their loved ones, and the cry of sorrow was heard from time to time. And some of the whole families and clans died of the disease. It was thought that the epidemic was brought by ghosts. The people who suffered from this disaster were the poor who wore bad clothes and ate bad food! While those rich and powerful, who owned good food, thick bedding and mink, rarely got sick. This was because the imbalance of *yin* and *yang*, that is, the dislocation of cold and hot days, caused the plague. Alas, it was ridiculous that ignorant people hung talisman to dispel evil!（参考译文）

2. 思考题

*1）*文学翻译和非文学翻译的翻译方法有何相同之处、不同之处？试举例说明。

*2）*你认为哪种文体最难翻译？有观点认为，译者应该尽量选择符合自己写作风格的文体进行翻译，方为上策。你对此是否有同感？

*3）*有人认为诗不可译，有人认为应该诗体译诗，有人认为应该散体译诗。你怎样看待这些争论与异议？

*4）*科技、法律、商务等专业文体中有哪些一词多义的词汇容易导致翻译错误？试总结整理。

*5）*你在翻译实践中是否收到过翻译公司的翻译要求？有专家认为，专业译者应该对一些翻译客户进行翻译教育。当客户要求和译者观点相左时，应该怎样妥善处理分歧？

6）你读过哪些儿童文学翻译？请思考这些让你印象深刻或者畅销的儿童文学译著，它们成功的原因是什么？

3. 扩展阅读

Boase-Beier, J. 2014. *Stylistic Approaches to Translation*. New York: Routledge.

Pollard, D. E. 2000. *The Chinese Essay*（古今散文英译集）. London: Hurst Company.

Trosborg, A. (Ed.) 1997. *Text Typology and Translation*. Amsterdam & Philadelphia: John Benjamins.

陈德彰. 2010. 热词新语翻译谭（系列丛书）. 北京：中国对外翻译出版公司.

李长栓. 2009. 非文学翻译. 北京：外语教学与研究出版社.

彭萍. 2010. 实用旅游英语翻译（英汉双向）. 北京：对外经济贸易大学出版社.

文军等. 2010. 翻译实用手册. 北京：外语教学与研究出版社.

许渊冲. 2003. 文学与翻译. 北京：北京大学出版社.

第四章

翻译过程论

翻译过程与翻译产品相对，翻译过程研究指的是对两种语言之间转换的复杂过程进行剖析，对出现的种种问题及其可行的解决办法和操作程序作出系统的描述和说明。翻译过程可以分为外部过程和内部过程，翻译过程研究大致可分为两类：理论性研究和实证性研究。

第一节 外部过程

文军、孙三军[1]提出，“Darwish[2]认为，翻译过程分为两方面：外部过程与内部过程。外部过程表现在两个层面，即机械层面和程序层面，以译员接受翻译任务始，以上交译文终。”

翻译外部过程可图示如下（见图 4-1）：

翻译动机 ----- 译本选择 ----- 翻译程序 ----- 复译

图 4-1 翻译的外部过程

从翻译过程的现状看，其研究是一种“外部过程”和“内部过程”兼而有之的局面，即既有与心理学相关的动机研究，也有从接受译文到完成的整个流程，已经涉及的内容包括：翻译的动机、译文的选择、翻译程序、译文定稿前的修订（包括译者自己的修改以及编校者的修订）和复译等，以下作一简介：

1 文军，孙三军. 论使用出声思维研究翻译过程. 外语学刊，2006（3）：93-97.

2 Darwish, A. Towards a Theory of Constraints. 1999. http:// www.surf.net.au/writescope/translation/constraints. 0.1.pdf.

一、翻译动机

参照 Gardener 和 Lambest 将外语学习动机分为“综合型动机”和“工具型动机”两类，我们尝试着把翻译动机分为“综合性动机”和“工具型动机”两类。前者指译者出于“艺术的喜悦”，或出于“政治、经济或社会的使命感”。而工具型动机指译者出于某种特殊目的而进行翻译，如经济目的、职称目的、获奖目的等。

以上两类动机的形成受诸多因素的影响，其中最重要的就是价值观。“价值观是人生观的核心部分，当人的价值观发生了变化，他对人生的看法也就发生变化。而人在自己的生活中，无时无刻不在进行着价值比较和价值取舍。一个人做什么及怎么做取决于这种比较的结果。”[1]

关于翻译动机的研究，有两篇文章值得推荐：一是齐邦媛[2]的《由翻译的动机谈起》，该文论述了梁启超“因报国乃至救国而翻译”的动机，并另以胡适之、鲁迅、周作人、徐志摩等作为辅佐例子加以说明。二是王宪明[3]在《语言、翻译与政治——严复译〈社会通诠〉研究》一书中对《社会通诠》的“文本源流与著译动因”作了详尽的研究。上文对一本原作的三种译本的翻译动机进行了分析，尤其是对严复翻译动因的剖析，无疑可以使我们对社会文化与翻译的互动关系以及对译者动机的影响有更深的理解。

当然，“动机问题作为心理学研究的核心论题之一，它涉及人类行为的基本源泉、动力和原因，最能反映人类行为的目的性、能动性特征。”[4]对翻译动机的研究可以说刚刚起步，因为按照张爱卿的研究，从古至今，对动机的观点至少包含12种：本能论、驱力论、需要论、诱因论、动力论、认知一致论、成就动机论、自我效能论、自我决定论、预言论、归因论和自我调节论，如何恰当有效地运用相关理论，以深化我们对翻译动机的研究，确实是大有可为的领域。

二、译本的选择

总体而言，翻译动机与译本的选择既有联系又有区别：联系在于翻译动机从宏观层面确定了译文选择的方向，而区别在于在总的翻译动机引导下译文选择的面较宽，

---

1 秦言. 关注知识经济——知识经济时代生存与发展策略. 天津：天津人民出版社，1998.

2 齐邦媛. 由翻译的动机谈起. 香港中文大学出版社，1986.

3 王宪明. 语言、翻译与政治——严复译《社会通诠》研究. 北京：北京大学出版社，2005.

4 张爱卿. 动机论——迈向21世纪的动机心理学研究. 武汉：华中师范大学出版社，1999.

具体确定翻译哪一种文本，往往会受很多因素的制约。粗略地讲，从译者的角度，译本的选择可以分为“主动选择”与“被动选择”两类。前者指译者根据自己的意愿、审美趣味等对译本进行的选择，后者指译者所接受的“发起人”指定的翻译文本。

关于译本选择，迄今已有部分研究，如文军[1]对杜甫诗歌英译的文本择选进行了研究。在古代诗人诗歌的英译中，文本择选是任何译者首先需要面对的问题：许多诗人的诗作数量巨大，全部翻译几乎没有可能。比如李白有近千首、白居易有3 000首，而我们现在看到的李白只有300首英译诗歌、白居易1 000首。换言之，相对于他们的全部诗歌，这些诗集都是选集（或选诗）。这些选集的形成，就是译者进行文本择选的结果。那么，这类文本择选受到了哪些因素的影响？译者的文本择选采用了什么策略和方法？弄清这些问题，有助于我们更加深刻地理解古诗英译的过程。笔者认为影响杜甫诗歌英译文本择选的四要素包括：社会文化背景、译本规模、翻译目的与读者对象以及译者的审美倾向；同时论述了文本择选的五种策略与方法：体裁择选法、题材择选法、编年体择选法、遵从已有选本法和依据诗歌影响及经典性择选法。

三、翻译程序

翻译过程指翻译活动所经过的程序，一般认为包括三个阶段：理解原文、用目的语表达、校验修改译文。其中，理解是表达的基础或前提，表达是理解的结果。表达提出的过程是：（1）分析——从语法和语义两方面对原文的信息进行分析；（2）传译——把经过分析的信息在脑子里从源语转换成译语；（3）重组——把传递过来的信息重组成符合要求的译语；（4）检验——对比原文意义与译语意义是否对等。总的来说，翻译过程主要是理解与表达的过程，即认识与实践、分析与综合的过程，它们既是同一过程彼此衔接，又是互有交叉、互臻完善的两个阶段，是同一问题不可分割的两个侧面。[2]

对上述翻译程序，也有学者选择用翻译模式进行阐释，如奈达（Nida）的翻译过程模式。肖辉、张柏然[3]提出，在20世纪40年代末、50年代初，人们为了研究所谓自动翻译的可行性，设立了一个研究计划并设计出翻译模式。这种模式基于一种理念：所有的文本是由一串词（或词项）组成，人们可以逐项进行翻译。这种基本的词

---

1 文军. 杜甫诗歌英译文本择选研究. 外语教学，2014，35（4）：95-98.

2 方梦之. 译学词典. 上海：上海外语教育出版社，2004.

3 肖辉，张柏然. 翻译过程模式论断想. 外语与外语教学，2001（11）：33-36.

汇层面的模式逐渐被句子层面模式取而代之。奈达在《翻译理论与实践经验》一书中认为通过分析、核心水平转换及重构三重关系，人们可将原语转换成译语。如图 4-2 所示：

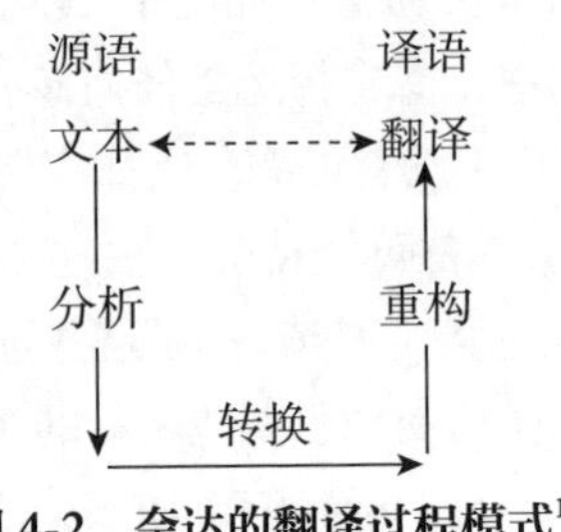

图 4-2　奈达的翻译过程模式[1]

图中的实线代表翻译的基本过程；带有指向两个不同方向箭头的虚线表示检测的过程；标有“转换”箭头所提示的距离表示文化、语言因素的差异很大。

奈达认为翻译过程由分析、转换、重构与检测 4 个阶段构成。

（1）分析阶段。此阶段为语法、语义分析阶段，译者应分析：① 单词与单词组合之间有意义的关系；② 单词与单词之间特殊组合的所指意义（如成语）；③ 内涵意义。

（2）转换阶段。从甲语言转换成乙语言为翻译过程的核心阶段。译者应注意作两种调整：① 语义调整。译者在将信息从一种语言转换成另一种语言的过程中，首先应不惜一切代价保留原文内容，其次才保留形式（如保留诗歌的形式）。过分保留形式会不可避免地导致原文信息的丢失与扭曲。在任何翻译过程中都会存在语义内容的丢失，因此译者应将语义丢失控制到最低限度。② 结构调整。此调整影响语段、句子、单词以及整个语言结构。译者为了确保读者理解译文并避免扭曲，作少量的结构调整是必要的。

（3）重构阶段。译者应考虑：① 可取的语言种类或文体；② 不同文体的基本成分和特点；③ 可能用来产生文体的技术。

（4）检测阶段。译者应检测译文的准确性、可理解性、文体对等。应注重的不是译文与原文字面意义上的对等，而是动态对等，应注重译文潜在接受者对译文的反应如何。在翻译过程中，译者通过转换过程始终在分析与重构过程中摇摆。

1　Nida, E. A. & Taber, C. R. *The Theory and Practice of Translation*. Leiden: E. J. Brill, 1969.

奈达指出：分析阶段即译者决定源语文本意义（词汇、句法和修辞意义）的阶段。译者在此阶段应考虑内容和形式。根据生成－转换语法的概念，分析过程主要为决定内在意义的过程。转换过程就是在这个层面上发生的，因为语言在亚结构上比在表层结构上更相似。转换发生，译者就要重构原文信息的形式使它适合于假设的读者，而检测阶段就是将译语文本进行比较的阶段。

通过对奈达模式的分析，我们可以得到以下认识：

（1）翻译过程中的转换阶段并非与其他阶段不相关联，该阶段实际上与分析和综合相互重叠。

（2）总的来说，译者在翻译过程中并不太可能经常返回到基础结构（核心或近核心结构）。只有当翻译者不能自动将目的语文本切分成分与源语文本切分成分联系起来时，或源语文本句法结构太复杂并阻碍了译者理解其意思时，译者才会将复杂的原文文本切分分划分为成更多的基础结构。

（3）奈达的翻译模式没有揭示译者在翻译时的心理过程，因此他的模式并非心理学模式。奈达模式没有揭示译者是如何分析源语文本，如何分裂成基础结构以及如何将他们转换成目的语。

四、译文定稿前的修订

译文定稿前的修订在上述奈达模式中已经有所表述，此处再重点阐述一下。译文定稿前的修订包括译者自己的修改以及编校者的修订两种。译者自己的修改是对译文作最后的润饰，其情形往往因译作的不同、翻译要求的差异以及译者个人的态度而千差万别。而编校者的审定是译作走向社会的最后一道关口，扮演着“把关者与化妆师”的角色。实际上，从某种意义上讲，编校者也扮演着评论家的角色，只不过他不仅要批评，更要动手修正。不少工作在出版界的编校者曾就译文的修订发表过许多卓有见地、实例丰富的文章，从中我们能领略到“把关者与化妆师”的辛劳和重要性。

如苏正隆先生[1]在《把关者与化妆师——从出版编辑的角度谈翻译》一文中，以《文学批评术语》等五个译本的翻译为例，指出了翻译中的错漏，并就其中一段做出了修改示范。再如徐式谷[2]的《现代学术论著翻译的易和难——从校改一篇史学译文见

1 苏正隆. 把关者与化妆师——从出版编辑的角度谈翻译. 香港：香港中文大学出版社，1986.

2 徐式谷. 现代学术论著翻译的易和难——从校改一篇史学译文见到的问题谈起. 中国翻译，1983（6）：6-10.

到的问题谈起》、任楚威[1]的《审校科技译文要多在“准确”二字上下功夫》、韩沪麟[2]的《从编辑角度谈文学翻译》、吴均陶[3]的《编辑谈译诗兼谈杜甫诗英译及其他》等文章，从不同角度对编校过程中译文的处理作出了具体生动的说明，对于我们更加完整地理解翻译过程大有裨益。

五、复译

（一）复译的定义与分类

复译是指译者对他人曾翻译过的作品进行的再次翻译或译者对自己的前译进行改译。[4]根据复译作品对旧译做出的改动程度，可以将复译分为微调、小调和大调。[5]微调是指复译中使用了同义词或同义表达，但译文意思和句型结构基本没变，或与旧译完全一样，或略有程度或色彩上的细微差异。小调是指复译对旧译仅作了些小调整，在句法结构，尤其是意思上没对旧译作大的改动。但由于这些小的调整，译文的意思和效果出现了些许差异。大调是指复译在意思上对旧译作了大的改动。

（二）复译的原因

翻译作为一项复杂的活动，是多种因素共同作用的结果。总体而言，复译的出现伴随着“翻译是否有定本”这个问题。在 20 世纪上半叶，苏联文学批评界和理论界就流行着这样一种观点，认为翻译从本质上来说，是一项无法完成的任务。导致这种看法的最主要的原因就是因为“绝对理想的确切性”根本无法达到。[6]在国内，方平认为不存在“理想的范本”。正因如此，“才能促使艺术的生命永葆青春”。[7]许钧也说“翻译不可能有定本”。他根据外国的接受美学和阐释学的原理，指出“文学作品是一个相对开放的符号系统。译者首先是读者、阐释者，其首要的任务是理解、发掘原作的潜在意义，尽可能接近原作的精神。但由于不同的读者有着不同的审美趣味、价值取向、不同的文化修养和人生经历，对同一部作品的理解会各有不同，如果一部作品不

1 任楚威.审校科技译文要多在“准确”二字上下功夫.中国科技翻译，1997（3）：39-42.
2 韩沪麟.从编辑角度谈文学翻译.中国翻译，1989（1）：43-44.
3 吴均陶.编辑谈译诗兼谈杜甫诗英译及其他.中国翻译，1991（2）：6-10.
4 文军.杨宪益先生的 Pygmalion 两译本比较——兼论戏剧翻译.外国语，1995（4）：41-46.
5 郑诗鼎.论复译研究.中国翻译，1999（2）：43-47.
6 秦文华.对复译现象与翻译标准的剖析.外语与外语教学，2003（11）：47-49.
7 方平.不存在“理想的范本”——文学翻译工作者的思考.上海文化，1995（5）：72-75.

可能被一个读者理解阐释殆尽，这个人的理解不可能是唯一正确理解”。[1] 陈言[2] 也认为“着眼于翻译文学自身的特性，翻译不可能有定本”。

但罗新璋则认为，“翻译完全可能有定本！这不是理论上的推断，而是实践作出的回答”；“凡译作与原著相当或相称，甚至堪与媲美者，应该说已接近于定本”。

现今来争说定本，不是为争谁是谁非，而是对前人劳动的尊重与肯定忙了一两千年，竟连一个定本也搞不出来，不亦太饭桶乎？[3]

“翻译是没有定本的”有其存在的依据。从语言学的角度来看，翻译是一项语言转换的活动。语言的特性就是永恒变化。对于任何一个译本，不要强求给予它恒定的结论。从接受美学的角度来讲，对于不同的读者，也可以译出不同的译本；对于不同的读者群，翻译原则也应该不同。从哲学阐释学角度来看，翻译本质上就是阐释和评论。对原著或译著的理解和阐释是一种动态的对话过程。不同的译本，向不同的读者敞开，复译以及复译本的意义就在这一不断的运动过程中得以实现。[4]

（三）复译的性质

1. 文本倾向性

文本倾向性指的是从理论上说每一个文本都具有复译的无限可能性。然而从实践中看一些文本较之其他文本具有更高的复译概率与可能性。[5]

- 作品的文化价值、艺术水平高。一般来说，作品的价值越高、影响越大，就越受复译的青睐，复译本越多。
- 本体研究相对成熟、注释本较多的作品。作品的本体研究越成熟，注释本越多，复译的可能性就大，复译本就多。
- 文本易解、篇幅适中的作品。文本难度、篇幅与复译倾向性往往呈现出反比例关系。篇幅适中、文本易解的作品总是受到复译者的垂青。
- 解读空间大的作品。一般说来，意义丰富可做多维度解读的文本容易被反复翻

1 许钧. 翻译不可能有定本. 博览群书，1996（8）：15-16.

2 陈言. 20世纪中国文学翻译中的“复译”、“转译”之争. 四川外语学院学报，2005（2）：100-104.

3 罗新璋. 翻译完全可能有定本. 中华读书报，1996.

4 秦文华. 对复译现象与翻译标准的剖析. 外语与外语教学，2003（11）：47-49.

5 荣立宇. 复译浅谈. 语言教育，2017（1）：72-75.

译，每一种解读都是一次新的阐释，每一次复译都构成对文本意义不同侧面的再现。

2. 复译的有效性

复译的有效性可以通过考察后出译本对于前出译本的创新性来衡量，如果说针对原译，后出译本构成对于前出者的反动，具有巨大的创新意义，我们说它是有效的复译。相形之下，如果后出译本只是在形式内容等方面沿袭了前译，那么如此复译的有效性也就大打折扣。

第二节 内部过程

内部过程由外部过程在某一接合点引发，它由信息的认知处理构成，在物质方面表现为译文。翻译过程实证研究主要研究内部过程，即译员翻译时脑子里在想些什么；同时，外部过程的某些方面（如翻译要求、使用翻译辅助工具）由于对内部过程影响巨大，也被考虑其中。[1]

一、翻译内部过程模式的发展

在翻译研究中，对内部翻译过程模式的探索经历了一个认知的发展过程，具体表现为两类代表性研究：基于心理学的研究[2-3]）和基于认知科学的研究[4]。

（一）基于心理学的研究

我们主要介绍贝尔（Bell）的翻译过程模式。

肖辉、张柏然[5] 指出"Bell[6] 认为翻译过程共分为两个阶段：分析阶段——将一个

---

1 文军，孙三军. 论使用出声思维研究翻译过程. 外语学刊，2006（3）：93-97.

2 Bell, R. T. *Translation and Translating Theory and Practice*. London: Longman, 1991.

3 Lörscher, W. *Translation Performance, Translation Process, and Translation Strategies: A Psycholinguistic Investigation*. Germany: Gunter Narr Verlag, 1991.

4 Mandelblit, N. *Grammatical Blending: Creative and Schematic Aspects in Sentence Processing and Translation*. San Diego: UC San Diego, 1997.

5 肖辉，张柏然. 翻译过程模式论断想. 外语与外语教学，2001（11）：33-36.

6 Bell, R. T. *Translation and Translating Theory and Practice*. London: Longman, 1991.

特殊语言的文本（源语文本）转换为一个非特殊语言的语义表达；综合阶段——将此种语义表达综合成第二特殊语言的文本（即译语文本）”。

贝尔认为翻译过程涵盖以下内容：

- 翻译是人类信息处理这个普遍现象中的特殊案例；
- 翻译过程模式应属于翻译信息加工的心理领域；
- 翻译过程发生在短期记忆和长期记忆中，这需要通过始发语里的篇章解码装置和目的语里的篇章编码装置，又经过与语言无关的语义表征（semantic representation）；
- 不论是在对进入的信号的分析过程中，还是对外出的信号的合成过程中，翻译过程都是在从句的语言层次上进行的；
- 以自下而上（bottom-up）和自上而下（top-down）的方式加工文本，并通过串联（cascaded）的操作方式将两种方法结合起来；一个阶段里的分析或综合必须在下一个阶段被激活、修正和允许之后才能完成；
- 翻译过程需要两种语言，其中包括：
  ① 视觉词汇识别系统（visual word-recognition system）和写作系统（writing system）；
  ② 句法处理器（syntactic processor）——处理情态系统（mood system）的选择；
  ③ 常用的词汇存储（frequent lexical store, FLS），词汇搜索机制（lexical search mechanism, LSM），常用结构存储（frequent structure store, FSS），及语法上分析句子的机制；
  ④ 语义处理器（semantic processor）——处理及物性系统（transitivity system）的选择并用交换信息；
  ⑤ 语用处理器（pragmatic processor）——处理主位系统（theme system）得到的种种选择；
  ⑥ 概念组织器（idea organizer）——追踪和组织文本语言行为的进程（译者若不知道文本类型，该概念组织者会根据已有的信息作出推断以作为执行获得目标计划的部分策略，并计划、存储在⑥中）。

贝尔还提出“翻译过程不是线性的过程，即严格地按一个阶段紧跟一个阶段进行的过程，而是综合过程，即在翻译过程中必须经历的每个阶段顺序不是固定的，译者可从下一个阶段向前一个阶段推进，译者修正、取消前面的决定通常也是符合规范的”。

陶然[1]对贝尔的翻译过程进行总结，她指出"翻译第一个主要的步骤就是阅读文本。阅读文本需要一个视觉单词辨认系统，它能把视觉的刺激转化为一个整体，这个整体被理解为一串不连续的符号。这个初始阶段为分析阶段提供了信息输入，然后句子就进入了句法分析阶段，即解构的过程。在解构的过程中，译者会经过常用词汇存储、常用结构存储、句法分析器（parser）和词汇搜索机制（lexical research mechanism）四个阶段。肖辉、张柏然[2]指出"常用词汇存储指的是人们对术语或术语数据库产生的大脑关联，即人们迅速查检'单词'或'成语'词项的能力；常用结构存储指的是译者开发存储在记忆中的常出现的结构（如主谓结构、主谓补结构等）；从语法上分析句子，指的是当分析成为必要时它执行对从句进行分析的任务；词汇搜索机制指的是当译者在常用词汇存储中找不到可以匹配的词项时，译者必须借助此机制努力寻找能'产生意义'的词项"。

在句法分析完成以后，句子就被解构成为句法结构，句法分析阶段输出的就是句法结构，它主要包括像"主-谓-宾"这样按顺序排列的结构。这些结构有它们的短语结构和填充在其中的词汇，带着这些信息，翻译过程进入下一个阶段——语义分析。语义分析阶段的任务是概念复原，它的作用是从句法结构中获得内容。它分析出句子是关于什么的、表现了什么、参与者和过程之间的逻辑关系是什么、概念意义、语义学上的意义和命题的内容。接着，分析过程进入语用阶段。语用分析阶段有两个作用：分离出主题结构和提供主题结构的语域分析。前者与主题有关，关注的是信息分布以及这种分布的顺序是有标记的还是未标记的；后者与语域有关。基于韩礼德的语域理论，贝尔给出了语域的三个参数：要旨（tenor）、形式（mode）和域（domain）。贝尔还指出，从话语的域中读者可以推测出目的或行事力。以上内容里现有信息一起能够暗示言语行为。

在以上三个阶段分析完成后，句子在译者的大脑中就变成了非语言的语义表征，它包括句子结构命题内容、主题结构、语域特征、行事力和言语行为。非语言的语义表征被概念组织器和计划器吸收。贝尔认为，翻译就是翻译语义表征的过程。当语义表征生成后，翻译过程就进入了合成阶段。这个阶段也有三个步骤：语用、语义和句法操作。语用合成需要处理原文本的目的、原文本的主题结构和原文本的风格三个问题。在这步骤中，必须要找到合适的目的、主题结构、话语参数、要旨和域的映射。语义合成从语用合成阶段接受到行事力（即目的）的指示，并创造出可以承载命题内

1 陶然. 翻译过程研究文献综述. 金陵科技学院学报（社会科学版），2012（4）: 84-89.

2 肖辉，张柏然. 翻译过程模式论断想. 外语与外语教学，2001（11）: 33-36.

容的结构，并且生成一个令人满意的命题来传递到下一个合成阶段——句法合成。句法合成接受来自意义合成阶段的输入后，会首先在FLS搜索，找到合适的词汇项，并在FSS中核查，找到能代表命题句子类型。如果在FSS中没有可以获取的句子结构，在上一个阶段所生成的命题就进入句法分析器（parser），在这个步骤中它起到句法合成的作用。贝尔没有讨论在FLS中如果没有搜索到合适的词汇项将会发生什么。翻译的最后一步是使用书写系统用目标语完成一个一串符号构成的句子。

（二）基于认知科学的研究

曼德布特（Mandelblit）[1] 指出了一种特殊的认知过程——概念混合。根据概念混合理论，翻译的过程主要有两个主要阶段：解混合和重混合。曼德布特认为："翻译的过程首先需要一个有意识的解混合的操作，也就是把源语的句子解混合成它的概念的和语言的输入结构，这就是解释的过程。然后需要一个重混合的操作，把这些输入结构重混合成目标语的结构，这是生成的过程。"在他看来，实际使用的句子是认知事件和句法混合的结果，因此，生成的过程是混合认知事件和句法的过程，而解释的过程就是解混合认知事件和句法的过程。翻译的过程就是由两个操作构成的：一是对源语句子的解释，或者说是解混合的操作，在这个过程中需要译者把源语文本中的句子解混合成源语的认知事件和句法；另一个是目标语文本的生成，或者说是重混合的操作，在这个过程中需要译者在目标语中混合认知事件和句法。他同时指出，在实际的翻译过程中，翻译者会在源语和目标语之间往返反复。[2]

二、探究翻译内部过程的实证研究

实证研究在近几年逐渐发展起来，研究者主要使用内省法、口语报告法、有声思维法（TAPs）、键盘记录法、眼动追踪法、三元数据分析法、事件相关电位、功能磁共振成像合作翻译法、屏幕录像法以及语料库辅助方法等进行研究。西尔维亚（Silvia）[3] 指出，翻译过程实证研究的对象主要有翻译策略、注意单元、过程的自动性和影响因素。其中，翻译策略为最主要的研究对象。翻译过程实证研究的类型主要有

---

1 Mandelblit, N. *Grammatical Blending: Creative and Schematic Aspects in Sentence Processing and Translation*. San Diego: UC San Diego, 1997.

2 陶然. 翻译过程研究文献综述. 金陵科技学院学报（社会科学版），2012（4）: 84-89.

3 Silvia, B. Think-Aloud Protocols to Investigate the Translation Process: Methodological Aspects. *Think-Aloud Protocds,* 1993 (3), 1-21.

比较性研究和非比较性研究。比较性研究包括比较两类人对同一翻译任务使用策略的比较性研究和比较一类人对不同翻译任务使用策略的比较性研究。其中，以前者（即对职业译者和非职业译者或职业译者和语言学习者在翻译同一文时所使用的翻译策略进行对比的研究）居多，研究的学者包括克林斯（Krings）、格洛夫（Gerloff）等。[1]下面我们选择介绍部分实证研究的方法。

（一）有声思维法

1. 有声思维法的定义

就本质而言“有声思维法”属于心理学中收集思维过程数据的内省法（introspective methods）或口语报告法（verbal report procedures）中的一种。“有声思维法”就是要求受试者尽可能说出在执行特定实验任务时大脑的一切所想。而“有声思维法”在翻译过程研究中的运用大致可以归纳如下：研究者给予受试者（通常是学外语的学生或职业译员）一项书面形式的翻译任务，要求受试者在一定时间内完成并递交译文，同时还需受试者用言语表达出（verbalize）翻译时大脑经历的一切思维活动。对于受试者在实验中表述的一切言语，研究者均会用录音机或录像机记录下来，然后再把它们转誊为可以用于进一步分析的文本数据（protocols），而实验者就在分析这些文本数据特征的基础上，重组出受试者翻译时的思维过程并归纳出数据显示出的倾向和特点。由于分析时需要用到经过转誊的文本数据，因而运用于翻译过程研究的有声思维方法亦可称之为“有声思维数据分析”（think aloud protocols），简写为TAPs。[2]

2. 有声思维法的研究内容[3-4]

1）翻译策略的研究

TAPs翻译研究的一个重点内容是对翻译策略的考察。TAPs翻译研究对翻译策略的探讨采取的是一种过程取向的、描述性的立场。洛尔施（Lörscher）把翻译策略定义为是“译者在把一个语段从一种语言译至另一种语言时，解决所遇问题的

1　陶然.翻译过程研究文献综述.金陵科技学院学报（社会科学版），2012（4）：84-89.

2　李德超.TAPs翻译过程研究二十年：回顾与展望.中国翻译，2005，26（1）：29-34.

3　同上.

4　文军，邓萍.文化介入翻译过程的实验研究.外语学刊，2005（1）：81-88.

一种有意识的过程”。[1] 这个定义有两点值得注意：一是它强调翻译策略的问题取向性，即翻译策略都是为解决翻译中遇到的问题而触发的；二是它突出译者的“意识”（consciousness）在确定翻译问题时发挥的作用。只有译者在翻译过程中意识到的问题才被认为是翻译问题，它们也才是译者的翻译策略需要解决的对象。传统上对翻译策略的界定往往从研究者（analyst）的视角出发，假设翻译策略应包含哪些步骤，应解决哪些问题，而在洛尔施的定义里，研究者视角已被译者或语言使用者（language user）的视角所取代。

洛尔施认为翻译过程是由一系列可任意组合的翻译策略组成的，且每种翻译策略包括一系列亦是可任意组合的元素。[2] 雅斯克莱宁（Jääskeläinen）[3] 把策略定义为是与“目标取向性（goal-orientedness）和主观最优性（subjective optimality）相关联的过程而非是解决问题的过程”。翻译策略分为总体策略（global strategies）和局部策略（local strategies）两种。总体策略是指运用于整个翻译任务中的策略（如对译文风格的考虑对读者群的假设等），局部策略指翻译中更为具体的操作（如寻找合适的词汇等等）。

运用 TAPs 探究翻译策略包括以下内容：

第一，区分各种不同的翻译策略。如克林斯[4] 认为译者在翻译过程中用于解决问题的翻译策略有以下五种：一是理解策略（strategies of comprehension），主要体现为译者对意义的推理和对参考书的运用；二是等值检索策略（strategies of equivalence retrieval），主要指译者对两种语言之间的对应词或近义词的回忆；三是等值监控策略（strategies of equivalent monitoring），即译者考量特定的词语在译文中是否适合；四是决策策略（strategies of decision-making），指译者在两种互有长短的解决方案中进行取舍；五是简约策略（strategies of reduction），指译者为了使

---

1 Lörscher, W. *Translation Performance, Translation Process, and Translation Strategies: A Psycholinguistic Investigation*. Tübingen: Gunter Narr Verlag, 1991.

2 Ibid.

3 Jääskeläinen, R. Investigating Translation Strategies. In S. Trikkonen-Condit & J. Laffling. (Eds.) *Research Trends in Empirical Translation Research*. Joensuu: Faculty of Arts, 1993, pp. 99-120.

4 Krings, H. P. Translation Problems and Translation Strategies of Advanced German Learners of French (L2). In J. House & S. BlumKulka. (Eds.) *Interlingual and Intercultural Communication. Discourse and Cognition in Translation and Second Language Acquisition Studies*. Tůbingen: Gunter Narr Verlag, 1986.

译文更易为目标语文化接受而对原文内容，尤其是比喻性质的文本的删节。格洛夫[1]对翻译策略的分类则更为细致，她的翻译策略包括确认问题、语言分析、储存和提取、全面搜索和选择、文本推理和论证、文本语境化和任务监控这七种，涵盖了从确认问题到解决问题的种种可能阶段。从另一个角度看，格洛夫的翻译策略亦可看作是对克林斯策略的进一步细化。

第二，探求职业译员与非职业译员采用的不同翻译策略。[2-6] 赛吉诺（Séguinot）[7]在对两位职业译员 TAPs 数据分析的基础上，专门区分出职业译员采用四种典型的翻译策略——人际策略（interpersonal strategies，包括译者与译者之间的关系，对另一方错误的更正等）、搜索策略（search strategies，指寻找特定的单词或句子结构）、推理策略（inferencing strategies，指译者对原文特定意义的推断等）和监控策略（monitoring strategies，指译者对原文和译文的比较等）。

2）翻译单位的研究

从过程取向的角度对翻译单位进行探究也是 TAPs 翻译研究学者的任务之一。部分学者曾从语言学的角度考察翻译单位，如洛尔施认为翻译单位是译者聚焦的源语文本部分，目的是把它在目标语中作为一个整体再现出来。[8] 而按雅斯克莱宁（Jääskeläinen）[9] 看来，翻译单位其实即是译者在翻译中的“注意力单位”。所谓“注

---

1 Gerloff, P. Second Language Learners' Reports on the Interpretive Process: Talk-Aloud Protocols of Translation. In J. House & S. BlumKulka. (Eds.) *Interlingual and Intercultural Communication. Discourse and Cognition in Translation and Second Language Acquisition Studies*. Tübingen: Gunter Narr Verlag, 1986.

2 Janet, F. Public Accounts: Using Verbal Protocols to Investigate Community Translators. *Applied Linguistics*, 1993 (4): 325-343.

3 Janet, F. Translating Practice into Theory: A Practical Study of Quality in Translator Training. In C. Picken. (Ed.) *ITI Conference 7 Proceedings*. London: Institute of Translation and Interpreting, 1994, pp. 130-142.

4 Gerloff, P. From French to English: A Look at the Translation Processing Students, Bilinguals and Professional Translators. *Modern Hospital*, 1988, 44 (4): 347-350.

5 Jääskeläinen, R. Investigating Translation Strategies. In S. Trikkonen-Condit & J. Laffling. (Eds.) *Research Trends in Empirical Translation Research*. Joensuu: Faculty of Arts, 1993, pp. 99-120.

6 Lörscher, W. Translation Process Analysis. In Y. Gambier & J. Tommola. (Eds.) *Translation and Knowledge*. Turku: University of Turku, Center for Translation and Interpreting, 1993, pp. 195-212.

7 Séguinot, C. Some Thoughts about Think-Aloud Protocols. *Target*, 1996 (1): 75-95.

8 Lörscher, W. Translation Process Analysis. In Y. Gambier & J. Tommola. (Eds.) *Translation and Knowledge*. Turku: University of Turku, Center for Translation and Interpreting, 1993, pp. 195-212.

9 Jääskeläinen, R. Investigating Translation Strategies. In S. Trikkonen-Condit & J. Laffling. (Eds.) *Research Trends in Empirical Translation Research*. Joensuu: Faculty of Arts, 1993, pp. 99-120.

意力单位”是指“译者在翻译中的无标记处理活动因注意力转移至特定的与任务相关的问题而中断”的那部分语段。这里，“无标记处理活动”是指译者在TAPs实验中不停顿地、流畅地说出大脑正在思考的内容的行为。与之相反的则是“有标记处理活动”，它指的是在翻译过程中译者从发现一个问题开始到找到该问题的答案为止的大脑思维过程。

TAPs学者对翻译单位的定义更为灵活。他们并没有事先预设翻译单位应是具体哪一级语言单位，而是强调翻译单位应是译者在翻译过程中所能流畅地转换为目标语的源语语段。这个语段显然可大可小，并不局限于词、短语、句子或句群等语言层面，而是随着译文的难度和译者对原文信息的处理速度而进行相应的调整和变化。

3）翻译述要的研究

哪些外在条件会对翻译过程产生影响？这也是TAPs翻译研究的范围之一。科恩（Cohen）[1]提出外部干扰程度可能会对受试者的口述思维过程造成影响。影响翻译思维过程的外在因素有实验环境、字典的使用、译者的心理特征和翻译述要等，其中关注较多的是翻译述要对翻译过程的影响。

翻译述要指的是翻译委托人对译文的具体要求。[2]在TAPs翻译研究中，翻译述要指的是在进行TAPs实验之前，研究者就即将进行的翻译任务对受试者所作的具体说明和要求。TAPs翻译研究证明了功能主义者的观点，即翻译述要的确对译者的翻译过程，包括翻译策略和翻译步骤的确定，都有很大的影响。

4）翻译方式的研究

TAPs翻译实验可以让受试者以单独翻译或是协同翻译这两种不同形式进行。早期的TAPs翻译研究大多采取让受试者单独翻译，在无干扰的情况下独自说出大脑翻译过程的方式。但后来有学者发现，受试者在翻译过程中独自说出自己的思维过程的时候往往表现得很不自然，因而质疑这种方法诱导而得的有声思维资料的真实性。他们继而提出在TAPs翻译研究中采用协同翻译形式来取代单独翻译方式的设想。所谓协同翻译就是指在实验中把受试者组成各个不同的小组，每组两人或两人以上，实验任务由小组里的成员共同完成。同单独翻译一样，小组里的组员也需说出自己大脑中的翻译过程，只不过采取的是组员间相互对话而非自言自语的方式。对TAPs翻译研

1 Cohen, A. D. Studying Second Language Learning Strategies: How Do We Get the Information?. *Applied Linguistics*, 1984, 5 (1): 101-112.

2 Janet, F. The Translation Investigated: Learning form the Translation Process Analysis. *The Translator*, 1996 (1): 65-79.

究而言，哪一种翻译方式更能揭示译者的翻译过程？学者对此作出了的探讨。[1-5]

5）翻译教学

翻译教学是翻译专业教师有目的、有计划、有组织地引导学生积极自觉地学习和掌握翻译知识，促进学生的翻译能力全面提升的教学活动。近年来，TAPs作为实证研究方法给翻译教学带来启示。随着逐步发展，研究者将此方法应用于翻译教学领域。例如，李德超[6]提出“翻译教学中的有声思维教学是一种新的翻译教学尝试”，即指教师在翻译教学课堂中，将自己的思维过程进行口述，向学生展示。并介绍一则有声思维法运用于翻译教学中的具体案例：教师将全班同学分为若干组，每组3-5人，每次上课时，分别由每组同学做出展示，通过具体的翻译案例探讨如何将翻译理论运用于翻译实践中。教师就如何翻译《傲慢与偏见》中的选段，将自己的思考过程进行即时口述：从体裁、语境、超音段特征、言语行为以及句子结构等角度提出自己的翻译意见，并与学生进行互动。通过聆听教师的思维过程，学生受到启发，提出改进后的译文。有声思维翻译教学有利于直观展示教师思维，给予学生直接指导，同时有利于促进教师角色向“引导者”以及教学模式向“互动式”的转换。

2. TAPs翻译研究的不足和改进方向

李德超[7]提出了TAPs翻译研究还存在一些问题，主要表现在方法论层面和操作层面。

第一，在具体操作层面上，目前影响TAPs翻译研究主要有三种因素：TAPs数据的类型、受试者的人数和外部干扰的程度。

第二，TAPs翻译研究方法论上的质疑主要有三点：TAPs能否真正反映翻译过程

---

1 House, J. Talking to Oneself or Thinking with Others? On Using Different Thinking Aloud Methods in Translation. *Fremdsprachen lehren und lernen*, 1988 (17): 84-98.

2 House, J. Consciousness and the Strategic Use of Aids in Translation. In S. Tirkkonen-Condit & R. Jääskeläinen. (Eds.) *Tapping and Mapping the Processes of Translation and Interpreting: Outlooks on Empirical Research*. Amsterdam & Philadelphia: John Benjamins Publishing Company, 2000.

3 Kussmaul, P. Creativity in the Translation Process: Empirical Approaches. In K. M. van-zwart & T. Naaijkens. (Eds.) *Translation Studies: The State of the Art*. Amsterdam: Rodopi, 1991, pp. 91-101.

4 Matrat, C. M. *Investigating the Translation Process: Thinking-Aloud Versus Joint Activity*. Ann Arbor: University Microfilms International, 1992.

5 Séguinot, C. Some Thoughts about Think-Aloud Protocols. *Target*, 1996 (1): 75-95.

6 李德超. 有声思维法在翻译教学中的运用——TAPs翻译研究对翻译教学的启示. 中国翻译，2008（6）：34-39.

7 李德超. TAPs翻译研究的前景与局限. 外语教学与研究，2004（5）：385-391.

或思维过程？TAPs会不会影响正在进行的思维过程？在TAPs翻译实验中，两种不同的翻译模式会否互相干扰？

周亚莉[1]针对已有研究的不足，提出了TAPs研究的改进方向：(1)扩展研究内容；(2)扩大研究对象；(3)增加文本选择；(4)优化语言组合；(5)拓宽研究视野。

目前，已有部分研究运用有声思维法研究翻译过程。如文军、殷玲[2]运用有声思维法探究20名母语为汉语的大三英语专业学习者（分为高低水平组）在英译汉以及汉译英过程中的翻译策略运用的问题，并就此与德国学生在德英互译的过程中使用的策略进行对比。文章除对英译汉以及汉译英过程中的翻译策略进行统计学检验以外，还对受试者在翻译过程中的“分析－转换－重组－检验”四阶段的有声思维数据进行分析，得出如下结论：在英译汉中，受试者最常使用“监控目标语文本的准确性”和“自我修改”这两种翻译策略；而在汉译英中，受试者使用最多的五种策略分别是“接受内在的解决办法”“发现问题”“汉英词典查询”“直觉判断”以及“释义源语文本”；受试者在转换和重组阶段使用的策略最多，相比而言，在分析阶段使用的策略较少，而在检验阶段使用的策略最少。因为受试者几乎很少有检验的习惯。两组受试者在转换和重组阶段中的翻译策略使用具有显著差异。

（二）键盘记录法

1. Translog 程序简介

郑冰寒[3]指出“Translog程序是丹麦哥本哈根商学院的雅各布森（Jakobsen）和休乌（Schou）两位学者于1998年发明的，发明的初衷是用于翻译过程研究，因此命名为Translog（translation log的缩写）。该程序在Windows操作系统下运行，可以在不干扰文本输入的前提下，准确记录所有按键的活动，包括修改、删除、增加、剪切、复制、光标移动、电子词典查询等，并能显示按键活动的时间。只要简单地点击程序中的播放键，就能重播任一时段的文字输入过程；同时还提供线性表示（linear-representation），通过一系列符号来描述文字输入过程的各种活动”。

Translog程序包括Translog-supervisor和Translog-user两个子程序。Translog-

---

1 周亚莉. TAPs方法在国内翻译领域的应用研究述评. 兰州大学学报（社会科学版），2012，40(6)：156-160.

2 文军，殷玲. 翻译过程中翻译策略的实证性研究——基于英语专业大学生的有声思维调查. 解放军外国语学院学报，2010（4）：75-80.

3 郑冰寒. 洞悉翻译过程的辅助工具——Translog程序介评. 中国科技翻译，2006（4）：20-24.

supervisor 主要有以下功能：创建原语文本（如写作要求或翻译原文）；为 Translog-user 程序设定任务环境（如选择需要翻译的原文）；显示 Translog-user 所记录的数据，有文本输入过程重播和线性表示两种呈现方式；以及任务数据的分析和统计（如鼠标点击数目、删除键数目、总耗时等）。

Translog-user 用来呈现原文并输入译文，它和 Microsoft Word 一样，拥有正常的文本编辑功能，可执行一般的文本输入活动。不同的是，Translog-user 界面有两个窗口：一个只能阅读原语文本的窗口和一个可输入译语文本的窗口。只要是在 Translog-user 程序中输入的文本都能被录制下来，且录制过程不影响文本编辑，假如使用者事先不知道这些功能，在输入文本时也不会注意到。只有在完成输入时，会有对话框询问是否保存所记录的文件；由于该文件涵盖了输入过程的全部信息，是过程重播和线性表示的依据，所以务必要进行保存。

这与子程序在形式上彼此独立，操作上却互相依赖，不可分离。Translog-user 运行的文件必须通过 Translog-supervisor 创建，而 Translog-supervisor 只能显示 Translog-user 记录的文件。

2. Translog 程序的运行步骤

运行 Translog-supervisor 子程序，会产生分析（analysis）子目录、录制文档（log files）子目录、任务（projects）子目录和原文（source texts）子目录。首先创建原文文档，直接输入或复制一篇文本到原文窗口，并将新建的原文保存于原文子目录，方便程序定位。

接着创建任务项，从原文子目录中选择需要在 Translog-user 程序中显示的原文，设定参数并保存于任务子目录。

运行 Translog-user 程序，从任务子目录中选择需要翻译的原文，单击绿色按钮开始运行。此后输入的所有文字，都将准确记录在程序中。任务完成时点击停止键，输入文件名并保存在录制文档子目录中。

关闭 Translog-user 程序，并再次运行 Translog-supervisor 程序。打开新建的录制文档文件，右边是线性表示窗口，用鼠标右击其中任何字符，都会显示该字符的基本信息，如光标位置、输入的确切时间等。线性表示中默认的星号（★）值为 1 秒（表停顿时间），使用者可以根据需要在星号符旁边的小对话框中改变星号值（最小值为 0.01 秒）。还可以在左边的窗口单击播放键，根据需要选择速度百分比来重播输入过程（默认值为 100%，即文本输入的原始速度）。重播过程可以暂停、快进、返回，也可以跳跃至指定时间。

3. Translog 程序的缺陷及未来的发展

该程序记录的文本输入过程，只是写作或翻译全过程的一部分。写作的审题、构思、腹稿或翻译的原文阅读、理解、决策过程等，都是该程序目前无法解决的。因此，Translog 程序在写作和翻译过程研究中只能充当辅助工具，利用其屏幕重播、线性表示或统计等功能，配合其他研究方法来洞悉人脑黑匣子运作的状况。

随着研究的深入，翻译学者们逐渐利用键盘记录法探究翻译过程中的各种现象。例如王福祥、徐庆莉[1]以母语为汉语、外语为英语的准职业译者和翻译初学者为研究对象，运用键盘记录法探讨汉英翻译递归性与翻译经验与翻译单位关系的问题。研究结果发现:（1）翻译递归性与翻译经验间存在显著的正相关关系，同时翻译酝酿时间的变化能很好地预测翻译递归性的发展变化;（2）翻译递归性与翻译单位的层次及数量之间不存在相关关系，但是翻译单位的选择与翻译经验相关，翻译初学者更多选用词和小句单位，准职业译者更多选用词以下单位和句子单位。

（三）眼动追踪法

冯佳、王克非[2]提出翻译是一个复杂的认知过程，同时包括“源语文本理解、目标语文本产出和两种语言间的转化或切换”[3]。键盘记录工具使“目标语文本的产出过程”得到了有效解析，但源文本的阅读和理解过程以及源文本阅读和目标文本产出的协同合作过程还有待进一步认识。如只单纯借助键盘记录技术，当停顿出现时，译者的认知活动便无从得知。将眼动追踪技术引入翻译过程研究，弥补了这一缺失。眼动追踪系统利用角膜和瞳孔的反光法原理，以毫秒为单位记录眼球注视屏幕的精确位置和其他注视行为，如注视时间、注释次数、回视、眼跳、瞳孔直径等。[4]这些数据可反映译者在任何时刻的注意力焦点，是在阅读源文本、阅读目标文本、还是进行平行加工，即眼睛注视源文本的同时进行目标文本的产出。这些数据反映译者相应的认知心理活动，是对键盘记录数据的有力补充。“即时加工假说”和“眼 – 脑假说”是眼动研究的主要理论基础。“即时加工假说”认为，“对文章中实词的加工和理解从读者看

---

1 王福祥，徐庆莉. 汉英翻译递归性与翻译经验和翻译单位关系的实证研究. 外文研究，2015（4）: 45-53.

2 冯佳，王克非. 探悉翻译过程的新视窗键盘记录和眼动追踪. 中国翻译，2016（1）: 12-18.

3 Englund, D. B. Translation Process. In Y. Gambier & L. Van Doorslaer. (Eds.) *Translation and Cognition*. Amsterdam & Philadelohia: John Benjamins Publishing Company, 2010, pp. 231-262.

4 闫国利，白学军. 眼动研究心理学导论. 北京：科学出版社，2012.

到这个词就即时开始。"[1] "眼－脑假说"认为,"读者对一个词的注视会一直持续到对它的心理加工完成为止"。

作为探悉认知过程的有效工具，将眼动追踪应用于心理学、市场研究、阅读研究中已有很长的历史，但应用于翻译研究中的历史较短。探索性地利用眼动追踪考察译者使用翻译记忆库工具时的认知负荷，肯定眼动追踪是翻译过程研究的有效方法。2006年开始的欧盟项目 Eye-to-IT，也是较早将眼动追踪应用到翻译研究中的大胆尝试，并产出了许多开创性的研究成果。

眼动追踪被广泛应用到翻译过程研究的不同课题中，如考察译后编辑中译者使用翻译记忆库时的认知负荷、视听翻译中字幕的认知加工、翻译方向对认知加工的影响、语境对多义词翻译的影响、认知资源分配和隐喻翻译中的认知努力等。例如，赵雪琴、徐晗宇[2]采用眼动研究方法，探究两类逻辑连词（转折与递进连词）对翻译过程中认知负荷的影响。其中，三项眼动指标（平均注视时长、注视次数、回视次数）用于评判原文的认知负荷；五项流利度指标（大于1秒的无声停顿时长、无声停顿次数、有声停顿次数、重复、自我修正次数）用于判定译文的认知负荷指标。研究结论如下:（1）有逻辑连词的文本在原文阅读中所需的认知负荷小于没有逻辑连词文本所需的认知负荷;（2）仅部分指标（无声停顿次数）表明有显性逻辑连词的文本在译文产出时的认知负荷小于无显性逻辑连词文本;（3）原文阅读时的认知负荷与译文产出时的认知负荷具有正相关性。

（四）三元数据分析法

1. 出现的背景

郑冰寒[3]提出，随着翻译过程研究的逐步深入，脱胎于内省法的 TAPs，因其数据的主观性特征，在某些方面难以满足人们对数据收集的严格要求。基于对数据客观性、自然性的诉求，丹麦学者雅各布森和休乌（Jakobsen & Schou）于1998年推出了 Translog 软件，该软件可以在不干扰电脑文本输入的前提下，记录所有的键盘操作活动。Translog 因其实验过程具备较高的生态效度（ecological validity），似

---

1 Just, M. A. & Carpenter, P. A. A Theory of Reading: From Eye Fixations to Comprehension. *Psychological Review*, 1980, 87 (4): 329-354.

2 赵雪琴，徐晗宇. 逻辑连词对汉英视译过程中认知负荷影响研究——一项基于眼动的研究. 外语研究，2018（5）：7-11.

3 郑冰寒. 翻译过程的三元数据分析模式. 上海翻译，2008（3）：36-41.

乎可以满足人们对实证研究的要求。然而，Translog 最大的问题在于它所记录的是翻译行为过程，而非翻译认知心理过程。从其线性序列（linear representation）分析翻译心理过程，少不了回溯和推断，但这种推断的线索要比 TAPs 语篇提供的线索少得多。于是，这两种研究方法走向结合。雅各布森（Jakobsen）[1-2] 率先提倡这种合作，他把 TAPs 和 Translog 结合的方法归为社会科学研究中常用的三元数据分析法（Triangulation）。随后，阿尔维斯（Alves）[3] 主编的《三元数据分析法：透视翻译过程研究》一书，使人们对该方法在理论、操作和教学应用等层面有了较为全面的了解。

2. 三元数据分析模式的运作方式

目前，三元数据分析模式的运作方式主要包括 TAPs 不同方式的相互结合以及 TAPs 以不同方式与 Translog 的结合。

TAPs 不同方式相互结合的模式相对比较简单。在 Translog 出现之前，研究者为了提高实验数据的说服力，在 TAPs 数据的基础上，结合反省 TAPs、反省式采访、问卷和译文评估等数据进行多元分析。[4] 随着协同翻译 TAPs 的提出与应用，有些学者开始结合 TAPs 和协同翻译 TAPs 的数据进行分析，并指出这样的结合，执行了三元数据分析模式，减少了 TAPs 技术潜在的缺陷。[5] TAPs 不同方式相互结合的模式尚未跳出内省法的框架，因此内省法固有不足，比如数据的主观性、行为缺乏自然性等，在以上研究中均难以避免。但是这样的结合，可以获取更为丰富的内省数据，进行交叉验证，对翻译过程的分析和描述更加客观细致。

---

1 Jakobsen, A. Logging Target Text Production with Translog. In G. Hansen. (Ed.) *Probing the Process in Translation: Methods and Results.* Copenhagen: Samfunds litteratur, 1999, pp. 9-20.

2 Jakobsen, A. Effects of Think Aloud on Translation Speed, Revision and Segmentation. In F. Alves. (Ed.) *Triangulating Translation: Perspectives in Process Oriented Research.* Amsterdam & Philadelphia: John Benjamins Publishing Company, 2003, pp. 69-95.

3 Barbosa, H. G. & Neiva, A. M. S. Using Think-Aloud Protocols to Investigate the Translation Process of Foreign Language Users and Experienced Translators. In F. Alves. (Ed.) *Triangulating Translation: Perspectives in Process Oriented Research.* Amsterdam & Philadelphia: John Benjamins Publishing Company, 2003, pp. 137-155.

4 郑冰寒，谭慧敏. 英译汉过程中翻译单位的实证研究. 外语教学与研究，2007，39（2）：145-154.

5 Barbosa, H. G. & Neiva, A. M. S. Using Think-Aloud Protocols to Investigate the Translation Process of Foreign Language Users and Experienced Translators. In F. Alves. (Ed.) *Triangulating Translation: Perspectives in Process Oriented Research.* Amsterdam & Philadelphia: John Benjamins Publishing Company, 2003, pp. 137-155.

Translog 和 TAPs 结合的三元数据分析模式是随着 Translog 程序的发明而产生的。最初提出该模式的是 Jakobsen。作为 Translog 程序的发明者，他意识到通过该程序收集的数据虽然比译文、问卷或采访等更能说明翻译操作过程，但是不能直接、具体地提供关于译者心理过程的信息。Jakobsen 想到了把 Translog 和 TAPs 结合使用，要求被试在 Translog 程序上进行翻译活动，同时作 TAPs 报告。Translog2006 白金版的声音记录单元使 TAPs 的有声信息和 Translog 的按键锁定信息能够同时呈现，也就是说，当屏幕上回放按键输入时，还能播放被试此时的有声思维报告。这样的结合，对翻译的行为和思维过程进行了较为全面的记录，为翻译过程研究提供非常有价值的信息。

3. 三元数据分析模式的优点

- 三元数据分析模式运用多种数据交互验证，减少单方面数据的不足和偏误。
- TAPs 不同方式相互结合的模式，可以获取更为丰富的内省数据，对翻译过程的分析和描述更加客观细致。
- 以 TAPs 和 Translog 相结合的三元数据分析模式可以得到行为过程和心理过程的双重信息。
- Translog 和反省 TAPs 的结合既确保翻译过程的自然真实性，不增加被试额外的认知努力，又让被试者对之前的翻译行为进行反省 TAPs，并运用 Translog 的重播功能为其提供反省思维的线索，收集思维信息数据。
- 三元数据分析模式迎合了翻译过程实证研究的需要，很大程度上弥补了 TAPs 或 Translog 等单方面数据在自然性、客观性或充分性等方面的不足，是翻译过程研究在方法论上的突破。

4. 三元数据分析模式的特点

- 三元数据分析模式是一个开放的概念，它不限定具体由哪些研究方法组成，只要运用多元数据收集法进行研究分析，就可以算是三元数据分析。例如李德凤的研究指出，60% 的 TAPs 翻译研究运用了三元数据分析模式，这里的模式大多是由 TAPs 与后期采访、问卷调查、译语文本分析组成（Li，2004）[1]。
- 目前翻译过程三元数据分析模式的组成部分主要是 TAPs 和 Translog。

---

1 Li, D. F. Trust Worthiness of Think-Aloud Protocols in the Study of Translation Processes. *International Journal of Applied Linguistics*, 2004 (14): 301-313.

5. 如何发展三元数据分析模式

- 实验设计、数据收集的客观性和多样化。翻译过程研究涉及很多变量，因此实际操作时，部分变量尽量遵循标准化原则。
- 运用话语分析等手段对 TAPs 数据进行深入分析：（1）被试通过重复阅读，借用语感来检验该译文在语义上是否符合译语的地道表达；（2）被试者或许在该处或其上下文遇到翻译难点，思维受到阻碍，借用重复的出声报告来拖延思考时间；（3）被试者在重复念诵译文的同时，实际上在寻找与上下文最恰当的衔接手段，使译语语篇表达连贯。
- 构建 TAPs、反省 TAPs 和 Translog 等翻译过程语料库。在翻译过程中，制定出一整套较为通用的转录、赋码和解码规范，建构不同语种翻译的 TAPs 或电脑击键记录数据的语料库，探索翻译过程。
- 实录数据和理论思辨的有机结合。结合方式通常有两种：一种是先有理论思辨所产生的假设，然后运用实证研究的数据进行验证；另一种是先有实证研究的数据，然后在分析归纳数据的基础上，抽象出其中的一些规范（norms）和普遍性特征（universals），对此进行思辨性的分析，上升到翻译理论或语言哲学层面。

有学者采用三元数据分析模式进行翻译实证研究，例如王一方、郑冰寒[1] 探究英译汉过程中译者是如何根据不同的加工模式分配认知资源的。眼动仪记录受试者的眼动数据，Translog 软件记录受试键入目的语的过程。实验结束后，受试者根据主试要求反省思维过程。结果表明：在英译汉过程中，源语理解处理、目的语产出和平行处理这三种不同的认知加工类型所获得的认知资源存在显著性差异；同时，眼动 - 键击指标统计结果与被试者的主观反馈结果存在较大不一致性。

（五）功能磁共振成像

孙娟、卢植[2] 提出“功能磁共振成像是一种无创非放射性观察大脑活动的技术，其主要原理是血氧水平依赖。氧气在人脑中是通过毛细血管中的血红蛋白运送给神经元细胞的，神经活动增加时人脑的耗氧量会随之增加，从而引起局部区域血流量的增

1 王一方，郑冰寒. 英译汉过程中译者的认知资源分配模式——基于眼动、键击和反省法的实证研究. 中国外语，2020，17（4）: 87-94.

2 孙娟，卢植. 认知翻译学与翻译过程研究. 翻译研究与教学，2018（1）: 19-29.

加。对 fMRI 实验中表现的特定频率范围进行分析可以辨认出大脑中不同的空间模式，对于整个大脑中远距离区域之间活动模式，可以分离出一些所谓的网络比如默认网络、执行控制等等”。

运用 fMRI 实验探究翻译过程时，通过血流量可以分析具体的翻译现象及其成因。例如，Chang[1] 运用 fMRI 扫描仪探究了不同翻译方向中的认知负荷。

此外，合作翻译法、屏幕录像法以及语料库辅助方法也是探究翻译内部过程的实证方法。

本章小结

翻译过程是翻译研究中的重要内容之一，本章阐述了翻译过程已经涉及的内容包括：翻译的动机、译文的选择、翻译程序、译文定稿前的修订（包括译者自己的修改以及编校者的修订）和复译等，并对此做出介绍。同时，简介了翻译内部过程的理论研究（基于心理学和基于认知科学）和实证研究（包括内省法、口语报告法、有声思维法、眼动法、三元数据分析法、事件相关电位以及功能磁共振成像等等）。探究翻译过程主要在于分析译者行为，有利于揭示翻译现象，解释其成因，促进对翻译学的认识，推动翻译学科的发展。在未来的翻译过程研究中，在发展翻译理论的基础上，多采用新技术、新手段研究翻译过程，提高研究的科学性与创新性。

练 习

1. 案例分析

近年来，名著重译层出不穷，《老人与海》便是一例。以下是《老人与海》六译本的对比：[2]

---

1 Chang, V. C. Y. *Testing Application of Eye-tracking and fMRI to Translation and Interpreting Studies: An Investigation into Directionality.* London: Imperial College London, 2009.

2 刘泽权，王梦瑶.《老人与海》六译本的对比分析——基于名著重译视角的考察. 中国翻译，2018（6）：86-90.

原文：“Let me get four fresh ones.” // “One,” the old man said. His hope and confidence had never gone. But now they were freshening as when the breeze rises.

A 译：“我给你弄四条新鲜的来吧。” // “一条，” 老人说。他的希望和信心从没消失过，这时就像微风乍起时那样给鼓得更足了。

B 译：“让我去给你弄四只新鲜的。” // “一只，” 老人说。他从来没有失去希望和信心。但是现在它们变得更清新有力了，就像一阵风刮起来一样。

C 译：“那么让我弄四条新鲜的来吧。” // “一条，” 老头儿说。他的希望和信心从来没有消失过，现在又像微风初起的时候那样的清新了。

D 译：“我给你弄四条新鲜的来吧。” // “一条，” 老人说。他的希望和他的信心从没消失过。这时可又像微风初起时那么鲜活了。

E 译：“我去弄四条新鲜的。” // “一条好了。” 老人说。他的希望和信心从不消减，如今正像微风渐起那么重新旺盛起来。

F 译：“我去弄四条新鲜的。” // “一条好了。” 老人说。他的希望和信心从不消失，如今正像微风渐起那么重新旺盛起来。

请依次对以上译本中的画线部分进行赏析，并分析名著复译的原因。

2. 思考题

1） 翻译的外部过程与内部过程的有何异同？

2） 翻译的外部过程有哪些要素？其核心是什么？

3） 你认为复译有必要吗？复译应该如何进行？

4） 翻译的内部过程模式有哪些？

5） 你认为翻译的内部过程模式能揭示大脑的工作机制吗？

3. 扩展阅读

Barbosa, H. G. & Neiva, A. M. S. 2003. Using Think-Aloud Protocols to Investigate the Translation Process of Foreign Language Users and Experienced Translators. In F. Alves. (Ed.) *Triangulating Translation: Perspectives in Process Oriented Research*. Amsterdam & Philadelphia: John Benjamins Publishing Company, 137-155.

Caffery, C. 2009. *Relevant Abuse? Interpreting the Effects of an Abusive Subtitling Procedure on the Perception of TV Anime Using Eye Tracker and Questionnaire.*

Dublin: Dublin City University.

Chang, V. C. Y. 2009. *Testing Application of Eye-tracking and fMRI to Translation and Interpreting Studies: An Investigation into Directionality*. London: Imperial College London.

Hvelplund, K. T. 2011. *Allocation of Cognitive Resources in Translation: An Eye-tracking and Key-logging Study*. Copenhagen: Copenhagen Business School.

Pavlovic, N. & Jensen, K. T. H. 2009. Eye Tracking Translation Directionality. In A. Pym & A. Perekrestenko. (Eds.) *Translation Research Projects 2*. Spain: Intercultural Studies Group, 93-109.

Rydning, A. F. & Lachaud, C. M. 2010. The Reformulation Challenge in Translation: Context Reduces Polysemy During Comprehension. In G. M. Shreve & E. Angelone. (Eds.) *Translation and Cognition*. Amsterdam & Philadelphia: Jonh Benjamins Publishing Company, 85-108.

Sojrup, A. C. 2013. *Cognitive Effort in Metaphor Translation: An Eye Tracking and Key-Logging Study*. Copenhagen: Copenhagen Business School.

邓志辉. 2011. 译者选词决策过程的影响因素分析——一项认知心理学视角的翻译过程实证研究，外国语，34（5）: 71-76.

侯林平，郎玥，何元建. 2019. 语料库辅助的翻译认知过程研究模式：特征与趋势. 外语教学，（6）: 69-75.

姜秋霞，杨平. 2005. 翻译研究实证方法评析——翻译学方法论之二. 中国翻译，（1）: 25-30.

黄国文. 2009. 作为语码转换过程的翻译过程. 外语教学，（2）: 83-87.

苗菊. 2006. 西方翻译实证研究二十年（1986—2006）. 外语与外语教学，（5）: 45-48.

苗菊，刘艳春. 2010. 翻译实证研究——理论、方法与发展. 中国外语，7（6）: 92-97.

武景全. 1999. 翻译心理研究：目的、课题、方法. 上海科技翻译，（2）: 8-11.

许钧. 2003. 简论翻译过程的实际体验与理论探索. 外语与外语教学，（4）: 33-39, 51.

第五章
翻译环境论

人类活动与其所处的环境密切相关，无论是自然环境，抑或是社会环境都对人类活动有着重要影响，反之亦然。翻译作为人类交际活动的一种重要形式，从来不是在真空状态下发生的，它必然发生在一定的社会文化语境中，受制于社会环境中的多种影响因素。可以说，翻译史上的每个翻译活动都有着社会的影子，翻译主体、翻译客体以及翻译过程无不受到翻译所在的社会环境的影响。本章将重点论述翻译与社会环境的关系，第一节围绕着翻译的社会性、文化性、交际性，论述翻译的社会活动属性；第二、三、四节分别从社会文化、政治、科技及经济环境三个维度，结合已有的相关翻译理论及概念，勾画出翻译与社会在多个层面的互动关系，试图反映翻译活动的社会规律与运作机制。

第一节 翻译的社会活动属性

翻译是根植于社会之中的社会活动，与社会、文化及社会中的人有着密切且复杂的关系，而这也决定了翻译的本质特征，刘云虹、许钧[1]认为，翻译活动的本质特征包括：社会性、文化性、符号转换性、创造性和历史性这五个方面。为了反映翻译与社会的关系，我们将翻译活动的本质属性归纳为：社会性、文化性和交际性，从这三个方面管窥翻译和社会在多个层面上的关系。

1 刘云虹，许钧. 如何把握翻译的丰富性、复杂性与创造性？——关于翻译本质的对谈. 中国外语，2016，13（1）：97.

一、翻译的社会性

翻译的社会属性是指翻译是一种社会存在，宋以丰[1]认为："翻译活动存在的理据不在于语言间的差异，而在于它的社会属性。"翻译作为一种社会活动，它的产生缘于社会，也为社会文化的发展带来积极或消极的影响，而这正是翻译作为一种社会存在的真实性和价值。

（一）翻译的社会动因

翻译活动的出现与社会需求有着密切的关系，这种需求来自于不同民族、不同文化之间文化、经济、政治等方面的交往需求。我们可以透过中西翻译史中一些重要的翻译活动来观察这一点。

自有人类活动，就有了翻译之实。我国周朝的《周礼》和《礼记》中已经有了对翻译官职的记载。《周礼·秋官》："象胥，掌蛮夷闽貉戎狄之国使，掌传王之言而喻说焉，以和亲之。若以时入宾，则协其礼与其言辞传之。"《礼记·王制》："中国、夷、蛮、戎、狄……五方之民，言语不通，嗜欲不同。达其志，通其欲，东方曰寄，南方曰象，西方曰狄鞮，北方曰译。"[2]

象胥是朝廷属官，负责接待四方民族和国家的使节与宾客以及通译事宜。朝廷之所以设立这样的官位，自然是为了满足朝廷与地方及国外民族沟通的需求。而且负责不同语言的翻译人员名称还不同，从记载中可以看出，翻译东方民族语言的人员称为"寄"，翻译南方民族语言的人员称为"象"，翻译西方民族语言者称为"狄鞮"，翻译北方民族语言者，称为"译"。细致的划分，足以看出译事之重要。

在西方，《圣经》翻译成为基督思想传播必不可少的环节。《圣经·旧约》原为犹太教的正式经典，原文为希伯来语。但由于犹太人长期分散，逐渐不再使用希伯来语，而开始使用希腊语等外族语言。在公元前 3 世纪，为了满足这些说希腊语的犹太人迫切的需要，教会决定将《旧约》的希伯来文本译成希腊文本。于是公元前 285—前 249 年间，有 72 名犹太学者集中在埃及亚历山大图书馆，从事这项翻译。他们的译本被称为《七十子文本》，亦即《七十子希腊文本》(*Septuagint*)。[3]《新约》成书以后，《圣经》的翻译活动更加频繁，出于宗教传播的需求，从纪元初期到今天，《圣经》的翻译就从未停止过。

---

1 宋以丰. 翻译社会性管窥：基础、目的与影响因素. 东方翻译，2017 (1)：30.

2 马祖毅. 中国翻译简史（"五四"以前部分）. 北京：中国对外翻译出版公司，2004，第 2 页.

3 谭载喜. 西方翻译简史. 北京：商务印书馆，2004，第 14 页.

再来看我国历史上的三次翻译高潮，其翻译活动都是为了满足不同时代的社会需求而产生的，或是因为文化交流，或是因为民族生存危机。而发起翻译的力量既有来自于目的语文化的，亦有来自于源语文化的。第一次翻译高潮是东汉至唐宋时期的佛经翻译，第二次是明清之际的科技翻译，第三次是清末民初的西学翻译。佛经翻译跨越汉、唐、宋等多个朝代，对中国文化与思想发展都产生了巨大的影响。佛经在中国的大规模流传与翻译离不开当时的社会政治环境。统治者为了巩固其统治地位，利用宗教来麻痹人民，佛教所宣扬的人生极苦，要忍辱修行，死后方可进入"极乐世界"等思想正好可以被统治者利用以对人民进行精神统治。所以佛教一经传入，便首先在统治阶级中传播开来，并逐步获得合法地位。佛经翻译经历了八九百年的历史，并产生了多位著名的佛经译家，如释道安、鸠摩罗什、之谦、玄奘等。中国历史上第二次翻译高潮是明清之际的科技翻译，此次科技翻译是欧洲文明和文化向世界传播的结果。16 世纪开始，欧洲文艺复兴运动和工业革命使得欧洲文化迅速崛起并向世界扩张。葡萄牙、西班牙、荷兰、英国、法国、美国等国家相继来到中国，以欺骗等手段在我国沿海通商，并开始传教活动。在传教的同时，也带来了西方先进的科学知识。这个阶段担任翻译任务的主要是西方传教士，例如意大利人利玛窦（Matteo Ricci）、罗雅谷（Jacuqes Rho）、熊三拔（Sabbathinus de Ursis），德国人汤若望（Adam von Bell），以及比利时人南怀仁（Ferdinand Verbiest）。尤其是利玛窦，翻译了不少西方的科技书籍，如他与国内译者徐光启合译的《几何原本》《测量法义》等。值得一提的是，在这次西方主动向中国译介基督教、科技知识的同时，也将中国的著作介绍给了西方世界，如利玛窦将中国的"四书"译成了拉丁文。第三次翻译高潮则是清末民初的西学翻译，鸦片战争后，欧美列强的入侵和清政府的腐败统治令国家满目疮痍。内忧外患的情形刺激了一批满汉统治者和中国知识分子，他们开始向西方的先进思想和文化学习，积极探索强国之道，寄希望于变法自强，于是他们崇尚西学。这一时期的翻译活动，"具有鲜明的救国图存和文化兴邦的性质"[1]。参与翻译的有不同的主体，既有以曾国藩、张之洞等为代表的"洋务派"官僚，也有以康有为、梁启超为代表的"维新派"人士。对西学的翻译也并不局限于西方书籍，还包括大量日本书籍。

（二）翻译促进社会、文化发展

翻译可以实现不同语言之间的意义转换，使得操不同语言的人得以进行文化、思想的交流，相互了解。在人类的发展历时中，翻译一直起着推动文明进程、社会进步

---

1 刘敬国，何刚强. 翻译通论. 北京：外语教学与研究出版社，2011，第 5 页.

的积极作用。"作为人类存在的根本方式之一，翻译始终是一种建构性力量，与人类及其社会、经济、文化发展形成互动的关系"。[1]

王克非著有《翻译文化史论》(1991/2000)，该书以文化史视角，为我们展现了翻译在社会进程中的重要作用。书中，王克非不仅考察了中国翻译文化史，还横亘中西，分析了翻译活动在英国、俄罗斯民族文学兴起中起到的功用，以及它在欧洲文艺复兴时期和日本明治时代所担负的文化使命，充分证明了全世界各个主要文化系统的发展都有翻译活动的密切参与。

以20世纪初中国的翻译情况为例，在中国发展史上，20世纪是一个革命的时代，各种思想制度与文化生活都在发生着巨大的变化。反映在译事上是学术兴趣的转变。第二次翻译高潮是注重科技文献的翻译，现在转而热衷于社会科学和人文科学的移译。这种新的趋向不仅对现代中国政治和社会的发展产生了极大的影响，也显示了中国知识分子对强国道路的重新认识。从1902年至1904年，几乎半数的译作都是关于史地、政治经济，尤其教育制度方面的著作，当时日本维新政策对中国也深有影响，大量日文作品被译入。1912—1940年，四分之一以上的译作是译自西方的文学著作，另外有三分之一以上的译作是关于社会科学和历史，而特别重要的是关于意识形态的著作，其中包括马克思和恩格斯的全部中文译本。这些介绍意识形态的译作，为共产主义运动在中国的发展奠定了思想基础。[2]

进入到21世纪，翻译的产业化变化还为世界经济发展做出了不可忽视的贡献。全球语言服务行业近些年来发展迅速，受到世界金融危机的影响也较其他行业要小。美国著名语言行业调查机构卡门森斯顾问公司(Common Sense Advisory)于2010年5月发布的全球语言服务市场报告预测，2010年全球外包语言服务市场产值为263.27亿美元，增长幅度为13.15%，到2013年预计将达到381.4亿美元。在国内，截至2009年12月，全国在营语言服务企业为15 039家。如果按照平均每个企业10名员工，每人平均产值8万元保守估算，仅语言服务企业所消化的翻译和本地化业务年产值就达到120亿元以上，约占全球外包语言服务市场产值的7%。[3]

可见，翻译实践是不同民族之间沟通思想、交流文化的一种社会性行为。自古至今，翻译融通中西，并促进社会在各个方面的发展。

---

1 刘云虹，许钧. 如何把握翻译的丰富性、复杂性与创造性？——关于翻译本质的对谈. 中国外语，2016，13 (1)：98.

2 王克非. 翻译文化史论. 上海：上海外语教育出版社，1991/2000，第172-173页.

3 郭晓勇. 中国语言服务行业发展状况、问题及对策. 中国翻译，2010 (6)：34.

二、翻译的文化性

翻译是语言转换，语言本身不是孤立的，语言与社会文化有着极其密切的关系。美国已故的语言学家萨丕尔（Edward Sapir）[1] 曾指出："语言的背后是有东西的，并且，语言不能独立于文化而存在。语言或多或少都会忠实地反映它所服务的文化。语言的历史和文化的历史是并行的。"这里的"文化"是一个广义的概念，既包括人类社会历史实践过程中所创造的物质财富，也包括建立在物质基础上的社会意识形态以及与之相适应的制度和组织机构。可以说文化具有很强的社会性，中国思想家梁漱溟[2] 在《中国文化要义》中曾对文化做过如下描述："文化，就是吾人生活所依靠之一切。如吾人生活，必依靠于农工生产。农工如何生产，凡其所有器具技术及其相关之社会制度等等，便都是文化之一大重要部分。又如吾人生活，必依靠于社会之治安，必依靠于社会之有条理有秩序而后可。那么，所有产生此治安此条理秩序，且维持它的，如国家政治、法律制度，宗教信仰，道德习惯，法庭警察军队等，亦莫不为文化重要部分。又如吾人生来一无所能，一切都靠后天学习而后能之。于是一切教育设施，遂不可少；而文化之传播与不断进步，亦即在此。那当然，若文字、图书、学术、学校，及其相类相关之事，更是文化了。……文化之本义，应在经济、政治，乃至一切无所不包。"

可见，文化亦是一个社会的反映，语言作为文化的载体，从结构到内容都是一个社会及其文化的投射。也就是说社会文化决定了语言的语法结构、词汇及其意义、表达规范与使用情境。以汉语为例，汉语中有一些词汇，例如"火炕""粽子""鸳鸯""儒教""道教""磕头""抓周""本命年""阴阳""八卦""太极"等所指代的事物和概念就是中国文化独有的。我国的亲属称谓比较复杂，从称呼上你就可以分出血亲姻亲、母系父系、长幼辈分等，而英语里"uncle""aunt""cousin"等没有如此精确的区分。此外，汉语中对长辈要以其辈分名称进行称呼以示尊敬，而英语中对亲属长辈很多情况下可直呼名字。再比如，中国现当代小说中有一部分属于乡土文学，像莫言、贾平凹等的作品，这类作品中满是乡土气息浓郁的"乡土语言"[3]，代表着中国乡村语言文化的一种特色。如何将一个民族或国家的文化介绍给另一个民族或国家，是

---

1 Sapir, E. *Language: An Introduction to the Study of Speech*. Beijing: Foreign Language Teaching and Research Press, 2002, p. 181.

2 梁漱溟. 中国文化要义（第二版）. 上海：上海人民出版社，2011，第 7 页.

3 周领顺. 汉语"乡土语言"翻译研究前瞻——以葛浩文英译莫言为例. 山东外语教学，2016（5）：88-84, 105.

翻译所承担的跨文化交流任务。同时文化的社会专属性也给翻译带来了困难，上文所提及的“乡土语言”便是如此，谢天振[1]对乡味俗语的翻译评论道：“‘土得掉渣’的语言让中国读者印象深刻并颇为欣赏，但是经过翻译后它的‘土味’荡然无存，也就不易获得在中文语境中同样的接受效果。”

文化既是人类创造的价值，又具有民族、地域、时代的特征，因此不同文化需要沟通，而翻译则是文化沟通的一个重要渠道。翻译在表面上是两种语言之间的转换，其实是两种文化的碰撞与交流。

在全球化的时代，信息的传播和大众传媒的崛起使得全球化与文化的关系尤为紧密，那么翻译则在信息、文化传播中充当了更加重要的角色，因而对翻译的研究也应该摆脱狭窄的文字层面的束缚，将其置于广阔的跨文化语境之下。自 20 世纪 90 年代，译界已经注意到翻译的跨文化性质。诺德（Christina Nord）用“跨文化交际”（intercultural communication）来指代翻译；赫尔兹 – 曼塔里（Justa Holz-Mänttäri）采用“跨文化合作”（intercultural cooperation）来替代翻译；勒菲弗尔（André Lefevere）则把翻译看作是“文化融合”（acculturation）；而丹尼尔·肖（R. Daniel Shaw）创造了“跨文化交际”（transculturation）一词。[2] 有鉴于此，翻译亦是一种文化翻译。

三、翻译的交际性

（一）翻译是有目的的社会行为

从 20 世纪 70 年代到 80 年代，翻译研究不再只是将翻译看作一种静态的存在，而是逐渐意识到了翻译作为一种社会活动的意义。德国功能学派强调翻译是一种社会活动，可以从人类活动或行为理论对翻译进行观照。

赫尔兹 – 曼塔里从行为理论出发，认为：“翻译行为不是单纯地翻译单词、句子或篇章，而是引领目的明确的合作，跨越文化障碍，使得以功能为导向的交际行为得以成功。”[3] 翻译行为论关注的焦点在于为译文接受者生产出符合相应交际功能的译文，

---

1 谢天振. 超越文本 超越翻译. 上海：复旦大学出版社，2014，第 231 页.

2 郭建中. 翻译中的文化因素：异化与归化. 外国语，1998（2）：12.

3 Munday, J. *Introducing Translation Studies: Theories and Applications*. 3rd ed. London & New York: Routledge, 2012, p. 120.

也就是说，译文的形式和体裁应符合目标语文化的规范，而不是照搬原文。[1]

弗米尔（Vermeer）将人类行为定义为在一定情境中发生的意图性、目的性行为，它是交际情境的一部分，同时也能限定情境。[2] 在弗米尔看来，翻译是一种转换，我们所使用的言语的和非言语的交际符号在翻译过程中从一种语言转换成另一种语言，因而翻译也是一种人类行为。弗米尔将“目的”（Skopos）一词引入翻译，用于表示译作的目的和翻译这一行为的目的。

因此，翻译不是自然而然发生的，它是一种带有交际意图的行为。按照诺德[3] 的解释，翻译的意图性可能与翻译人员相关，但在更多情况下与翻译的发起人有着更为密切的关系。翻译意图与源语发出者或源语文本的作者在用源语创作时的指导性意图可能相同，也可能不同。而翻译目的又与翻译策略相关，“有些翻译任务的目的要求的可能是意译，可能是直译，也可能是介于两者之间的其他策略，这都是依翻译所服务的目的而定”。[4]

（二）交际语境

在人类交际过程中，充当信息发出者（sender）角色的个体会带有某种交际目的，交际目的所瞄准的目标是信息接收者（receiver）。在翻译这一交际活动中，信息发出者与信息接受者分属于不同的语言文化群体，需要有翻译这一中介来帮助双方完成交流。可见，翻译发生在一定的交际情境中。交际情境是指人们相互交往的环境。诺德[5] 指出：交际通过一种媒介在限定的时间与空间情境中发生。每一具体的情境决定了人们交流什么以及如何进行交流，而这种情境又随着交际者的改变而改变。交际环境没有普遍意义，而是从属于一定的文化习俗。文化习俗是交际环境的决定因素，因此语言被视为文化的一部分，而交际则由文化中情境的制约因素来调节。诺德[6] 列举了一些交际环境对交际活动的影响，例如：彼此之间的言语和非言语行为、相互间的了解和期望、对交际环境的评价以及看待对方和周围世界时所采取的立场观点等。尽

---

1 Munday, J. *Introducing Translation Studies: Theories and Applications (3rd ed.)*. London & New York: Routledge, 2012, p. 121.

2 Nord, C. *Translation as a Purposeful Activity: Functionalist Approaches Explained*. Manchester: St Jerome, 1997, p. 11.

3 Ibid, p. 19.

4 Ibid, p. 29.

5 Ibid, p. 1.

6 Ibid, p. 16.

管功能学派并没有进一步探究交际环境对翻译活动的影响，但是这一思路却启发我们从社会环境视角考察翻译活动。

（三）翻译是人际互动

早期的翻译研究大多关注翻译在文本层面的语言转换规律，而忽略了翻译活动中人的主观因素。翻译作为一种交际活动，参与者众多，包括原文作者、翻译发起者/委托人、译者、目的语读者、出版商、翻译评论者等，这些角色通过复杂的网络相互连接，在翻译过程中发挥着各自的作用。当然并不是每个翻译活动都会涉及这么多的参与者，但是这些人员或多或少都会参与到翻译过程中。例如，一名中国大学生希望到英国某大学攻读研究生，而对方学校要求该生提供大学期间的成绩单，于是该学生就需要找到一名翻译帮其将成绩单译成英文。那么，翻译的发起者就是这所英国大学，它同时也是译文的接受者，而这名中国学生就是委托人，译者则实现了中英文字的顺利转换。再来看一则文学翻译的例子，莫言的小说成功译介到了英语世界，其作品的英译会涉及原文作者、翻译发起者、译者、出版商、英语世界读者、翻译批评者等众多人物。莫言小说最初的英译是葛浩文主动请缨，那么葛浩文既是翻译的发起者也是译者；同时他还对莫言的作品进行大力宣传，担任批评家的角色，可见葛浩文在翻译活动中扮演者多重角色，积极在源语作者和目的语文化中进行协调，对译作的成功发挥了重要的作用。不难看出，翻译是在参与其中的各个主体之间的协调下实现的。作为社会的人，才是翻译活动的真正主体，对翻译活动的走向起着决定性的作用。因此对于翻译环境的研究，很大程度上是观察社会环境与翻译主体之间的互动。本书第三章介绍了“译者主体”及“译者主体性”的概念，可结合本章，探究社会环境影响与译者主体性的关系，以及对翻译活动的影响。

四、翻译与社会环境

早期的翻译研究大多是从语言学视角出发，关注文本层面的语言转换，探究如何译，何为忠实的翻译等问题。传统翻译观认为翻译是一种简单的语码转换，甚至是机械操作。无论是译者还是翻译研究者讨论多集中于对等（equivalence）、直译（literal translation, word for word translation）、意译（free translation）、忠实（fidelity, faithfulness）等概念，忽略了翻译活动时刻受到社会因素的影响、介入、干预和制约。不过，伴随着对翻译研究的深入，学者们也意识到只从语言形式和内容上来检验翻译是片面的。

20世纪80年代，伴随着多元系统论、翻译规范等理论框架的提出，翻译研究跨学科趋势进一步明显，更多的学者开始从社会文化视角来审视翻译现象。很快，翻译研究学者勒菲弗尔和巴斯奈特（Susan Bassnett）在20世纪90年代初便提出了翻译研究的"文化转向"（culture turn）[1]，同时解构主义思想、后殖民主义思想等也在不断拓展翻译研究的视野。翻译学界对翻译的认知逐渐超出了语言转换层面，开始关注翻译活动所发生的社会文化、政治等环境。勒菲弗尔[2]曾指出，"翻译不是在真空中进行的，译者在某段时期内的某个文化中进行翻译。译者对自我意识以及对自身所在文化的理解都会影响到他们翻译的方式"。在这样的研究趋势下，翻译活动所发生的社会文化环境成为研究翻译活动的一个重要切入点，研究者开始探究对翻译活动产生影响的社会环境因素，以及翻译与社会文化的相互影响关系。

社会环境的构成因素众多而复杂，其分类方式也很多。如果按照构成要素的范畴来划分，主要划分为文化因素、政治因素、经济因素等，这些因素或独立或叠加在一起对人类活动产生影响。翻译要完成跨文化交流，这就意味着译者及翻译活动的其他参与者要面对更加复杂的社会环境。社会环境中有哪些具体因素会影响翻译？这些因素又是如何影响译者和翻译操作？为了能清晰的展示翻译与社会环境的密切关系，我们在接下来的三节里将分别从社会文化环境、社会政治环境和社会经济、科技环境三个方面，介绍译界对翻译和社会语境关系的一些已有理论思考和观点，帮助学习者理解翻译环境对翻译以及翻译研究的重要性。当然，社会文化、政治、经济因素是紧密联系在一起的，尤其是文化与政治，从宏观概念上来说社会文化环境就包括了政治、经济因素。不过为了讨论的方便，也为了具体分析社会环境对翻译所起的影响作用，本节区分出文化环境、政治环境和经济环境三个范畴，但实际运作中，这些环境因素经常是交织在一起的。

第二节 翻译与社会文化环境

最早提出翻译即"操纵"（manipulation）观的是英国当代翻译理论家赫曼斯（Theo Hermans），他在埃文－佐哈尔多元系统论的基础上，认为"从目标文

---

1 Bassnett, S. & Lefevere, A. (Eds.) *Translation, History and Culture*. London & New York: Pinter, 1990.

2 Lefevere, A. *Translation, Rewriting, and the Manipulation of Literary Fame*. London & New York: Routledge, 1992, p. 14.

学的视角来看，所有的翻译都意味着为了某种目的对原文文本进行某种程度的操纵”。[1] 这种操纵观在勒菲弗尔等学者中得到了发展，该学派因此被称为“操纵学派”（Manipulation School）。勒菲弗尔等将比较文学与翻译研究相结合，将翻译活动纳入“改写”（rewriting）的范畴，使得翻译研究脱离了传统的语言学视角，转入诗学、意识形态等更为宏大的社会层面。译者的角色在改写的过程中由被动转为主动，译者的主体性得到承认，极大地拓展了译者的创造性空间和地位。

一、翻译即改写

我们先来看一个例子，《安妮日记》（*Anne Frank's Diary*）是犹太少女安妮·弗兰克（Anne Frank）在“二战”期间所写。安妮一家为了躲避德国纳粹的迫害移居到荷兰，但随着德军占领荷兰，安妮一家躲进了一座秘密小屋，该日记便是安妮用 13 岁生日礼物日记本记录下的自己与家人隐藏在秘密小屋里的生活（时间自 1942 年 6 月 12 日到 1944 年 8 月 1 日）。日记在 1947 年首先在荷兰出版，其后被译成德语、英语等多种版本。有趣的是，该日记从写成到出版到翻译，中间的内容在不断被改动。首先这本日记的一部分是被安妮本人改写过的，安妮意识到自己的日记或许可以出版，便对其中的内容进行过修改，如为了增加文学性，将“stuck full of leaves”改成“loaded down with leaves”。[2] 而后，荷兰版本也有过修改，其中有些内容被删减，例如：在弗兰克一家躲藏避难之后，将自己的一部分产业交给邻居代管，然而邻居却将这些财产占为己有。之所以删减这个故事，是因为它反映了弗兰克一家被自己同胞欺骗的事实，不利于表现荷兰人民的团结及真诚。还有的内容是安妮父亲删减的，例如涉及安妮对她父母婚姻的批评和安妮与母亲的紧张关系等内容。还有为了要让文本中的安妮保持一个 14 岁女孩该有的形象，把安妮描绘成一个圣洁的“好女孩”，日记中不时流露出来表达她青春期的独特个性的词句不见了。除此之外，为了使得文本在意识形态上合乎当时的社会规范，一些和性有关的内容、涉及对家人的负面描写以及妇女解放等敏感内容都做了很大程度的删节。日记在被译成德语出版时，为了照顾到目的语读者的审美及民族情感，该日记部分内容再次被改写，例如德文版中将“世上没有比那些德意志和犹太更敌对的民族了”改译为“世上没有比德意志和犹太

---

1 Hermans, T. (Ed.) *The Manipulation of Literature: Studies in Literary Translation*. New York: Routledge, 2001, p. 11.

2 Lefevere, A. *Translation, Rewriting, and the Manipulation of Literary Fame*. London & New York: Routledge, 1992, p. 61.

更敌对的民族了”。译文中“那些”一词的增添限定了与犹太人为敌的德意志人的范围：不是所有的德意志人，而只是其中的一部分。这样，能让读者感觉到两个民族之间的仇恨和冲突程度缩小了。从这个例子中，我们可以看到改写无处不在，翻译也是改写的一种形式。而被改写的原因既有作者自己的意识，也有外界意识形态等因素的存在。

该例子被勒菲弗尔编写入《翻译、改写和文学名声的操控》（*Translation, Rewriting, and the Manipulation of Literary Fame*）（1992）一书中。勒菲弗尔是改写理论的倡导者，该著作也成为其改写操纵理论的代表作。勒菲弗尔将翻译、编辑、文集编纂、文学史和工具书的编写等，统统划归为“改写”。所有的改写，无论目的如何，都反映了一定的意识形态和诗学，并且以改写的形式操控文学，使其在某一特定社会以特定的方式发挥功能。在1985年的文章《为什么花费时间改写》（“Why Waste Our Time on Rewrites?”）中，勒菲弗尔就改写的原因进行过分析[1]：“人们总是在对文学作品做不同的阐释，而这些阐释通常建立在某种概念上，即世界应该是什么样子（意识形态）以及文学应该是何种样貌（诗学）。来自于新经典主义、浪漫主义、存在主义、精神分析主义等的不同阐释都是暂时的。接受或者拒绝某些文学作品，前提是人们所秉持的意识形态与诗学观念。为了使作品适应自己的意识形态和诗学观念，人们经常会对其进行改编、改写。”

在《翻译、改写和文学名声的操控》一书中，勒菲弗尔进一步完善了改写的制约因素，他指出，控制文学创作和翻译有内外两个因素。内因是指由评论家、教师、翻译家等组成的所谓“专业人士”（professional），外因则是拥有“促进或阻止”文学创作和翻译的权力的“人或机构”，即“赞助人”（patronage）。依照勒菲弗尔的观点，“赞助人感兴趣的通常是文学的意识形态（ideology）”，而“文学家们关心的则是诗学（poetics）”。[2] 因此，制约翻译过程的两大因素归根到底就是意识形态和诗学。勒菲弗尔进一步指出，内因在外因所指定的参数内起作用，也就是说，“代表某一文化或社会的意识形态的赞助人确立了一套具有决定性作用的意识形态价值参数；文学家和翻译家则在这一套参数范围内完成他们的诗学追求”。[3]

---

1 Lefevere, A. Why Waste Our Time On Rewrites?. In T. Hermans. (Ed.) *The Manipulation of Literature*. New York: Routledge, 2014, p. 217.

2 Lefevere, A. *Translation, Rewriting, and the Manipulation of Literary Fame*. London & New York: Routledge, 1992, pp. 14-15.

3 王东风. 一只看不见的手——论意识形态对翻译实践的操纵. 中国翻译，2003（9）：17.

勒菲弗尔把翻译研究同意识形态、赞助人和诗学结合起来，指出翻译必定受译者或者当权者的意识形态以及诗学的支配。“与其他各种翻译研究流派相比，勒菲弗尔的翻译观的一大特点是把翻译研究置于宏大的现实背景中，作为社会意识形态的一种表现来加以考察”。[1] 我们可以看勒菲弗尔所举的另一个例子，英国诗人爱德华·费茨杰拉德（Edward Fitzgerald）以改写欧玛尔·海亚姆（或译作伽亚谟）（Omar Khyyam, 1048—1122）创作的诗歌作品《鲁拜集》（*Rubaiyat*）而扬名于 19 世纪英国文坛。海亚姆是波斯诗人，这一作品在其本国并不是十分出名，而菲茨杰拉德认为“波斯诗人是拙劣的诗人，不如同时代维多利亚的英国诗人”，他在写给朋友的信中谈道：“令人愉悦的是，在翻译这些波斯人作品时我可以享有自己的自由，（我认为）他们不足以被称为诗人，不会令我望而却步，相反，他们需要一些‘艺术’来被塑造”，“但他决不会用同样的方式对荷马或者维吉尔的作品进行改写”。[2] 可以看出，费茨杰拉德的改写是出于意识形态和诗学的双重原因，他所谓的“艺术”代表的是西方诗学（western poetics）和西方论域（western universe of discourse）。

操纵学派或称改写学派的主要观点包括：（1）翻译是一种改写，改写即操纵，是为权力服务的手段；（2）翻译为原作品、原作者抑或源语文化树立的形象，主要取决于两个因素，一是译者本身认同的或赞助人强加的意识形态；二是当时译语文学里占支配地位的诗学；（3）翻译改写受到目的语文化的翻译规范支配，译者在此规范内进行操作；（4）改写的积极作用是引进新的概念、新的文学样式和新的方法，有助于文学和社会进步；相反，其消极作用是压制改革，进行歪曲和控制。[3]

因此，在翻译研究中除了文本层面的语言对比，更重要的是“译者为什么如此翻译，是什么样的社会、文学、意识形态因素使得译者进行如此翻译；通过翻译译者有何种意图，译者的意图是否能够通过翻译实现及其原因”。[4] 对于这些问题的回答，都要求我们去仔细审视翻译活动所发生的社会文化环境。

---

1 [英]安德烈·勒菲弗尔. 翻译、改写以及对文学名声的制控. 夏平导读. 上海：上海外语教育出版社，2010，第 iii 页.

2 Lefevere, A. *Translation, Rewriting, and the Manipulation of Literary Fame*. London & New York: Routledge, 1992, p. 4.

3 魏家海. 操纵学派译论综观. 广东外语外贸大学学报，2004，15（3）：29-30.

4 Lefevere, A. *Translation, Rewriting, and the Manipulation of Literary Fame*. London & New York: Routledge, 1992, p. 81.

二、翻译与意识形态

在影响翻译活动的社会环境因素中，意识形态是一个非常重要的参数。从普遍意义上来理解，意识形态可以被视为“受社会环境所制约的，是人们（包括参与意识形态分析的人们）所共有的思想与经验模式的交织体系”。[1] 具体来说，意识形态是与一定社会的经济和政治直接相联系的观念、观点、概念的总和，包括政治法律思想、道德、文学艺术、宗教、哲学和其他社会科学等意识形态。翻译界普遍接受的说法是“意识形态泛指许多社会或个人行为背后的思想及解释系统”，[2] 也就是说，意识形态是影响个人或者社会行动的重要因素。对于翻译来说，意识形态则是影响翻译选材、译本传播与接受，以及译者的翻译思想、翻译行为和翻译策略选择的重要因素。因此，勒菲弗尔说：“可以发现，在翻译过程中每一个环节，如果出于语言的考虑和意识形态或者诗学方面的考虑发生冲突的话，一定是后者胜出”。[3] 当然这样的结论或许过于绝对，也或许还有其他影响因素，不过，这也说明意识形态的确在翻译过程中发挥着重要作用。依照勒菲弗尔的说法，意识形态是通过译者影响到翻译活动的。对于译者来说，他可以认同所处社会的意识形态，并以积极的方式去选择顺应该意识形态的文本、确定翻译策略或方式；译者也可能不认同他所处社会的意识形态，但在翻译赞助人或委托人的强权下，消极地在主流意识形态约束下去实施自己的翻译行为。

勒菲弗尔在其《翻译、改写和文学名声的操纵》一书中便以丰富的案例说明了意识形态、诗学等因素对译者行为的显著影响，其中古希腊剧作家阿里斯托芬（Aristophanes）剧作《吕西斯忒拉忒》（*Lysistrata*）的翻译非常有代表性。勒菲弗尔选了该剧在不同时期的近 10 个英译本，从译者对具体词语的处理到译者对原文的增删进行了对比分析，发现了意识形态对译者的翻译策略的重要影响。勒菲弗尔指出：《吕西斯忒拉忒》这出喜剧，大肆鞭挞某些意识形态，同时又捍卫另外一些意识形态。由于这个原因，很多译者觉得需要在译作里表明自己的意识形态。其中一个译本早在 1837 年出版，译者是威尔赖特。他竟然把原作删节了四分之一，原因当然是这部分包含的意识形态跟他自己的意识形态不能相容。总的来说，此剧的译者大部分都刻意借着各种操纵手段，利用译作表达自己的一套意识形态。[4]

---

1 [英] 汤普森. 意识形态与现代文化. 高铦译. 南京：译林出版社，2005，第 54 页.

2 许钧. 翻译论. 南京：译林出版社，2014，第 149 页.

3 Lefevere, A. *Translation, Rewriting, and the Manipulation of Literary Fame*. London & New York: Routledge, 1992, p. 39.

4 Ibid, p. 44.

当然，意识形态不只会影响到译者的翻译策略，在翻译选材上也发挥着重要作用。下面以我国晚清的科技翻译为例来看意识形态对翻译选材的影响。1840 年，第一次鸦片战争之后，清朝政府内忧外患，为了摆脱困境，强兵富国，清朝政府自上而下掀起了一场“师夷长技”的洋务运动。在这个过程中，洋务派设立了京师同文馆和江南制造局翻译馆等专门的译书机构，译入的内容则是有关工程技术、军事装备和自然科学类的西方著作。江南制造总局翻译馆翻译的主要作品有 1871 年傅兰雅（John Fryer）与徐寿合译的《化学鉴原》；1871 年伟烈亚力（A. Alexander Wylie）和徐寿合译的《汽车发轫》；1873 年玛高温（D. Macgown）和华蘅芳合译的《地学浅释》等。同文馆翻译的主要作品有《化学指南》《算术课艺》《格物入门》以及《星学发轫》等。“自然科学著作是这一阶段翻译选材的主要内容”。[1] 在这一时期内，译书活动比较系统地翻译了西方的一大批科学技术著作，适应了洋务运动所倡导的“师夷长技以自强”的需要，符合当时洋务派希望利用先进的技术维护封建统治的意识形态。

不仅如此，译作在目的语中的接受情况也和意识形态有着直接的关系。美国女作家赛珍珠（Pearl S. Buck, 1892—1973）主要凭借着中国题材作品《大地》（*The Good Earth*）获得诺贝尔文学奖，成为第一位主要以写中国题材作品而获诺贝尔文学奖的作家。早在 1931 年，赛珍珠的中国题材作品便在中国引起关注和热议。不过在中国 80 余年的赛珍珠接受史中，赛珍珠一度在中国家喻户晓、备受推崇，也一度长期被误解、误读，甚至被遗忘、抛弃。梁志芳[2] 对赛珍珠译作在中国的接受做了分析，她的研究指出，赛珍珠的作品在中国分别于 20 世纪三四十年代和八九十年代曾两度出现过翻译传播热潮，然而在中间 50-70 年代却遭到了否定与全面批判，这与当时中国社会意识形态有着密切关系。1949 年中华人民共和国成立后，由于政治、外交和意识形态冲突等原因，中美进入了全面对抗的历时阶段，两国的文化交流几乎中断。20 世纪 50 年代的美国，恐共、反共的麦卡锡主义盛行，对新生的社会主义中国完全敌对。彼时的中国，文学也完全成为政治与阶级斗争的工具，人们习惯从阶级斗争、民族斗争的角度来看待欧美作家及其作品。赛珍珠被视为“反动女作家”，阶级斗争意识形态完全控制了中国对赛珍珠作品的阐释与评价，从下列评论文章的题目中，便可窥见赛珍珠及其作品在国内的负面接受：《猫头鹰的诅咒——斥赛珍珠的〈北京来

1　吴莎，屠国元. 论中国近代翻译选材与意识形态的关系（1840—1919）. 外语与外语教学，2007（11）：38.

2　梁志芳. 从“反动女作家”到文化交流使者——新中国对赛珍珠作品的翻译与接受（1950—1987 年）. 江苏大学学报（社会科学版），2013，15（5）：5-10.

信》》(思慕)、《美国反动文人赛珍珠剖视》(李文俊)、《赛珍珠——美帝国主义文化侵略的急先锋》(徐育新)。赛珍珠笔下的"中国形象"与中国官方致力于建设的民族国家背道而驰，不被中国主流意识形态所接受，因而受到抵制与审判，她的作品在中国长期被列为"禁书"。改革开放后，随着阶级斗争意识形态的逐渐解冻与中美文化交流的加强，中国内地的赛珍珠研究和作品译介也慢慢再次启动。国内对赛珍珠及其作品的评价也逐渐摆脱了阶级斗争意识形态的控制，逐步趋向客观、理性。

意识形态对翻译活动的作用最终也要通过译者来落实，因此，在强调意识形态影响翻译活动的同时，也不能忽视翻译活动中主体，即译者的主体作用。一般来说，译者的主体作用体现在译者对翻译作品的喜好、译者的忠实性情节和译者的主观能动性等方面，这些因素可能会受到主流意识形态的影响，但不同译者在同一意识形态的作用下，往往会作出不同的反应和选择。以中国的五四时期为例，[1] 这一时期的中国是一个半封建半殖民地的国家，中国人民深受帝国主义和封建势力的压迫和剥削，一些先进的知识分子纷纷探索救国图存的道路，这就是当时的主流意识形态。但对于这一主流意识形态，不同的译者产生了不同的反映并做了不同的选择。冰心、鲁迅等有"弱国"情结的译家，选取了印度、比利时、捷克等第三世界国家的文学作品，认为这些国家与中国的境况相似，其文学的发展会给中国提供借鉴；而胡适、瞿秋白等人却有"强国"情结，他们选择了西方发达国家的文学作品予以翻译，认为发达国家的经验才可以拯救贫弱的中国。由此可见，对译者翻译行为产生影响的还有一些非意识形态因素：译者的主观目的、个人喜好等。因此在翻译研究中，应该以事实为基础，对翻译环境的分析同时也要留意翻译活动内部的多种因素，由外及内或者由内及外，进行综合分析。

第三节 翻译与社会政治环境

我们这里援引美籍意大利学者韦努蒂（Lawrence Venuti）[2] 的话来说明翻译与社会文化及政治的密切关系："翻译带来的重大影响在国内和国际环境中均能显现。一方面，翻译拥有向国外文化建构民族身份的权力，会涉及民族歧视、地缘政治摩擦、殖民主义、恐怖主义、战争等；另一方面，翻译利用国外文本维护或者修订目的语文

---

1 林萍. 翻译改写理论的贡献与局限评说. 长江师范学院学报，2013，29（1）：91.

2 Venuti, L. *The Translator's Invisibility: A History of Translation*. London & New York: Routledge, 1995, p. 19.

化中的文学规范，例如为诗歌、小说引入各类诗学以及叙事话语，目的是和目的语中的主流文化进行竞争。正是这些与社会的隶属关系和社会效果使得翻译成为一种文化、政治实践。”本章第二节是从社会文化环境，或者说整体环境来梳理翻译与社会的互动关系，本节则更侧重从社会的政治环境，即政治意识形态、权力关系来论述翻译活动的影响及相关研究。

一、翻译与权力

翻译一直与社会政治意识形态有着紧密的关系，参与权力斗争。勒菲弗尔在提出翻译改写理论时，也曾指出翻译与权力密切相关：“翻译不只是‘向另一个世界敞开的窗口’，更是不得已打开的一个渠道，通过翻译这个渠道，国外的影响可以渗透、挑战甚至颠覆本土文化。”[1] 20世纪末，伴随着苏联解体、“冷战”结束、后殖民理论的兴起以及经济全球化，政治与权力解构的话题越来越成为热门，这也影响到了翻译中的权力关系研究。从社会政治的视角来考察翻译，为认识翻译活动及其所处环境的复杂性提供了新的契机。“翻译什么，如何翻译，翻译影响各自文化、社群的深度和广度都与权力关系息息相关，翻译可能是权力关系实施的工具，也可能是抵抗权力关系的武器和手段”。[2]提莫志克和根茨勒（Tymoczko & Gentzler）[3]指出与翻译相关的权力包括：影响和权威、法律上的支配权力、活力和能量、对别人的控制和指挥、殖民和压迫力量，以及反殖民和反剥削的力量。

（一）后殖民视角下的翻译研究

翻译研究的后殖民视角受到了后殖民理论、解构主义思想的影响而形成，萨义德（Edward Said）、斯皮瓦克（Gayatri Chakravorty Spivack）、霍米·巴巴（Homi Bhabha）等都是著名的后殖民理论家。翻译的后殖民视角关注的是西方的翻译如何压制东方文化、第三世界女性、边缘文化的差异，常见的议题包括：西方的帝国主义、霸权主义如何影响翻译实践；翻译在殖民地、后殖民地、解殖民地过程中殖民者与被

---

1 Lefevere, A. *Translation, Rewriting, and the Manipulation of Literary Fame*. London & New York: Routledge, 1992. p. 2.

2 吴文安. 后殖民翻译研究：翻译和权力关系. 北京：外语教学与研究出版社，2008，第6页.

3 Tymoczko, M. & Gentzler, E. *Translation and Power*. Amherst & Boston: University of Massachusetts Press, 2002, p. xvii.

殖民者文化交流中所发挥的作用；以及相关研究涉及的分析方法和概念工具。[1]

1. 翻译的政治

20 世纪 90 年代初，斯皮瓦克提出了“翻译的政治”的命题，主要指翻译在两种不同文化碰撞与交融过程中显现或隐现的权力关系。斯皮瓦克的研究兴趣广泛，马克思主义、解构主义、后殖民主义、女性主义均有涉猎。这也使得她的翻译思想拥有跨学科的视野，这一点反映在《翻译的政治》[2]一文中，该文从解构主义出发，在翻译研究中贯通后殖民主义思想。她在该文中特别关注翻译所导致的一系列意识形态问题以及大量的变形形象。例如，她指出[3]：“全盘译成英语的行为可能会违背民主理念，转而服从强者法则。当所有第三世界的文学都通过翻译而带上某种时髦的翻译腔（translatese）时，这种情况就发生了。其结果是，一位巴勒斯坦女性创作的文学作品开始与某位台湾男作家的作品有些类似，不再给人什么新奇之感。”

斯皮瓦克从后殖民主义视角来审视西方的女性主义翻译，并严厉批评那些西方女性主义批评家，因为她们主张欧洲之外的女性主义文本都应该译成强权者的语言（英文），这会消除政治上处于弱势的个人及文化的存在地位，并导致本来不相同的声音变得整齐划一。而她认为强权国家的女性主义家们应该通过学习后殖民国家女性的语言来向她们表示真正的团结。斯皮瓦克认为，“提到翻译的政治，必须把语言的不平等地位考虑在内”，[4]在她看来，“翻译的政治”总是使英语和其他前殖民者的强权性语言处于优势。因此在这里，不同的语言代表着不同的政治身份，而翻译则在殖民化的过程中扮演着积极的作用，强权性语言塑造着第三世界的形象。

2. 归化与异化

什么是恰当的翻译？翻译中应该选取何种翻译策略？这一直是译界争论的焦点，古今中外皆如此。我国翻译史上最早的争论应是佛经翻译史上的“文质”之争，到了五四运动时期，又开始了“直译”与“意译”的讨论。西方译论中逐渐形成争论的则是“literal translation”和“free translation”（通常和中国译论中的“直译”和“意译”对应）。每一对概念的提出皆有其自身的社会文化背景，不过这几对概念所聚焦的还

---

1 Wang, H. Postcolonial Approaches. In M. Baker & G. Saldanha. (Eds.) *Routledge Encyclopedia of Translation Studies*. 2nd ed. London & New York: Routledge, 2009, pp. 200-204.

2 Spivak, G. C. 1992. The Politics of Translation. In L. Venuti. (Ed.) *The Translation Studies Reader*. London & New York: Routledge, 2000, pp. 397-416.

3 Ibid, p. 400.

4 Ibid, p. 406.

是文本的语言层面，并没有注意到翻译策略背后所反映的不同文化操作。意大利裔美国学者韦努蒂引入了“归化”（domestication）与“异化”（foreignization）的讨论，使对翻译策略的研究不再停留在翻译内部（如语言、语言文化、文体、风格等如何进行），而是“拓展到翻译外部如翻译与社会、政治、意识形态等大文化如何发生互动的一种描述–解释性研究上来”。[1]

在《译者的隐身》（*The Translator's Invisibility*）（1995）一书中，韦努蒂首先借用德里达（Derrida）的解构主义思想对文本的意义进行了解构，肯定了译文意义的多元性和不确定性，以及社会历史环境对意义选择的影响。依照德里达的解释[2]，翻译是译者在理解的前提下，用目的语中的能指链来替代源语文本中的能指链的过程，因为意义产生于，在一个可能无限的能指链上（多义的、互文的、具有无限的联系）能指之间的关系和差异所产生的效果，因此，意义永远是有差异的（differential）和被延迟的（deferred），永远不会是一个原文的整体。韦努蒂指出，无论是国外的文本，还是译文，都是派生的：都是由各种不同的语言和文化材料构成的。因此，不论是外国的作者，还是译者，都不是原作者，同时也使作品的意义产生不稳定性，以至会超越作品的意图，甚至与作品的意图有矛盾。作品的意义是多元的。韦努蒂强调，一个译本只是临时固定了作品的一种意义，而且，这种意义的固定（翻译）是在不同的文化假设和解释选择的基础上形成的，并受到特定的社会形式和不同的历史时代的制约。意义是一种多元的、不定的关系，而不是一成不变的、统一的整体。翻译不能用数学概念那种意义对等或一对一的对应来衡量。所谓确切翻译的规范、所谓“忠实”（fidelity）和“自由”（freedom）的概念，都是由历史决定的范畴。

韦努蒂考察了美国、英国等英语国家自 17 世纪以来的翻译史，指出“通顺的翻译”（fluent translation）模式一直在西方翻译史上占主导地位，“无论是散文或者诗歌，小说或者非小说的译文，在多数出版商、评论家或者读者看来，当译文读起来通顺，没有任何语言或是风格上的特质，……读起来就如同用英语写就的原文一样时，译文就是可以接受的”。[3] 可以看出这种通顺策略在英语翻译中占据了主导地位。评论家在评论译作时，一般都只关注风格，忽视译文的正确性、译作的读者对象、译作在当代图书市场上的经济价值等问题，无一例外地赞扬通顺的译文，批评违反通顺标准的译

1 葛校琴. 当前归化 / 异化策略讨论的后殖民视域——对国内归化 / 异化论者的一个提醒. 中国翻译，2002，23（5）：32.

2 Venuti, L. *The Translator's Invisibility: A History of Translation*. London & New York: Routledge, 1995, p. 18.

3 Ibid, p. 1.

文。这样的归化策略有效地遮盖了国外文本中的语言和文化差异，对目的语读者来说译文通顺、易懂，但是这种改写使得译文被打上了目的语文化的烙印，并符合目的语文化的表达规范。由此可见，归化的翻译发挥了巩固目的语文化规范的作用，而在英美文化中，这则是一种文化殖民主义的表现。不过韦努蒂指出："翻译的这种歪曲和篡改部分是不可避免的，是寓于翻译过程中的；部分是潜在的，取决于产生和接受译文所处的不同历史条件的特定文化和社会背景。"[1]

韦努蒂认为，通顺翻译的根本原因是英美国家要以西方的意识形态为标准，在英语中形成一种外国文学的规范。这种翻译传统，是以民族中心主义（ethnocentrism）和帝国主义（imperialism）的文化价值观来塑造外国文本。韦努蒂继而指出，英美文化语境中不仅是在翻译策略上采用这种通顺翻译，此外，译者的署名或是版权问题也多被忽略，造成了译者的"隐身"（invisibility）状态，而这些措施则反映了英语文化对外来文本的潜在"归化"：利用"透明的话语"（transparent discourse）模式对外来文本进行改写，并选择那些易于采用通顺翻译策略的文本来译入。

韦努蒂主张打破英美文化中以通顺为主的翻译规范，反传统而行之，使译者在译文中现身（visible）。在韦努蒂看来，翻译的策略不只有"归化"（domestication），还应该有"异化"（foreignization）翻译。他引用19世纪德国思想家施莱尔马赫指出的两种翻译方法：[2] 译者要么尽可能不去打扰作者，让读者向作者靠拢；要么尽可能不去打扰读者，而让作者向读者靠拢"，前者便是"异化"翻译，后者则是"归化"翻译。归化翻译就是指译者在翻译过程中采用一种透明的、流畅的风格，从而最大限度地降低目标语读者对外国文本的陌生感。异化翻译则是指译者在翻译时保留原作的异质性，破坏了目的语文化的规范。韦努蒂指出，归化翻译是民族中心主义的，使得外国文本去服从目的语文化价值观，让原作者靠近读者；异化翻译则是抑制民族中心主义及目的语文化价值观，接受国外文本在语言、文化上的差异，让读者靠近原作者。韦努蒂强调，[3] 异化翻译可以抑制民族中心主义对源语文本的篡改，在当前的世界形势下，更需要这种策略上的文化干预，来抵制英语国家文化上的霸权主义，反对文化交流中的不平等现象。

3. 翻译与后殖民语境

印度裔的尼兰贾娜（Tejaswini Niranjana）对于印度殖民地以及西方强势话语都

1 Venuti, L. *The Translator's Invisibility: A History of Translation*. London & New York: Routledge, 1995, p. 19.

2 Ibid, p. 19.

3 Ibid, p. 20.

有亲身体验，她将自己的观察和思考写成专著《给翻译定位——历时、后结构主义和殖民语境》(*Sitting Translation: History, Poststructuralism, and the Colonial Context*)(1992)，目的在于引起文学批评界和翻译研究界对殖民语境的注意，不能忽略翻译活动背后的权力关系和历史性。尼兰贾娜认为，翻译活动直接参与了殖民活动，是殖民者维护统治的手段之一。我们以她在著作中考察的殖民译者翻译活动为例。[1] 威廉·琼斯(William Jones)18世纪到达印度加尔各答最高法庭任职，他还担任皇家亚洲学会的主席。作为学者和译者，琼斯翻译了大量的印度文献，德国文学家歌德、哲学家赫尔德都在阅读他的译作及作品。据说，每个识字的西方人都阅读过他的译文，应该说，他的翻译影响着欧洲人对印度及东方世界的认识。琼斯从事翻译的三个主要动机是：一、翻译要由欧洲人来做，因为由土著来翻译他们自己的法律和文化并不可靠；二、给予印度人他们“自己”的法律；三、净化印度文化，为印度文化代言。经过琼斯的描绘，印度人是一个温顺、懒惰的民族，不具备享受自由的能力，渴望被一个绝对权力统治，并且沉浸于一种古老的宗教神话中。这是一种典型的殖民主义观点，是殖民者为了方便自己的统治所建立起来的一套话语，“使得被殖民者自觉自愿地承认自己劣等，愿意接受殖民统治。殖民地人民通过殖民者的文本了解自己，不知不觉地被纳入了殖民网络”。[2]

尼兰贾娜以印度为研究个案，揭示了翻译活动作为一种权力工具，参与到殖民与后殖民秩序的维护中。这也证明了这样一个事实——“殖民国家与被殖民国家，或者说第一世界与第三世界间的文化交流是不对称、不平等的，而翻译是这种不对称、不平等的工具”。[3]

(二)翻译与性别

当人们将性别因素作为影响翻译活动的一种外部因素进行研究时，翻译作为一种政治和权力工具的作用变得更加明显。女性主义理论与翻译研究的结合得益于西方女权主义运动的兴起以及西方后现代学术思潮的影响，福柯、德里达等后结构主义和解构主义理论家将语言视为意识形态的表达范畴和政治工具，这一思想冲击着传统的语言研究框架，语言与社会权力的关系从未变得如此紧密，为女性主义与翻译研究的结

---

1 Niranjana, T. *Siting Translation: History, Post-structuralism, and the Colonial Context*. Berkeley: University of California Press, 1992, pp. 12-19.

2 吴文安.后殖民翻译研究：翻译和权力关系.北京：外语教学与研究出版社，2008，第98页.

3 宋美华.后现代翻译研究：后殖民、女性、解构.中国翻译，2020，41(2)：19.

合提供了契机。

最初的女性主义翻译研究从男女性别这一“二元对立”的立场出发，认为“女性的失语、‘无能’和自我意识是受不同程度的语言压迫所导致的，男性霸权话语抹杀了个体语言的差异”。[1] 于是，女性主义翻译聚焦于男女不平等的社会及权力关系，探究女权主义翻译家如何利用语言甚至改变文本的方式，颠覆和反抗男性主导的话语模式，以便彰显女性影响力以及女性声音和权力。在这种情形下，女性主义翻译在实践上极力提倡一种译者干预性的（interventionist）翻译操作，要求对翻译文本进行女性主义的创造。加拿大女性主义翻译研究者路易斯·冯·弗拉德（Louise von Flotow）的文章《女性主义翻译：语境、实践和理论》（“Feminist Translation: Context, Practices and Theories”（1991）和其专著《翻译与性别：女性主义时代的翻译》（*Translation and Gender: Translating in an Era of Feminism*）（1997）对这一框架下的女性主义翻译实践进行了理论梳理。弗拉德[2] 指出女性主义翻译会采用反传统、激进和创造性的途径进行翻译，并归纳出 3 种女性主义翻译常用的翻译策略：增补（supplementing）、加写前言和脚注（prefacing and footnoting）以及劫持（hijacking），这些翻译策略被用作“干预措施”来达到使女性声音凸显的目的。

受到西方女权运动的影响，可以说，早期的女性主义翻译有着明确的政治目的，但是这种过于单一的二元分类忽略了性别内部，以及性别之间差异的存在，也因此受到批判，有学者指责早期女性运动“不遗余力地打造理想的政治环境，并不比他们试图颠覆的父权制度高尚多少”。[3] 20 世纪 90 年代，性别的社会建构性质越来越得到凸显，包括斯皮瓦克在内的许多学者认识到女性之间也存在多种差异，例如种族、阶层、语言等，他们认为“存在典型女性特征和典型男性特征是风险性的二元思维”，[4] 这一认识促使女性主义翻译研究进行反思，要考虑到历史和环境差异性给性别和女性概念带来的多元性质。在 2017 年新近出版的论文集《翻译女性：不同的声音和新的视野》（*Translating Women: Different Voices and New Horizons*）中，弗拉德和法尔扎德（Flotow & Farahzad）[5] 提议在跨文化的理论框架下，融入不同地域文化背景中女性参

1 孙子尧. 多元性别视角下的翻译研究. 中国翻译，2019，40（2）：29.

2 Flotow, L. von. Feminist Translation: Contexts, Practices, and Theories. *TTR*, 1991, 4 (2): 69-84.

3 Arrojo, R. Fidelity and the Gendered Translation. *TTR*, 1994, (7): 159.

4 栾海燕，苗菊. 翻译研究纵横：从女性主义到文化外交——路易斯·冯·弗拉德教授访谈录. 中国翻译，2015，36（3）：70.

5 Flotow, L. von & Farahzad, F. (Eds.) *Translating Women: Different Voices and New Horizons*. London: Routledge, 2017, p. xv.

与翻译和被翻译话语建构的切身体验，这一做法有助于改变翻译研究和女权主义运动中盛行的以欧洲英语文化圈为中心的倾向。

女性主义翻译研究以其独特的性别政治视角，来审视社会语境对翻译活动的影响，这启示我们“关注了翻译背后的权力运作、意识形态以及语言建构现实的力量，而不是仅仅视语言为一种透明的交际工具”[1]。

二、翻译与国家利益

（一）翻译与审查制度

每个社会都有自己的法律、习俗和禁忌来约束其成员的言行、衣着、宗教活动以及性行为等。[2] 审查制度作为一种社会控制手段，是指官方较权威机构如政府部门对面向公众的文学、艺术、网络资源等领域的检查筛选，以达到其所预期的目的。这些目的可以是政治、经济、宗教、思想等方面的。[3] 翻译作为一种文化交流的方式，会从一个社会政治环境中向另一个社会环境带去国外的思想或观念，内容会涉及政治、文学、文化以及科技等。外来的道德、宗教、文化观念在目的语文化中也许发挥着积极作用，也许与目的语文化相左，威胁该文化的整体和谐。因此，对于翻译内容的审查就非常有其必要。对于译介进来的作品，例如小说、电影以及各类网络内容等，由谁来承担审查任务，审查以何种方式进行，审查的规范是什么，哪些内容不能出现在一个社会的公众面前，这些内容与国家的政治、文化意识形态有何种关系，等等，这些问题与一个社会或者国家的政治、文化环境等有着密不可分的联系，也是该议题下的常见研究问题。

可以说一个社会或国家的审查制度发挥着“文化过滤”（cultural filtering），或者发挥着对国外作品、观念的阻隔作用（cultural blockage），每个国家及不同的历史时期都可以发现翻译审查在文化及意识形态建构中发挥的作用。翻译与审查的相关研究在西方国家开展的更多，成果较为丰富。我们选取意大利墨索里尼专政时期的情形为例，[3] 意大利在法西斯独裁期间对影视作品实施极其严格的管控与审查，当时意

1　耿强. 西方女性主义翻译理论述评. 西南科技大学学报，2004，21（3）：13.

2　Merkle, D. Translation and Censorship. In F. Fernández & J. Evans. (Eds.) *The Routledge Handbook of Translation and Politics*. London & New York: Routledge, 2018, p. 238.

3　Ranzato, I. Freddi's Preliminary Norms: Italy's Censorship Bureau. In L. D'hulst, C. Sullivan, & M. Schreiber. (Eds.) *Politics, Policy and Power in Translation History*. Berlin: Frank & Timme, 2016, pp. 211-228.

大利的政治经济形态是专制的，任何有损于专制的国外文化渗透都要严格禁止。其中一项政策是对民众话语权的掌控，法西斯政府实施所谓的“语言净化”（purity of language）政策，其真实目的则是屏蔽国外的不利影响。在1929—1931年期间，播放国外的电影，其中演员的声音是被屏蔽掉的，只留下电影背景音效，而对话则以字幕的形式出现，因为这样可以防止意大利民众从电影中学习到外语。在后来可以给电影配音后，新的制度出台，只允许电影院播放在意大利做后期配音的国外电影。如此，审查部门可以直接监控电影的原始版本，对不适宜的内容予以审查。政府拥有对语言的绝对控制权，例如，意大利的一些方言、土语等都要在后期配音中被替换掉；对于从美国引入的电影，要用绝对纯正的意大利语来为其配音，以达到文化的“同质化”（homogenisation）。上述做法可以帮助实施法西斯的文化政策，由此可见，对国外影视作品语言的审查是受到意大利法西斯政治文化意识形态的影响。

（二）国家机构翻译

我们首先来了解“机构翻译”这个概念，按照科斯基南（Koskinen）[1]的解释，“当官方机构（政府部门、多国组织、私有公司，或者代表官方的个人）将翻译作为一种话语方式（a means of speaking），来跟特定读者交流，这种形式便是机构翻译。因此，在机构翻译中，所传递的‘声音’（voice）是翻译机构的声音”。简言之，机构翻译就是“在或为特定的组织机构（内）翻译的行为”[2]。机构在不同的层级运作，例如国家、国际、跨国等，也涉及不同领域（政治、经济、教育等）。我们这里所涉及的就是国家层面的机构翻译。国家机构翻译可以利用翻译来向别国宣传自己的政治理念、建构国家形象以及推动文化交流。国内学者任东升将国家作为翻译主体的实践活动称为“国家翻译实践”，其目标通常是国家通过翻译来维护政治、经济、外交、军事、文化、社会等层面的整体利益，具有高度政治性、主权性和国家自利性。[3]

机构翻译一直是中国翻译实践的传统，我们以新中国成立后《毛泽东选集》的翻译为例。翻译《毛泽东选集》（以下简称《毛选》）是我国成立以来规模最大的政府组织翻译活动，从开始翻译到《毛选》第五卷译本正式出版，前后总共历时20多年，

1 Koskinen, K. *Translating Institutions: An Ethnographic Study of EU Translation*. Manchester: St Jerome, 2008, p. 22.

2 Baker, M. & Saldanha, G. *Routledge Encyclopedia of Translation Studies.* London & New York: Routledge, 2009, p. 141.

3 任东升，国家翻译实践概念体系构建. 外语研究，2019（4）：69.

是近代以来中国最大规模的对外思想传播。党中央十分重视《毛选》翻译，1950年5月中共中央宣传部成立“《毛泽东选集》英译委员会”，1951年11月改为“《毛泽东选集》英译室”。1960年中共中央联络部成立“《毛泽东选集》翻译室”，直接领导这一重大的翻译活动。在《毛选》英译的过程中，其翻译工作的指导方针是：（1）中央主导，政治挂帅。1960年10月《关于校改前三卷译文的若干规定（草案）》总纲提出，[1]“在任何情况下，翻译均须以政治标准为第一；翻译者应不断提高自己的马列主义和毛泽东思想的水平，改造资产阶级世界观”。（2）组织严密，纪律性强。上述草案中强调，“必须反对自由主义和不求甚解，或强不知以为知，妄作主张。加强组织性、纪律性，遇有疑难必须请示解决。”可见，当时的翻译活动有其意识形态规范，为执政政权的世界观服务。因此，国家机构翻译是积极为国家意识形态服务的，机构管理下的翻译过程、翻译人员都会受到这一意识形态的影响。

第四节 翻译与科技、经济环境

翻译活动作为一种满足社会需求的文化交流活动，会跟随着时代语境的变化而发展。进入21世纪以来，经济全球化进程加快，网络技术飞速发展，这使得翻译活动在翻译内容、翻译技术和翻译模式等诸多层面都呈现出新的变化。翻译行业中产生了很多新的概念，如：语言服务产业、众包翻译、本地化翻译等，刷新着我们对传统翻译的认知，也给新时代的译者带来了机遇和挑战。本书第八章会更加详细介绍语言服务产业的运作模式、本地化技术等，本节主要侧重论述翻译新模式对译者能力的要求以及对译者角色产生的影响等相关问题。

一、经济、科技发展与翻译新模式

（一）翻译与语言服务

从广义上来说，语言服务就是“利用语言（包括文字）、语言知识、语言艺术、语言技术、语言标准、语言数据、语言产品等语言的所有衍生品，来满足政府、社会及家庭、个人的需求”，[2]包括国家语言政策的制定、多民族多语言地区的语言政策、

1 潘卫民，董维山. 尊重史料，还原《毛泽东选集》英译历程. 上海翻译，2015（1）：63-67.

2 李宇明. 语言服务与语言消费. 教育导刊，2014（7）：93.

各行业的特定语言服务等。从狭义上讲，语言服务被认为是翻译行业的全新定位，中国译协对语言服务业的界定是：所有从事多语言转换及关联服务的机构，既包括面向市场的翻译和本地化服务企业，也包括国家机关和企事业单位内部的翻译和外事部门；既包括出版和影视翻译等文化产业的内容，也包括翻译辅助工具和翻译研发等信息技术产业的内容；既包括人才培养方，也包括人才使用方。

语言服务作为一个完整的体系，涉及四个基本环节：语言服务提供者、语言服务内容、语言服务方式和语言服务接受者。在语言服务业中，当前发展最快、社会效益最为显著的当属翻译产业，因此狭义的语言服务指的主要就是翻译。

仲伟合[1]依据语言提供者、语言服务目的的不同，区分了公共语言服务和以营利为目的的有偿语言服务。仲伟合指出，公共语言服务是指宏观层面的国家语言政策、语言规划、语言设施和服务、语言支援服务等（如奥运会、世博会等的多语言志愿服务等），服务主体是国家机构和志愿团体及个人，服务目的不是为了营利，而是为了提升全民语言水平、改善国家语言环境、促进民族之间的平等与交流等；后者指由语言服务机构提供的、以语言及衍生产品和技术作为营利手段的有偿服务，包括但不局限于传统的语言翻译、软件和网络本地化、产品本地化、众包翻译、翻译技术开发、技术写作、影视作品翻译、以语言服务为目的的语言咨询和培训等。本书会在第十章和第十三章中对翻译技术以及本地化翻译、众包翻译等翻译模式进行详细介绍，这里不再详述。

语言服务本身产生于社会的发展需要，因此也会受到社会外部因素对语言服务的影响，如国家的政治外交政策、发展战略、经济发展状况、民族语言政策、国家外语政策等。[2]例如，习近平总书记于2013年提出共建“丝绸之路经济带”和“21世纪海上丝绸之路”，即“一带一路”的重大倡议。“一带一路”沿线涉及53种国家通用语，也因此将语言交流问题提到首位。语言相通是“一带一路”倡议顺利实施的前提和保障，这就为中国语言服务行业提出了要求，也带来了发展的契机。剖析“一带一路”背景下区域政治、经济、社会文化、技术等宏观环境主要因素带给中国语言服务行业的机遇和挑战，“根据环境调整服务策略及方式以适应市场需求”[3]就成为国内翻译学者的研究课题之一。

---

1 仲伟合，许勉君. 国内语言服务研究的现状、问题和未来. 上海翻译，2016（6）：1-6.

2 同上：6.

3 张慧玉.“一带一路”背景下的中国语言服务行业：环境分析与对策建议. 外语界，2018（5）：19-26.

（二）公共服务口译

上文介绍，依据语言提供者、语言服务目的的不同，可以区分出公共语言服务和以营利为目的的有偿语言服务。公共服务口译（Public Service Interpreting），也叫作社区口译（Community Interpreting），就是一种非营利性的语言服务。具体是指在政府机构或者其他社会公共机构中，如医院、法庭、警局、监狱、移民局、难民署等公共服务场所，为语言受限而导致交流困难的人所提供的口译服务。经济全球化、战争等社会政治、经济因素加速了全球人口流动，一个国家或区域内的多语情形也变得越来越凸显，此外还有一些多国的组织机构，例如欧盟、联合国等，是多语并存的组织。语言的多样化给公共服务的提供和享受带来了挑战，公共服务口译也就应时而生。

韦伯和戈麦斯（Webb and Rabadán-Gómez）曾对英国的公共服务口译进行了调查，[1] 发现接受过该项语言服务的人来自于包括：英国、捷克、波兰、斯洛伐克、葡萄牙、罗马尼亚、巴西、伊拉克库尔德自治区、西班牙、比利时、加拿大、法国、德国、爱尔兰、意大利、拉脱维亚、立陶宛、巴基斯坦等国家。而服务的语种包括：捷克语、斯洛伐克语、意大利语、俄罗斯语、法语、波兰语、葡萄牙语、罗马尼亚语、阿拉伯语、德语、匈牙利语、旁遮普语、乌尔都语、汉语、达利语等。可见公共服务口译的受众面还是相当广的。公共服务口译所涉及的常见领域包括：法庭口译、医疗口译、军事、战区及移民难民口译等。公共服务口译所牵涉的人员也比较复杂，包括但不限于：公共服务口译员、语言服务对象、政府或行政部门（法院、移民局、医院、难民署等）、提供语言服务的公司、公共服务口译培训部门等。

从上面的介绍中不难看出，公共服务口译不只是语言翻译这么简单，“某种程度上，社区口译不仅仅是口译行为，更是可能上升到政治、军事、文化和社会层面的复杂交际事件”。[2] 而且，公共服务口译和社会有着紧密的联系，[3] 会受到国家经济、政治、

1 Webb, G. & Gómez, M. Assessing Current Stakeholders' Needs and Expectations. In T. Munyangeyo, et al. (Eds.) *Challenges and Opportunities in Public Service*. London: Palgrave Macmillan, 2016, pp. 13-46.

2 胡娟. 社区口译研究的嬗变、现状与问题（1995—2015）——基于文献计量的研究. 翻译界，2018（1）：78.

3 Valero-Garcés, C. *Health, Communication and Multicultural Communities: Topics on Intercultural Communication for Healthcare Professionals*. Newcastle Upon Tyne: Cambridge Scholars Publishing, 2014.

政策环境的影响。詹蒂莱（Gentile）[1] 在她的研究中为我们揭示了经济环境以及语言政策对公共服务口译的影响。欧盟国家在经历了经济下行和移民增加的压力后，开始实行经济紧缩政策，而这一经济政策则影响到了国家对待移民的方式，其中就包括政府开始取消公共服务口译或者缩减口译服务的财政投入。以荷兰为例，政府为医疗机构提供了 35 年口译财政支持后，宣布不再为语言服务买单。病人如果需要翻译支持，则要自掏腰包。这对于像移民这类弱势群体来说无疑是雪上加霜。同时，在这种情形下，欧盟国家对待移民的语言政策是“他们应该学习我们的语言”，这显然是一种文化同化（acculturation）政策。这一政策也直接导致了提供口译服务的公司雇佣非专业人员以降低成本，而专业口译人员因为报酬问题而离开这个行业。另一个后果就是所提供的公共服务口译质量无法保证。很明显，语言的政策背后是经济、政治环境的左右。

二、翻译职业化背景下的译者

（一）职业化背景下译者角色多元化

随着当今经济全球化的发展，翻译这一传统行业的职业化程度越来越高，从属于语言服务行业的翻译服务，如专业文件翻译、口译及会务翻译、编辑排版、多媒体翻译与制作、网站与软件本地化、多语技术写作、公共服务口译等，陆续进入翻译企业的业务范围，[2] 不过翻译业务的拓展，也给译者的传统角色带来了挑战。

“角色”（role）是一个社会学概念，指“个人在所处社会环境中需要遵循的行为和期待”，[3] 也就是说译者的角色是一个相对概念，是相对于社会环境而论的。当我们将文化、政治、经济等社会环境因素考虑进来后，会发现译者的任务，远不是完成两种语言的字面转换这么简单，译者不仅不是“隐身”的，还在翻译过程中担当多重角色。在译者的自我意识和翻译的语境双重作用下，译者往往并不是一个完全中立

---

1 Gentile, P. Political Ideology and the De-Professionalisation of Public Service Interpreting: The Netherlands and the United Kingdom as Case Studies. In C. Garcés & R. Tipton. (Eds.) *Ideology, Ethics and Policy Development in Public Service Interpreting and Translation*. Bristol/Blue Ridge Summit: Multilingual Matters, 2017, pp. 63-83.

2 穆雷. 翻译的职业化与职业翻译教育. 中国翻译，2012，33（4）：13.

3 比德尔. 角色理论的主要概念和研究. 曾霖森译. 外国哲学社会科学文摘. 1988，（11）：4-7, 35. 转引自胡娟. 译员自我的维度突破——《社区口译员角色再定位·角色空间》评介. 中国翻译，2016，36（1）：66.

的“转换器”[1]（switching device），并且根据翻译的语境不同，译者的角色也会随之发生变化。在传统的文学翻译中，译者除了进行语言转换之外，还要担当一个文化使者的角色，通过恰当的翻译策略，如深度翻译等，将原文中的文化信息传递给译文读者；或者译者也会承担“审查”的角色，对原文中不符合目的语意识形态或者读者习惯的内容进行“自我审查”。在职业化翻译过程中，由于翻译活动的复杂性和语言交际的互动性，译员扮演的角色也不会是单一的。一方面，翻译新模式，如本地化和翻译技术的使用，“译后编辑”“项目管理”等也成为译者的工作内容，使其工作角色发生转换。另一方面，翻译的职业化更加强调翻译的交际功能，如英国利兹大学琼斯（Peter Llewellyn-Jones）和英国中央兰开夏大学李·罗伯特（Robert G. Lee）[2]就曾指出公共服务口译员不仅要负责语言翻译，其主要职责是口译过程的交际管控。在以交际为目的的翻译活动中，译者的作用不是单纯的信息转换，甚至发挥着“文化协调员”（cultural mediator）的作用。[3]这一点在口译活动中更是明显，不同的交际场景（如商务口译、外交口译、法庭口译、医疗口译等），对译者角色提出了不同的要求，同时“文化差异、权力不平衡、交流需要、缺乏资源、职业身份不清”[4]等因素令译者的角色更加复杂。

（二）职业化背景下的译者能力

当前语言服务业的业务范围已远远超出了传统意义上的翻译行业，对人才的需求业已发生了相应变化。职业化要求以及译者需要承担的多重角色都对译者能力提出了要求，使得译者能力成为包括翻译转换能力及其他职业能力的综合能力。西班牙PACTE小组（2003）提出译者的翻译能力包括：双语能力、语言外能力、策略能力、工具能力、翻译知识能力、心理生理要素。欧洲翻译硕士项目提出的译者能力包括：语言文化能力、翻译能力、跨文化能力、技术能力、个人与人际能力、服务提供能力。[5]

---

1 张威. 会议口译员职业角色自我认定的调查研究. 中国翻译，2013，34（2）：17.

2 Llewellyn-Jones, P. & Lee, R. G. *Redefining the Role of the Community Interpreter: The Concept of Role-Space*. Lincoln: SLI Press, 2014.

3 张威. 会议口译员职业角色自我认定的调查研究. 中国翻译，2013，33（2）：17.

4 Valero-Garcés, C. & Martin, A. (Eds.) *Crossing Borders in Community Interpreting*. Amsterdam & Philadelphia: John Benjamins Publishing Company, 2008, p. 2.

5 PACTE. Building a Translation Competence Model. In F. Alves. (Ed.) *Triangulating Translation: Perspectives in Process Oriented Research*. Amsterdam & Philadelphia: John Benjamins Publishing Company, 2003, pp. 43-66.

穆雷等[1]在对全球语言服务供应商 100 强公司进行调研后，根据实际要求，将译者入职能力归纳为以下几个方面：（1）职业素养，包括工作态度、职业道德；（2）技术能力；（3）团队合作能力；（4）任务处理能力；（5）专业能力，强调信息传递的准确性；（6）服务能力，实质上还是一种沟通能力。本书在第八章对译者的翻译能力进行了专述，所以这里不再对译者能力进行过多的分析。有一点需要强调的是，想要成为一名合格的译者，就需要注重自身综合翻译能力的发展。国内外的翻译教学，尤其 MTI 教学，便是以发展学习者的翻译能力为核心开展的。

（三）职业化背景下的译者伦理

依据《现代汉语词典》的解释，“伦理”是指人与人相处的各种道德准则；而 *Longman Dictionary of Contemporary English* 则视“伦理”为判断行为是非对错的道德准则。[2]从中外定义中可知，“伦理”与“道德”是一个互通的概念，关注的是人的行为。翻译中对伦理规范的认识也是一个不断发展的过程，最初对翻译伦理的讨论是建立在文本关系上。翻译伦理研究的肇始者，法国当代语言学家、翻译理论家贝尔曼（Antoine Berman）强调翻译文本的“异质”性，他主张尊重原作，尊重原作中的语言与文化差异，他提出“翻译的伦理就是在于目的语的语言和文化中把‘他者’当作‘他者’来承认与接受”。[3]之后的韦努蒂也继承了这一伦理主张，提倡“异化”翻译。进一步从翻译伦理过渡到“译者伦理”的则是皮姆（Anthony Pym），他把翻译视为“一项交际行为，是为某一客户而提供的、针对既定接收者的一项职业性服务”，“译者处于两种文化的交界处，他并不仅仅属于其中的任何一个文化社群”。[4]皮姆在《论译者的伦理》（*Pour une éthique du traducteur*）（1997）一书中提出了译者的“文化间性”概念，他倾向于“从译者的‘文化间性’出发，针对各种形态的翻译活动，去探究促进不同文化之间展开交往合作的译者的伦理”。皮姆对翻译“交际”本质的认识，决定了“其‘译者伦理’势必随着客户的需要、译者的行业规范以及出发语文化或目的语文化中的翻译规范而随时发生变化”。[5]

---

1 穆雷，沈慧芝，邹兵. 面向国际语言服务业的翻译人才能力特征研究——基于全球语言服务供应商 100 强的调研分析. 上海翻译，2017（1）：8-16.

2 任文. 新时代语境下翻译伦理再思. 山东外语教学，2020，41（3）：13.

3 王大智. 关于展开翻译伦理研究的思考. 外语与外语教学，2005（12）：45.

4 同上：45.

5 同上：46.

在进入 21 世纪后，经济全球化促使语言服务业快速发展，翻译行业也呈现出了新的图景：翻译服务范围拓展，翻译职业化趋势加速，翻译技术越来越多的应用到翻译过程。与此同时，新形势也让口笔译译员面临着越来越多新的伦理抉择和道德困境。“一方面，在面对日渐复杂的客户群体和需求、日益多元的文本 / 话语类型、日趋先进的翻译技术时，译员不仅要即时处理自身与文本的关系，作出‘怎么译’的操作性选择，还要面临‘译还是不译’‘为何（不）译’‘谁来译’‘译了之后会如何’等诸多贯穿从译前到译后整个翻译事件、关涉他者与世界、更为宏观和复杂的伦理抉择”。[1]

与传统翻译模式相比，职业化的翻译模式不再是一人一笔，翻译作为语言服务，拓宽了翻译的形式。除了传统的口笔译，翻译及其相关活动还包括笔译、口译、本地化翻译、机助人译、人机互动、机器 /AI 翻译等，也包括与此密切相关的其他行为，如译前准备与译后编辑以及翻译技术研发、推广与应用等。在这样的背景下，“翻译伦理关注译员在某一具体翻译活动中的‘为’与‘不为’，也关乎译员以‘翻译行业利益相关者’这一宏观身份，从道德层面对普遍的翻译行为及其可能的影响发出的拷问”。[2]

本章小结

翻译是一个复杂的跨语言和跨文化过程，翻译是语言行为，但是翻译更是一项社会文化行为，要通过对翻译所在社会环境的探究，才能更清楚地认识翻译存在的本质。孔慧怡指出：“翻译所造成的长远文化影响并不取决于原著或译作本身，而是取决于当时的文化环境会把外来知识引上什么道路”，[3] 因此应该把翻译看作是基于特定社会背景的价值创造，并在此基础上分析。多元系统理论、描写译学研究以及改写理论将翻译研究视野引向了翻译活动所在的社会环境，意识形态、诗学等环境因素可以用来解释翻译主体的行为以及翻译过程。后殖民、女性主义翻译研究则将我们带入权力斗争这个更为宏大的社会语境中，观察翻译作为权力工具的运作机制。进入 21 世纪后，语言服务产业的兴起则体现出社会经济、科技发展给翻译带来的新的变化与

1 任文. 新时代语境下翻译伦理再思. 山东外语教学，2020，41（3）：13.

2 同上：14.

3 孔慧怡. 翻译 · 文学 · 文化. 北京：北京大学出版社，1999，第 2 页.

挑战。因此从社会环境与翻译活动的关系入手，可以更清晰地认识翻译活动的社会本质。

练 习

1. 案例分析

案例： 晚清时期大量译入外国小说，其中包括英国柯南·道尔著名侦探小说《福尔摩斯探案集》。该系列作品中有对女性角色的塑造与描写，而且比较重要的女性角色都是同一类型的人物：绝不是温驯、害羞、怕事的女孩子，而是性格坚强、有处事和应变能力的女性。小说中女性的外貌刻画也符合英国文化中代表不同性格女人的固有典型，金发碧眼的美女一般头脑较为简单，而极聪明的女性和性格刚强兼有独特见解的女性，通常都不是金发碧眼，此外南欧黑发、深色眼珠的女性形象在英国普及小说中占有一个相当重要的地位。下面的一段英文便取自其中对一位性格坚强女性的描写。那么在晚清语境下翻译这些女性外貌该采用何种策略呢？译文会受到汉语文化体系中对美人固有形象印象的影响吗？译文 1 和译文 2 便分别是两个当时的汉语译文，请大家对比阅读，并对以上问题进行思考。（译例选自孔慧怡《翻译·文学·文化》一书）

英语原文： She was a striking looking woman, a little short and thick for symmetry, but with a beautiful olive complexion, large dark Italian eyes, and a wealth of deep black hair.— “The Adventure of the Naval Treaty”

汉语译文 1： 安娜貌颇昳丽，肤色雪白，柔腻凝脂，双眸点漆，似意大利产。斜波流媚，轻盈动人，而鬖发压额，厥色深墨，状尤美观。性体略短削，微嫌美中不足。——《海军密约》，译者：程小青。

汉语译文 2： 见其身矮而壮，面如橄榄，睛黑如意大利人，发黑如漆，面色如霞。——《英宝探勘盗密约案》，译者：张德坤。

分析：在第一个译文中，我们看到所描写的似乎不是西方人，而是典型的中国式美女，译文所用词汇“柔腻”“凝脂”“斜波流媚”“轻盈动人”“鬖发压额”，都是形容中国美女的典型用词，如《长恨歌》里“温泉水滑洗凝脂”，《浣溪沙·闺情》中“眼波才动被人猜”。而在第二个译本中，译文所描述之人似乎又变成了一个粗笨的女人。究其原因，则是英语文化体系中的美女形象与汉语文化中的美女形象发生了冲突。原来小说中的人物虽然个子不高，但是身形并不娇小，肤色也不雪白，这与中国传统美女有很大的差异。在这种情况下，译者该如何处理？第一个译文采用了文化“归化”的做法，强调了女性的美貌，为了让汉语读者也有同样的观感，译者借用了传统汉语形容美女的字眼来描写这位西方美女，自然会与原文所著有差距。第二个译文则是文化“异化”的做法，译者刻意保留了原著对这位女性外貌身型的文字描写，但是遗憾的是汉语文化参照系统中并没有恰当的对应词，更没有相应的观念，于是在汉语读者看来，美丽也大打折扣了。

翻译会受到目的语文化审美意识形态的影响，上述译者的策略很好地体现了这一影响。不过不同的译者面临同一文本时，因为翻译目的的不同，翻译策略又会有所差异。这种差异也造成了文本效果以及接受上的不同。

2. 思考题

1）请思考哪类文本或者哪些内容对于译者来说是一种不恰当的意识形态。

2）勒菲弗尔指出了与诗学和意识形态分不开的两个因素：专业人士和赞助行为（本章第二节）。各个因素在你自己文化里的具体翻译中是如何发挥作用的？哪个因素看起来更重要？你还能发现其他因素吗？

3）在你看来，翻译是否可以被看作一种意识形态武器？

4）勒菲弗尔认为当意识形态与诗学冲突时，往往是意识形态胜出，什么情况下诗学因素会更加凸显？请结合译者的主体性来思考这一问题，并尝试寻找例子证明自己的观点。

5）异化翻译是不是一定优于归化翻译呢？如何评价一位译者所用的异化或者归化策略？

6）请寻找国家作为赞助人的翻译活动案例，并观察这类翻译选材的特点。

7）现当代中国女性文学作品有哪些被翻译到英语国家？为什么是这些作品？翻译过程中是否有改写存在？

8）国家或组织的哪些政策及做法会影响到公共服务口译？又是以何种方式影响的？

3. 扩展阅读

Fernández, F. & Evans, J. (Eds.) 2018. *The Routledge Handbook of Translation and Politics*. London & New York: Routledge.

Lefevere, A. 2014. Why Waste Our Time on Rewrites? In T. Hermans. (Ed.) *The Manipulation of Literature*. New York: Routledge, 215-242.

Lefevere, A. 1992. *Translation, Rewriting, and the Manipulation of Literary Fame*. London & New York: Routledge.

Toury, G. 1995. *Descriptive Translation Studies and Beyond*. Amsterdam & Philadelphia: John Benjamins Publishing Company.

Venuti, L. 1995. *The Translator's Invisibility: A History of Translation*. London & New York: Routledge.

孔慧怡. 1999. 翻译 · 文学 · 文化. 北京：北京大学出版社.

王克非. 1991/2000. 翻译文化史论. 上海：上海外语教育出版社.

谢天振. 2014. 超越文本　超越翻译. 上海：复旦大学出版社.

许钧，穆雷主编. 2009. 翻译学概论. 南京：译林出版社.

张威. 2013. 会议口译员职业角色自我认定的调查研究. 中国翻译，34（2）: 17-25.

第六章 翻译能力论

翻译能力近30年逐渐成为译学界一个研究重点。这一概念与译者发展和翻译教学有着密切的关系。译者的翻译能力是决定翻译质量优劣的主要因素之一，也是译者胜任翻译工作，实现各个领域的跨语、跨文化交流的必要条件。那么，译者应该具备怎样的翻译能力？又该如何发展翻译能力？在经济全球化的今天，翻译在社会、文化及经济活动中扮演着越来越重要的角色，社会对职业译员的需求也在不断增长，在这种背景下，对上述问题的研究就显得尤为重要。本章围绕翻译能力这一话题展开，第一节主要介绍翻译能力的研究背景以及翻译能力的定义；第二节主要介绍翻译能力构成的不同研究观点及研究成果，加深对翻译能力概念的理解；第三节以翻译能力的发展为主题，介绍翻译能力发展的特点及学界对此问题的探究。希望通过本章的内容，学习者可以对翻译能力的概念和研究发展过程有一个基本的了解，并能够结合自己的翻译学习，促进和提高自身的翻译能力。

第一节 翻译能力的定义

“翻译能力”这一术语产生于20世纪70年代，并逐渐发展成为近年来国内外翻译学界所关注的研究热点之一。这一概念产生的背景是什么？译界对这一概念的研究现状如何？本节将概述翻译能力研究产生的社会和学科背景，概述中外学者对翻译能力的研究现状。

一、翻译能力研究的社会、学科背景

翻译活动由来已久，是人类交往的一种重要形式，我国五四运动以前就已经经历

了三次翻译高潮，西方的翻译史也历时两千余年。译者是翻译活动中的重要角色，那么译者应该具备怎样的条件来完成翻译呢？中、西传统译论中都没有系统讨论过这一问题，不过也产生了一些非常有价值的论述[1]。如中国隋代名僧彦琮在其《辩证论》中提出了“八备说”，论述了一个合格的佛经译者必须具备的八个条件。西方早期宗教翻译理论家斐洛·犹达欧斯（Philo Judaeus，公元前20—公元50）认为译者单凭精通两种语言而无神的感召是不能从事《圣经》翻译的，只有神学家或虔诚的宗教徒才有权翻译《圣经》。从“翻译专门材料，必须具备专门知识”这一现代观点来诠释的话，犹达欧斯的观点则是对从事某一特定文体翻译的译者应该具备的条件的要求。在对传统相关译论梳理后，马会娟指出，[2] 中西方早期译论中已经注意到了译者的翻译能力这一问题，但是受历史条件限制，这些传统论述多是从译者本人的翻译经验出发，论述具有主观性和规定性，缺乏有描述性的客观研究；其次不论是在中国还是在西方，传统译论中有关翻译能力的探讨大多局限于强调译者的语言能力。

“翻译能力”这一术语的产生则是近几十年的事情，与翻译学学科的发展和社会对翻译人才的需求密切相关。自20世纪70年代以来，翻译研究逐渐发展成为一门学科“翻译学”（translation studies），在此之前，人们只是把翻译简单地看作从语言A到语言B的转换，对翻译研究的落脚点也只是局限在文本内部的语言层面。随着翻译学科的发展，以及跨学科研究视角的借鉴，翻译研究的视野逐渐拓宽，尤其在翻译研究发生“文化转向”后，人们对翻译活动的社会性本质有了更深刻的认识，翻译研究“从最初以Catford为代表的纯语言学研究路向发展到后期逐渐重视对社会、文化因素的研究”。[3] 人们意识到翻译是有目的行为，译者需要相应的能力来达到翻译目的。并且翻译是一种交际活动，译者在特定的情境下完成交际任务，译者本质上是“交流者”（communicator），[4] 而不只是一个翻译匠。翻译活动的复杂性越来越被证实，翻译过程涉及多个领域的专业知识与技能，因此译者要掌握必需的知识和技能才能完成翻译任务，也就是说译者需要特定的能力，因此译者的翻译能力研究以及培养就非常必要。而且翻译学与其他学科的交叉，使得当下的学者可以从更多视角、采用多种方法对翻译能力进行研究，例如认知心理学、社会学等学科的方法，以及有声思维记录（Think Aloud Protocol, TAP）、击键记录（Keystroke Logger）、眼球追踪记

---

1 马会娟. 汉译英翻译能力研究. 北京：北京师范大学出版社，2013，第46-54页.

2 同上，第55-56页.

3 杨志红，王克非. 翻译能力及其研究. 外语教学，2010，31（6）：91.

4 Hatim, B. & Mason, I. *The Translator as Communicator*. London: Routledge, 1997.

录（Eye-Tracking）等实证研究手段，使得人们可以深入研究译者的行为特点，进一步去探索译者的认知活动。

20 世纪下半叶，世界经济发展迅猛，在经济全球化的过程中，国际文化、经济交流越来越频繁，这直接促使翻译活动更加活跃，社会对翻译人才、外语人才的需求，在质和量的两个方面都提出了更高的要求。在进入 21 世纪后，为了顺应经济全球化的发展需求，语言服务业强势崛起，翻译技术也在快速进步，“不仅改变着翻译作为人类活动的性质和操作方式，也在不断刷新着‘翻译’‘译者’等概念的内涵和外延”。[1] 与传统的译者相比，新时代语境下的译者角色在悄然发生着变化。任文引用 2018 年 5 月国家大学翻译学院联合年会上的发言，[2] 指出口笔译员未来面临的挑战主要来自“技术、工作场景多样性（Work-context Diversity）、能力范围（Range of Competencies）扩增，以及角色多元性（Role Diversity）”。译者角色多元性必然会令翻译能力概念复杂化，这也是学界以及翻译人才培养机构所关注的。在当前语境下，对翻译能力的探索实际上是对“什么样的翻译人才才能满足社会需求”或者说“译者需要掌握哪些知识和技能才能够胜任翻译”[3] 这一问题的探索。

二、中外翻译能力的研究现状

从 20 世纪 70 年代至今，翻译学界对翻译能力的研究开展已有 30 多年，这期间翻译能力研究成果丰硕，加深了译界对翻译能力的认识。较早对翻译能力给予关注的学者有威尔斯（Wolfram Wilss）、哈里斯（Brian Harris）、图里（Gideon Toury）等，他们从翻译能力与双语能力的关系出发，提出了各自的翻译能力观点，尽管他们的研究观点受到后来学者的质疑，但是这些研究在当时极具启发意义，开启了学界对翻译能力的讨论。20 世纪 90 年代产生了大批的翻译能力研究成果，这个阶段学者们纷纷借用跨学科理论框架来开展对翻译能力的研究，皮姆（Anthony Pym）、诺德（Christina Nord）、施里夫（Gregory M. Shreve）、勒尔舍尔（Wolfgang Lörscher）、哈蒂姆和梅森（Hatim & Mason）、贝尔（Roger T. Bell）、纽伯特（Albrecht Neubert）、舍夫纳（Christina Schäffner）等都对翻译能力研究作出了重要贡献。这些学者们已经意识到翻译能力是一个复杂的概念，译者所要掌握的翻译能力会涉及语言能力、转

1 任文. 新时代语境下翻译人才培养模式再探究：问题与出路. 当代外语研究，2018（6）：92.

2 同上：94.

3 Bell, R. T. *Translation and Translating: Theory and Practice*. London: Longman, 1991, p. 35.

换能力、策略能力等一系列多个领域的知识和技能。在进入21世纪后，翻译能力研究借助实证研究方法取得了更大的进步，甚至有了专门的翻译研究能力小组，西班牙巴塞罗那自治大学（Universitat Autònoma de Barcelona）翻译能力习得过程和评估小组PACTE和奥地利格拉茨大学（University of Graz）的TransComp翻译能力发展研究项目都对翻译能力进行了持续研究，对翻译能力的构成元素、发展规律进行论证，为翻译教学提供了有益的参照。国内的翻译能力研究在近十几年也取得了不少成果，文军、苗菊、王树槐等学者纷纷提出了自己的翻译能力构成模式，并将各自模式与翻译教学紧密结合；张瑞娥则对翻译能力的构成因素进行了再范畴化。总之，无论是在研究视角、研究方法上还是在研究范围上，翻译能力研究这几十年都在不断深入。

三、翻译能力的定义

（一）“翻译能力”英语指称的多样性

在国内译学界，学者们普遍使用的是“翻译能力”这一较为固定的指称，但是在英语学者中，在讨论翻译能力时所用的名称并不统一。英语中指代翻译能力的表达多种多样，[1]例如，威尔斯在其讨论翻译教学时使用了“translational competence”，使用这一指称的还有图里、切斯特曼（Andre Cheterman）、纽伯特等；贝尔在其翻译过程的研究中，使用的是“translator competence”，吉拉里（Donald Kiraly）和罗特-内维斯（Rothe-Neves）也用的这一表述；皮姆等则使用了“translation ability”；马勒科夫（Marguerite E. Malakoff）等使用的表述是“translation skill”；哈蒂姆和梅森使用的表述是“translator abilities”；欧洲翻译硕士联盟（EMT）在2017年的能力框架中使用的表述是“translator and translation competence”。不仅如此，学者们对“能力”的理解也不尽相同，除了常用的“competence”外，也有不少学者使用“ability”“skill”“proficiency”“knowledge”“aptitude，expertise”“awareness”等来指代。[2]不同的指称表明翻译能力这一概念的不确定性和复杂性。我们在此引用肖维青[3]的一段论述来帮助我们理解翻译能力指称变化的实质原因，原文如下：

时间追溯到20世纪70年代，德国学者Wilss（1976）对翻译能力的

1 Orozco, M. & Albir, A. H. Measuring Translation Competence Acquisition. *Meta*, 2002, 47 (3): 375.

2 马会娟. 汉译英翻译能力研究. 北京：北京师范大学出版社，2013，第40页.

3 肖维青. 多元素翻译能力模式与翻译测试的构念. 外语教学，2012，33（1）：109-110.

建构产生了兴趣，随后又变得困惑不已，他说“（襁褓中的翻译应用科学）无法回答译者的资质和能力问题，因为翻译能力，也就是翻译工作的资格，是根本不存在，或许也是无法定义的”。这可能主要还是归因于当时流行的语言学导向，按照乔姆斯基的 competence（语言能力）和 performance（语言应用）的界说，译者能力的这个 competence 却正好不能归入乔氏的 competence，而是属于 performance 性质。到了 1989 年 Wilss 不怎么使用 competence，而是用了 skills（技能）来替代，1992 年他彻底抛弃了 competence，取而代之的是一个比较“亲教学”的词汇 proficiency（熟练程度）。到 2000 年 Schäffner 和 Adab 编撰《翻译能力探讨》一书时，两位编者的意见是把 competence 当作“囊括一切译者表现能力的上义词，因为译者表现能力也太难界定了”。

这段论述说明学界使用“competence”一词来指称翻译能力的语言学渊源，但为翻译能力找到一个恰当的指称和进行界定十分困难。

（二）定义的多元性

如上所述，定义翻译能力不是一件容易的事，到目前为止，翻译研究中并没有一个确切的翻译能力定义。尽管确切定义不容易，为了给翻译能力一个界定，很多学者还是尝试从自己的研究视角出发进行定义。哈里斯和舍伍德（Harris & Sherwood）[1] 认为翻译能力是一种内在的语言技能，是双语者所具有的一种天生的语言能力。贝尔[2] 将翻译能力定义为“译者从事翻译必备的知识和技能，使之能够完成交际活动，这种交际活动不仅符合语法规则，而且能被社会认可”。奥罗斯科和阿尔比斯（Orozco & Albir）[3] 将翻译能力定义为“明白如何翻译的能力”。皮姆[4] 从翻译行为的角度将翻译能力定义为“能够为一个特定文本或词语生成一系列可能译文的能力，以及迅速并且肯定地从这一系列可能的译文中选择一种最为可行译文的能力”。PACTE 小组[5] 认为，

1 Harris, B. & Sherwood, B. Translating as an Innate Skill. In D. Gerver & H. W. Sinaiko. (Eds.) *Language Interpretation and Communication* (Vol. 6). Boston: Springer, 1978, pp. 155-170.

2 Bell, R. T. *Translation and Translating: Theory and Practice*. London: Longman, 1991, p. 41.

3 Orozco, M. & Albir, A. H. Measuring Translation Competence Acquisition. *Meta*, 2002, 47 (3): 376.

4 Pym, A. *Epistemological Problems in Translation and Its Teaching*. Calaceite: Edicions Caminade, 1993, p. 28.

5 PACTE. Acquiring Translation Competence: Hypotheses and Methodological Problems. In A. Beeby, D. Endinger & M. Presas. (Eds.) *Investigating Translation*. Amsterdam & Philadelphia: John Benjamins Publishing Company, 2000, p. 100.

翻译能力是译者"能够进行翻译所必需的潜在知识和技能体系"。国内也有不少学者尝试为翻译能力定义，文军[1]从"能力"这一概念内涵出发，将翻译能力定义为"能胜任翻译工作的主观条件"，他强调能力实际上是一个综合性很强的概念，并指出迄今为止很多学者对翻译能力的研究，都更多地侧重于对这些"主观条件"的描述与分析。苗菊[2]认为翻译能力是一种专门的交际能力，包括对翻译技艺、翻译技巧/技能、翻译程序或过程的透彻理解以及知道做什么或如何做等知识。《中国译学大辞典》[3]对翻译能力的定义是："把源语语篇翻译成目的语语篇的能力，是译者的双语能力、翻译思维能力、双语文化素质以及技巧运用能力等的综合体现"；周恩[4]则从职业视角将翻译能力定义为"翻译能力是译者在翻译工作中所需的潜在知识体系、技能体系及相关职业素养"。

透过翻译能力的不同定义，我们可以发现翻译能力的几个关键特征：首先，翻译能力已经超出了语言能力的范畴；其次，翻译能力与翻译活动密切相关，实际的翻译活动来源于传递语言信息的需求，因此翻译能力被视作一种交际能力，要求译者不限于语言结构本身的因素，而要充分考虑翻译作为交际活动的特点，如翻译目的、翻译语境、读者对象等，从而顺利完成翻译任务；再次，虽然研究者从不同的理论视角出发来对翻译能力做出阐释，但是对于翻译能力，学者们也有一些共识，那就是翻译能力涉及"人脑具备的最复杂的认知过程"，[5]是一个高度抽象的概念，它是由一系列与翻译相关的知识和技能组成的。

第二节 翻译能力的构成

为了使译者具备必要的翻译能力，首要任务是搞清楚翻译能力究竟包括哪些具体的元素。围绕这一问题，学界进行了大量的研究。对翻译能力构成要素的研究是翻译能力研究中最为复杂也是成果最为丰硕的一部分。国内外学者从不同角度和层面阐释了翻译能力的构成要素，对翻译能力的探析不仅仅拘泥于语言层面，也开始融合了心

1 文军. 论翻译能力及其培养. 上海科技翻译，2004（3）：3.

2 苗菊. 翻译教学与翻译能力发展. 天津：天津人民出版社，2006，第 37 页.

3 方梦之. 中国译学大辞典. 上海：上海外语教育出版社，2011，第 17 页.

4 周恩. 西方翻译能力模式研究及对我国 MTI 翻译能力培养的启示. 外语界，2017（4）：51.

5 Beeby, A. Evaluating the Development of Translation Competence. In C. Schäffner. (Ed.) *Developing Translation Competence*. Amsterdam & Philadelphia: John Benjamins Publishing Company, 2000, p. 185.

理认知及社会文化因素。这些研究因为理论视角、研究方法和研究目的不同，对翻译能力的性质和构成都有不同的界定。

皮姆[1]曾将西方译学界已有的翻译能力研究模式归纳为4种:（1）以语言能力的综合为中心的翻译能力模式;（2）多元成分构成的翻译能力模式;（3）超能力模式;（4）最简翻译能力模式。王传英[2]将西方学术界对翻译能力建设问题的讨论分为三个阶段，分别是：早期强调双语禀赋的“自然译者”阶段；20世纪90年代的复合翻译能力观；目前的多元动态能力建构学说。这两种分类是按照翻译能力的内容构成类型来进行划分的。王树槐、王若维[3]按照翻译能力研究视角的不同将中西方的翻译能力模式进行了更为细致的划分，共归纳为十一类：天赋说、自然展开说、自然展开修正说、建构说、转换说、策略或认知说、语篇协调说、生产－选择说、交际说、语言语篇能力说、多因素均力说。以上的归纳尽管分类不同，但充分说明了翻译能力研究模式的多样性。本节基本依照翻译能力研究的时间顺序，并综合上述对翻译能力模式的分类，选择较具代表性的研究模式加以介绍和分析，尽力勾画出翻译能力构成研究的脉络，帮助读者了解翻译能力研究的发展路径以及各个模式之间的相互关系，以加深对“翻译能力”这一概念的理解。

一、翻译能力与双语能力

翻译能力与双语能力的关系一直是学界讨论的重点之一。因为翻译活动必然涉及语码转换（code switching）。西方学者早期对翻译能力的研究受到了乔姆斯基提出的语言能力（linguistic competence）－语言行为（linguistic performance）理论的影响，[4]他们对翻译能力的最初认识便是建立在翻译能力与双语能力的关系讨论上，并形成了早期的翻译能力观。

（一）自然翻译说

加拿大渥太华大学学者哈里斯（Harris）较早注意到了译者的翻译能力，他的发

1 Pym, A. Redefining Translation Competence in an Electronic Age: In Defence of a Minimalist Approach. *Meta,* 2003, 48 (4): 481-497.

2 王传英. 从“自然译者”到PACTE模型：西方翻译能力研究管窥. 中国科技翻译，2012（4）：32-35，38.

3 王树槐，王若维. 翻译能力的构成因素和发展层次研究. 外语研究，2008（3）：80-88.

4 李瑞林. 从翻译能力到译者素养：翻译教学的目标转向. 中国翻译，2011，32（1）：46.

现是基于对双语儿童双语能力的研究。他认为[1]双语者具备“将一种语言翻译到另一种语言的能力”，也就是说双语者不仅具备双语能力，还具备第三种能力，即翻译。翻译的能力是自然生成的。基于此，他提出了“自然翻译”（natural translation）的观点。在这种观点下，“双语能力不只意味着是掌握两种语言，还指能够在两种语言之间进行转换的能力”。[2]随后哈里斯和舍伍德（Harris & Sherwood）[3]进一步定义了“自然译者”（natural translator）的概念：任何一个双语者，只要具备了足够的语言能力，就可成为自然译者。

这一观点对人们认识翻译能力有很大的影响，很多学者认为翻译能力就是理想的双语能力（ideal bilingual competence）或理想的译者能力（ideal translator's competence）。当然随着后来研究的开展，人们意识到哈里斯观点的局限性，他将翻译能力概念局限在译者的语言能力范围内，没有意识到翻译活动的社会属性，以及翻译能力构成的复杂性，忽略了转换能力与其他能力之间的互动。不过，不可否认的是自然翻译观开了翻译能力研究的先河，引发了学术界对翻译能力的关注与探究。

（二）先天 + 养成说

以色列学者图里对哈里斯的自然翻译观既有接受也有批判。图里[4]认同翻译能力是一种天生禀赋，并认为翻译能力与双语能力是并存的（co-extensive with bilingualism）。他曾经提出了一个与“自然译者”类似的概念——“母语译者”（native translator），即没有接受正式翻译培训，自然发展成为译者的一类。不过图里进一步认为翻译能力与双语能力的发展并不同步，并指出哈里斯并没有说明使得翻译能力展开并发展的原因，也没有注意到翻译活动所在的社会语境。在图里看来，双语能力是翻译能力的必要、但并不充分的条件。[5]图里指出，一个母语译者翻译能力的

---

1 Harris, B. The Importance of Natural Translation. *Working Papers on Bilingualism,* 1977 (12): 100.

2 Lörscher, W. Bilingualism and Translation Competence. *SYNAPS-A Journal of Professional Communication,* 2012 (27): 3.

3 Harris, B. & Sherwood, B. Translating as an Innate Skill. In D. Gerver & H. W. Sinaiko. (Eds.) *Lanugage Interpretation and Communication* (Vol. 6). Boston: Springer, 1978, pp. 155-170.

4 Toury, G. The Notion of "Native Translator" and Translation Teaching. In W. Wolframe & T. Gisela. (Eds.) *Translation Thoery and Its Implementation in the Teaching of Translation and Interpreting*. Tübingen:Narr, 1984, pp. 186-195.

5 Lörscher, W. Bilingualism and Translation Competence. *SYNAPS-A Journal of Professional Communication,* 2012 (27): 6.

形成有赖于两方面的机制：（1）外部监控机制（external monitoring devise），翻译是一种交际行为，译者接受外部环境反馈，并从中学习到各种文化和社会规范。这种反馈本质是规范性的（normative），对翻译行为起到外部监控作用；（2）内部监控机制（internal monitoring mechanism），即译者会考虑外部环境潜在的反应，将各种外在规范内化为自己的翻译知识，从而起到内部监控作用。[1] 翻译能力的发展其实就是译者的社会化过程，翻译规范的内化过程是翻译行为的一个重要方面。[2] 也就是说，双语者只有在特定的社会文化环境中获得适当的翻译规范后才能成为合格译者。由此可见，图里不仅承认翻译能力的先天性（nature），还强调其后天养成（nurture）。

（三）超能力说

威尔斯（Wilss）较早意识到了翻译教学中对翻译能力的衡量非常重要，他指出翻译能力（translational competence）是职业译者必须要具备的资质（an imperative prerequisite for a translator）。不过他对翻译能力的解释缺乏统一性。威尔斯[3] 曾区分出 8 种翻译能力类别，后又降为了 6 种，[4] 但他并没能具体指明这些类别。同时威尔斯又指出翻译能力是两种分力（subcompetences）的综合，包括源语文本分析能力（SL text-analytical competence）和目的语文本产出能力（TL text-reproductive competence），而翻译能力正是以这两种分力为基础的"超能力"（supercompetence），即"在两种语言及语篇系统间转换信息的能力"。皮姆[5] 指出威尔斯的能力观与哈里斯的自然翻译观类似，是对双语能力的抽象概括。尽管哈里斯对翻译能力的解释欠统一，但他的分力观对后来的研究有很大的启发。

二、翻译能力多元构成模式

双语能力的确是进行翻译不可或缺的一种能力，但是将双语能力等同于翻译能

1 Toury, G. *Translation Studies and Beyond*. Amsterdam & Philadelphia: John Benjamins Publishing Company, 1995, pp. 241-242.

2 王少爽. 译者术语能力探索. 天津：南开大学，2012，第 68 页.

3 Wilss, W. Perspectives and Limitations of a Didactic Framework for the Teaching of Translation. In K. W. Brislin. (Ed.) *Translation: Applications and Research*. New York: Gardner Press, 1976, p. 120.

4 Wilss, W. *The Science of Translation: Problems and Methods*. Tübingen: Gunter Narr, 1981.

5 Pym, A. Redefining Translation Competence in an Electronic Age: In Defence of a Minimalist Approach. *Meta,* 2003, 48 (4): 483.

力就屏蔽掉了真实翻译过程中所牵涉的诸多语言外因素。"建立在双语能力上的翻译能力观无法显现翻译活动的本质特征，使得翻译学科无法独立于应用语言学之外"。[1] 20世纪90年代以来，翻译能力研究逐渐脱离了语言学的研究框架的限制，在社会学、认知科学、心理学等跨学科研究框架的助力下，研究者们对翻译能力的构成进行了多维度的探究。大家普遍认识到翻译能力是由若干相关的、可辨识的子能力构成，这些能力要素相互关联、相互作用、互为补充，构成了一个完整的系统。

（一）交际视角下翻译能力的构成

哈蒂姆和梅森[2]指出乔姆斯基的转换生成语法屏蔽了语言的交际功能，而完成交际任务是译者工作的本质。他们的讨论更侧重译者能力（translator abilities），两人从语篇的交际性出发，指出译者能力应该包括3种技能：（1）源语文本处理技能，指从对源语读者影响的预期出发，进行互文性识别、情境性确定、意向性推断、语篇组织、信息性判断；（2）转换技能，指依据读者构成和翻译任务，通过调整效果、效率和关联性进行策略协商以达到修辞目的（翻译目标）；（3）目的语文本处理技能，包括建立互文性、情境性、意向性，组织语篇，平衡信息，这些均以对目的语读者的影响为参照。这种翻译能力观考虑到了翻译的交际功能，具有进步性，但是该模式中的转换能力"相对虚泛"，"其重心在于协调源语语篇和译语语篇的交际特征"。[3]

贝尔在对翻译过程的研究中关注到了译者能力（translator competence），[4] 他认为"为了进行翻译，译者需要掌握的知识和技能"就是译者能力。贝尔指出译者作为一个交际者，必须具备交际者所具备的知识和技能，当然具体到译者，则是两种语言之间的交际。他将译者应该具备的知识和能力归纳如下：目的语语言知识（TL knowledge）、语篇类型知识（text-type knowledge）、源语语言知识（SL knowledge）、主题知识（subject area knowledge）、对比知识（contrastive knowledge）、理想的双语能力（ideal bilingual competence）、专业能力（expertise）、交际能力（communicative competence）。交际能力又被分成：语法能力（grammatical competence）、社会语言

---

1 Pym, A. Redefining Translation Competence in an Electronic Age: In Defence of a Minimalist Approach. *Meta,* 2003, 48 (4): 483.

2 Hatim, B. & Mason, I. *The Translator as Communicator*. London: Routledge, 1997, p. 32.

3 王树槐，王若维. 翻译能力的构成因素和发展层次研究. 外语研究，2008（3）: 82.

4 Bell, R. T. *Translation and Translating: Theory and Practice*. London: Longman, 1991.

学能力（sociolinguistic competence）、话语能力（discourse competence）、策略能力（strategic competence）。

（二）基于认知观的翻译能力研究

施里夫[1]以认知心理学和海姆斯的交际能力理论为依据，将翻译能力定义为一种专业交际能力，由相关陈述知识和程序知识构成。译者的任务是根据源语文本生成符合交际意图和要求的译语文本。从认知视角来看，翻译能力被抽象成一套认知图式，帮助译者在现实交际情境中对文化规约的翻译形式–功能集进行重新影射，也就是说，随着翻译的情境和功能不同，译者的翻译形式和方法也会有所不同。在不断的翻译实践中，译者便可以把不同形式与功能之间的对应关系内化为认知图式，这样当再次遇到类似翻译情境时，译者便可选择恰当的形式–功能图式并将其映射到实际翻译过程中。

德国格拉茨大学的里斯库（Hanna Risku）将认知科学与行为理论结合在一起，提出了翻译能力模式。行为理论关注的不是翻译的语言层面，而是翻译情境的社会现实，以及译者应对这一情境的能力。在行为理论看来，翻译是一种专家行为，从认知层面来看，翻译能力是由社会认知因素决定的，包括社会技能和专家知识。因此里斯库基于翻译专家的认知提出了翻译能力模式，[2]共包括四个方面：（1）针对现实翻译情境形成宏观策略的能力；（2）整合信息的能力；（3）行为规划及决策能力；（4）译者的自我管理能力。这一模式不仅包括语言技能、世界知识等其他翻译能力模式所有的元素，还融入了翻译社会现实语境中所需要的组织、管理和评估等能力和知识。她借用勒尔舍尔的观点，认为新手的翻译是“符号翻译”（sign translation），专家的翻译是“意义翻译”（sense translation）。这一模式为认识翻译能力提供了新的视角，不过从实证的角度来看，这一模式缺乏具体的操作性。里斯库[3]在对翻译过程的进一步探究中，借助前沿的情境认知和具身认知理论框架，对翻译行为与个体经验和社会环境之间的认知关系进行了研究，指出翻译行为作为一种认知活动具有交互性（interactive）、自我组织性（self-organizing）和经验性（experience-based），并将翻译能力抽象概括为：以新的、有意义的、情境化的方式生成译文并创造理解的能力。

---

1 Shreve, G. M. Cognition and the Evaluation of Translation Competence. In H. D. Joseph, et al. (Eds.) *Cognitive Processes in Translation and Interpreting*. Thousand Oaks: Sage Publications, 1997, pp. 120-136.

2 Lesznyák, M. Conceptualizing Translation Competence. *Across Language and Cultures,* 2007, *8* (2): 180-118.

3 Risku, H. A. Cognitive Scientific View on Technical Communication and Translation: Do Embodiment and Situatedness Really Made a Difference?. *Target*, 2010, *22* (1): 94-111.

（三）Neubert 翻译能力分类

德国学者、莱比锡学派（Leipzig School）创始人纽波特从翻译的行为特性出发，指出翻译活动包含一系列任务，这些任务需要匹配译者不同的认知系统，以此保证翻译任务顺利完成。纽伯特从翻译活动的独特性出发，区分了翻译能力有别于其他专业能力的七个特性：复杂性（complexity）、异质性（heterogeneity）、近似性（approximation）、开放性（open-endedness）、创造性（creativity）、特定性（situationality）、历时性（historiosity）。[1] 它们错综复杂，构成翻译能力的背景特征，贯穿整个翻译过程。复杂性使翻译活动与其他交际职能截然不同；异质性指翻译活动需要各种技能、语言知识和具体的专业技艺；近似性指译者不可能是某个领域的专家，只能掌握一定的相关知识，协助译入语读者理解所传达的内容和形式；开放性指译者需要不断发展交际技能、掌握相关知识，以减少误译；创造性指译者在原文的引导下，构思新的内容和形式、能指与所指之间的关系，在译入语语言文化中创建译文；而这种译入语语言文化是发挥翻译能力的特定条件，即特定性，要求翻译产生一定的结果；历时性指翻译能力的应变性，译者要适应新形势变化的需要采取不同的翻译技巧。[2] 从这七种特性来看，译者要想从事翻译工作，需要的不仅仅是语言知识。

在归纳出翻译能力的特性后，纽伯特参照翻译过程，将翻译活动所涉及的翻译能力用 5 种参数来表示，每种参数代表着译者应该具有的翻译能力范畴，分别是：语言能力（language competence）、文本能力（textual competence）、主题能力（subject competence）、文化能力（cultural competence）、转换能力（transfer competence）。这几种能力共同作用使翻译活动区别于其他领域的交际活动，也使翻译研究有别于其他交际领域的研究。其中，纽波特更强调转换能力，他指出转换能力是译者非常独特的一项翻译能力，且统领其他几项能力。一方面，转换能力会结合语言、文本、主题、文化知识完成信息传递的需求；另一方面，如果语言、文化等 4 项知识能力缺失，则会影响转换能力的发挥。翻译研究和翻译教学研究正是要对这 5 种能力间的相互关系和协作机制进行探讨，进而认识译者复杂的工作状态，以便促进译者高质量完成翻译任务。

---

1 Neubert, A. Competence in Language, in Languages, and in Translation. In C. Schäffner & B. Adab. (Eds.) *Developing Translation Competence*. Amsterdam & Philadelphia: John Benjamins Publishing Company, 2000, p. 6.

2 苗菊. 翻译能力研究——构建翻译教学模式的基础. 外语与外语教学，2007（4）：47.

（四）Schäffner 翻译能力分类

在讨论译者的成长以及翻译培训的问题时，舍夫纳[1] 指出应该让翻译学习者尽早了解翻译能力概念，了解这一概念的复杂性。他强调翻译能力不仅仅是对译者双语知识的要求，还应该包括多个领域的专业技能和知识。他认为翻译能力应该包括 6 种子能力：语言能力（linguistic competence）、文化能力（cultural competence）、文本能力（textual competence）、学科知识能力（domain/subject specific competence）、研究能力（research competence）、转换能力（transfer competence）。舍夫纳提出的翻译能力模式跟纽伯特的基本相同，唯一的区别是多了一种研究能力，按照舍夫纳的解释，研究能力应该是一种问题解决能力和协调能力，使得各项分支能力可以更好协作。

（五）PACTE 动态翻译能力模式

PACTE 一直致力于翻译能力的培养和研究，并取得了大量研究成果。PACTE（Process in the Acquisition of Translation Competence and Evaluation）全称为“翻译能力习得过程和评估专项研究小组”，成立于 1997 年 10 月，主要从事译者翻译能力习得研究。小组成员包括：A. Hurtado Albir, A. Beeby, M. Fernández Rodriguez, O. Fox, W. Neunzig, M. Orozco, M. Presas, P. Rodríguez, Inés 和 L. Romero，他们均为西班牙巴塞罗那自治大学翻译系专业译者或从事翻译教学的学者。PACTE 小组指出早期翻译能力的概念借用了语言学中对“competence”的理解，现在可以从认知框架对其进行解释，进一步区分“能力”与“运用”。该小组将翻译视作交际行为，借用已有的交际行为研究框架来理解翻译能力，将翻译能力界定为“译者进行翻译所必需的潜在的知识、技能体系”。[2] PACTE 有关翻译能力的研究建立在一系列理论前提上：（1）翻译能力有别于双语能力；（2）翻译能力是翻译中所需的潜在知识系统；（3）翻译能力是专业知识，包括陈述性知识（declarative knowledge）和程序性知识（procedural knowledge）两部分，后者具有主导作用；（4）翻译能力由不同等级、相互关联的子能力构成，等级与关联是动态变化的；（5）翻译子能力包括：双语交际

---

1 Schäffner, C. & Adab, B. (Eds.) *Developing Translation Competence*. Amsterdam & Philadelphia: John Benjamins Publishing Company, 2000.

2 PACTE. Acquiring Translation Competence: Hypotheses and Methodological Problems. In A. Beeby, D. Endinger & M. Presas. (Eds.) *Investigating Translation*. Amsterdam & Philadelphia: John Benjamins Publishing Company, 2000, p. 100.

能力、语言外能力、专业操作能力、心理生理能力、转换能力、策略能力。具体的翻译能力多元动态模式如下（见图 6-1）：

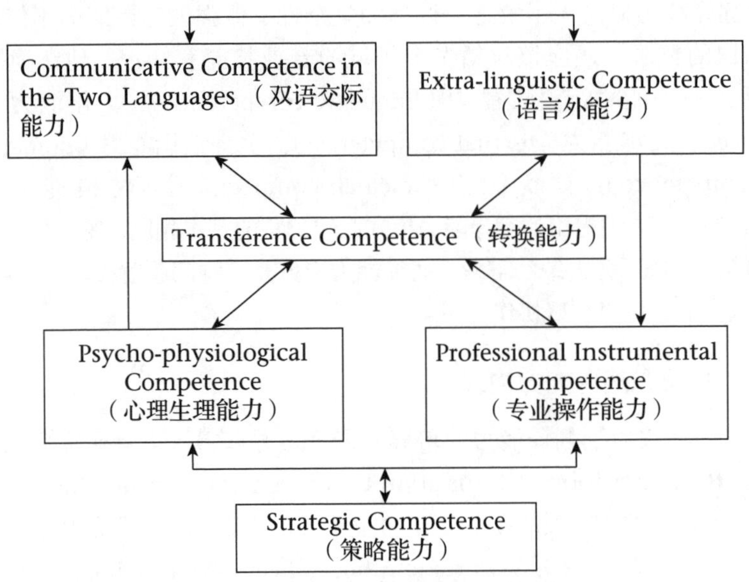

图 6-1　PACTE 早期翻译能力模式[1]

双语交际能力是指语言交际中所必需的潜在知识和技能系统，PACTE 认为这种能力包括语言能力、语篇能力和社会语言能力。译者所掌握的双语交际能力应该包括理解原文的能力和利用译语再现原文的能力。

语言外能力由常识和专家知识组成，这些知识会按照不同翻译情景的需求而被激活。具体又可细分为外在和潜在的翻译知识、双文化知识、百科知识及主题知识。

专业操作能力指与行业及职业所使用的工具相关的知识和技能。其中包含多种要素，例如了解和使用各种文献资源和新技术、了解工作市场（如翻译要求等）以及职业译者的行为规范，尤其是职业伦理。

心理生理能力是指译者使用各种心理机能、认知技能和心理态度的能力，其中最重要的是读和写的心理活动技能。认知技能包括记忆、注意力、创造力和逻辑推理能力等，心理态度包括好奇心、毅力、判断能力、自信心等。该项能力在此前的翻译能

1　PACTE. Acquiring Translation Competence: Hypotheses and Methodological Problems. In A. Beeby, D. Endinger & M. Presas. (Eds.) *Investigating Translation*. Amsterdam & Philadelphia: John Benjamins Publishing Company, 2000, p. 101.

力研究中并没有得到太多关注，PACTE 将该项能力单独提出，并视为翻译能力研究中不可或缺的部分。

转换能力是联合其他能力的核心能力，指能完成从原文本到目的语文本转换的能力，即理解原文，并在目的语中将其再现，同时考虑翻译的功能以及读者对译文的接受。具体包括：（1）理解能力（分析、综合和激活超语言知识以获取文本意义的能力）；（2）分解能力及保持原文和译文各自独立的能力；（3）再现能力（在译语中组织文本和再创造等）；（4）完成翻译任务的能力（选择最恰当的方法）。

策略能力关切到翻译过程中解决问题的每个阶段，无论是有意识还是无意识，文字或非文字的。每个阶段由一系列的行为或者循环、复杂的行为构成，从开始直至达到目标。例如第一个阶段是识别问题。解决问题的策略有：区分主要和次要思想、确立概念之间的关联、寻找信息、解释、回译、出声翻译、确定材料顺序等。

随后，该小组又进行了一项翻译能力探索实验，在此基础上，PACTE（2003）对其翻译能力模式进行了修订，修订后的模式包括 5 种子能力和心理生理要素，这些子能力与影响要素在翻译过程中相互作用、相互影响，具体模式如下（见图 6-2）。

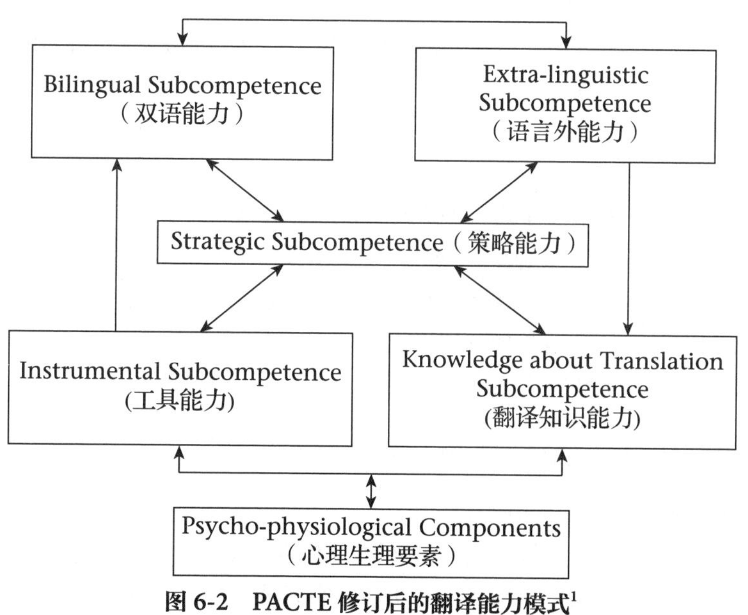

图 6-2 PACTE 修订后的翻译能力模式[1]

1 PACTE. Building a Translation Competence Model. In F. Alves. (Ed.) *Triangulating Translation: Perspectives in Process Oriented Research.* Amsterdam & Philadelphia: John Benjamins Publishing Company, 2003, p. 60.

双语能力主要是用两种语言进行交际所需要的程序性知识，包括在两种语言间进行转换时对干扰的具体控制，双语能力由两种语言的语用、社会语言学、语篇、语法及词汇知识构成。

语言外能力主要是表述知识，包括两种文化的知识、百科知识和主题知识。

翻译专业知识能力主要是关于翻译和该职业的一些外在或潜在的陈述性知识。包括翻译的运作知识（如翻译单位、翻译过程、方法与程序、策略和技巧以及翻译问题类型等），职业实践问题（如翻译市场、翻译述要类型、目标读者等），此外还包括翻译协会、税收等方面的知识。

专业操作能力主要指翻译中利用文献资源和信息交流技术的操作性知识，包括使用各类字典，百科、语法语篇手册，文本对齐，电子语料库和搜索引擎等。

策略能力指解决翻译问题、保证翻译过程有效性的程序性知识。策略能力是整个翻译能力模式的核心，影响着其他所有能力。它的主要作用是：（1）策划翻译步骤，选择最恰当的方法实施翻译项目；（2）评估翻译步骤及取得的阶段性成果；（3）激活不同的翻译子能力并对能力缺陷进行补偿；（4）识别翻译问题并提供解决方案。

与这些子能力并行的是影响翻译全过程的心理生理要素。它包括各种不同的认知、态度以及心理活动机制。认知要素包括记忆力、感知、注意力和情感；态度要素包括好奇心、毅力、批判能力、自信、评估自身能力的能力，以及创造性、逻辑推理、分析综合能力等。

仝亚辉[1]指出，在PACTE早期能力模式中，核心能力是“转换能力”，在修订后的新模式中，转换能力不再作为一种子能力，而是被认为是翻译能力的全部内涵，核心能力转变为“策略能力”。双语交际能力被修正为“双语能力”，包括语用、社会语言、语篇、词汇和语法能力。修订后的语言外能力把专家知识独立出来，使之成为重要的“翻译知识能力”。早期的模式把翻译活动中的心理生理成分认定为一种子能力，而在新模式中，心理生理能力则成为贯穿整个翻译过程的“心理生理要素”。

（六）欧洲翻译硕士（EMT）能力框架

欧洲翻译硕士（European Master's in Translation, EMT）专家小组的主要任务是为整个欧盟的翻译硕士教学提供参考框架。在EMT翻译框架下，能力被定义为“在特定条件下，为执行一项特定翻译任务而必备的天赋、知识、行为以及专门技能的组合”。EMT于2009年提出了职业译员、多语专家的翻译能力模式，该能力模式参考

1 仝亚辉. PACTE翻译能力模式研究. 解放军外国语学院学报，2010，33（5）：90-91.

了已有的翻译能力模式和译者能力模式，包括 6 项子能力构成：语言能力（language competence）、跨文化能力（intercultural competence）、信息挖掘能力（information mining competence）、主题能力（thematic competence）、技术能力（technological competence）、翻译服务能力（translation service provision competence）。EMT 翻译能力模式中的 6 项能力彼此平等，没有哪种能力处于核心地位。各分项能力还存在交叉和重叠，比如主题能力中的“搜寻相关信息以便理解特定主题的翻译文件”同样适用于子信息挖掘能力。6 项能力整体上构成现代快速变化职场中译员所需的技能。

在语言行业和欧洲大学翻译课程发生变化的背景下，EMT 在 2017 年将其译者能力模式进行了修订。其对能力的定义是：在工作和学习场景中，在职业及个人发展进程中，业已经过验证的能够运用知识和技能的本领，以及综合运用个人、社会和方法技能的本领。修订后的能力框架覆盖了 5 个范畴的能力：（1）语言文化能力（language and culture competence）是一项基础能力，主要包括语言知识、社会语言知识、文化知识和跨文化技能；（2）翻译能力（translation competence），包括策略能力、方法能力和主题能力；（3）技术能力（tool and technology competence），具体包括 ① 使用相关的 IT 软件，② 有效使用搜索引擎、语料库软件、计算机辅助翻译技术（CAT）等，③ 可以对文件及多媒体文件进行预处理、处理与管理，具备网页技术能力，④ 熟练机器翻译（MT）的基本操作，⑤ 评估 MT 系统在翻译工作流程中的相关度并选择合适的 MT 系统，⑥ 应用其他支持语言与翻译技术的工具等；（4）个人与人际能力（personal and interpersonal competence）是一种软技术（soft skill），旨在增强毕业生的适应力和就业能力；（5）服务提供能力（service provision competence）指提供翻译服务、语言服务的能力。修订后的 EMT 能力框架体现出如下特点：（1）把握学习成果主线，实现培养目标明晰化；（2）关注技术发展动态，提升译者的技术素养；（3）坚持以职业为导向，发展学生的职业能力。[1]

（七）Kelly 基于翻译教学的翻译能力模式

在纽波特和 PACTE 等人的翻译能力构成模式基础上，凯利（Kelly）[2] 从翻译教学课程设计出发，主张翻译毕业生应该具备以下 7 种能力：（1）交际－文本能力，包括翻译中所涉及的两种语言的技能、篇章和话语的意识以及篇章和话语的规范；（2）文化、跨文化能力，包括与翻译相关的文化及跨文化能力；（3）主题领域能力，指译者

1 邢杰，金力. 新版欧洲翻译硕士能力框架的思考与启示. 上海翻译，2020（2）: 46-50.

2 Kelly, D. *A Handbook for Translator Trainers*. New York: Routledge, 2005, pp. 28-33.

掌握将来可能从事领域的基本知识，能够达到理解原文和使用专业文献来解决翻译问题;（4）专业－工具能力，主要指使用各类文献资源、术语检索、信息管理，使用专业网络工具，如文字处理软件等，以及基本的专业管理概念，如合同、职业伦理、职业协会等;（5）心理－生理或态度能力，包括自我概念、信心、注意力、记忆、主动性等;（6）人际关系能力，指团队合作的能力;（7）策略能力，指组织、计划运用翻译技巧、自我评估和修改的能力。

（八）最简翻译能力说

皮姆对翻译能力概念进行了不断探讨，他认同列维（Levy）提出的“翻译是做决定的过程”这一理念，他[1]指出翻译是译语文本生成与选择的过程，带有明显的自动化特征的问题解决过程。皮姆主张用最简方案（minimalist approach）来对翻译能力定义，包括:（1）针对某一源语文本生成一系列可能译本的能力;（2）从中迅速、自信地选择一个合适译本的能力。双语知识、百科知识、技术知识、社会知识等是翻译的前提性或支撑性知识，译文生成与选择能力才是翻译能力的核心所在。他从翻译行为的角度出发，旨在强调译者行为的目的性、应变形和能动性。李瑞林[2]指出皮姆的定义体现出了他对翻译行为的独特性的强调，这有助于翻译理论的形成和发展，不过皮姆提出的“最简观”在概念上还是存在模糊性，没能实现他所倡导的翻译能力概念化的初衷。而且从翻译教学来看，该定义缺乏实际的可操作性。

四、国内翻译能力构成模式研究

国内对翻译能力的系统研究开展略晚于国外，在21世纪初期，翻译能力才开始在国内学界得到更多关注。学者们多从翻译人才培养和翻译教学目的出发，探索翻译能力的构成。

姜秋霞、权晓辉[3]指出，根据翻译活动所涉及的各种成分，翻译能力应至少包括以下4个方面：语言能力（包括文本知识、文本认识能力、文本生成能力、语言交际能力）、文化能力（指译者的文化知识结构）、审美能力（包括形象感知、意象整合、想象发挥等审美心理机制）和转换能力（指在源文接受和译文再造之间的心理转换机

1 Pym, A. Redefining Translation Competence in an Electronic Age: In Defence of a Minimalist Approach. *Meta,* 2003, 48 (4): 481-497.

2 李瑞林.从翻译能力到译者素养：翻译教学的目标转向.中国翻译，2011，32（1）：47.

3 姜秋霞，权晓辉.翻译能力与翻译行为关系的理论假设.中国翻译，2002，23（6）：11-15.

制），这是译者所应具备的基本能力结构，还需要有应付各种不定因素的能力等。

文军[1] 在综合西方学者图里、贝尔和纽波特的翻译能力研究基础上，提出翻译能力包括：（1）语言 / 文本能力，即双语能力、语域和文体能力；（2）策略能力，包括"归化""异化""全译""部分翻译"的能力；（3）自我评估能力，指可以帮助翻译者翻译出得体译文的反馈机制。文军、李红霞[2] 对翻译能力的构成作出进一步调整（见图 6-3），他们指出翻译能力包括两大部分：实践能力和理论能力。实践能力又进一步划分为：语言 / 文本能力、策略能力、自我评估能力、IT 能力、工具书使用；理论能力划分为：翻译学科知识、相关学科知识、职业素养。

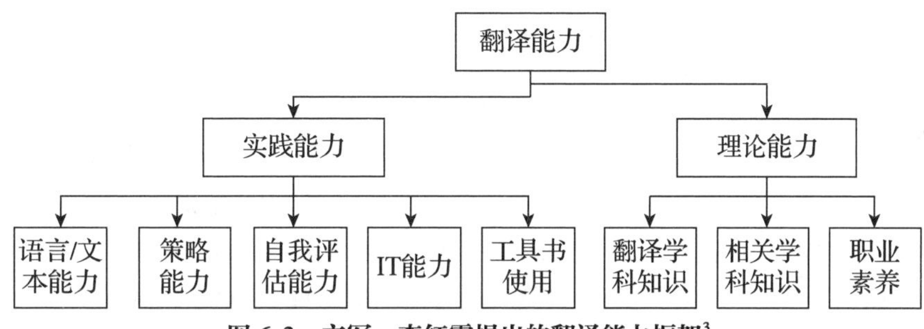

图 6-3 文军、李红霞提出的翻译能力框架[3]

苗菊是国内较早开展翻译能力研究的学者之一，她分别从 3 个视角将翻译能力划分为 3 个范畴：认知能力、语言能力、交际能力，每个范畴内又有若干构成成分（见表 6-1）。她指出这 3 个范畴的分类是对翻译能力系统化、综合化、级阶化、关联化的更明确的描述和界定，包括了对翻译能力的宏观审视和独立成分的微观分析。苗菊强调，翻译能力表现的是大脑在复杂的操作中的认知思维能力，这种专业的思维操作技能使翻译能力无论在思维上，还是行为上有区别于其他的专业能力。

表 6-1 苗菊翻译能力范畴分类[4]

翻译能力	构成成分
认知能力	直觉、概念、推断、分析、类比、逻辑推理、预测、联想、想象、区分、比较、思维模式、记忆、渗入、修正、信息加工、创造

1 文军. 论翻译能力及其培养. 上海科技翻译，2004（3）：1-5.

2 文军，李红霞. 以翻译能力为中心的翻译专业本科课程设置研究. 外语界，2010（2）：2-7.

3 同上：3.

4 苗菊. 翻译能力研究——构建翻译教学模式的基础. 外语与外语教学，2007（4）：48.

续表

翻译能力	构成成分
语言能力	语法 / 句法 / 词汇造诣、语义结构、语用关联、综合合成、语际间调节、转换机制、表达、选择、修辞、风格、主题、文化意识
交际能力	技能知识：从实践经验中得到的知识，包括技巧、方法、策略及其应用，如对句式、准确的所指意义、恰当的语境的把握，明确做什么和如何做，使译文形式恰当、表达准确，符合译入背景
	主题内容知识包括对交际对象、交际者、社会文化背景、交际目的、译文产生的功能的把握
	涉及接受能力、创造能力和应变能力

王树槐[1]提出了翻译能力的综合模式，包括 6 个因素：语言 – 语篇 – 语用能力、文化能力、策略能力、工具能力、思维能力、人格统协能力。这一模式涵盖了智力因素与非智力因素、外部因素与内部因素、行为与心理、过程与结果四对范畴（模式见图 6-4）。在此模式基础上，王树槐认为每项子能力分别会有自己的发展阶段。翻译技能的发展：译理 – 译技 – 译艺 – 译道；翻译策略的发展：局部策略 – 整体策略 – 监控策略；翻译思维发展：具象思维 – 形象思维 – 抽象思维；文化能力发展：认知能力 – 比较能力 – 协调能力；翻译人格发展：片面性人格 – 全面性人格。

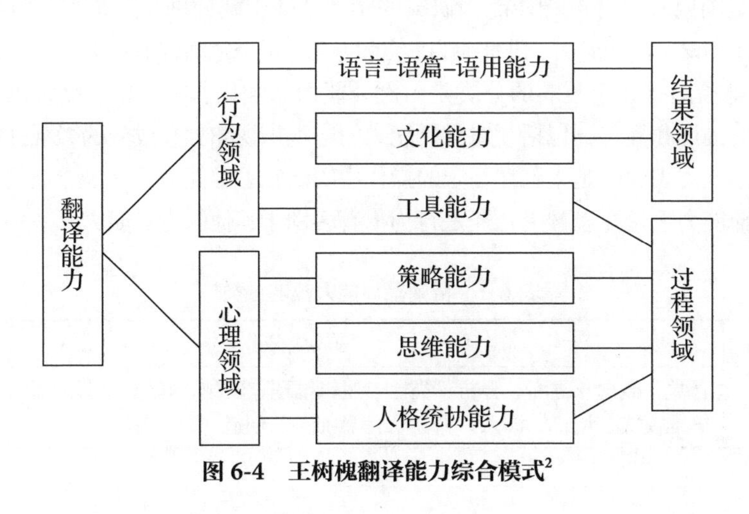

图 6-4　王树槐翻译能力综合模式[2]

1　王树槐. 翻译教学论. 上海：上海外语教育出版社，2013，第 26-42 页.

2　同上，第 42 页.

张瑞娥[1]在综合国内外已有的翻译能力模式基础上，将翻译能力进行了再范畴化，此举是借鉴原型范畴理论，旨在全面认识翻译能力，进一步区分、认识不同子能力项的性质，增强其对翻译实践、翻译教学和译者培训的指导性。她将翻译能力划分为4个范畴：条件性翻译能力、本体性翻译能力、实践性翻译能力和评估性翻译能力，每个范畴下又有下位范畴（见表6-2）。

表6-2　张瑞娥经过再范畴化的翻译能力构成体系总结列表（2012：54）

上位范畴	基本范畴	对应下位范畴	理想状态下所属阶段	知识范畴	能力性质
翻译能力	条件性翻译能力	语言能力、文化能力、知识能力	译前阶段	陈述性知识	共核型能力
	本体性翻译能力	对翻译本体的认识和理解能力			非共核型能力
	实践性翻译能力	发现问题、分析问题和解决问题的能力，交际能力，查询、搜集和获取信息的能力，利用相关资源和工具的能力，转换能力，策略能力，职业导向能力等	译中阶段	操作性知识	
	评估性翻译能力	对译文进行评估、反思和总结的能力	译后阶段	两种知识的综合体	

以上为大家介绍了国内外不同的翻译能力构成模式，我们可以将翻译能力的研究成果总结如下：首先，过去30多年研究者对翻译能力的研究是一个逐步发展的过程。从最初的“自然翻译观”到今日的翻译能力多元构成，对翻译能力的认知模式经历了一元论、二元论到多元论的更迭，一步步走向深入。在传统认知里，翻译能力被归为外语能力，是外语能力五个子模块——听、说、读、写、译中的一个分支，因此掌握了外语就自然具备了翻译能力，与哈里斯等提出的自然翻译观不谋而合，然而这种观点已经不再被接受。如今，不同的研究视角和翻译教学的需求，让我们对翻译能力的认知溢出双语能力的框架，使得翻译能力的概念得以分解，令原本狭窄、抽象的概念变得丰满、具体，也为翻译能力的发展和翻译教学创造了认知前提。

1　张瑞娥. 翻译能力构成体系的重新建构与教学启示——从成分分析到再范畴化. 外语界，2012（3）：51-65.

第二，在翻译能力的多元构成模式中，尽管不同模式对翻译能力的分项能力的划分不统一，但是可以看出大家对一些核心能力的认同，比如语言能力、文化能力、专业能力、转换能力、策略能力等几乎包括在每个多元模式中。第三，翻译能力的分项能力中与职业能力相关的因素呈现明显增加的趋势，例如工具能力（PACTE、Kelly、EMT、文军、王树槐、张瑞娥）、交际能力（EMT，Kelly、苗菊、张瑞娥）、职业素养（文军、EMT 的提法为“服务提供能力”；张瑞娥的提法为“职业导向能力”），这些能力因素多见于以翻译教学为目的的翻译能力模式中，可见职业翻译能力越来成为研究者的关注点，有些学者[1-3] 更是明确地提出了“译者能力”，并将其区别于“翻译能力”，这也是社会对翻译人才需求在研究中的体现，以期为翻译人才的培养提供理论支持和实践依据。

第三节 翻译能力发展

上一节我们集中介绍、分析了学界基于不同理论范式、从不同视角对翻译能力构成因素的研究，这些不同的翻译能力构成模式，归根结底是为了使得翻译能力的发展成为可能。尽管模式不同，但是学者们的共识是“翻译能力是可以发展的，且是所有译者培养计划的基本目标”。[4] 不过给出了翻译能力不同因素的定义并不意味着我们了解翻译能力是怎样获得的，以及如何在翻译实践中使用的。在本节中，我们将介绍另一个与翻译能力相关的重要问题，那就是翻译能力的发展。翻译能力的发展研究可为翻译教学提供理论支持与实践依据。本节结合翻译能力发展的特性，选取了国内外翻译能力发展研究中较有代表性的几种观点介绍给大家，帮助大家了解翻译能力发展的规律。

---

1 Kiraly, D. C. From Instruction to Collaborative Construction. In J. B. Brian & S. K. Geoffrey. (Eds.) *Beyond the Ivory Tower: Rethinking Translation Pedagogy*. Amsterdam & Philadelphia: John Benjamins Publishing Company, 2003, p. 13.

2 Rothe-Neves, R. Notes on the Concept of Translator's Competence. *Quaderns Traduccio*, 2007 (4): 125-138.

3 Tao, Y. L. Towards a Constructive Model in Training Professional Translators—a Case Study of MTI Educaiton Program in China. *Babel*, 2012, 58 (3): 289-308.

4 Schäffner, C. & Adab, B. (Eds.) *Developing Translation Competence*. Amsterdam & Philadelphia: John Benjamins Publishing Company, 2000, p. x.

一、翻译能力发展的阶段性

翻译能力发展的阶段性特点不断出现在学者对翻译能力发展的论述中，成为翻译能力发展的一个显著特征。但是，学者们对发展阶段的划分以及对影响翻译能力发展的因素认识有所差异。阶段性体现出来的既包括翻译能力习得的过程变化，又有能力层级变化。

（一）Harris 和 Sherwood 的阶段观

哈里斯和舍伍德所持的自然发展观认为翻译能力的发展是一个顺其自然的过程，这一过程中，双语者的翻译能力会随着年龄的增长经历三个阶段：（1）前翻译阶段（pretranslation）。以字词翻译为主，强调语言间的功能转化。（2）自动翻译阶段（auto-translation）。将一种语言的内容自动转换为另一种语言的内容，侧重自身的反应。（3）通导阶段（transduction）。双语者作为信息交流的媒介，协助他人实现跨语言交际。这种阶段性实质体现了双语者转换能力的发展，而不能全面体现翻译能力的发展过程。[1] 图里[2] 则批评他们将影响翻译能力发展的影响因素简单地归结为生理因素——年龄。

（二）Toury 的三阶段发展观

图里[3] 更注重翻译活动的社会性特点，他指出翻译作为一种技能（skill），其获得不能简单地归因于天生禀赋（innate predisposition），应该重视翻译及翻译产品的社会功能和社会动因，并在翻译技能的发展过程中考虑到翻译的社会性。翻译作为交际性活动，要和社会语境发生互动，译者从语境中所得到的反馈在本质上是“规范性”的。图里指出译者能力（translator's competence）的发展其实就是译者的社会化过程，这一过程会经历三个阶段：（1）被动接受规范。译者首先通过个体行为的社会化，被动接受已有规范。（2）获得外部反馈。这种反馈的本质是规范性的，代表了译者所处文化环境的规范，属于外部控制手段。（3）构建个体翻译能力。随着规范性反馈的不断增加，译者行为持续社会化，职业能力不断提高。图里的阶段论反映的

1 Harris, B. & Sherwood, B. Translating as an Innate Skill. In D. Gerver & H. W. Sinaiko. (Eds.) *Lanugage Interpretation and Communication* (Vol. 6). Boston: Springer, 1978, pp. 155-170.

2 Toury, G. *Translation Studies and Beyond*. Amsterdam & Philadelphia: John Benjamins Publishing Company, 1995, pp. 245-248.

3 Ibid, pp. 241-258.

是译者在与社会环境互动的过程中发展翻译能力，体现翻译能力社会性的一面。

（三）Chesterman 技能发展 5 个阶段

切斯特曼（Chesterman）[1] 指出译者的翻译能力是一种专家能力（expertise），翻译能力的获得过程有两个途径，可以是由人教授，也可以是自学。他借鉴德莱弗斯（Dreyfus & Dreyfus）[2] 对专业技能从“新手”发展到“专家”过程的分类，将翻译能力发展分为 5 个阶段：（1）新手（novice）阶段，技能重心是简单的信息加工、掌握与翻译相关的客观事实、特征和行动规则，此阶段对知识的掌握是脱离语境的，正如学习驾驶技能，学会了该如何挂挡、换挡，但是缺乏上路实践；（2）熟练新手（advanced beginner）阶段，技能重心是开始考虑对语境各方面因素，能够根据具体情形下意识地调整各项技能；（3）能力阶段（competence stage），技能重心是对情境作出整体的分析和计划，学习者经验增加，能够全面考虑任务过程中各因素之间的轻重关系，做出具体规划；（4）熟练（proficiency）阶段，技能重心是同时运用经验与直觉、理性与分析；（5）专家水平（expertise）阶段，进行的是“解放的翻译”（emancipatory translation），直觉占主导地位，即便需要慎思，那也是对直觉批评性的思考。由此，学习者完成了从有意识做决定阶段向自动化决定阶段的过渡。切斯特曼的阶段论常被用做翻译教学设计和翻译能力评估的依据。

二、翻译能力发展的建构性

翻译能力发展的建构性强调的是翻译能力的获得途径。翻译能力的获得离不开学习者通过翻译的真实情境去习得和建构翻译能力，通过积累翻译经验，使得翻译能力逐步得到提升。

（一）Shreve 的认知建构观

舍利夫（Shreve）[3] 认为翻译能力不能等同于双语能力，它是一种特殊形式的交际能力，因此应该注重翻译能力发展过程中社会因素的作用。舍利夫从心理认知视角出

---

1 Chesterman, A. *Memes of Translation: The Spread of Ideas in Translation Theory*. Amsterdam & Philadelphia: John Benjamins Publishing Company, 1997, pp. 147-150.

2 Dreyfus, H. L. & Dreyfus, S. E. *Mind over Machine*. New York: The Free Press, 1986.

3 Shreve, G. M. Cognition and the Evaluation of Translation Competence. In H. D. Joseph, et al. (Eds.) *Cognitive Processes in Translation and Interpreting*. Thousand Oaks: Sage Publications, 1997, pp. 120-136.

发，认为翻译能力是一套认知图式集合（set of cognitive schema），可使译者在现实交际情境下对文化规约的翻译形式–功能集合（forms & functions sets）进行重新组织。翻译能力的发展是由自然翻译（natural translation）过渡到建构翻译（constructed translation）。在自然翻译阶段，个体有着相似的翻译能力构成，随着翻译经验的发展，译者在不同的情境中不断对形式–功能进行组合，图示会发生改变、重构，形成建构翻译能力（constructed translation competence）。舍利夫更强调译者的翻译经验，认为翻译能力是随着经验的积累发展而来的（experience-driven）。他认为职业翻译是一种建构性翻译，只有通过有意识寻求的某种交际经验才能够习得。

（二）Kiraly 翻译能力发展的社会建构观

吉拉里（Kiraly）[1] 意识到随着社会的发展，译者的角色较之以前已经发生了很大的变化，他提出从“翻译能力”研究转向“译者能力”研究，因为翻译能力只是注重创造同原文等值的译文文本，而译者能力则包括建构过程中更广泛的能力，比如发现问题的能力、合作能力、创造能力、权衡翻译情境的能力、反思能力、行动研究能力，等等。基于社会建构主义观念，吉拉里主张学生在专业译者的指导下，通过参与真实的项目去建构翻译知识和能力。

三、翻译能力发展的动态性

翻译能力是由一系列的分支能力构成的，这些分支能力构成了一个内部系统，它们的发展并不是整齐划一的，而是呈现出动态变化的模式。PACTE 小组和奥地利的 TransComp 小组是两个影响较大的翻译能力实证研究团队，他们在翻译能力发展研究方面作出了重要贡献。我们通过他们分别提出的翻译能力动态发展模式来进一步理解翻译能力各构成要素是如何动态关联、影响及发展的。

（一）PACTE 小组翻译能力动态发展模型

PACTE 小组另一项重要研究成果就是预测翻译能力的发展。PACTE 指出，翻译能力习得是一个动态的、螺旋式的过程，与所有学习过程类似，是从“入门知识”（novice knowledge）上升到“专业知识”（expert knowledge）的过程。在动态系统

1 Kiraly, D. C. From Instruction to Collaborative Construction. In J. B. Brian & S. K. Geoffrey. (Eds.) *Beyond the Ivory Tower: Rethingking Translation Pedagogy*. Amsterdam & Philadelphia: John Benjamins Publishing Company, 2003, p. 13.

理论视角下，可以将构成翻译能力的各分项能力看作影响翻译能力的变量，这些变量的交互影响构成了翻译能力的动态体系。该小组[1]认为如果翻译能力是由相互关联的子能力构成的，那么能力的获得将是一个动态的过程，是新知识建立在已有知识基础上的过程。他们首先提出的前提假设是：翻译能力中的分力是：（1）相互关联的；（2）层级的；（3）在翻译活动中得到应用；（4）分力之间的关联和层级是动态变化的。在 PACTE 2000 年翻译能力构成模式的基础上，他们提出了各分力之间的工作模式：（1）转换能力在众分力中扮演着核心角色；（2）分子之间的互动是由策略能力控制的；（3）分力之间的互动与层级会发生变化，导致变化的原因有翻译方向（母语到外语 / 外语到母语），语言组合（英译汉还是法译德），翻译种类（文学翻译、法律翻译、技术翻译等），译者经验或者翻译语境（翻译纲要、时间限制、经费条件等）。该小组进一步提出翻译能力的获得是各分子重构、发展的过程，这些分力不是平行发展的，但是相互关联，能力获得的过程需要学习策略，且这一过程是动态的。图 6-5 展示的是 PACTE 设想的翻译能力获得过程。依照该模式，翻译能力发展的新手阶段是指译者已经获得了部分的分力，但是这些分力之间不会互动。而从新手到专家的发展过程则需要获得新的分支能力，并通过翻译任务和交际情境，使得这些分支能力进行重构，并服务于转换能力。其中的关键是，翻译能力及其分力的发展过程不只是积累陈述性知识，而更是各种知识的重构。

---

1 PACTE. Acquiring Translation Competence: Hypotheses and Methodological Problems. In A. Beeby, D. Endinger & M. Presas. (Eds.) *Investigating Translation*. Amsterdam & Philadelphia: John Benjamins Publishing Company, 2000, pp. 99-106.

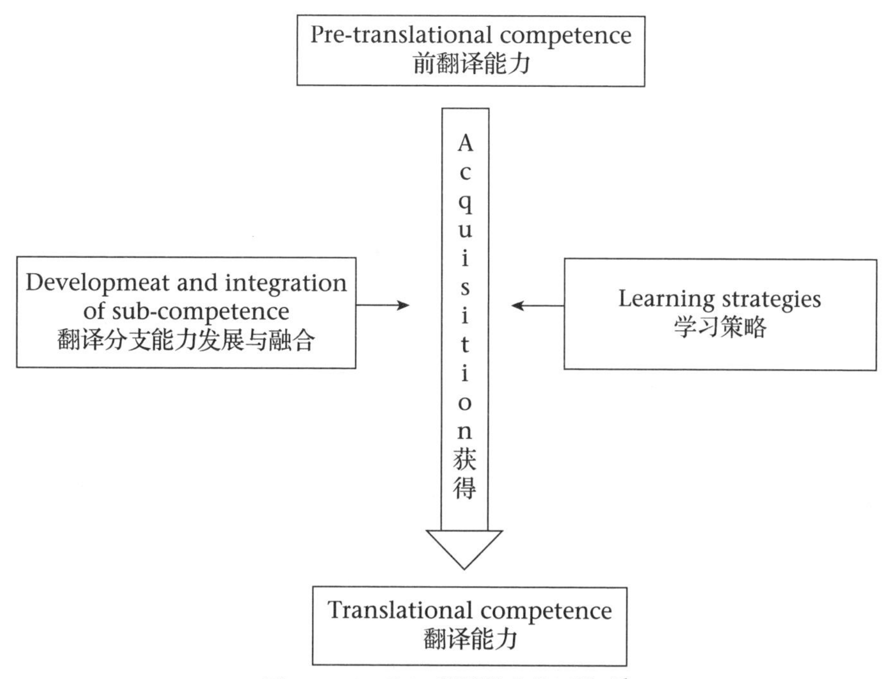

图 6-5 PACTE 翻译能力发展模式[1]

（二）TransComp 翻译能力发展追踪研究

TransComp 项目于 2007 年 12 月在格拉茨大学（University of Graz）翻译系启动，由格普费里希（Susanna Göpferich）负责。与 PACTE 一样，该项目的研究目的是对翻译能力的发展进行实证研究，探究翻译能力获得的过程。所不同的是，该小组严格按照追踪研究的要求来开展研究，即（1）使用相同的研究对象;（2）对翻译能力发展以规律的时间间隔进行测评;（3）追踪时间久。该项目实验对象包括 12 名母语是德语、二外是英语的翻译本科学生，比较对象是 10 名有翻译本科学位、至少有 10 年口 / 笔译工作经验的职业译者。格普费里希在赫尼希（Hönig）和 PACTE 对翻译能力的研究基础上，提出了自己的翻译能力模式[2]，包括:（1）具备至少两种语言

1 PACTE. Acquiring Translation Competence: Hypotheses and Methodological Problems. In A. Beeby, D. Endinger & M. Presas. (Eds.) *Investigating Translation*. Amsterdam & Philadelphia: John Benjamins Publishing Company, 2000, p. 104.

2 Göpferich, S. Towards a Model of Translation Competence and Its Acquisition: The Longitudinal Study "TransComp". In S. Göpferich, A. L. Jakobsen & I. M. Mees. (Eds.) *Behind the Mind: Methods, Models and Results in Translation Process Research*. Copenhagen: Samfunds Literature Press, 2009, pp. 21-26.

的交流能力;(2)专业领域知识能力;(3)工具和研究能力;(4)翻译常规激活能力;(5)心理运动能力;(6)策略能力。其中(1)(2)(3)(6)分别对应 PACTE 的双语能力、语言外能力、工具能力、策略能力。“翻译常规激活能力”包括:回忆和运用对某些常用语言对(language pair)进行标准转换操作的能力和知识。“心理运动能力”主要指(利用电子设备)阅读和书写所需的心理运动能力,这种能力越发达,所需的认知容量越少,可为其他认知活动提供容量。其翻译能力具体模式请见图 6-6 和图 6-7。

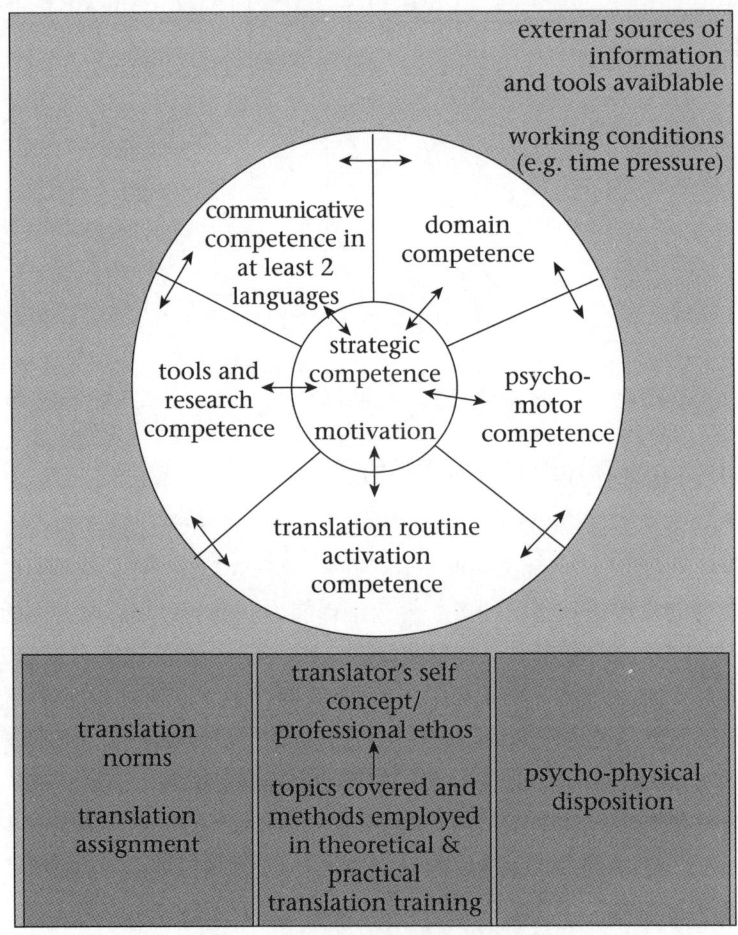

图 6-6 Göpferich 翻译能力模式[1]

1 Göpferich, S. Towards a Model of Translation Competence and Its Acquisition: The Longitudinal Study "TransComp". In S. Göpferich, A. L. Jakobsen & I. M. Mees. (Eds.) *Behind the Mind: Methods, Models and Results in Translation Process Research*. Copenhagen: Samfunds Literature Press, 2009, p. 20.

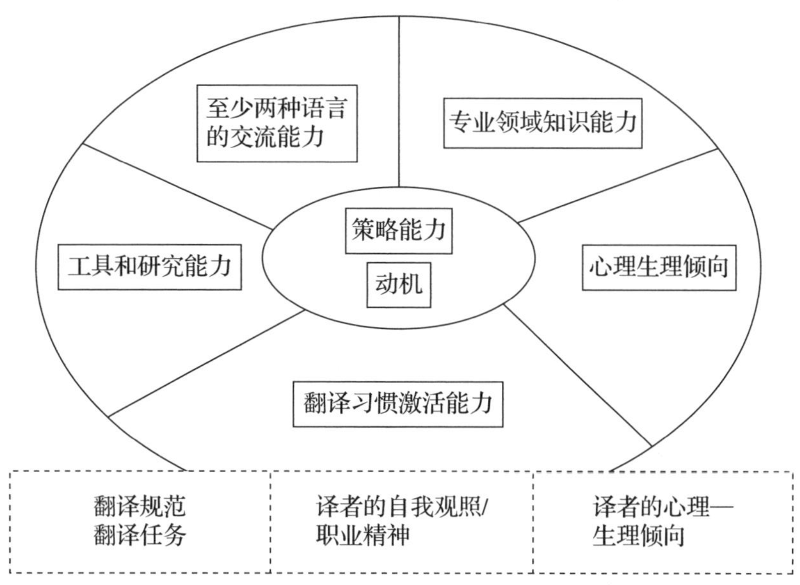

图 6-7 Göpferich 翻译能力模式中文版[1]

在研究中，TransComp 小组注重译者对翻译任务的认知加工方式，包括创造力、翻译决策过程分类，并利用动态系统理论（Dynamic Systems Theory）对实验数据进行解释，以理解翻译能力模型的运动。动态系统的交织性（nesting）和内嵌性（embededness）决定了每一个系统都是更大系统的一部分。[2] 在 TransComp 看来，翻译能力是一个由一些次能力变量，也就是一些有内在联系并一直相互作用的变量构成的动态系统。[3] 构成翻译能力的各变量本身就是一个子系统，而各变量相互关联又共同构成了动态翻译能力系统。Göpferich[4] 指出，翻译能力各分项能力的发展并不同步，有些分项能力是其他能力的发展基础，而有些分项能力必须在其他能力先行发展并提高后才能显现出来。因此，翻译能力的发展是一个动态的互动过程。

通过研究，该小组发现初学者与职业译员的翻译能力变量有差异，有 3 个次能

1 王娟. TransComp 翻译能力跟踪研究评析. 外国语，2016，39（6）: 101.

2 Göpferich, S. Explaining Development and Stagnation from a Dynamic Systems Perspective. *Target*, 2013, 25 (1): 63.

3 王娟. TransComp 翻译能力跟踪研究评析. 外国语，2016，39（6）: 103.

4 Göpferich, S. Explaining Development and Stagnation from a Dynamic Systems Perspective. *Target*, 2013, 25 (1): 62.

力能够将高水平的译者和未经任何专门翻译训练的人加以区分，包括：（1）工具和研究能力，指使用传统和电子翻译工具的能力；（2）翻译习惯激活能力；（3）策略能力，它是一种元认知能力，最为重要，因为它可以控制其他所有次能力。而对于初学者来说，策略能力变量的变化和影响很小，语言能力变量的影响力则更为明显。[1]

通过上述介绍，大家应该对翻译能力发展的特性有所了解，翻译能力是交际能力的一种特殊形式，由一系列分项能力构成，这些分项能力的获得和发展并不是一蹴而就的，能力的提升是一个动态的渐进过程，也就是说，翻译能力发展是一个持续的过程。伴随着社会经济、文化等语境的变化，翻译对译者的翻译能力要求也在不断变化，为了应对翻译活动的多元任务，译者需要系统性、针对性地增强他们的翻译能力。翻译能力的发展绝非一朝一夕之功，它的提高靠的是坚持不懈，靠的是日积月累，最终内化情景、内化翻译技巧，形成翻译能力。正如勒尔舍尔[2]指出的，翻译能力是职业译者所应具备的素质，是不断发展的结果，而发展的过程没有终点。

本章小结

本章用三小节内容对翻译能力这一概念，从定义、翻译能力的构成和发展特点三个方面进行了介绍和分析。我们对翻译的认识是一个逐渐深化的过程，翻译是交流行为，是阐释过程。在日新月异的今天，翻译活动的形式和操作模式也更加丰富，翻译概念的外延也在发生变化。在这样的背景下，译者的角色在不断更新，同样译者翻译能力的内涵也在发生变化。翻译能力研究的总趋势是通过扩大翻译能力多元成分模式，发掘新技能，提高已有技能，服务于翻译教学和译员培训。[3]目前，学界对翻译能力模式和翻译能力发展的研究还处在初期，这是因为一方面研究方法还有待完善，已有对翻译能力构成的探讨多是基于理论推断，缺乏从实证的角度对已有翻译能力构成因素的论证和检验；另一方面，由于翻译语境的变化，翻译能力的构念也在不断发生改变。以中国为例，当下技术深度介入翻译过程，中国文化外译、“一带一路”倡议

1 Göpferich, S. Process Research into the Development of Translation Competence: Where Are We and Where Do We Need to Go?. *Across Languages and Cultures*, 2009, 10 (2): 185.

2 Lörscher, W. Bilingualism and Translation Competence. *SYNAPS-A Journal of Professional Communication,* 2012, (27): 5.

3 Pym, A. Redefining Translation Competence in an Electronic Age: In Defence of a Minimalist Approach. *Meta,* 2003, 48 (4): 481.

等的实施形成了新的翻译语境。任文[1]指出双语子能力已承载不下符用能力，并指出符用能力是指开展符际翻译是所具备的对不同符号意义进行解读、使用和转换的能力。任文还指出，在中国故事国际讲述的过程中，优秀译者还需具备融通中外的叙事能力、元传播能力和译写译创能力。言外之意，翻译能力的具体内容不是一成不变的，需要研究者采用更加科学的方法去探究，也意味着翻译学习者要持续发展、更新自身的翻译能力。

练　习

1. 案例分析

案例 1：

PACET 小组将策略能力解释为：解决翻译问题、保证翻译过程有效性的程序性知识。他们认为策略能力是整个翻译能力模式的核心，影响着其他所有能力。它的主要作用是（1）策划翻译步骤，选择最恰当的方法实施翻译项目；（2）评估翻译步骤及取得的阶段性成果；（3）激活不同的翻译子能力并对能力缺陷进行补偿；（4）识别翻译问题并提供解决方案。也就是说策略能力统筹着其他翻译子能力的协调和配合，同时完备的子能力才能保证翻译策略的有效发挥，并最终完成翻译项目。例如译员要将下面一段内容翻译为英语：

> 在《黄帝内经》的理论中，人体的生理功能包括两个方面：其一为脏腑组织的功能以及它们之间的相互关系，以维持人体正常生理功能。五脏六腑分属阴阳，且它们分属的阴阳还有不尽相同的偏性，至于其中的五脏六腑在功能上的联系与相互作用的机制再用阴阳理论细分阴阳，也不是那么清楚明白。然而，五行理论却能更好地解释其中的阴阳玄妙，五脏六腑分属于木、火、土、金、水五行，五行相生相克，在动态平衡中取得和谐统一，最终达到维持人体正常生理功能的效果。

译员首先要对译文的内容进行分析，不难看出这段内容是介绍中医知识的，涉及“黄帝内经”“阴阳”“五行”“木、火、土、金、水”等中医专业术语。那么对于

1　任文. 新时代语境下翻译人才培养模式再探究：问题与出路. 当代外语研究，2018（6）：95.

该译员来说，是否具备中医方面的专业知识就是很关键的一点。如果不具备，为了完成翻译任务，译员则要对自己不熟悉的内容进行检索、学习。倘若可以快速利用网络工具或相关术语资源解决文中的中医学专业内容的翻译，也可以弥补自己专业知识的缺陷，并顺利完成翻译任务。

案例 2：

下面是一份英文的“谅解备忘录”，谅解备忘录是指商谈某项合作事宜或达成某项交易的政府机构或公司组织双方或多方经过协商和谈判，就合作或交易的意向达成共识后，用语篇方式记录下来的一种约定，具有一定的法律约束力。因此，它既是一种商务文体，又是一种法律文体。

MEMORANDUM OF UNDERSTANDING

1. Parties

This Memorandum of Understanding (hereinafter referred to as "MOU") is made and entered into by and between the

Finnish Education Group FEG Oy (hereinafter referred to as "FEG")
Pyhäjärvenkatu 5 A 3krs.,
33200 TAMPERE,
Finland

and

×××××

2. Background

Finnish Education Group has been systematically ranked as one of the best school systems in the world. FEG is a well-known Finnish education expert. FEG has developed learning environment concepts and processes for collaborative design of physical, social and digital learning environments. Proof of concepts with examples have been presented in "CookBook 2.0—Guidelines for Modern Learning Environments" publication. Hundreds of schools in Finland have been built or renewed according to the CookBook guidelines and using the UbiQ process.

3. Purpose

The common goal of the parties is to make education cooperation in Shijiazhuang, China, based on Finnish know-how. The cooperation including the whole education system from early childhood education to university level (kindergarten, primary school, vocational school, high school, universities).

Cooperation include, among others, design and construction of new schools/ redesign of old ones, modern physical, social and digital learning environments, teacher training, student and teacher exchanges, lectures, school camps, and educational materials and tools. The parties will jointly decide on the operations.

All finance for projects comes from ××× or their partners / customers.

The preferred cooperation town in Finland for FEG is the City of Tampere. The preferred cooperation university is TUNI (Tampere University). The parties may add other programs to the scope of the agreement.

4. Confidentiality

The parties agree to keep confidential and not to disclose to a third party in this business relation to notification of a trade secret of another party any of the information to be considered as such. This MOU shall be governed by and construed in accordance with the laws of Finland and finally settled under the Rules of Finnish Chambers of Commerce. Chamber of Commerce by three (3) arbitrators appointed in accordance with the Arbitration said rules.

5. Term of MOU

This MOU shall become effective upon signature by the authorized representative from the company and will remain in effect until modified or terminated by other party. This MOU is valid 31st of December 2025. If the MOU is terminated, neither party has not any obligations to the other party. Confidentiality is valid for five (5) years after the termination of the contract.

This MOU shall be undersigned via email by both parties.

6. Signatures

Tampere 20. 5. 2020	Date and Place
Heikki Luminen	Name
President (CEO)	Title
Finnish Education Group FEG Oy	×××××

对此类文体进行翻译，为了保证翻译策略的有效实施，就需要译者充分把握该语篇的类型特点，熟悉该类文本的翻译规范。其中的商务术语、法律术语翻译则对译员的术语能力提出了要求。然而掌握了这些知识，并不一定意味着翻译任务就可以顺利结束。以其中第五项内容为例，“Term of MOU”对应的中文是“谅解备忘录期限”，按照此段英文内容进行翻译后得到以下汉语表述：

> 本谅解备忘录应在公司授权代表签字后生效，并在另一方修改或终止前保持有效。**本谅解备忘录于2025年12月31日生效**。如果谅解备忘录终止，任何一方对另一方都没有任何义务。保密有效期为合同终止后五年。

这段译文的问题出在了画横线的部分，备忘录的签署日期是2020/5/20，可是为什么要等到2025年12月31日才生效呢？如果译员不细心发现这个问题，那么交付客户后就会让客户产生疑问。问题到底出在哪里？是译员翻译错了吗？译员按照原文翻译，显然没错，但是译员在翻译过程中也应该对原文的表述进行审核。按照备忘录的行文常规，“This MOU is valid 31st of December 2025”这句表述显然是有问题的。这就要求译员在翻译过程中要与客户保持沟通，及时解决一些翻译之外的问题，这样才能保证翻译项目的顺利完成。显然要确保翻译策略能力的实施，需要多重子能力的综合运用。

2. 思考题

1）请结合本章第一节内容，谈一谈你如何理解翻译能力。

2）请结合本章第二节不同的翻译能力构成模式，思考译者必备的核心翻译能力有哪些。

3）如果你想成为一名合格的英汉翻译译者，那么你应该具备哪些基本的翻译能力？

4）请结合自身的翻译经验，讨论一下你如何理解PACTE小组修订后的翻译能力模式中的翻译策略能力。

5）请大家结合本章第三节中 Chesterman 划分的翻译能力发展的 5 个阶段，讨论一下目前你自己处在哪个翻译能力发展阶段。

6）请结合本节对翻译能力构成和翻译能力发展的介绍和分析，讨论由一名翻译本科生发展成为职业译者还需要经历怎样的发展阶段，还应获得哪些翻译子能力。

3. 扩展阅读

Paulina, P. 2015. Translation Competence. In L. Bogucki, S. Góźdź-Roszkowski & P. Stalmaszczyk. (Eds.) *Ways to Translation*. Lódź-Kraków: Lódź University Press & Jagiellonian University Press, 317-338.

Rothe-Neves, R. 2007. Notes on the Concept Of Translator's Competence. *Quaderns Traduccio*, (14): 125-138.

Schäffner, C. & Adab, B. (Eds.) 2000. *Developing Translation Competence*. Amsterdam & Philadelphia: John Benjamins Publishing Company.

李瑞林. 2011. 从翻译能力到译者素养：翻译教学的目标转向. 中国翻译，32（1）: 46-51.

马会娟. 2013. 汉译英翻译能力研究. 北京：北京师范大学出版社.

苗菊. 2006. 翻译教学与翻译能力发展. 天津：天津人民出版社.

王传英. 2012. 从“自然译者”到 PACTE 模型：西方翻译能力研究管窥. 中国科技翻译，25（4）: 32-35，38.

杨志红. 2016. 翻译能力研究——中国学生汉译英能力实证分析. 苏州：苏州大学出版社.

第七章

翻译批评论

翻译批评（Translation Criticism）在翻译学研究中占有重要地位。本章拟对翻译批评的诸多问题进行探讨，包括翻译批评的概念、翻译批评的主体和客体、翻译批评的操作过程、翻译批评的原则和方法等，以期为提高翻译质量和完善翻译理论体系提供有益的借鉴。

第一节 翻译批评的概念

研究翻译批评，首先要厘清相关概念。本节将对“翻译鉴赏”“翻译评论”“翻译批评”这三个术语进行梳理，并明确翻译批评在本章中的定义，进而阐述翻译批评的性质和功能。

一、翻译批评的定义

什么是翻译批评？关于这个问题，学界说法很多，没有统一答案。比如，《中国翻译词典》词条显示，翻译批评即参照一定的标准，对翻译过程及译作质量与价值进行全面评价。[1] 这是我国早期对翻译批评的界定。

后来，王宏印指出翻译批评是一门实证性的、评论性的认知活动。它隶属于翻译学这一较大的学科。翻译批评是对具体的文本或事件的批评，而不是漫无边际地谈论翻译。[2] 这一概念阐明了翻译批评的学科类别和属性。

1　林煌天主编. 中国翻译词典. 武汉：湖北教育出版社，1997，第 184 页.

2　王宏印. 文学翻译批评概论. 北京：人民大学出版社，2008，第 129 页.

何三宁认为翻译批评就是依据一定的理论与方法，对某一译作进行分析、评论、鉴赏、推介或鞭挞，以达到不断提高译文质量和促进翻译理论的完善和发展。我们应该清醒地看到，翻译批评重在评论译作的得与失，意在向世人推荐佳作，抑制庸作泛滥，是一项理论活动。[1]

董晓波曾对翻译批评的要点进行了总结：翻译批评是翻译研究的重要组成部分；翻译批评的目的是提高翻译质量，提高翻译教学水平以及推动翻译学的发展；翻译批评必定包括主体与客体。翻译批评的进行应当有相应的理论指导。[2] 翻译批评的研究范围被扩大，不但包括评价和分析，还包括翻译理论、批评的主体、客体等。

杨晓荣认为比较完整的翻译批评可定义为：依照一定的翻译标准，采用某种论证方法，对一部译作进行分析、批评、评价，或通过比较一部作品的不同译本对翻译中的某种现象做出评论。[3]

通过上述观点可以看出，翻译批评是一个循序渐进的过程，翻译鉴赏和翻译评论是翻译批评的组成部分。翻译鉴赏、翻译评论和翻译批评并没有严格的划分。翻译鉴赏一般指从语言层面，对翻译的准确性和技巧性进行赏析。“翻译批评可以是鉴赏，也可以是指出错误式的批评，还可以是理论性的研究，借评论某种现象说明某个问题”。[4] Nona Baker 曾对翻译批评和翻译评论做过区分：翻译评论主要指对新书的评介，目的在于引导读者阅读和购买，其理论性并不强；翻译批评主要是指对读者已经熟悉的译作进行评论，需要有实证研究基础，研究范围较为宽泛，理论性要求较高。[5] 可见，“翻译评论与翻译批评具有不同的对象（是否限于新书）和社会功能（推介或研究）。翻译批评与翻译评论是主从关系”。[6] 可以说，先有翻译评论，然后才有翻译批评。翻译评论是翻译批评的初级阶段。

综上，本章将“翻译批评”定义为：翻译批评即依据一定理论，遵循一定的翻译原则，采用相关方法，对译者、译作、翻译过程、译作质量及其影响等翻译现象进行的分析与评价。[7]

---

1 何三宁. 并列还是从属：翻译质量评估与翻译批评之关系. 南昌大学学报，2009（4）：129-135.

2 董晓波. 翻译概论. 北京：对外经贸大学出版社，2012，第 214 页.

3 杨晓荣. 翻译批评导论. 上海：华东师范大学出版社，2017，第 2 页.

4 同上.

5 Baker, M. *Routledge Encyclopedia of Translation Studies*. New York: Routledge Press, 2000, p. 205.

6 李平，何三宁编著. 翻译批评与鉴赏. 北京：中央编译出版社，2015，第 22 页.

7 文军. 论翻译批评的体系. 翻译季刊，2001（20）：77-90.

二、翻译批评的性质

在明确翻译批评的定义后，我们可以从概念范畴方面来进一步探讨翻译批评的属性。“翻译学研究包含翻译理论和翻译实践。而翻译批评是连接翻译理论与实践之间的重要纽带，是沟通翻译理论与实践的桥梁，也是中介，它是翻译理论与实践之间不可或缺的重要环节”。[1]

翻译批评是对某种翻译活动的评介，因此翻译批评离不开译者、译作等具象性研究，但翻译批评的论证过程也需要理论分析和理论规范。翻译批评即是对理论的应用，也是对理论的检验。正如姜治文、文军所言，“理论之于批评，犹如钢材之于利刃；好刃必须好钢造，方能雪亮锋利。批评之于翻译实践，犹如修枝之于果树；果树只有去芜存菁，方能结出优质果实”。[2] 这句话形象地说明了翻译批评与翻译理论之间的关系。翻译批评离不开实践，同时也需要理论支持。缺乏理论根据的批评是不可取的，理论对翻译批评具有指导作用，翻译批评也为翻译学研究的发展提供了有利保障。

三、翻译批评的功能

通过以上对翻译批评的定义和性质的讨论，可以发现翻译批评对翻译实践和理论规范具有重要意义。翻译批评具有一定的社会功能，它对于政治宣传、文化舆论、读者市场等具有引导作用。

翻译批评是社会文化和舆论宣传的一种手段。翻译批评的主要功能就是对某些翻译活动给予赞扬和肯定，并以此引导译作的传播与接受。比如，在五四时期，工人阶级刚刚登上了历史舞台，急需无产阶级革命理论的指导，那时有大量的马克思主义著作被译介到中国。这些译作对于促进中国革命、鼓舞民众的斗志起到了积极作用。可见，在历史变革和社会转型时期，翻译批评能够引导文化走向，成为中国革命发展的推手。当然，对违背社会进步的作品，翻译批评也会给予抨击，坚决抵制不良思潮的影响。比如，意大利小说《爱的教育》曾在中国近现代教育界引起轰动。朱光潜、茅盾、夏衍、丰子恺等知名学者曾把此书作为立达学园学生的重点读物，几乎人手一册。该书也曾是教育界中小学老师推荐的必读书目。因为当时许多教师迫切要求冲破封建教育体制的束缚，这部译作正好为家长和教师们提供了示范。然而，在 20 世纪 50 年代，这部风靡一时的译作竟然停版了。究其原因是因为解放初期，全国掀起了社会

---

1 李平，何三宁编著. 翻译批评与鉴赏. 北京：中央编译出版社，2015，第 5 页.

2 董晓波. 翻译概论. 北京：对外经贸大学出版社，2012，第 215 页.

主义高潮，人们如饥似渴地学习社会主义理论和知识，抛弃一切旧的观念。在当时建立新的社会主义制度的历史背景下，《爱的教育》这种宣传小资产阶级知识分子理想主义的译作，自然与当时的社会主流意识不符，所以停印是不可避免的。可见，翻译批评是文化宣传的旗手，对社会舆论起到了监督作用。[1]

此外，翻译批评的重要功能之一就是可以总结不足，批评误译、乱译现象，使更多复译和重译成为可能。比如，有外国译者在翻译《金瓶梅》时，大肆改写，将文化精华剔除，只留下赤裸裸的性描写，结果导致《金瓶梅》在该国臭名昭著，这种不负责任的做法既坑害了读者，又损害了原著的声誉。而另一位译者的处理方法则独具匠心，他将性描写部分用拉丁语译出，其余部分用英语译出，这就使得文化较低的人看不懂性描写部分，而有一定文化素养的人则能窥见全貌，可谓两全之策。同一部书，译者的不同处理方法突显了译德、译风问题的重要性。第一位译者的译德理应受到谴责，第二位译者的风格值得我们学习和称赞。[2] 翻译批评能够有效地抵制质量低劣的译作，纠正不良译风，改善译作良莠不齐的现状。

最后，翻译批评还可以规范翻译活动，提高翻译质量。翻译批评能够为译者提供学习的案例，提高翻译素养和水平，能够激发译者产生更优秀的译作。同时，翻译批评还具有导读功能，通过指对读者的指导，使读者获得更好的阅读体验。

第二节 翻译批评的主体和客体

在了解翻译批评的定义后，进一步明确翻译批评的主体和客体，对翻译批评的理解至关重要。翻译批评的主体，即谁来进行批评；翻译批评的客体，即批评什么。

一、翻译批评的主体

翻译批评的主体，即实施翻译批评行为的出发者，也就是指由谁来进行翻译批评。翻译主体的类型可分为读者、译者和专家。

---

1 王晨爽，刘爽.《爱的教育》在中国.外国语言文学研究，2008（1）：75-79.

2 吕俊，侯向群.翻译学导论.上海：上海外语教育出版社，2012，第254页.

（一）读者

读者在阅读译文后，根据自己的感受做出评论，便形成了读者批评。读者批评是普通大众的参与性活动，具有一定的自发性和主观性。读者批评如何展开，与读者群体的身份和文化素养有关。普通读者可能并不精通两种语言，也不具备专业知识，对译文的理解和把握未必准确，因此读者批评难免缺乏理论性和系统性。对于学生而言，他们主要以读者身份来评价或赏析译作，毕业后可能以译者身份甚至作者身份来批评译作，假以数年可能以专家身份来批评。[1] 总之，每一位读者都是潜在的批评者。

读者评论的形式多种多样，可以是口头的，也可以是书面的。可以发表在非专业期刊杂志上，也可以发布在互联网等媒体平台上。由于网络媒介的自身特点，读者评论传播速度快、覆盖面广，会对翻译市场产生一定影响。读者批评不拘泥于形式，为译者批评和专家批评提供了新鲜血液，促进了翻译批评形式的多样化。当然，读者批评也存在着弊端，由于普通读者缺乏理论基础，读者批评难免有失客观性和深刻性。尽管读者批评存在局限性，但无疑读者批评为翻译批评研究奠定了坚实的基础，是翻译批评研究中的宝贵财富。

（二）译者

译者批评是指译者对自己的译作或者其他译者的译作做出评论，包含译者自评或译者互评。其中，译者自评相对于译者互评较为少见，但是译者自评难能可贵。有些译者在完成作品后，会写译后记或者发表文章，对自己的翻译思路进行总结，并对翻译过程中发现的问题进行反思和总结。比如，著名翻译家杨宪益先生就曾说过，他的翻译还有“不少疏漏之处”，“牵强附会，望文生义”。因为杨宪益从事的典籍英译需要大量的考证工作，而作为翻译家，他不可能掌握所有的史实资料。比如，他原以为李白出生在西南边疆，但后来经考证李白生于碎叶，杨先生便立刻改正，这种实事求是、坚持批评与自我批评的高贵品质是译者学习的榜样。[2]

有些译者治学严谨，会对自己的作品进行复译。比如，海派作家程乃珊在20世纪90年代翻译了小说《喜福会》，并将华裔作家谭恩美推介到中国。15年后，程乃珊等人对《喜福会》进行了复译，并于2006年由上海译文出版社出版。她在译后记中写道，这是一次“排山倒海”的大工程，“译文更流畅更忠实于原著，此次对全书

---

1 李平，何三宁编著. 翻译批评与鉴赏. 北京：中央编译出版社，2015.

2 吕俊，候向群. 翻译学导论. 上海：上海外语教育出版社，2012，第260页.

的译文逐字主句对照重新撰写、反复推敲与斟酌。力图做到呵护中国读者的阅读习惯”。[1] 也正是程乃珊新版《喜福会》的推出，开启了华裔美国文化在中国大陆传播的新篇章。因此，译者不断总结和改进译文产生了许多复译和重译，这不但提高了译文质量，也为翻译学研究开辟了更广阔的空间。

译者互评是比较常见的译者批评方式。译者可以将原文、自己的译本与他人的译本，进行比较和评论。译者互评有助于译者之间的沟通，促进译者共同学习和进步。由于译者亲身经历了整个翻译过程，并为之付出了努力和心血，译者对译本必然有着深刻体会。译者现身说法，重新审视自己的作品，必然是肺腑之言、弥足珍贵。

（三）专家

专家批评是翻译批评的主流形式，在翻译批评主体中最为活跃。与普通读者不同，专家的批评具有权威性、严谨性和学术性。他们以理论为依据，在对译者和译文做出阐释的基础上，能够对翻译中出现的具有普遍意义的翻译现象进行全面概括和分析，并给出有指导意义的结论。专家批评担负着提高翻译质量、促进翻译批评向健康方向发展的重要使命。

专家批评具有权威性，但有时对有争议的问题，专家的意见也会存在分歧，很难统一。以严复为例，当时以康有为、梁启超为首的维新派对严复推崇有加，称之为“中国西学第一人”，因为严复的《天演论》是宣传变法的有力武器。而有些批评家并不认同，他们认为《天演论》是一部科技著作，严复在翻译时随意改写，实属不“信”。而对于严复的“雅”，鲁迅曾进行过强烈的抨击，因为在20世纪30年代，“雅”违背了当时所倡导的白话文运动。严复因此成为中国近现代翻译史上最有争议的人物之一。当然，现在学界已重新对严复做出了评价：尽管严复的翻译存在不足，但翻译《天演论》的社会意义已经远远超越了其翻译活动的本身，严复的成就是伟大的，严复在中国翻译史上的地位是不可撼动的。[2] 因此，翻译批评会随着历史的发展而与时俱进，翻译批评符合历史唯物主义。

作为翻译批评的主体，读者、译者和专家，这三类翻译批评者承担的角色各不相同。三者相辅相成，相互补充。如今，翻译文学正在蓬勃发展，有大量优秀的翻译作品问世，当然也掺杂着某些低劣之作。这正需要专业的翻译批评者对翻译文学进行鉴别，做出客观评价，并为市场做向导，引导翻译批评向着有益的方向发展。

---

1 谭恩美. 喜福会. 程乃珊，贺培华，严映薇译. 上海：上海译文出版社，2006，第260页.

2 吕俊，侯向群. 翻译学导论. 上海：上海外语教育出版社，2012，第256-257页.

二、翻译批评的客体

翻译批评的客体，即翻译批评的对象，包括原作、译作、译者、读者、社会效果和翻译理论等翻译现象。翻译批评既可以以译者研究为中心，也可以围绕译作的相关问题进行，或者对翻译过程进行探讨等。翻译对象之间既相对独立又相互依存，可以将其中一种作为批评对象，也可以将其中两种或者更多作为批评对象。限于篇幅，此处选取最常见的两种进行介绍。

（一）译者

国内在译者研究方面已取得了不俗的成绩，根据研究内容可划分为两类：宏观意义上的译者研究和针对具体译者（或译者群）的研究。第一类研究包括探讨译者的角色、译者的作用、译者的职责、译者的素质等问题。如许钧、穆雷、查明建等曾经做过的译者主体性研究，就属于这类研究。第二类是针对具体译者的研究，其视角较为广泛，包括翻译家生平、主要成就、翻译思想、翻译风格和历史地位等，如鲁迅翻译研究、许渊冲翻译研究、张若谷翻译研究等，都属于此类针对具体译者的研究。有时，两类研究并没有明显的界限，而是相互融合，相互促进的。翻译批评彰显了译者的主体因素，而翻译家研究又可以为翻译批评提供可靠的依据和新的思路。[1]

（二）译作

译作批评最常见的方式就是针对一个译本或多个译本，对译文中的翻译现象和翻译质量展开评论。此外，还有其他角度，比如译文的风格研究，译作的翻译策略、译作的传播效果等。译作批评在翻译批评研究中占比较高，成果颇丰。其原因在于，翻译批评是建立在译本基础之上的，翻译批评无法脱离译本而单独存在。无论是译者研究、理论研究、还是翻译过程研究，都离不开译本的参与。

《翻译批评导论》将译作批评分为两类，即评判性的和说明性的。前者指从意义和结构等方面入手分析译作，考察译作是否符合某种质量标准，并探讨其原因，理论或技巧问题。后者是说有些译作批评也可以不做质量上的评判，只关注解释或说明某种翻译现象，具有描写性和开放性。其中，评判性批评属于比较常规的传统式翻译批评，后来衍生为翻译质量评估，成为一个专门的研究领域。[2]

1　文军. 科学翻译批评导论. 北京：中国对外翻译出版公司，2005，第 74-75 页.

2　杨晓荣. 翻译批评导论. 上海：华东师范大学出版社，2017，第 50 页.

目前，涉及译作批评的研究成果众多，批评的角度和方法也多种多样。限于篇幅，我们在此不做详细陈述。

第三节 翻译批评的操作过程

翻译批评应遵循一定的操作程序，关于翻译批评的操作程序，前人已经做过相关研究。比如Newmark曾指出“任何综合性的翻译批评都必须包含5个方面：第一，原语文本的简要分析；第二，译者自述；第三，译文与原文的仔细比较；第四，译作评价；第五，评价译作在整个学科中的地位。[1] 王宏印也曾提出文学翻译批评操作程序和实施过程，文学翻译批评的操作程序同样适用于翻译批评。[2] 在前人研究的基础上，本书将翻译批评程序归纳为以下四个操作步骤：研读原文、研读译文、比较研究、影响研究。

一、研读原文

研读原文是翻译的基本前提之一，只有在充分理解原文的基础上，才能做好翻译。研读原文主要把握以下内容：首先，要了解原文作者、创作背景及原作的历史意义；其次，要知晓原文的体裁、语言特色和写作风格；最后，要掌握原文的主要情节、语言难点和语言特色。下面我们以董乐山的译作《第三帝国的兴亡》来举例说明。需要注意的是，在进行翻译批评时，我们可能并没有通读全文，可能只是看了部分章节。为了避免断章取义，混淆是非，我们需要在研读原作方面多下功夫。

比如，首先需要了解原著发生的时代背景，即德意志第三帝国的历史概要。其次，我们要明确作者威廉·夏伊乐（William Shirer）的立场和身份，作为美国资产阶级记者，威廉由于受限于自己的世界观和政治观，在书中对美帝国主义的绥靖政策讳莫如深，对苏联政策及斯大林却进行了批判和谴责。再次，原著属于类似报告文学的非小说类体裁，大部分是写实文字。作者经常巧用记者擅长的镜头语言来捕捉人物，因此在原著开篇，便有了希特勒在总统府的窗前接见民众的蒙太奇镜头，而不是传统中国小说的时间、地点、人物式的开篇模式。因此，只有在充分研读原文的情况下，评

---

1 Newmark, P. *A Textbook of Translation*. Shanghai: Shanghai Foreign Languages Education Press, 2001, p. 186.

2 王宏印. 文学翻译批评概论. 北京：人民大学出版社，2008，第72页.

论家才能更准确地把握译文，理解译者意图，并对译文进行正确评价。对于评论家来说，认真研读原文是翻译批评所做的必要准备。

二、研读译文

关于研读译文的操作步骤，王宏印曾在《文学翻译批评概论》中进行了讨论，现概括如下：首先，语言分析。在语言层面，可将译文中有疑问或有研究价值的地方做笔记，为后面的对比研究做准备。其次，手法透视。翻译手法透视涉及进一步考察翻译技巧，不能只限于局部，要关注整部作品的风格和整体效果。第三，目标追踪。目标追踪是在手法透视的基础上做推论和假设，最后判断这种假设是否成立。[1]

比如，在研读《名利场》的两个译本时，会发现两者在语言表述上有很大差异，杨必译本是幽默生动、通俗易懂的中文风格，而彭长江译本带有浓重的“翻译腔”，有意识地靠近原作风格。由此可以初步推断，二者分别采用了归化策略和异化策略。当然，这只是初步假设，是否正确还需要下一步骤的论证。

三、比较研究

在进行完原文和译文的研读之后，便进入了比较研究阶段。比较研究是翻译批评过程中的重要环节。这里的比较涉及原文与译文的比较，也可以是不同译本之间的比较。比较的方式多种多样，可以两种译本进行比较，也可以以一个译本为主，其他译本为辅。可以比较同一译者的初译本和复译本，也可以比较不同译者对于同一部作品的不同译本。比较研究要选取恰当的可比项，要注意比较的方法和论证的合理性。

比如，文军、罗张曾经做过《道德经》的英译研究做过如下综述。韩里路等对英国汉学家阿瑟·威利（Arthur Waley）的《道德经》译本做了细致的评述。作者对威利译本《道德经》第一章的翻译与原文逐句进行了比较，并对译文做了分析和评价。作者认为翻译中国古代典籍，尤其是哲学典籍，首先要搞清楚著作的要义范畴、核心概念及对学说体系的完整把握；其次是对语言文字的应用和选择。只有把握了要义才能把翻译工作做好。通过比较研究，作者推断威利在对原著进行断句时，没有搞清原著所表达的深刻含义，导致翻译背离原作。作者认为出现断句错误的原因可能是由于译者所掌握的材料有限，直接沿用和复述了某位古人或前人的注解，对《道德经》的

1 王宏印. 文学翻译批评概论. 北京：中国人民大学出版社，2008，第 74 页.

多种文本没有广泛涉猎，对原文语句的含义未做深入求证等。作者对威利译本的解读对我们具有一定的启示。

又如，周岷在《〈道德经〉首章英译诸本述评》中对《道德经》第一章的四个不同英译本进行了比较研究。分别对第一章的四句译文做了比较评述。选取的译本既有中国译者的译本，也有外国译者的译本。作者通过对首章字词翻译的分析，最后得出《道德经》的翻译该把其意义的传达放在首位，要注意译文对原作的"忠实性"。在忠实的前提下还应该发挥译语优势。作者对四个译本的首章翻译做了比较详细的分析对比，对有些词语的选择表达了自己的看法，并给出了孰优孰劣的意见。对古代文献译本的评价要采取谨慎求证的态度，《道德经》译本繁多，译文与原文之间，译本与译本之间千差万别，好的译文是经得住时间考验的，希望通过比较分析，对《道德经》的对外传播起到积极的促进作用。[1]

四、影响研究

翻译批评的最后一步是对译文的影响和价值等进行评价。影响研究关注的是译作作为一种独立的文本对译入语社会、文化、科技等方面的影响。邹振环（1996）所著《影响中国近代社会的一百种译作》便是影响研究的典范，是影响研究使译作的价值得到了充分体现。译作的影响研究不仅强化了翻译的价值与功能，同时也拓宽了翻译批评的研究视角。[2]

下面以《爱的教育》为例，对译作的影响研究进行详细说明。意大利儿童小说《爱的教育》于1924年由夏丏尊译入中国，产生了强烈反响。《爱的教育》在近代中国的教育界受到了前所未有的重视，它在当时的受欢迎程度可以说超过了任何一种教育学理论。许多中小学把《爱的教育》作为学生必读书目。据说1920年，当夏丏尊第一次接触到日译本《爱的教育》时，他几乎是流着泪读完了全书，作为父亲和从教十余年的老师，夏丏尊惭愧于书中充满爱的世界与现实教育的巨大反差。在译者序言里，夏丏尊把办学校比做挖池塘，教育没有了爱，就成了无水的池。夏丏尊认为办好学校的关键在于感情，必须有爱，这也是他翻译这本书的初衷。中国本没有童话，中国儿童文学的发展与外国儿童文学的译介有着十分密切的联系。《爱的教育》的译介

1 文军，罗张.《道德经》英译研究在中国.上海翻译，2012（1）：19-23.

2 文军.科学翻译批评导论.北京：中国对外翻译出版公司，2005，第140页.

为中国文坛开辟了一个充满爱的儿童世界，并对中国的教育事业产生了深远影响。[1]

综上，翻译批评程序包含四个步骤：研读原文、研读译文、比较研究、影响研究。值得注意的是，尽管将翻译批评程序分为四步，但是在进行批评操作时，四个步骤不一定全部涉及。而且，这四个步骤并不是完全割裂的，在撰写翻译批评时，它们往往是相互融合，相互渗透的。

第四节 翻译批评的原则和方法

要进行科学的翻译批评，在掌握了批评程序后，还要遵循一定的原则，使用恰当的方法，才能做出正确的评价。

一、翻译批评原则

关于翻译批评的原则，各种翻译学专著和论文中都或多或少有所提及。比如，文军在《科学翻译批评导论》中曾提出了 4 个翻译批评的原则，即客观性原则、综合性原则、层次性原则、归纳和演绎相结合原则。[2]

客观性原则是翻译批评的基本原则。所谓客观性，就是告诫批评者要客观地去评价译作，避免主观臆断，以偏概全。客观性原则还指批评者要避免个人的情绪化，要实事求是、与人为善。人非圣贤，孰能无过。译文中出现错误在所难免。因此，批评者在发现错误时，首先要思考是什么原因导致了译者出现误译，是粗心大意，还有无心之过。批评者在批评之前要三思而后行，要善待译者，避免言辞偏激、刻薄，引人反感。

综合性原则是指在进行翻译批评时，能够综合性地运用与翻译相关学科的方法，如语言学、社会学、文学、心理学、符号学、美学等。在运用综合性原则时，要注意各学科方法之间的相关性和互补性。也就是说，相关学科研究方法的引入，不是简单的层次重叠，而要做到优势互补，取其最适用于翻译批评的方法和视角，使翻译批评在总体上达到最佳理论状态。

层次性原则是由批评对象和批评实践的层次性决定的。翻译批评的对象包罗万

1 王晨爽，刘爽.《爱的教育》在中国. 外国语言文学研究，2008（1）：45-48.

2 文军. 科学翻译批评导论. 北京：中国对外翻译出版公司，2005，第 154-157 页.

象，错综复杂，分别属于不同的翻译层次。任何一篇翻译评论都无法囊括全部批评对象的所有翻译层次。翻译批评实践中的常见做法是，聚焦某一译者、某一译作或者某一种翻译现象进行重点批评，而不是面面俱到，泛泛而谈，这符合翻译批评的层次性原则。

第四条原则是指批评者应使用归纳和演绎相结合的方法。从具体问题中总结出理论，或者用理论来分析和评述具体问题。只有归纳和演绎相结合才能使翻译理论与实践更加紧密地结合在一起。

此外，多位学者也对翻译批评的原则做过相关论述。比如，喻云根提出了比较和评析译文的5条原则：（1）既要有正误性的判断，又要有对翻译过程的解剖；（2）既要有文学赏析的感觉体味，又要有语言分析的理性检验；（3）既要有局部分析，又要有整体评价；（4）多视角、多学科地对译文全面透视；（5）评析时，既要事实就是，又要与人为善。喻先生的论述较为简洁、明确。其中第四条是短期研究难以实现的，若对某一译文进行全方位透视，这需要做全方位的长期研究。又如，杨晓荣将翻译批评原则归纳为3条：（1）善意的、建设性的，即平等待人，与人为善；（2）全面的、整体的、本质的、历史的，不以偏概全；（3）实事求是，客观，要有根据，讲道理[1]。将学者的诸多观点进行比较，可以发现很多观点将翻译批评的视角聚焦在批评态度、批评角度和批评方法等问题上，这充分说明了翻译批评原则具有很多相似之处，而这些原则对翻译批评起到了至关重要的作用。

二、翻译批评的方法

确立了翻译批评原则后，我们来看一下翻译批评的方法。国内较早对翻译批评方法进行总结的是许钧，他曾将常用的翻译批评方法归纳为以下6种：逻辑验证法、定量定性分析方法、语义分析法、抽样分析法、译本比较法、佳译赏析法。[2]

在上述六种方法中，译文比较法和佳作赏析法是翻译批评中最常用的方法。通过原文和译文的比较，通过不同译本之间的比较，进行翻译批评研究，可以为译文质量的提高提供可以借鉴的案例。佳作赏析的批评方法很常见，多以一些印象式的、感悟式的批评形式出现。有些佳作赏析式批评没有理论基础，文体类似于随笔。

抽样分析法是指抽取局部译文进行抽样分析，从而为译文整体质量的评价提供可

1 杨晓荣．翻译批评导论．上海：华东师范大学出版社，2017，第21-22页．

2 许钧．文学翻译批评研究．南京：译林出版社，1992，第51-55页．

借鉴的参数。取样和分析的手段可以重复，这是做译著研究或者出版社做调研时的常用方法。“如果说翻译鉴赏一般采用佳译赏析的方法，翻译评论一般采用抽样分析的方法，那么翻译批评一般采用不同翻译版本或者多个译本比较的方法”。[1]

定性分析方法是翻译批评的常用手段。如今，除了定性研究，还可以借助语料库、统计学等方法，对原文和译文进行量化研究。量化只是手段，而不是目的。与定性方法不同，定量研究方法以量定质，能够得出比较客观的分析。

逻辑验证法主要用于翻译基础层次和语义层次的基本评价。比如，以逻辑分析的方法，评价译文的准确性及上下文之间的联系。现代语言学的语义分析法有助于理解译者的用词取舍和衡量译文的语义传达质量，是从语言学角度进行翻译批评的方法之一。

此外，其他学者对翻译批评方法也做过探讨，比如文军将翻译批评方法分为理论性方法和实证方法两大类[2]。王宏印将文学翻译批评的实施方法分为问卷调查法、量化研究法、文本分析法、模型建构法、多元分析方法、互文分析法、道德批评观、目的论批评观、社会历史批评观和文化学批评观[3]。杨晓荣总结了三种主要的翻译批评方法：印象式批评方法、综合性批评方法和文本分析批评方法[4]。学者们对翻译批评方法的划分各自不用，但仍存在许多共同点。翻译批评方法在翻译批评中占有重要地位，翻译批评方法在翻译批评研究中的运用还有很多扩展空间。

本章小结

翻译批评是翻译理论与翻译实践的交叉点，翻译批评的健康发展有助于翻译实践的提高和翻译理论体制的完善，同时也将对整个翻译学科的发展产生深远影响。本章首先介绍了翻译批评的概念性认识，给出了翻译批评在本章中的定义。随后，讨论了翻译批评的主体和客体。在阐明了主、客体之后，第三节和第四节分别对翻译批评的操作程序、基本原则和实施方法进行了归纳总结。

---

1 李平，何三宁编著. 北京：中央编译出版社，2015，第 45 页.

2 文军. 科学翻译批评导论. 北京：中国对外翻译出版公司，2006，第 157 页.

3 王宏印. 文学翻译批评概论. 北京：中国人民大学出版社，2008，第 82 页.

4 杨晓荣. 翻译批评导论. 上海：华东师范大学出版社，2017，第 71 页.

练 习

1. 案例分析

*1）*下面是《傲慢与偏见》的片段，请根据其原文和译文进行翻译批评。

原文：*Pride and Prejudice* (Austin, 1980)[1]

The next morning, however, made an alteration; for in a quarter of an hour's tete-a-tete with Mrs. Bennet before breakfast, a conversation beginning with his parsonage house, and leading naturally to the avowal of his hopes that a mistress for it might be found at Longbourn, produced from her, amid very complaisant smiles and general encouragement, a caution against the very Jane he had fixed on.—"As to her younger daughters she could not take upon her to say—she could not positively answer—but she didn't know of any prepossession;—her eldest daughter, she must just mention—she felt it incumbent on her to hint, was likely to be very soon engaged."

Mr. Collins had only to change from Jane to Elizabeth—and it was soon done—done while Mrs. Bennet was stirring the fire. Elizabeth, equally next to Jane in birth and beauty, succeeded her of course.

译文：

不过第二天早上他又变更了主张，因为他和班纳特太太亲亲密密地谈了一刻钟的话，开头谈谈他自己那幢牧师住宅，后来自然而然地把自己的心愿招供了出来，说是要在朗博恩找一位太太，而且要在她的令嫒们中间找一位。班纳特太太亲切地微笑着，而且一再鼓励他，不过谈到他选定了吉英，她就不免要提请他注意一下了。"讲到我几个小女儿，我没有什么意见——当然也不能一口答应——不过我还没有听说她们有什么对象：至于我的大女儿，我可不得不提一提——我觉得有责任提醒你一下——大女儿可能很快就要订婚了。"

柯林斯先生只得撇开吉英不谈，改选伊丽莎白，一下子就选定了——就在班内特太太拨火的那一刹那之间选定的。伊丽莎白无论是年龄、美貌，比吉英都只差一步，当然第二个就要轮到她。

---

1 Austen, J. *Pride and Prejudice*. New York, Toronto, London, Sydney & Auckland: Bantam Book, 1980, p. 53.

班纳特太太得到这个暗示，如获至宝，她相信很快就可以嫁出两个女儿了；昨天她提都不提到的这个人，现在却叫她极为重视了。

王科一译本[1]

2）分析[2]：

Pride and Prejudice 是世界名著，在国内有多个译本。其中，王科一译本是被公认的精品。本题对比原文和王科一译本，拟从几方面进行翻译批评。

首先，研读原文，做原文作者的知己。王科一在翻译该作之前，对原著作者奥斯丁做了非常细致的研究。在译者前记中，王科一对作者的生平和该作的主体思想进行了全面的介绍。对作者出生地的居住环境、早年读过的书、写作兴趣和爱好等都了如指掌。译者除了研读这部小说之外，还研读了有关这位作家及其作品的大量文献，包括书信、传记、评论等。译者前记记载了译者是如何与作者奥斯丁成为“知己”的过程，这对于一部成功的文学译作而言是必不可少的环节。对原作者了解得更多，在翻译时就越能够体现其思想和风格。

对该作的语言风格，译者着墨不多，但却一语中的。他认为，“奥斯丁的作品的可贵，乃在于细致地、幽默讽刺地描写了她那个时代的中产阶级生活”。[3]

其次，保留原作者幽默讽刺的风格。奥斯丁的语言风格，拿译者的话来说就是“幽默讽刺”“精确细致”。说起“幽默”，在这里不能不提一下所谓的英式幽默。英式幽默大致相当于我们现在所说的冷笑话。奥斯丁就是这样一个损人的高手。这两段文字说的是自视甚高却又呆头呆脑的柯林斯觉得自己该结婚了，于是就准备到班纳特家里去给自己挑个太太，因为这家有好几个女儿。在他看来，那是他对她们的恩赐。而一心想攀龙附凤的班纳特太太本以为这个钻石王老五看不上她的女儿，没想到他居然有这个意思，顿时心花怒放。且看译者是如何翻译的：

> 柯林斯先生只得撇开吉英不谈，改选伊丽莎白，一下子就选定了——就在班内特太太拨火的那一刹那之间选定的。伊丽莎白无论是年龄、美貌，比吉英都只差一步，当然第二个就要轮到她。

这段译文较好地体现了英式幽默或者说奥斯丁式幽默的特点，两个戏剧人物的势利心态被刻画得栩栩如生，但这一效果并不是单单的文字对应即可获得的。译者的巧

1　[英]简·奥斯丁·傲慢与偏见. 王科一译. 上海：上海译文出版社，1980，第 85 页.

2　本分析节选自王东风. 英汉名译赏析. 北京：外语教学与研究出版社，2014，第 79-100 页.

3　[英]简·奥斯丁·傲慢与偏见. 王科一译. 上海：上海译文出版社，1980，第 5 页.

妙措辞在此功不可没。如第一句，貌似简单，但译者并不甘于简单，因为原文的整体风格就是通过点点的局部细节构建起来的，这句被译成了“柯林斯先生只得撇开吉英不谈，改选伊丽莎白”，妙就妙在一“撇”一“选”，非常传神地揭露了这个人物小人得志的心态。而这一“撇”一“选”，既不是直接来自原文，也不是译者的主观臆断：原文 change to，字面意思是“把……换作”，但照此意，隐含于原中的讽刺意味就不能充分体现出来了，用“撇”和“选”则既体现了动词的含义，又能表现出原作者含讽带讥的语言风格；此外，上文中已有 he meant to choose one of the daughters 一语，可见这一“选”也是有语境支持的。除了这一“撇”一“选”，这段里还有个“轮”——“伊丽莎白无论是年龄、美貌，比吉英都只差一步，当然第二个就要轮到她”，译者用“轮”来译 succeeded 可谓恰到好处，既不悖愿意，又能体现原文嘲弄调侃的语言风格。说它是直译，又不是照搬词典能做到的；说它是意译吧，它又没脱离这个词的本意。看来只有译者成了作者的知己，将两颗心合而为一，才能做到下笔如有神。此一“轮”又进一步强化了上面那一“撇”一“选”的效果，好像班纳特太太家的几个女儿就像木头人一样任他这个钻石王老五去挑选的，由此为后文他的求婚遭拒做好铺垫，届时其戏剧冲突之所以那么富有戏剧色彩，皆与之前的种种细节铺垫有关。

第三，四字格的使用。时时刻刻把译文读者放在眼里。张科一曾说：“既做好异国诗人的知己，又要时时刻刻把本国读者放在眼里。”[1] 这是他成功的第二个秘诀。古代翻译家们认为中国人对于语言的审美要求是文采。从王科一的译文看，他是深知这一点的。纵观他的译文，无不文采斐然。从他的译者前记来看，这部译作翻译是在 20 世纪 50 年代，距今已有半个多世纪了，而与新文化运动则时隔仅二三十年，且中间战乱频仍，语言文化遗址处于停顿状态。因此，他的译文仍有很多文言的遗存，如四字格的大量使用，这正是那个时代语言美的标志之一。译文上述选段中，可以看到四字格结构，如亲亲密密、自然而然、刹那之间、如获至宝等。四字格言简意赅，富有节奏，概括性强，是汉语独有的语言瑰宝。在翻译中，只要使用得当，确实可以为译文增色不少。但从翻译方法上看，由于四字格为汉语所独有，英语中没有类似的词法和问题结构，因此四字格的使用多是意译的结果。比如，译者用“如获至宝”这个成语来译最后一行的 treasured up。既保留了该短语的形象性，又符合译文读者的阅读习惯。若照搬词典将此短语的原文 Mr. Bennet treasured up the hint 译成“班纳特太太很重视这个暗示”，我们也不能说这个疑问就不准不顺，但这个人物的市侩形象

---

1 王科一.从雪莱论译诗谈起——雪莱作品学习小札.罗新璋，陈应年编.翻译论集（修订本）.北京：商务印书馆，2009，第 755 页.

就没有那么鲜明了。

第四，貌似与神似的辩证统一。“原作形象万万不可更动，句法结构容许尽可能少的变通，要在貌似与神似之间求辩证的统一”，[1] 这是王科一的另一个翻译秘诀。句法结构容许尽可能少的变通，这是王科一为达到“貌似与神似之间力求辩证的统一”的手段。其实，在任何一个翻译作品里，我们都可以看到句法结构在预计转换过程中的变通，但是只有高手才能做到“貌似与神似之间力求辩证的统一”的手段。

—“As to her younger daughters she could not take upon her to say—she could not positively answer—but she didn't know of any prepossession;—her eldest daughter, she must just mention—she felt it incumbent on her to hint, was likely to be very soon engaged.”

上面这段话是个直接引语，因为有引号标志。但有意思的是，引语的发出者在引语中的人称确是第三人称。从上下文来看，这段引语并不是实时的对话，而是书中人物柯林斯转述或回忆另一位书中人物班纳特太太所说的话。按道理说，这里应该是间接引语才是，但为了使他的转述显得真实可靠，作者故意采用了直接引语的方式，但人称代词又未按直接引语的规则用第一人称，以体现转述者那种滑稽可笑的学舌姿态。就这句的翻译而言，若想达到可感的诗学体现，可操作的空间实在是有限，因为汉语叙事传统中更没有相同的表达方式。虽然只是个简单的第三人称代词，但若直译，在上下文中读起来会让中国读者觉得非常别扭，因此译者便对这里的人称代词做了点“变通”，改用第一人称，把原文的直接引语改成了常规的直接引语，如下：

> “讲到我几个小女儿，我没有什么意见——当然也不能一口答应——不过我还没有听说她们有什么对象：至于我的大女儿，我可不得不提一提——我觉得有责任提醒你一下——大女儿可能很快就要订婚了”。

此一改，是耶，非耶，一定是仁者见仁，智者见智，但就译者王科一而言，这样的处理符合他自己的翻译原则。《傲慢与偏见》在国内的多个译本中，王科一的译本是众译本中最早的，出版于新中国成立不久。其严谨的译风和地道的汉语表达为后来相当长一段时间里的翻译文风，尤其是后来重译本的风格去向，定下了一个几乎是不可逾越的基调。

1 王科一.从雪莱论译诗谈起——雪莱作品学习小札.罗新璋，陈应年编.翻译论集（修订本）.北京：商务印书馆，2009，第754页.

2. 思考题

1) 请根据第一节的内容，谈谈你对翻译批评概念的理解。

2) 根据第二节内容，谈谈你对翻译批评的主体和客体的认识，并举例说明。

3) 你认为翻译批评者应该具备哪些基本素养?

4) 请选取一篇译文或某个译著，按照翻译批评的程序，尝试对其进行翻译批评。

5) 请根据第五节案例分析的论文，写一篇300汉字以内的摘要。

3. 扩展阅读

Munday, J. 2001. *Introducing Translation Studies: Theories and Applications*. London & New York: Routledge.

Newmark, P. A. 2001. *Textbook of Translation*. Shanghai: Shanghai Foreign Languages Education Press.

Reiss, K. 2004. *Translation Criticism: The Potentials and Limitations*. Shanghai: Shanghai Foreign Languages Education Press.

Rose, M. G. 2007. *Translation and Literary Criticism: Translation as Analysis*. Beijing: Foreign Language Teaching and Research Press.

Venuti, L. 2000. *The Translation Studies Reader*. London & New York: Routledge.

刘晓南. 2008. 第四种批评. 北京：北京大学出版社.

吕俊. 2004. 翻译标准的批评与翻译批评的标准——交往行动理论对翻批评的建构意义. 外国语言文学研究，(1): 1-7.

孙会军，赵小江. 1998. 翻译过程中原作者 – 译者 – 译文读者的三元关系. 中国翻译，(2): 35-37.

王宏印. 2006. 文学翻译批评论稿. 上海：上海外语教育出版社.

文军. 2000. 翻译批评：分类、作用、过程及标准. 重庆大学学报，(1): 65-68.

文军. 2006. 科学翻译批评导论. 北京：中国对外翻译出版公司.

文军. 2001. 论翻译批评的体系性. 翻译季刊，(20).

温秀颖. 2006. 翻译批评——从理论到实践. 天津：南开大学出版社.

肖维青. 2010. 翻译批评模式研究. 上海：上海外语教育出版社.

许钧. 2012. 文学翻译批评研究：增订本. 南京：译林出版社.

杨晓荣. 1993. 对翻译评论的评论. 中国翻译，(4): 19-23.

张利群. 1999. 批评重构：现代批评学引论. 桂林：广西师范大学出版社.

第八章

翻译技术论

随着经济全球化的发展，对语言服务的需求也不断增长，主要表现在：翻译业务急剧增长，翻译对象更加多元，翻译项目愈加复杂，翻译需求的专业导向更加明显。[1]依靠纸笔的传统翻译方式，甚至简单地借助计算机中的字处理软件和电子词典的翻译方式，都不能满足当下社会的翻译需求。随着信息技术的发展，以自然语言处理、数据库管理等为代表的计算机技术介入到翻译流程中，使翻译活动具备了一定的技术特征，出现了机器翻译、计算机辅助翻译、本地化等为代表的翻译技术，极大程度上提高了翻译行业的生产效率。随着信息技术与翻译不断融合，"翻译技术"这个概念也日益流行，逐渐显现出"从边缘走向中心"的趋势。[2]

翻译技术是"翻译研究的一部分，专门研究翻译的计算机化所涉及的问题和技术"。[3]换言之，翻译技术即在翻译过程中所使用的计算机技术和工具，主要包括：字处理软件、语法检查工具、电子邮件、互联网、光学字符识别工具（optical character recognition, OCR）、语音识别技术、翻译记忆工具、术语管理工具、语料库分析工具、机器翻译等。[4]面对如此种类繁多的翻译技术，可以按照其与翻译活动的直接相关性以及人工参与的程度分为以下几类：计算机辅助翻译、本地化翻译、术语管理、语料库技术、机器翻译和其他辅助翻译技术。

1　王华树. 计算机辅助翻译实践. 北京：国防工业出版社，2016，第 4-7 页.

2　王涛，鹿鹏. 翻译技术的理念与分类. 中国科技翻译，2008（1）：20-23.

3　Chan, S.-W. *A Dictionary of Translation Technology*. Hong Kong: The Chinese University Press, 2004, p. 258.

4　Bowker, L. *Computer-aided Translation Technology: A Practical Introduction*. Ottawa: University of Ottawa Press, 2002, pp. 5-9.

第一节 计算机辅助翻译

计算机辅助翻译（computer-aided translation 或 computer-assisted translation, CAT）是指使用计算机来辅助翻译的工作方法，[1] 也称为机器辅助翻译（machine-aided translation, MAT）。计算机辅助翻译工具有广义和狭义之分：前者指“任何能辅助译者完成翻译的计算机工具”，[2] 涵盖了字处理软件、语法检查工具、电子邮件、互联网、光学字符识别工具等通用软件和翻译记忆工具、术语管理工具等专用软件；后者主要指专用软件。本节主要从狭义的角度介绍。

一、基本概念和原理

计算机辅助翻译的核心技术是翻译记忆，与之相配套的一般有术语管理、对齐等，下面简要介绍这些概念。

（一）翻译记忆

翻译记忆（translation memory, TM）是“一种用于存储原文与对应译文的语言数据库”。[3] 译员做翻译时，系统会将其所翻译的原文和译文按照片段的形式（一般以句子为单位）一一对应，并自动存储到数据库中。这样一来，系统就对已经翻译过的内容形成了“记忆”。当再次翻译相同或相近的原文时，系统会将对应译文显示出来供译员参考，并且标记有差异的内容。译员可根据情况选择直接采用或修改推荐译文，也可重新翻译。新翻译的内容又自动存储到翻译记忆库中，如此反复，翻译记忆库的规模越来越大，能提供的参考译文也越来越多。

有了翻译记忆这样的技术，对于一些大型的翻译项目而言，有一定重复性的内容就无须原原本本地重复进行翻译，译员只需要在推荐译文的基础上进行修改即可。一方面能够节省时间，提高翻译的效率；另一方面也能保持相同或相似原文的译文的相同性或相似性，便于统一译文风格，保证翻译的质量。

---

1 Baker, M. & Saldanha, G. 翻译研究百科全书（第二版）. 上海：上海外语教育出版社，2010，第 48 页.

2 Bowker, L. *Computer-aided Translation Technology: A Practical Introduction*. Ottawa: University of Ottawa Press, 2002, p. 6.

3 Ibid, p. 93.

（二）术语管理

术语（term）是“通过语音或文字来表达或限定专业概念的约定性符号”，既可以是词，也可以是词组。[1] 计算机辅助翻译系统中建立的一个存储术语的数据库就是术语库。在译员翻译时，如果待译内容中有与术语库中的内容相同的词或短语，系统会推荐该术语的译文并提示译员。这样能减少译员另外查询术语的时间，提高个人的翻译效率，同时也有助于保证其前后译文中对统一术语翻译的一致性，保障了翻译质量。同样地，在小组协作的项目中，不同译员对同一术语译法的统一也至关重要，而计算机辅助翻译系统中的术语管理功能正好能够满足这一要求。

（三）对齐

对齐（alignment）是将原文与译文在片段层面（一般是句子或词组）对应的一种状态，可以是“一对多”，也可以是“多对一”。利用对齐工具，我们可以将原文和译文进行对齐，进而比较直观地观察原文和译文的对应排列情况，以确定译文的准确性，并能将这种对应的结果导入翻译记忆库中，扩大其容量，供翻译新的内容时参考。

在翻译过程中，译员可借助软件越来越智能化的编辑功能，轻松处理文本的格式，使译文的样式与原文一致，减少后期调整排版的工作量，并能直接使用数字、标签等无需翻译内容，降低人工输入可能出错的概率。

二、主流计算机辅助翻译软件介绍

经过 40 多年的发展，全球的计算机辅助翻译软件种类已超过 100 种，[2] 下面选取国内外比较有代表性的几种软件进行介绍。

（一）SDL Trados Studio

Trados 品牌创建于 20 世纪 80 年代，经过 30 多年的发展，已成为计算机辅助翻译工具的代名词。自创立以来，塔多思公司致力于开发计算机辅助翻译软件，推出了 TED（Translator's Workbench 的雏形）、Multiterm、Translator's Workbench、T Align（WinAlign 的前身）等应用程序，这些工具经过集成，成为在业界产生重要影响的软件套装 Trados。2005 年，Trados 被 SDL 公司收购，两家公司产品的优势和特色得以

1 冯志伟. 现代术语学引论. 北京：语文出版社，1997，第 1 页.

2 陈善伟. 翻译科技新视野. 北京：清华大学出版社，2014，第 35 页.

融合，推出了 SDL Trados Studio 产品，持续更新换代，目前已发展到 2021 年版。[1]

SDL Trados Studio 堪称业界翘楚，[2] 该软件支持支持的语言范围非常广泛，包括 Microsoft Windows 操作系统支持的所有语言组合，超过 200 种。软件支持的文件格式同样非常多，包括 Microsoft Office 系列、Adobe Framemaker、InDesign、PDF、HTML、SML 等 70 余种格式，足以直接处理常见格式文档的翻译。该软件可进行翻译记忆库的维护操作，可进行翻译记忆的导入、导出、修改等。利用 Multiterm 软件，可进行术语库的管理。该软件还具备以下特色功能：[3]

（1）自动提示（AutoSuggest）功能：此功能根据翻译记忆库中的内容创建词典，在译者输入译文时，根据输入的前几个字母提供单词或短语的输入建议。

（2）快速插入（quick place）功能：利用此功能可快速将文本格式、标记、数字、变量和数据等无需翻译的内容（非译元素）插入到译文输入区。

（3）自动翻译（automated translation）功能：利用此功能可连接谷歌云翻译、SDL Language Cloud 等机器翻译系统进行自动翻译，将机器翻译的高效性和人工翻译的可靠性充分结合，进一步提高了翻译的效率。

（4）验证（verification）功能：包含三个模块，QA Checker（质量保证验证器）用于验证句段、译文的不一致性、标点符号、数字、正则表达式等；标记验证器用于检验译文是否保留了原文中的全部标记；术语验证器用于确保译文使用了术语库中的术语。

（5）翻译质量评估（translation quality assurance, TQA）功能：利用此功能可设置翻译质量评估指标，审校人员据此评估译文的翻译质量。

（6）导出以进行双语审校功能：此功能可将原文和译文导出为双语文件，供没有安装 Trados 的人员审校使用。

（7）从已审校的文件更新（retrofit）功能：此功能可导入已审校的文件中更改的内容来更新正在翻译的文件。导入后，译员进一步确认这些更改的内容。

（8）完美匹配（PerfectMatch）功能：此功能可利用之前已翻译的相似文件来翻译新文件。

（9）预翻译（pre-translate）功能：利用翻译记忆库对待译文件进行初步翻译，供译

1 SDL. 关于我们：历史. [20200623]. 来自 SDL Trados 网站.

2 陈善伟. 翻译科技新视野. 北京：清华大学出版社，2014，第 261 页.

3 参见 Trados 网站.

员参考。

（10）伪翻译（pseudo-translate）功能：此功能用于进行模拟翻译，用目标语言中的随机词汇替换原文中的词汇，以帮助译员了解翻译后的概况，预估工作量。

（二）Déjà Vu

Déjà Vu 是法语词汇，意为“似曾相识”，从翻译的角度可以理解为重复使用之前所翻译过的内容。法国 Atril 公司研发的计算机辅助翻译软件 Déjà Vu，最早版本于 1993 年发布，功能强大、高度集成，[1] 也是首款基于 Windows 运行的计算机辅助翻译软件。[2] 早期的计算机辅助翻译软件依附于主流字处理软件运行，后来慢慢转为独立运行和以表格式的翻译界面呈现，而正是 Déjà Vu 的设计理念引领了这些变革。[3] 该软件的市场占有率较高，目前最新版为 X3 版，X4 版本即将发布。

该软件支持 210 多种语言对和几十种常见的文件格式，[4] 集成了翻译记忆、术语管理、对齐等常见的主要功能，还有一些特色功能：

（1）扫描（scan）功能：通过此功能可在翻译记忆库中快速查找，并将结果插入工作界面中。

（2）汇编（assemble）功能：此功能可将翻译记忆库中相似的内容汇总显示，减少译员重复输入的工作量。

（3）传播（propagate）功能：在翻译完一个句段后，使用此功能，可在剩余的原文中搜索完全相同的句段，并自动插入译文。同时，也可通过此功能统一修改一些翻译错误。

（4）质量保证（quality assurance）功能：可以通过此功能检查术语是否一致、数字是否完整、空格是否正确、嵌入代码是否正确、拼写是否正确等，以保证翻译质量。

（5）机器翻译（machine translation）功能：通过此功能可连接主流的机器翻译系统，进行自动翻译，然后译员对结果进行修改。

（三）MemoQ

MemoQ 是匈牙利的 Kilgray 翻译技术有限公司 2004 年推出的计算机辅助翻译

---

1 Atril. Our story. [20200626]. 来自 Atril 网站.

2 金新 RobertKing. 国际领先翻译软件 |Déjà Vu- 迪佳悟. 20180930 [20200703]. 来自知乎专栏网站.

3 徐彬. 闲话 CAT（3）：Déjà Vu——早熟的机辅翻译工具. 20170530 [20200703]. 来自简书网站.

4 王华树. 计算机辅助翻译实践. 北京：国防工业出版社，2016，第 157 页.

软件，当前最新的版本为9.4版。仅经过16年的发展，该软件已全球市场占有率第二、欧洲市场占有率第一。[1]

该软件支持200多种语言的翻译，[2] 支持Microsoft Office系列文件、Adobe Framemaker、InDesign、PDF、HTML等文件格式，[3] 同时能通过双语文件与其他计算机辅助翻译软件进行数据交换。软件界面友好，操作简便，将翻译编辑模块、翻译记忆库模块和术语库模块等的术语库管理功能集成在一起，同时也集成了外部翻译记忆库、术语库等海量资源，极大地提高了翻译效率。

除了常见的计算机辅助翻译功能，MemoQ还具有一些特色功能，例如：[4]

（1）语料库（Live Docs）功能：通过此功能，可导入单语语料并检索相关内容提供翻译参考；也可参考双语语料，与参考翻译记忆库类似；还可提供对齐的原文和译文供译员参考或修改。

（2）视图（view）功能：与普通的视图切换功能不同，此功能可实现翻译项目中文件的合并和拆分，以及提取重复内容。

（3）X-翻译（X-Translate）功能：在翻译过程中如果需要更新原文，就可以通过此功能，将新文档中与原文档完全相同的句段的译文填充进去，而不完全相同的内容则需要重新翻译。

（4）片段提示（muses）功能：在译员输入时，软件可基于翻译记忆库的内容，提供相关单词或词组的拼写建议，与输入法的联想功能很相似。

（5）网络搜索（web search）功能：通过此功能可进行在线搜索词或短语。

（6）版本历史（version history）功能：用于比较原文或译文的不同版本。

（7）快照（snapshot）功能：用于记录译文的修订痕迹。

（8）单语审校（monolingual review）功能：当译文被导出，并在外部被修改后，译员可通过此功能对比原来的译文和修改后的译文，决定是否接受所修改的内容。

（9）语言质量评估（languistic quality assurance, LQA）功能：此功能基于LISA（Localization Industry Standards Association）、TAUS（Translation Automation User Society）等机构以及其自身的译文质量评估标准，根据人工反馈对译文的错误进行分类，生成LQA报告，以辅助完善译文，最大限度确保译

---

1 MemoQ小白教程（1）| 软件介绍篇. 20180424 [20200703]. 来自360 doc网站.

2 MemoQ. Supported languages. [20200706]. 来自MemoQ网站.

3 MemoQ. Supported source document formats. [20200706]. 来自MemoQ网站.

4 参见MemoQ网站.

文质量符合客户要求。

（10）语言终端（language terminal）功能：这是一个网页版的翻译管理平台，可进行备份、跟踪项目进度、共享翻译记忆库和术语库、转换 InDesign 文件等操作。

第二节 本地化翻译

一、基本概念

（一）本地化

本地化行业标准协会（LISA）对本地化的定义是“跨国公司把特定产品转化成在语言和文化上都符合不同目标市场需要的产品的完整过程”。[1] 安东尼·皮姆认为，“从实践的角度看，本地化是为了适应特定的接受环境的要求，对文本（例如软件程序）进行的适应性调整和翻译”。[2] 换言之，本地化就是对产品和服务进行改造，使之适应当地的政策要求、文化和技术规范、用户的需求等。以计算机软件为例，要根据销售地的语言文化、技术规范等标准进行软件界面语言翻译、用户手册翻译、货币、度量衡等单位转换等。

本地化的对象更加多元，不仅仅是传统翻译的“文本”，还包括软件、在线帮助文档、网站、多媒体、电子游戏、移动应用等内容和相关的服务。本地化活动包括为软件编译、本地化翻译、本地化软件构建、本地化软件测试等，每项活动需要使用专门的技术和工具。[3]

（二）本地化与翻译

本地化行业的发展，对翻译的需求也越来越大，使翻译的服务范围进一步扩大。本地化与翻译既紧密联系又有区别。翻译是本地化的一个重要环节，本地化通常都离不开翻译。但是，翻译不是本地化的全部，也不能将本地化翻译等同于本地化。本地化与传统翻译的区别表现在 6 个方面:（1）本地化翻译的内容比传统翻译更加多样，

---

1 王传英. 本地化行业发展与 MTI 课程体系创新. 外语教学，2010，31（4）：110-113.

2 Pym, A. *The Moving Text: Localization, Translation, and Distribution*. Amsterdam & Philadelphia: John Benjamins Publishing Company, 2004, p. 1.

3 王华树. 计算机辅助翻译实践. 北京：国防工业出版社，2016，第 187-188 页.

不仅有文本内容的翻译，还经常会涉及文件格式转换；（2）本地化处理流程比传统翻译更加复杂，除了翻译，还包括文件准备与转换、译前处理、译后处理、本地化桌面排版和本地化测试等；（3）本地化使用的工具更加多样，包括计算机辅助翻译工具、文字抽取还原工具、图形图像处理工具、多媒体编辑工具、工程编译工具等；（4）本地化报价方式与传统翻译不同，本地化一般使用计算机辅助翻译工具计算机源语言字数，并且要扣除重复内容的字数；（5）本地化翻译要求更多，不仅要求语言文字信息转换的准确性，还要考虑当地的文化、习俗、传统、法律、宗教等；（6）本地化客户群体多数来自国外市场，需要将产品和服务推广到本地。[1]

二、主要类型

本地化的类型包括文档本地化、软件本地化、网站本地化、多媒体本地化、游戏本地化、移动应用本地化。[2] 文档本地化指将源文件的语言版本转化为目标市场的语言版本的过程。例如，外国生成的药品进入中国销售，需要先将药品说明书翻译成中文。软件本地化指将软件的用户界面和相关的材料转化的语言版本为目标市场的语言版本，并按当地用户使用习惯、文化背景等调整软件的过程。例如，Windows 操作系统产自美国微软公司，在中国销售前，操作界面、帮助文档都翻译为中文，时区也默认为北京所在的东八区。网站本地化指将网站的语言版本转化为目标市场的语言版本，使之适应当地语言和文化的过程。网站的本地化不仅要翻译网页的语言，还要考虑目标用户的使用习惯和文化背景等非翻译问题，如字符大小、日历显示方式、度量衡单位等。多媒体本地化指将多媒体文件的语言版本转换为目标市场的语言版本，并使之适应目标市场的语言和文化的过程。例如，从国外引进一部电影，除了翻译字幕，还要兼顾受众的接受情况和当地法律的约束，可能需要对电影的标题、字幕进行修改，或删减部分情节。游戏本地化指将游戏的语言版本转化为目标市场的语言版本，并按照当地语言和文化进行调整的过程。移动应用本地化与软件本地化大体相同，区别在于移动应用主要是在手机和平板电脑上运行，因此需要考虑硬件、操作系统的差别，进行适应性调整。例如，各种品牌的手机屏幕大小不一，操作系统也五花八门，因此一款移动应用在不同的手机上运行时，可能会出现问题，需要程序员不断地完善。

---

1 王华树. 计算机辅助翻译实践. 北京：国防工业出版社，2016，第 188-189 页.

2 同上，第 193-199 页.

三、主流本地化工具

由于本地化类型多样，所使用的工具也不尽相同。例如，文档本地化主要是文件的翻译，用计算机辅助翻译软件就能解决大部分问题，而文档的其他处理还可能用到文字识别软件、字处理软件、排版软件等。软件本地化涉及软件界面字符的提取和翻译，需要使用专门的软件，如果需要调整软件界面颜色、图片，或是修改程序代码，还需要用到图像处理软件和编程软件等。就本地化中语言信息的翻译而言，主流的软件也有很多，下面以 Alchemy Catalyst 和 SDL Passolo 为例进行介绍。

（一）Alchemy Catalyst

Alchemy Catalyst 是 Alchemy 公司开发一款功能强大的本地化工具，可对本地化流程提供全方位的支持。凭借其强大的可视化本地化环境和先进的翻译记忆库技术，该软件能够回收多达 70% 的重复内容，可以帮助用户更高效地本地化其产品和服务，同时还能够提高翻译质量并降低成本。软件对于 Microsoft Win32/Win64 程序、Microsoft. NET 2.x 及以上版本程序、Microsoft Visual Studio 格式、Java 开发平台、高级标记语言、多种编程语言、多种格式文件等开发语言和平台都能提供很好的支持。目前最新的版本为 2019 版，根据功能的不同又细分为 Developer/PRO、Localizer、Translator/PRO、Translator/LITE 等版本。[1]

该软件主要特点有：

（1）先进的多语种桌面翻译记忆系统，方便进行高效快速地检索。
（2）无须进行配置，就可提供更好的完美匹配的译文。
（3）进度安排模块使用户能够更快地处理更多的文件。
（4）可连接机器翻译，将机器翻译的优势与翻译记忆的灵活性和准确性结合起来。
（5）翻译记忆可以转移，实现无缝衔接。
（6）最大限度地复用以往的翻译内容，降低成本。
（7）遵循开放式的标准，支持 XLIFF、TBX、TMX、TXML 等文件交换格式。
（8）支持 170 多种文件格式。

（二）SDL Passolo

SDL Passolo 是 SDL 公司开发的一款功能强大的软件本地化工具，支持以 Visual

---

1 Alchemy. What's new in Alchemy CATALYST 2019?". [20200711]. 来自 Alchemy Software Development 网站.

C++、VB、Borland C++、Delphi、JAVA 等编程语言编写的软件、各种数据库、以及 XML、脚本等众多文本格式文件的本地化。该软件集成了本地化功能、翻译功能、数据交换功能、质量保证功能、项目功能、定制和自动化功能等，界面简洁，性能稳定，易于使用，新手不需要经过特别的训练就能初步掌握使用方法。该软件目前最新的版本为 2018 版，根据用户的需求，该软件提供不同的版本：Professional Edition、Team Edition、Collaboration Edition、Translator Edition。[1]

该软件的主要特点有：

（1）可通过 WYSIWYG（What you see is what you get，所见即所得）编辑器，在同一窗口实施预览软件窗口本地化结果。

（2）先进的项目管理功能，有助于把控软件本地化项目并改善译员、审校及工程师间的交流与合作。

（3）可通过质量保证功能，进行用户界面检查、技术一致性检查和语言一致性检查，向客户交付更准确、更一致的多语言软件项目。

（4）具有广泛的兼容性，支持利用与最新 Microsoft 技术、文件过滤器及语言兼容的多种文件格式，可简化移动应用程序、现场部署或 SaaS 软件产品、消费类电子产品及工程机械的图形用户界面的本地化工作。

（5）用户可根据自身需要，通过插件构建更适合自己的软件本地化环境。该软件还可与服务器环境及外部系统集成。

第三节 术语管理

一、基本概念

（一）术语

术语是“通过语音或文字来表达或限定专业概念的约定性符号”，既可以是词，也可以是词组。[2] 术语反映了科学概念的产生和消亡，产生了一个新概念，就需要一个新术语来表示；而一个概念不再被使用时，表示它的术语也随之消亡。术语具有专业

1　SDL. SDL Passolo. [20200712]. 来自 SDL Passolo 网站.

2　冯志伟. 现代术语学引论. 北京：语文出版社，1997，第 1 页.

性、科学性、单义性、系统性等基本特征。专业性指术语表达某个专业的特殊概念；科学性指术语的语义范围准确，能与相似的概念区分开；单义性指术语在某一特定的专业范围内只有一个意思，只有少数术语跨越两个甚至更多专业；系统性指术语的地位须在某一专业的整体概念体系中才能规定。[1]

（二）术语学

术语学（terminology）是研究术语的一门学科，与“专业知识领域的概念命名有关”，[2] 概念、定义和术语是术语学的三个关键概念，构成了术语学的理论基础。术语学的研究源远流长，从古希腊和罗马时代就有对术语的研究，到现代形成了德国－奥地利学派、俄罗斯学派、捷克斯洛伐克学派和加拿大－魁北克学派。[3] 术语学的研究对象是专业词汇，通常从分类、来源、形式、内容（意义）和功能、使用、整理和创建的角度进行研究。此外，术语学还研究概念的形成和发展规律，概念系统的制定和分类固定原则和方法，概念的内涵确定方式以及概念的命名方式。[4]

（三）术语管理

术语管理指对术语进行建档、存储、处理及展示等操作的活动，主要有以下几种方法：[5]

（1）使用文件卡片。简单易用，但检索和分类不方便。

（2）使用字处理软件（如 Microsoft Word）中的列表。应用广泛，翻译和术语管理容易协调，但展示和分类受限，术语文件较大时处理变慢。

（3）使用制表软件（如 Microsoft Excel）。应用广泛，翻译和术语管理容易协调，但展示和分类受限，术语文件较大时处理变慢，搜索结果中的关键词没有高亮显示。

（4）使用数据库管理软件（例如 Microsoft Access）。软件功能强大，数据输入简便，检索和分类方便快捷，但与翻译相关的功能还未自动实现（例如术语识别）。

---

1 钱多秀，郭丽丽，唐兰等. 计算机辅助翻译. 北京：外语教学与研究出版社，2011，第 93 页.

2 Baker, M. & Saldanha, G. 翻译研究百科全书（第二版）. 上海：上海外语教育出版社，2010，第 286 页.

3 冯志伟. 现代术语学引论. 北京：语文出版社，1997，第 3-4 页.

4 [俄罗斯] 格里尼奥夫. 术语学. 郑述谱等译. 北京：商务印书馆，2011，第 7 页.

5 Austermühl, F. *Electronic Tools for Translators*. Beijing: Foreign Language Teaching and Research Press, 2006, pp. 102-107.

（5）使用专门的术语管理系统。主要功能与翻译相关，匹配翻译的流程，搜索方便快捷，在数据库与字处理软件之间自动传递数据，但一般都价格不菲。

（6）使用超媒体系统，即基于网页 HTML 文件建立的系统。这种方法易学易用，线上模式方便随处使用，与字处理软件兼容性好，系统扩展性强，但是检索和分类受限，创建需要耗费大量时间。

（四）术语管理软件

术语管理软件是进行术语管理的专门软件，可以在翻译过程中提供系统化的术语支持。有独立运行的，也有集成在计算机辅助翻译软件中的。独立运行的软件有 Lexikon、SDL MultiTerm、Sun Gloss、AnyLexic、T-Manager 等。Déjà Vu、MemoQ、雪人 CAT 等软件中集成了术语管理的模块。

术语管理软件的一般具有的功能是：

（1）创建术语库：建立一个库文件，进行语种、库名称、存储路径等设置，用于存储术语数据。

（2）术语维护：可以进行术语的添加、删除或修改，也可进行导入或导出操作，实现术语的交换和共享。

（3）术语提取：可以从待译文件中生成词汇表，通过筛选确定术语表进行翻译，导入术语库。

（4）术语查询：可以人工搜索术语库中的术语，也可在计算机辅助翻译软件界面中通过程序自动识别术语。

（5）术语质量检查：在计算机辅助翻译软件的质量保证模块中，可以检查术语的翻译情况，保证术语翻译的一致性。

二、术语库在翻译中的应用

（一）术语与翻译

对于译员来说，掌握术语学知识将起到重要作用。例如，在确定概念之间的关系、比较相近但不相同的概念、创造目标语中的新概念并确定对应的术语时，都可能需要术语学的知识。[1]

1 Baker, M. & Saldanha, G. 翻译研究百科全书（第二版）. 上海：上海外语教育出版社，2010，第 286-287 页.

在翻译术语时，一般会遇到两种情况：一是目标语中已经有了原语术语的等值单位；二是缺少等值单位。在第一种情况下，如果只有一个等值单位比较容易翻译。但如果有多个等值单位，选择最合适的变体至关重要，有时甚至没有合适的选项。在同一语言内，由于使用地域的不同，表达同样的概念所使用的术语也会不同。例如，大陆所称的“软件”在台湾和香港对应的术语是“软体”，“光盘”对应“光碟”。在第二种情况下，可以通过音译转写、语义仿造、逐词翻译、描写等四种方法创造术语的译文。[1] 例如，在之前的一些文学作品中，作者用“水门汀”来指代“水泥”（cement），或许就是没有对应的术语，所以采取了音译的方式。

（二）术语管理在翻译中的应用

通过术语管理软件，译员能够创建和维护术语库，在翻译时提供术语的翻译参考，保证翻译项目的术语一致性，提高翻译速度同时能够保障翻译质量。译员之间还能进行术语共享和交换，加强项目内部乃至项目之间的协作，提高大型翻译组的工作效率。

我们可以自建术语库。根据上面介绍术语管理的方法，我们可以利用 Word 或 Excel 建立一个简单的表格式的术语库，在翻译时进行查询。这在做小型的翻译项目时能够提供一些方便，但当翻译项目的体量较大，尤其是需要团队协作时，利用专门的软件进行术语管理显得非常重要。

同时，也有许多在线术语库可以参考。如下面几例：

1. 中国特色话语对外翻译标准化术语库

这是中国外文局、中国翻译研究院主持建设的首个国家级多语种权威、专业术语库，2017 年 12 月 1 日上线。主要收集了中国政治、经济、文化、国防和外交等领域约 50000 条专业术语，并将持续增加术语编译工作。该术语库以语种多样性、内容权威性为亮点，提供中文与英、法、俄、德、意、日、韩、西、阿、葡等 10 种语言的术语对应查询服务。

2. 术语在线（TermOnline）

该术语库由全国科学技术名词审定委员会主办，2016 年 6 月一期项目正式上线。该术语库提供中英文术语对应查询，专业性强、覆盖面广，涉及领域包括基础科学、工程与技术科学、农业科学、医学、人文社会科学、军事科学等 100 余个专业，累

---

1 ［俄罗斯］格里尼奥夫. 术语学. 郑述谱等译. 北京：商务印书馆，2011，第 270 页.

计收集术语超过 50 万条。注册用户可自行提交新词至术语库。经审定认证后，即可成为术语库的词汇之一。

3. 在线多语言互译平台（Linguee）

该平台提供英语与德、法、西、中、俄、日、葡、意、荷等 24 种语言的对应查询服务。其双语对应语料库收纳了数亿条译文例句搜索，数据庞大、内容多样。

4. 加拿大 TERMIUM 术语库

该术语库由加拿大蒙特利尔大学开发，收录了数百万条术语，专业领域极其广泛，几乎涉及各个科技部门，实际上已成为加拿大的全国术语中心，主要用户是加拿大政府的翻译人员，对外部用户有限开放。

5. 欧盟 IATE（Interactive Terminology for Europe）

该术语库前身是 Eurodicautom，是欧盟理事会的多语名词术语库，以欧盟政策相关的专业术语为主要内容，涵盖了农业、电信、运输、立法、财政等领域。2007 年改为现在的名称。

6. EuroTermBank

该术语库将欧盟新成员国的术语网络连接合并，促进新成员国的术语一致性和协调性，进行术语库信息的交流。

7. 联合国多语言术语库（UNTERM）

这是联合国内部官方多语种术语库，收集的词汇主要源自于联合国大会、安全理事会、经济及社会理事会、托管理事会等主要机构日常文件。主要收集与各类全球议题相关的术语，比如气候变化、民主、难民、反恐、可持续发展目标、非殖民化等主题。该术语库以内容独一性和权威性为亮点，提供联合国 6 种工作语言（英、法、俄、汉、阿、西）的术语对应查询服务。

第四节 语料库技术

一、语料库的基本概念和类型

（一）语料库的定义

语料库的英文为 corpus（复数为 corpora），来源于拉丁语，本意是 body。语料库是一个电子文本集，是语言材料的集合，这些材料按照一定的采样标准进行采集，能够代表某种语言或某种语言的变体或文类。[1] 需要注意的是，一个小型文本集不能看作真正意义上的语料库，因为语料库中的材料要按照一定的标准进行采样。有代表性，有一定的结构，形成一定的规模，才能从整体上代表某种语言或者某种语言的某种变体或文类。

（二）语料库的类型

语料库的分类方法很多。按应用方向分，可分为通用语料库和专用语料库；按时间跨度分，可分为共时语料库和历史语料库；按语体分，可分为笔语语料库和口语语料库；按语言变体分，可分为本族语语料库、译语语料库和学习者语料库；按语种数量分，可分为单语语料库、双语语料库和多语语料库；按语料状态分，可分为静态语料库和监控语料库。

双语语料库与翻译的关系较密切，也是与计算机辅助翻译联系最紧密的语料库类型。[2] 双语语料库可进一步分为平行语料库（parallel corpus）和可比语料库（comparable corpus），莫娜·贝克（Mona Baker）[3] 将多语语料库也视为双语语料库的一种。平行语料库中包含源语文本和译入语文本，二者在单词级别、句子级别或段落级别对应。可比语料库中包含源语文本和从其他语种翻译为此源语的文本。多语语料库中包含两个或多个语种的源语文本，不包含翻译文本。

二、语料库与翻译

（一）语料库与翻译研究

从 20 世纪 80 年代中末期开始，翻译研究者应用语料库进行翻译研究，逐渐形成了一个新的研究领域——语料库翻译学。1993 年，贝克发表了论文[4] “Corpus Linguistics and Translation Studies: Implications and Applications”，确立了基于语料库的翻译研究范式。语料库翻译学是指“以语料库为基础，以真实的双语语料或翻译语料为研究对象，以数据统计和理论分析为研究方法，依据语言学、文学和文化理

---

1 梁茂成，李文中，许家金. 语料库应用教程. 北京：外语教学与研究出版社，2010，第 3 页.

2 钱多秀，郭丽丽，唐兰等. 计算机辅助翻译. 北京：外语教学与研究出版社，2011，第 41 页.

3 Baker, M. Corpora in Translation Studies: An Overview and Some Suggestions for Future Research. *Target*, 1995, 7 (2): 223-243.

4 黄立波，王克非. 语料库翻译学：课题与进展. 外语教学与研究，2011（6）: 911-923.

论及翻译学理论，系统分析翻译本质、翻译过程和翻译现象等内容的研究。”[1]

语料库翻译学依托语料库语言学和描写性翻译学理论发展而来，注重运用语料库的方法和运用描写及实证的方法，通过数据的统计来验证假设，将定量分析与理论研究有机结合，弥补了传统翻译研究的不足。利用语料库，可以开展译者风格、翻译共性、翻译教学等方面的实证研究，通过对翻译语料进行描写和分析，揭示翻译文本的本质，探讨翻译中的语言规律、内在动因以及对翻译文本特征产生影响的因素。目前的语料库翻译学主要研究译学研究语料库的建设、翻译语言特征、译者风格、翻译规范、翻译实践、翻译教学、口译、自动翻译等。[2-3]

（二）语料库与翻译实践

语料库中实例反映了语言的真实使用情况，对于翻译实践有很大的参考价值，特别是对于术语的选用和查证能够起到很好的辅助作用。可以直接使用常见的大型在线语料库，例如美国杨百翰大学语料库（Brigham Young University Corpus, BYU Corpus），包含了杨百翰 BNC 语料库、美国当代英语语料库（Corpus of Contemporary American English, COCA）和维基百科语料库等近 20 个语料库，每个语料库的容量从数千万词到数千亿词不等，界面和查询方法统一，使用方便。此外，可以免费查询的语料库还有英国国家语料库（British National Corpus, BNC）、WebCorp Live、绍兴文理学院中国汉英平行语料库大世界、北京语言大学 BCC 语料库、语料库在线等。

通过对语料库的查询，译员可以在译前深化对词意的理解，在译中确定词汇的具体用法，在译后进行检查核实。也可查询术语、进行近义词同义词辨析、进行词语验证和搭配验证等。[4] 例如，“剩余财产”应当如何翻译，我们可以查询平行语料库，如绍兴文理学院中国汉英平行语料库大世界中的“中国法律法规汉英平行语料库（大陆）”，可以检索到“residual property”和“remaining assets”等译法，进一步根据出现的频次和上下文选择更加合适的译法。

（三）语料库与翻译教学

语料库也为翻译教学提供了新的辅助手段。相对传统翻译教学而言，运用的语料

---

1 胡开宝. 语料库翻译学概论. 上海：上海交通大学出版社，2011，第 1 页.

2 胡开宝. 语料库翻译学概论. 上海：上海交通大学出版社，2011，第 1-2 页.

3 柯飞. 双语库：翻译研究新途径. 外语与外语教学，2002（9）: 35-39.

4 王华树. 计算机辅助翻译实践. 北京：国防工业出版社，2016，第 62-67 页.

库中的实例进行教学，对于译者的培养有着独特优势。学习者在教师的指引下，进行发现式、自主式学习，在真实的语境中解决实际问题，培养学习兴趣，从而提升翻译能力。[1] 例如，利用 COCA 等单语语料库可以学习英语中的标准用法，起到提高缩略语翻译的准确性，加强对英语原文的理解，验证翻译方法等作用；利用平行语料库学习具体的翻译实例和策略，从而提升译者自身的双语转换能力；利用可比语料库和专门用途语料库，译者可以了解某领域的专门知识和术语，也可以学习专用文体特有的语言表达方式。[2-3] 例如，有的语料库收集了某部文学作品的多个译本，方便进行译者分析、句式分析、句长分析、韵式分析、用词分析等。将译本综合比较，可能会有新的发现，对翻译对比教学或许有帮助。[4]

（四）语料库与翻译软件

语料库与机器翻译、计算机辅助翻译等技术相结合，也能起到较好的效果。

在机器翻译的几种类型中，就有基于语料库的。基于语料库的机器翻译系统又分为基于统计的和基于实例的。在基于实例的机器翻译系统中，有双语对照的翻译实例库，存储源语言句子和对应译文，系统将新输入的源语言句子与实例库中的源语言句子进行比较，找出与之最相似的句子，模仿给出译文。[5]

在计算机辅助翻译软件中，翻译记忆库实际上就是一个双语平行语料库，译员可以利用已有的双语文本，通过对齐工具建立翻译记忆。在术语库建设方面，可以利用 AntConc、WordSmith 等语料库软件分析文本，生成词表，进一步提取术语建立术语库，为后续再次翻译术语提供方便。

第五节 机器翻译

机器翻译（machine translation, MT）是利用计算机把一种自然语言翻译成另一

1 Bernardini, S., Stewart, D. & Zanettin, F. Corpora in Translator Education: An Introduction. In F. Zanettin, S. Bernardini & D. Stewart. (Eds.) *Corpora in Translator Education*. Manchester: St. Jerome Publishing, 2003, pp. 1-14.

2 刘晓东，李德凤. COCA 英语语料库在英汉商务翻译教学中的应用. 中国科技翻译，2020，33（1）：29-32，61.

3 朱一凡，王金波，杨小虎. 语料库与译者培养：探索与展望. 外语教学，2016，37（4）：91-95.

4 柯飞. 双语库：翻译研究新途径. 外语与外语教学，2002（9）：35-39.

5 冯志伟. 机器翻译研究. 北京：中国对外翻译出版公司，2004，第 50 页.

种自然语言的技术，[1] 也是一门新的交叉学科。[2] 机器翻译系统与计算机辅助翻译系统最大的区别是，机器翻译系统的翻译过程完全是自动运行的，而计算机辅助翻译系统是为人工翻译提供辅助工具，如在线词典、术语库等。而计算机辅助翻译实际上涵盖了机助人译（machine-aided human translation, MAHT）和人助机译（human-aided machine translation, HAMT）两种类型，二者之间的界限通常不清晰。[3]

一、基本原理

根据技术原理的不同，机器翻译可以分为基于规则的机器翻译、基于语料库的机器翻译、多引擎的机器翻译和神经网络机器翻译几种类型，下面分别介绍。

（一）基于规则的机器翻译

基于规则的机器翻译系统利用语言规则进行翻译，可以进一步分为直接翻译系统、转换系统和中间语言系统。[4]

1. 直接翻译系统

根据源语词汇与目标语词汇进行对应，然后生成译文。遇到目标语和原语的句法和词序有差异时，有些系统通过添加一些规则进行调整，以增强译文的可读性。这种系统需要根据语言特点编制系统，针对性强，故可移植性较差。

2. 转换系统

翻译过程分为三步：第一步分析源语的句法，形成抽象的原语表达式；第二步通过转换规则将源语表达式转换为抽象的目标语表达式；第三部将目标语表达式转换为目标语。这种系统容易导致出现大量歧义，消除歧义的分析和运算过程较复杂。

3. 中间语系统

先把源语转换为人工设计的无歧义的中间语言（interlingua）表达源语，然后再

---

1 Hutchins, J. *Machine Translation: Past, Present, Future*. Chichester: Ellis Horwood Limited, 1986, p. 1.

2 冯志伟. 机器翻译研究. 北京：中国对外翻译出版公司，2004，第 1 页.

3 Hutchins, J. Machine Translation: A Brief History. In E. F. K. Koerner & R. E. Asher. (Eds.) *Concise History of the Language Sciences: From the Sumerians to the Cognitivists*. Oxford: Pergamon Press, 1995, pp. 431-445.

4 Hutchins, J. Latest Developments in Machine Translation Technology: Beginning a New Era in MT Research. In *The Fourth Machine Translation Summit: MT Summit IV. Proceedings: International Cooperation for Global Communication, July 20-22, 1993, Kobe, Japan*. Tokyo: AAMT, 1993, pp. 11-34.

用目标语的词汇和句法结构表示中间语所表达的意义。这种系统的通用性较强，容易较快实现两种语言之间的互译。

（二）基于语料库的机器翻译

基于语料库的机器翻译引入了语料库技术，可分为基于统计的和基于实例的两种类型，都从语料库中获取翻译知识，因此统称为基于语料库的机器翻译方法。[1]

基于统计的机器翻译将机器翻译问题看作一个噪声信道的问题，即一种语言S经过噪声信道后产生另一种语言T。翻译即是要根据观察到的语言T（源语），通过概率的方法，恢复出最可能的语言S（目标语），这样得出的语言S就是译文。

基于实例的机器翻译在系统中存储源语言句子和对应的译文作为实例库，通过比较新句子和实例库中的源语言句子，从中找出最相似的，模仿其译文给出新句子的译文。

（三）多引擎的机器翻译

由于采用单一方法的机器翻译系统存在不足，因此，出现了综合运用多种方法建立的机器翻译系统——多引擎系统。在系统中既有基于规则的机器翻译引擎，又有基于实例的机器翻译引擎，还有词汇转换引擎。[2] 这类系统综合了多种方法的优势，能够弥补单一方法的缺陷，可靠性更高。

（四）神经网络机器翻译

近些年来，人工神经网络技术取得成功，具有自行组织和自行学习的能力，为人们加工处理信息提供了新的途径，发展出神经网络机器翻译。神经网络机器翻译采用连续空间表示方法（continuous space representation, CSR）表示词语、短语和句子，并且不需要词对齐、翻译规则抽取等基于统计的机器翻译的必要步骤，就可以完成从源语言到目标语言的直接翻译。系统利用大规模的双语平行语料库（即“大数据”技术）进行学习，翻译的质量越来越高，译文流利程度要优于基于统计的机器翻译，并能处理较复杂的句法结构和长距离调序等问题。[3]

---

1 冯志伟. 机器翻译研究. 北京：中国对外翻译出版公司，2004，第44-52页.

2 同上，第52-56页.

3 李亚超，熊德意，张民. 神经机器翻译综述. 计算机学报，2018（12）：2734-3755.

二、主流机器翻译系统介绍

（一）SYSTRAN

Systran 公司创立于 1968 年，是机器翻译行业最早的软件开发和提供商。经过 50 多年的发展，该公司取得了多项创新和突破，引领了机器翻译行业的发展。SYSTRAN[1] 目前应用最广泛、所开发的语种最丰富的机器翻译系统，最初是基于规则的机器翻译技术，后来整合了基于规则和基于统计的机器翻译技术，[2] 目前最新的翻译引擎是纯神经机器翻译（pure neural machine translation, PNMT），融合了人工智能、深度学习、神经网络技术，该系统的翻译过程分为原文输入、词典查询、句法分析、双语转换和译文生成五个阶段，[3] 在双语转换过程中融入了理解、解码、存储、编码和输出五个认知阶段，是翻译编码 – 解码的认知语言处理的系统工程。[4] 该系统创造性地整合了语言技术和统计技术，具有自动学习的能力，提供 130 多种语言之间的翻译，且能简便快速进行系统定制，容易与客户的系统融合。用户可利用系统的自学功能应用到专业领域的翻译中。该系统能够显著提高翻译效率，并且保持相对最佳的翻译准确度，是网络机器翻译手段的有效补充。[5]

（二）谷歌翻译（Google Translate）

谷歌翻译[6] 是谷歌公司 2006 年推出的一项免费的翻译服务，在 2007 年 10 月以前，使用 SYSTRAN 翻译阿拉伯语、汉语、俄语以外的语言。谷歌翻译可与 SDL Trados、MemoQ、Déjà Vu 等 20 多种计算机辅助翻译软件连接，在计算机辅助翻译软件环境下提供自动翻译服务。[7]

谷歌翻译原是基于统计的方法，在经过人工翻译的文档中检测各种模式，进行合理的猜测，最后生成适当的译文。谷歌公司从 2015 年开始研发神经网络翻译，2016 年发布了基于神经网络的智能翻译系统——GNMT（Google Neural Machine

---

1 参见 Systran 网站.

2 陈善伟. 翻译科技新视野. 北京：清华大学出版社，2014，第 287-289 页.

3 宋健宇. SYSTRAN 翻译系统的工作原理. 20111003 [20200728]. 来自 CSDN 博客网站.

4 赵硕. 翻译认知视角下的神经网络翻译研究——以 Systran PNMT 为例. 中国翻译，2018（4）：79-85.

5 同上.

6 参见谷歌翻译网站.

7 陈善伟. 翻译科技新视野. 北京：清华大学出版社，2014，第 280-282 页.

Translation），目前已初具规模。官方测试显示，谷歌神经网络机器翻译的翻译质量已经非常接近非专业人工翻译，对于英中、中英翻译的质量也取得最大的提升。目前谷歌翻译可提供 100 多种语言之间的字词、句子和网页即时翻译，支持手机摄像头识别即时翻译，手机麦克风和扬声器即时对话翻译，离线翻译等等，每天提供超过 10 亿次的翻译，每月活跃用户超过 10 亿人次。在下一阶段，将继续致力于改进数字、日期、姓名、品牌以及不常见短语的翻译，同时进一步研究新的模型结构与训练方法，追求性能的极限。[1]

（三）百度翻译[2]

百度翻译是百度公司推出的机器翻译系统，将百度公司先进的搜索技术与翻译技术相结合，基于网页检索、网站权威性计算、大数据挖掘、新词侦测等技术，从互联网网页的海量信息中获取高质量翻译知识，提供高质量的在线翻译服务，日均可翻译字符超过千亿。支持 200 多种语言互译，包括中文（简体）、英语、日语、韩语、西班牙语、泰语、法语和阿拉伯语等，覆盖约 4 万个翻译方向，是国内市场份额第一的翻译类产品。

百度翻译拥有网页、APP、百度翻译小程序等多种产品形态，还面向开发者提供开放云接口服务。除文本、网页翻译外，还提供网络释义、海量例句、权威词典、离线翻译、翻译同传、拍照翻译、AR 翻译、对话翻译、实用口语、英语跟读、英语短视频等服务，以满足用户多样性的翻译需求。

百度公司对神经网络机器翻译方法进行了系统而深入的研究，针对多语言翻译、篇章翻译、模型训练、半监督翻译、语音翻译等方向持续开展研究，在海量翻译知识获取、神经网络翻译模型、多语种翻译技术、同声传译等方面取得重大技术突破。2015 年 5 月上线全球首个互联网神经网络翻译系统，获得 2015 年度国家科技进步二等奖。2019 年百度翻译团队在国际机器翻译评测 WMT2019 获得中英翻译第一。

四、机器翻译的译后编辑

机器翻译的质量总体上与人工翻译无法相提并论，哈钦斯[3] 曾指出："机器翻译的译

1　世联博众翻译. 谷歌神经网络翻译是如何炼成的？ 20180803 [20200729]. 来自知乎专栏网站.

2　百度百科. 百度翻译. [20200729]. 来自百度百科网站.

3　Hutchins, J. Has Machine Translation Improved? Some Historical Comparisons. In *MT Summit IX: Proceedings of the Ninth Machine Translation Summit,* New Orleans, USA, September 23-27, 2003. East Stroudsburg: AMTA, 2003, pp. 181-188.

文质量迄今并未取得实质性的进展，50 多年前未解决的很多问题现在仍然存在。”近些年，虽然有了神经网络技术的助力，机器翻译的译文质量已显著提升，但还是会存在各种问题，因此通常需要对译文进行人工检查和修正，即译后编辑（post-editing, PE）。译后编辑是机器翻译的重要补充，综合发挥了机器翻译的速度优势和人工翻译的进度优势，既满足了翻译市场快速增长的需求，也推动了翻译技术的进步，同时促进学界和业界的交流与合作。[1]

译后编辑主要遵循以下原则：[2]

（1）文本层面（textual level）：源语到目标语在文字意义上的转换。译后编辑要补充隐含信息，删除冗余信息。

（2）所指层面（referential level）：忠于原文对现实世界的所指。译后编辑要按“名从源主”原则核查特色专有名词的翻译是否准确，并按原文语境选择译文表述。

（3）衔接层面（cohesive level）：结构和语气上的衔接。译后编辑要通过词语替代实现衔接，梳理逻辑关系，调整句子结构，增强语篇衔接。

（4）自然层面（natural level）：源语之义的自然表达，且符合母语习惯。译后编辑要调整用词，使译文符合搭配习惯，并准确选词，以符合目的语的文化内涵。

第六节 其他辅助翻译技术

一、译前处理技术

（一）文字识别

传统的翻译方式是“一张纸、一支笔”的模式，现今绝大多数人利用计算机进行翻译，或直接在字处理软件中输入译文，或借助计算机辅助翻译软件或机器翻译完成翻译。在计算机中翻译，一般原文应当为可编辑的格式，如最常见的 *.doc 格式，以方便翻译软件读取、译员之间协作以及后续工作等。多数情况下，译员接到的原文是可编辑的格式，当原文是纸质版或图像等不可直接进行文字编辑的格式时，需要进行

1 崔启亮. 论机器翻译的译后编辑. 中国翻译，2014，35（6）：68-73.

2 朱慧芬，赵锦文，诸逸飞. 在线机器翻译的译后编辑原则研究——以“八八战略”为例. 中国科技翻译，2020，33（2）：24-27.

文字识别，即通过文字识别软件对图片中的文字进行分析和识别，导出为可编辑的文字内容。纸质材料须用扫描仪、照相机等录入为电子版，才能被文字识别软件读取和分析。常见的文字识别软件有 ABBYY FineReader、Simple OCR、汉王 OCR 文字识别软件、迅捷 OCR 文字识别软件等。部分软件以及一些网站可提供在线 OCR 服务，甚至可以识别手写文字，例如讯飞手写文字识别模块[1]。

（二）语音识别

语音识别技术从 1952 年开始研究，[2] 近些年开始流行。利用语音识别技术，可以将人的语音或录音材料转换为文字，极大地提高了录入速度。例如，Windows 操作系统中自带语音识别功能，通过对系统进行一定时间的"训练"，就能在 word 程序中将人的语音转换为文字输入。此外，还有专门将语音转为文字的软件和网络平台，如 ScanSoft Dragon NaturallySpeaking、IBM ViaVoice、讯飞听见在线平台、讯飞输入法、搜狗输入法等输入法，以及微信的"转换为文字"功能等。

语音识别的模块嵌入到机器翻译软件中，产生了翻译机这样的新型应用形式，通过语音录入源语就能在翻译机的屏幕上输出译文的语音和文字。翻译机个头小巧，可连接网络，方便随身携带进行翻译，满足日常会话等普通信息传递的需要。

（三）文件格式转换

计算机中的文件以不同的编码方式存储信息，形成了不同的文件格式，如图片格式、文字格式、PDF 格式、超文本格式等。在翻译工作中，通常需要根据译者的电脑软件配置、翻译软件的文件格式要求以及客户的要求等，将文件转换为需要的格式。前面介绍的文字识别也可以将图片格式转换为可编辑的文本格式，除此之外，我们可以借助多种软件和工具进行多种文件格式之间的相互转换，下面以翻译中经常遇到的 PDF 格式和 Word 格式之间的互转为例来介绍。

从 PDF 格式转换为 Word 格式，有以下几种方法：

（1）使用 OCR 软件识别文字后导出为 Word 文档。

（2）使用 Adobe Acrobat Reader 中的"另存为"功能，选择存储为 Word 格式。

（3）将文件发送到 Gmail 邮箱，使用其中的"在 HTML 格式下查看"功能。

（4）使用其他工具或在线转换服务，如 ScanSoft PDF Converter 软件。

---

1 参见科大讯飞网站.

2 百度百科. 语音识别.[20200729]. 来自百度百科网站.

从 Word 格式转换为 PDF 格式，有以下几种方法：

（1）使用 Adobe Acrobat Reader 的转换功能，直接将 Word 文件转换为 PDF 文件。

（2）计算机中安装 PDF 阅读器之类的软件后，会有 PDF 打印机功能，可在 Word 程序中使用打印功能，选择 PDF 打印机，将文档“打印”存储为 PDF 格式。

（3）使用 Word 程序中的“另存为 PDF”功能。

（4）使用其他工具或在线转换服务，如迅捷 PDF 转换器。

二、翻译过程辅助工具

（一）电子词典

电子词典即是电子化的词典，即将纸质版词典转换成电子格式进行存储并能快速查询的工具，既可以是硬件，如文曲星之类的掌上型电子词典，也可以是计算机中的软件，如金山词霸。多数电子词典的功能不再局限于单词查询，还具备了网络查询例句和百科知识、翻译、外语学习等多样化功能，而且收录的词库也越来越大，更新速度也更快，使用起来更加方便。随着智能手机的普及，电子词典厂商也开发了相应的 APP，可以安装在手机上使用。手机版的电子词典，除了可通过键盘、语音输入查询内容，还可通过摄像头采集文字进行查询。有的厂商将扫描技术与电子词典相结合，开发了便携式的词典笔，如汉王词典笔。词典笔的笔头为扫描装置，可以采集文字内容，通过内置的词典查询释义后显示在屏幕上。

常见的电子词典软件包括有道词典、海词词典、Lingoes、Babylon、Merriam-Webster 等。以网易公司推出的有道词典为例，可提供牛津、新牛津、朗文、韦氏、柯林斯等多个词典中的释义，还可从网络检索大量例句和百科释义。此外，还具有多语种之间的自动翻译、文档翻译、取词翻译、划词翻译等功能。总之，随着计算机和网络技术的发展，电子词典的功能越来越强大，为外语学习和翻译实践提供了极大的便利。

（二）在线百科全书

百科全书作为承载大量知识的工具书，可供译员查询相关背景知识，有助于顺利完成相对专业的内容的翻译。较知名的百科全书有《不列颠百科全书》（中国大百科全书出版社《不列颠百科全书》国际中文版编辑部编译，中国大百科全书出版社，2007）、《大美百科全书》（外文出版社大美百科全书编辑部、光复书局大美百科全书编辑部编译，外文出版社、光复书局，1994)、《中国大百科全书》(中国大百科全书出版社编，中国大百科全书出版社，2011)等。随着信息化和网络技术的发展，百科全书被制作成了电子版发布在网络平台，方便用户查询。还有的百科全书基于网络汇集海量知识而形成，比较知名的在线百科全书有[1]：

(1)维基百科：多语版的网络百科全书，允许用户对词条内容进行编辑。目前已收录超过一百万个词条，页面总数达五百多万个。

(2)百度百科：百度公司推出的全球最大的中文百科全书，允许用户进行词条编辑。

(3)知网百科：全球最大的百科知识库，收录近1500多万词条，内容来源于已出版的2000余部字典、辞典、百科全书、图录表谱等，全部词条均由该领域的权威专家撰写，每个条目都标明来源和出处。年更新条目将达到100万以上。

(4)大英百科全书：被认为是当今世界上最知名、最权威的百科全书，[2] 该网站提供了在线版。

(5)Answers：为用户提供了各类问题的参考信息的一个网址。

(6)Internet Archive：提供免费的图书、软件、音视频等资源。

(7)世界图书百科全书：提供《世界图书百科全书》的在线版。

(8)Encyclopedia.com：最大的在线百科知识汇集网站，可从权威、可靠的来源搜索信息提供给用户。

(9)How Stuff Works：提供健康、科技、居家、汽车、文化、娱乐等方面的百科知识。

(10)Information Please：汇集百科全书、词典、地图、年鉴等资料中的信息，致力于为用户提供可靠的公开信息。

(11)Knowledge Nuts：网站分为事实、差异、误解三大板块，呈现事实、事物之间的差异以及人们对事物的误解。

(三)搜索引擎

互联网的发展不仅加速了信息的传递、促进了交流，也改变了我们工作和生活的方式，利用互联网进行翻译工作已成为常态。互联网中存在着海量的信息资源，为了能够快速、准确地找到翻译所需要的信息，译员需要具备利用互联网进行信息搜索的能力，即熟练掌握搜索引擎的使用。

---

1 英语君. 翻译需知的14个国外百科网站. 20181016 [20200729]. 来自搜狐网站.

2 百度百科. 不列颠百科全书. [20200729]. 来自百度百科网站.

搜索引擎是运用特定的计算机程序，按照用户需求从互联网上搜集信息，并将检索相关的信息展示给用户的系统。从技术类型分，可以分为四大类：全文搜索引擎、元搜索引擎、垂直搜索引擎和目录搜索引擎。[1] 译员常用的搜索引擎有谷歌、百度等。

谷歌搜索（www.google.com）是全球搜索功能最强大、使用率最高的搜索引擎，主要从互联网抓取数十亿的网页，为用户提供搜索结果。谷歌提供文字搜索、学术搜索、图片搜索、地图搜索、视频搜索等多种功能。此外，谷歌还能对搜索页面进行语言翻译，方便用户阅读。[2]

百度搜索（www.baidu.com）是全球最大的中文搜索引擎，拥有最大的中文网页库，收录数百亿个中文网页，每天处理来自一百多个国家的超过数亿人次的搜索请求。"百度"二字源于辛弃疾的《青玉案》诗句："众里寻他千百度"，象征着百度对中文信息检索技术的执着追求。除网页搜索外，百度还提供音乐、视频、文档、地图等多样化内容的搜索。此外，以贴吧、知道为代表的搜索社区，与互联网用户形成互动，能为用户提供更有针对性的搜索结果。随着中国互联网用户使用百度的频率越来越高，"百度一下"已经成为进行搜索的新动词。[3]

译员利用搜索引擎，主要可以在译前搜索背景资料和术语表，在译中搜索人名、地名、组织机构名称、著作名称、专业术语等专有名词的翻译，也可搜索图像以了解实物，以及判断词语搭配是否恰当。此外，搜索引擎还可辅助进行拼写纠错、缩略语查询、计量单位转换等。[4]

三、译后处理技术

（一）桌面排版

桌面排版（desktop publishing, DTP）一般是指利用计算机软件，根据需要对图像、图形、文字进行一定的处理，拼合成整页版面，输出电子版面以供正式出版使用。[5] 在本地化领域，通常需要将操作手册、产品样本、宣传单等材料按照多种目标语言排版，形成多语言版本。

---

1 百度百科. 搜索引擎. [20200730]. 来自百度百科网站.

2 维基百科. Google 搜索. 20200706 [20200730]. 来自维基百科网站.

3 百度百科. 百度搜索. [20200730]. 来自百度百科网站.

4 文军，钱多秀，孙三军等. 翻译实用手册. 北京：外语教学与研究出版社，2010，第 89-95 页.

5 钱多秀，郭丽丽，唐兰等. 计算机辅助翻译. 北京：外语教学与研究出版社，2011，第 259 页.

对于普通的文字和图片排版，译员使用 Word 等文字处理软件和画图等操作系统自带的软件或简易版的图片处理软件就能完成。对于较复杂的排版，可以使用专业排版软件，例如 FrameMaker、PageMaker、InDesign、Illustrator、Freehand、CorelDraw、Photoshop、飞腾、超捷、蒙泰、书版等。

常用的排版操作包括：

（1）文字样式调整：字体、字号、粗体、斜体、颜色、下划线等。
（2）段落样式调整：首行缩进、悬挂缩进、行间距、项目符号和编号等。
（3）表格设计和布局调整：表格大小、框线、背景色、单元格间距、边距等。
（4）图片格式调整：图片大小、边框、对比度、亮度、位置等。
（5）页面调整：页面大小、边距、纸张方向、分栏、页眉页脚等。

（二）翻译质量保证

翻译质量包含语言质量和格式质量两层含义：语言质量指的是译文语法、拼写、标点符号等正确，行文流畅，就像母语作者所写；格式质量是指源语文本格式不被破坏，且符合目标语的格式要求及其他相关要求。[1]

2005 年版发布的《翻译服务译文质量要求》（GB/T 19682—2005）对译文的基本要求是：[2]

（1）忠实原文，即完整、准确地表达原文信息，无核心语义差错；
（2）术语统一，即术语符合目标语言的行业专业通用标准或习惯，并前后一致；
（3）行文通顺，即符合目标语言文字规范和表达习惯，行文清晰易懂。具体要求包括数字表达、专用名词、计量单位、符号、缩写词、译文编排等。

质量保证（quality assurance, QA）是翻译交付前的一个重要环节。对于企业而言，质量是企业的生命线和竞争力；对于译员个人而言，质量对树立口碑和获得更多翻译任务将有重要影响。

质量保证可利用专门的工具完成，包括独立的软件和计算机辅助翻译软件中集

---

1 Makoushina, J. Translation Quality Assurance Tools: Current State and Future Approaches. [20200730]. 来自百度学术网站.

2 中华人民共和国国家质量监督检验检疫总局，中国国家标准化管理委员会. 翻译服务译文质量要求（GB/T 19682—2005）.2005 [20200730]. 来自中国翻译协会网站.

成的质量保证模块。独立的软件有 ApSIC Xbench、QA Dstiller、Error Spy 等；SDL Trados Studio、Déjà Vu、MemoQ 等软件中都集成了质量保证模块。下面以 SDL Trados Studio 中集成的验证和翻译质量评估功能为例说明：

- 验证功能包含 QA Checker、标记验证器、术语验证器三个模块。使用 QA Checker 可以验证句段、译文的不一致性、标点符号、数字、正则表达式等；使用标记验证器可检验译文是否保留了原文中的全部标记；使用术语验证器可检查译文是否使用了术语库中的术语。
- 翻译质量评估功能：利用此功能可根据行业内的 LISA QA、TAUS DQF、SAE J2450 和 MQM 等语言模板来设置翻译质量评估准则，也可修改模板或创建自己的模板。审校人员根据评估准则标记译文中的错误并确定其严重程度，这些错误会被扣分，最后根据总体扣分情况评估译文的翻译质量，反馈给译员以使错误得到修正，确保译文质量符合最终的要求。

第七节 翻译技术发展趋势

翻译技术的发展历程表明，计算机、网络、人工智能等领域的高速发展带动了翻译技术的进步。翻译技术未来发展趋势如何，国内外学者进行了预测。

梅尔比[1] 对机器翻译、翻译记忆和质量保证的未来作出了几点预测：（1）传统的基于规则的机器翻译受到的关注将会减少；（2）只要有足够规模的高质量双语语料库，数据驱动的机器翻译系统的输出质量将超越传统的基于规则的系统；（3）具备亚句段自动查询功能的翻译记忆系统将被用于某些语种的形态分析，进而突出双语翻译记忆的作用，提供更多功能；（4）将会出现集成式的系统，可在译员的控制下通过同一个双语语料库将翻译记忆和机器翻译有机结合起来；（5）未来唯一需要的非文学译员将是不盲从计算机的建议，并能写出连贯的目标文本的人。总之，人类将从繁杂而机械的文字处理工作中解脱出来，专注于信息管理中的质量保证。

陈善伟[2] 认为："由于科技发展的未来无法预测，翻译科技的将来亦难以估计。"他指出，翻译技术发展的将受到翻译的重新定义、教学网络化、职业现代化、新词的

1 Melby, A. K. MT+TM+QA: The Future Is Ours. *Revista Tradumàtica*, 2006 (4). 来自谷歌学术网站.

2 陈善伟. 翻译科技新视野. 北京：清华大学出版社，2014，第 324 页.

产生、概念的形成、翻译实时化（全球化）、多元创建、自动化翻译的完善、翻译企业化、实用性的强调、学术转向及重点转移等主流与方向的左右[1-2]。

上述学者的观点主要预测了翻译技术的发展趋势，也探讨了翻译技术的发展与人工翻译的关系。基于此，我们可以从以下两个方面进一步讨论翻译技术的发展趋势。

一、机器越来越“聪明”，翻译越来越快捷

一方面，人工智能技术的发展使机器越来越“聪明”。在人工智能的技术框架下，机器将通过深度学习模仿和思考人类的活动，以实现像人一样具有分析和学习能力，能够识别文字、图像和声音等数据的最终目标。基于深度学习的机器翻译在专业领域的译文质量将不断提高，甚至接近人工翻译的质量。

另一方面，大数据、云计算、移动通信等技术将提升翻译的产出效率，使翻译更加快捷。机器翻译系统从互联网中的海量数据中提取数据分析、学习，能够更加快速地产出高质量的译文。云计算技术的发展，为翻译软件的网络化部署提供了平台，基于云计算的团队协作的翻译生产方式将成为主流，更多的翻译软件开发商将结合云计算技术拓展产品的功能。例如，SDL Trados Studio 2021 将提供基于云的工作方式，即 SDL Trados Live，用户可上传翻译记忆和术语库到自己云空间，并能使用基于云的神经机器翻译。[3] 移动通信技术的发展将改变译员的工作方式，或许译员用一部手机装上 APP 也能做翻译，同传译员不到会议现场也能实时进行口译。

二、人的作用不可替代，人机融合更有利

虽然在神经网络的助力下，机器翻译的质量较过去大幅提高，但是仍然存在各种各样的问题，在多义词的语义选择、复杂句子结构的分析、语义理解、识别原文瑕疵、成语理解等方面仍然会出错，[4] 甚至会出现一些低级错误，无法完全取代人的作用。

因此，如何更好地利用翻译技术提高译文产出的效率和质量，才是我们应该追求

---

1 Chan, S.-W. *The Future of Translation Technology: Towards a World Without Babel*. Oxon/New Youk: Routledge, 2017, pp. 266-274.

2 陈善伟. 翻译科技新视野. 北京：清华大学出版社，2014，第 324-332 页.

3 Brockmann, D. SDL Trados Studio 2021——为翻译行业带来全新的工作方式. 20200505 [20200731]. 来自 SDL Trados 网站.

4 李正栓. 翻译教学与研究. 机器可以取代人工翻译吗？也许永远没有实现的一天. 20200407 [20200731]. 来自腾讯网站.

的发展方向。既要充分发挥机器翻译的速度优势，又要利用人工翻译的质量保障。机器翻译与翻译记忆软件已经开始了融合，主流的计算机辅助翻译软件中嵌入了机器翻译系统的接口，可以先利用机器翻译进行预翻译，人工再进行译后编辑，促进了机器与人的有机融合。这样的方式将逐渐替代单一的翻译记忆辅助人工翻译的模式（张霄军、贺莺，2014）。

本章小结

本章用 7 个小节介绍了计算机辅助翻译工具、本地化翻译、术语管理、语料库技术、机器翻译、其他辅助翻译技术和翻译技术发展趋势，包括各类翻译技术发展历程、基本概念和原理、主要类型、主流软件和应用情况等。希望读者能形成基本的认识，为进一步深入学习各类翻译技术的应用奠定基础。

总体而言，从 1933 年机器翻译的初创期开始，翻译技术走过了近 90 年的发展历程，为翻译研究、翻译教学、翻译实践提供了新的视角和工具，在提高翻译效率和保障翻译质量方面有显著效果，逐步改变了翻译行业的生产方式。随着翻译技术的研究和应用日益广泛和深入，必将给翻译学科和翻译行业的发展提供更多的支持。

练　习

1. 案例分析

翻译任务：现有某银行 2019 年年报繁体中文版，为纸质版，需翻译为英文版，最终保存为 PDF 格式。

分析：纸质版需先用 OCR 软件转换为 Word 版，以便翻译软件读取。因年报是每年定期发布的材料，存在较多的重复性内容，所以我们可以借助上一年的年报中英文版，利用翻译记忆软件制作翻译记忆，为翻译新材料提供参考，提高翻译效率。最后利用格式转换工具将译文转换为 PDF 版。

工作步骤：

*1）*译前准备

（1）将纸质版扫描为电子版，并用 ABBYY FineReader 识别文字、图表，如图 8-1

所示，检查无误后存为 Word 格式，为方便阅读，可在 Word 中将繁体中文转换为简体中文。

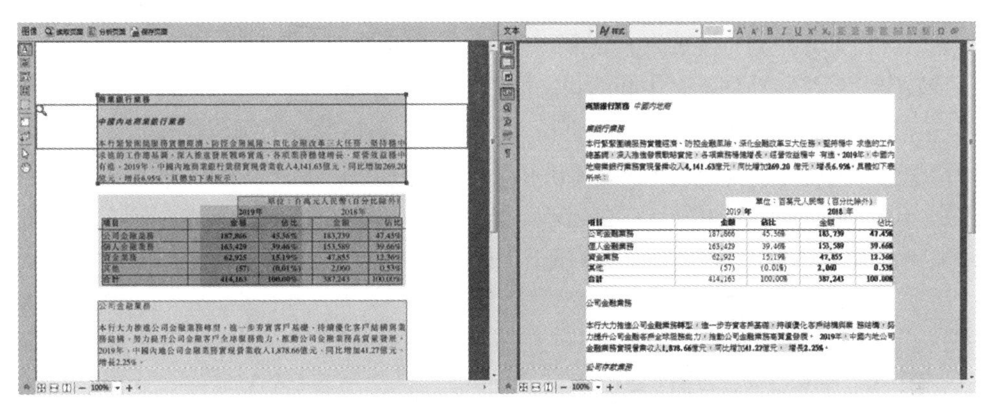

图 8-1 ABBYY FineReader 文字识别界面

（2）上该银行官网搜索，找到了 2018 年年报繁体中文版和英文版，为 PDF 格式。这两份材料可进行对齐，建立翻译记忆，为翻译 2019 年年报提供参考。

（3）利用 Adobe Acrobat 将 2018 年年报 PDF 版转换为 Word 版，对于无法转换为可编辑形式的图表，可使用 ABBYY FineReader 识别后进行替换。

（4）利用 SDL Trados Studio 中的对齐文档功能，按向导提示，设置一个翻译记忆库 TM2018，将 2018 年年报中英文版 Word 格式导入进行对齐，对齐完成后导入到翻译记忆库中。为突出效果，仅截取部分内容进行对齐，如图 8-2 所示。

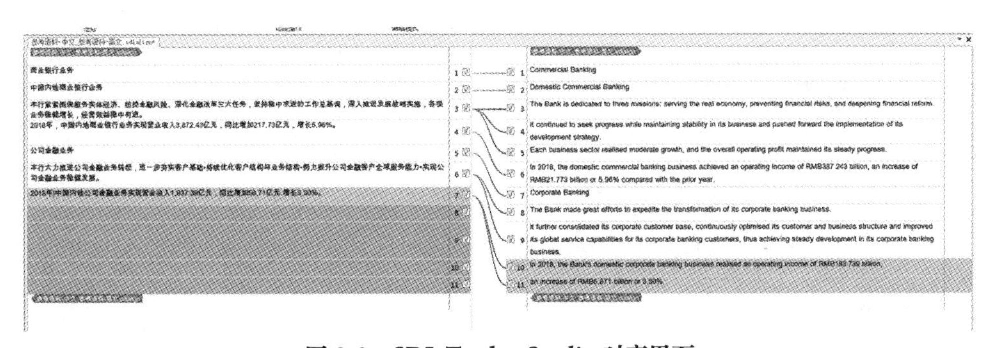

图 8-2 SDL Trados Studio 对齐界面

2）翻译

（1）在 SDL Trados Studio 中新建项目，按向导提示设置翻译记忆库（使用上一阶段准备的 TM2018）、术语库，添加 2019 年年报 Word 版到项目中。

（2）打开 2019 年年报进行翻译，如图 8-3 所示。在翻译窗口上方左侧显示的是从翻译记忆库中查询到与待译句段匹配的情况，给出了推荐译文；右侧是术语识别结果显示区；下方左侧为按表格方式排列的原文；右侧为译文输入区。可以看到，第 1 行是数字，系统自动翻译，中间的状态标记为 AT；第 2、3、4 行与翻译记忆库中的内容完全相同，仅格式有差异，故匹配率为 99%；当前翻译的第 5 行与翻译记忆库中检索到的内容重复度很高，仅有年份和数据有变化，于是系统用修订的方式标记了差别，译员稍加修改即可确认。在翻译过程中第一次遇到术语时，可选中原文和译文添加到术语库，再次出现时，上方右侧区域会自动提示。

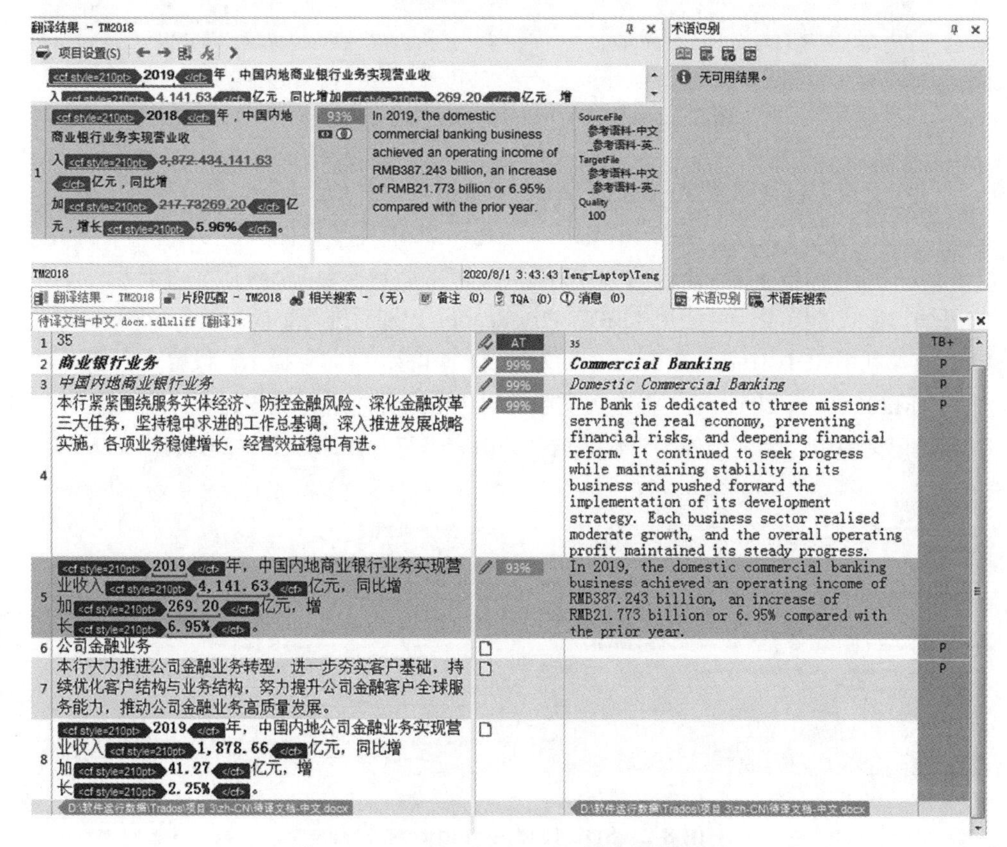

图 8-3 SDL Trados Studio 译文编辑界面

（3）按照第（2）步的方法继续翻译直至完成。

3） 输出译文

（1）使用验证工具检查译文句段、术语一致性、标点符号、数字等，如图 8-4 所示。

（2）确认无误后将译文另存为 Word 格式。

（3）按客户要求排版后利用 PDF 打印机另存为 PDF 格式，完成翻译任务。

本案例以某银行年报为例，介绍了利用已有双语材料和翻译记忆软件 SDL Trados Studio 翻译新材料的基本过程，按照此流程，译员可以独立完成一个文档的翻译。需要说明的是，运用翻译技术完成翻译任务的过程，以及 SDL Trados Studio 的功能和操作方法远不止上面介绍的这些。限于篇幅，不再赘述。

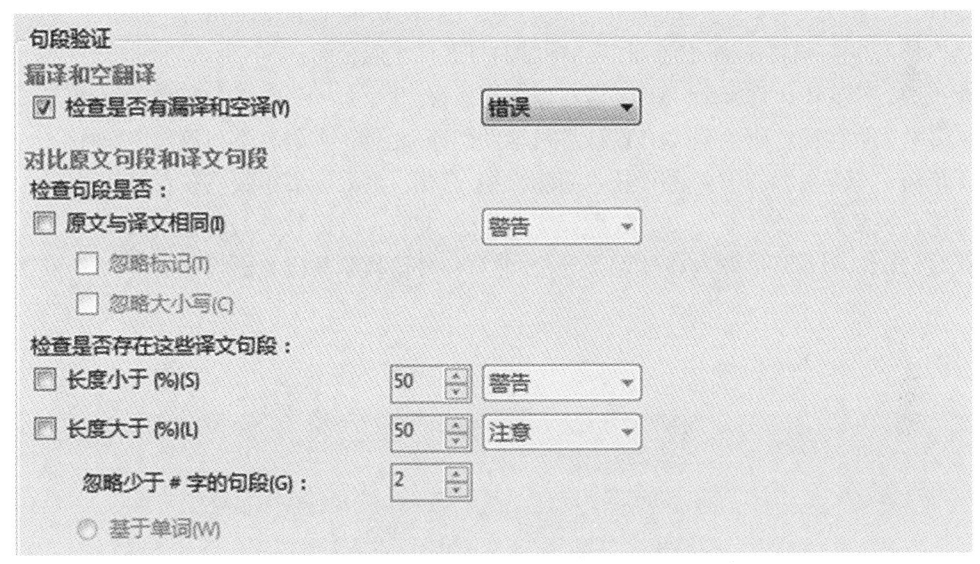

图 8-4 SDL Trados Studio 验证界面

2. 思考题

1） 你此前了解或应用过哪些翻译技术？效果如何？

2） 请简述计算机辅助翻译软件的工作原理。

3） 看看你手头的物品，哪些经过了本地化？其中什么地方涉及翻译？

4） 试着访问几个在线语料库并使用检索功能。

5） 试着用几款在线机器翻译系统翻译同一段话，看看译文有什么差异。

6） 你对翻译技术的未来发展趋势怎么看？

3. 扩展阅读

Bowker, L. 2002. *Computer-aided Translation Technology: a Practical Introduction*. Ottawa: University of Ottawa Press.

Chan, S. W. 2004. *A Dictionary of Translation Technology*. Hong Kong: The Chinese University Press.

Chan, S. W. 2017. *The Future of Translation Technology: Towards a World Without Babel*. Oxon/New York: Routledge.

Hutchins, J. 1986. *Machine Translation: Past, Present, Future*. Chichester: Ellis Horwood Limited.

Quah, C. K. 2006. *Translation and Technology*. New York: Palgrave Macmillan.

冯志伟. 2004. 机器翻译研究. 北京：中国对外翻译出版公司.

梁茂成，李文中，许家金. 2010. 语料库应用教程. 北京：外语教学与研究出版社.

钱多秀，郭丽丽，唐兰等. 2011. 计算机辅助翻译. 北京：外语教学与研究出版社.

王华树，李莹主编. 2019. 翻译技术简明教程. 广州：世界图书出版广东有限公司.

文军，钱多秀，孙三军等. 2010. 翻译实用手册. 北京：外语教学与研究出版社.

张政. 2010. 计算语言学与机器翻译导论. 北京：外语教学与研究出版社.

第九章

翻译管理论

经济全球化的飞速发展，催生出了现代语言服务行业，不仅包括语言翻译，还包括本地化服务、语言技术工具开发、语言教学与培训、语言相关咨询服务。[1] “翻译活动的工作领域、工作内容、工作形态以及工作手段都发生了划时代的革命性的变化”。[2] 翻译业务规模急剧增长，翻译流程需要更加细化和规范，团队协作需进一步加强，传统的翻译模式已经不能满足日益复杂的市场需求，需要对翻译进行更高效的管理。在这样的背景下，翻译管理应运而生。本章介绍了语言服务行业、翻译管理、翻译项目管理、翻译管理系统等内容。希望通过本章的学习，读者能对翻译管理的概念和应用有初步的认识，为今后进一步学习翻译管理业务打下一定的基础。

第一节 翻译管理

一、基本概念

翻译管理（translation management）这一概念涵盖的内容很丰富，国内外学者给出了如下定义：

> 翻译管理是一个综合性的概念，涵盖了对翻译流程的进行电子化管理的所有程序，包括使用广义上的计算机工具（包括机器翻译系统、翻译记忆系统、术语库等），将这些流程转化为工作流程模式，以及经济和人力资源管理方面的内容

1 王华树. 计算机辅助翻译实践. 北京：国防工业出版社，2016，第 1 页.

2 杨平. 拓展翻译研究的视野与空间推进翻译专业教育的科学发展. 中国翻译，2012, 33 (4)：9-10.

（编者译）。[1]

翻译管理是指一个翻译组织或系统以其所拥有的资源，通过特定的管理流程或工作流来提供达到具体翻译项目质量要求的翻译服务以及相应的增值服务。其主要内容通常包括：项目管理、流程管理、人力与技术资源、客户维护、质量管理与风险控制等。[2]

陈善伟具体定义了翻译流程管理：

利用工作流程管理工具跟踪和管理翻译项目的过程。这些工具可辅助记录外包翻译工作的地点、截止日期、文本修订情况、翻译优先顺序以及修订日期等。翻译项目的规模越大，掌握这些变量的状态就越重要（编者译）。[3]

布丁（Gerhard Budin）[4]进一步指出，翻译管理所使用的工具和方法非常丰富，不仅包括机器翻译、机助人译、多语写作系统、翻译记忆系统、术语管理、文档管理、单语出版、人力资源管理、项目管理、质量管理、资源管理等，还包括对文本进行多维知识分析、面向有特定文化背景的目标语读者的知识产出等。

通过上面的定义，不难看出，翻译管理这个概念所涵盖的内容非常广泛，几乎涵盖了具体翻译流程的各个环节，以及相关的工作过程和内容。例如，利用翻译软件管理翻译记忆库、术语库是具体的翻译流程的管理，人力资源管理、客户维护等属于其他方面的相关内容的管理。翻译管理所使用的工具和方法也很多，换言之，快速发展的信息技术为翻译管理提供了越来越多的软件工具，使翻译管理的模式向信息化转变，各类流程所形成的程序模块整合到一个系统中，形成了翻译管理系统。

二、翻译管理的广义与狭义之分

根据翻译管理“对系列方法、工具、资源进行整合”“旨在提高效率、提升能力，

---

1 Budin, G. Ontology-driven Translation Management. In H. V. Dam, J. Engberg & H. Gerzymisch-Arbogast. (Eds.) *Knowledge Systems and Translation*. Berlin: Mouton de Gruyter, 2005, pp. 103-123.

2 管新潮，熊秋平. 翻译管理——应对语言服务行业的策略与技术. 工业工程与管理，2015，20（2）：138-143，151.

3 Chan, S. W. *A Dictionary of Translation Technology*. Hong Kong: The Chinese University Press, 2004, p. 261.

4 Budin, G. Ontology-driven Translation Management. In H. V. Dam, J. Engberg & H. Gerzymisch-Arbogast. (Eds.) *Knowledge Systems and Translation*. Berlin: Mouton de Gruyter, 2005, pp. 103-123.

融合成翻译管理能力”“专注于技术的应用、流程的设计”“以质量保证来满足服务质量的要求”的特点，管新潮、熊秋平将翻译管理分为广义和狭义两类[1]。

广义翻译管理是各种方法和工具的独立使用和有机融合，指一个翻译组织或系统针对翻译目标所采取的管理措施，并使目标有效实现，最终使翻译组织或系统的总目标得以实现。翻译管理是连续性的，在翻译服务的各个环节都会出现，具有全方位的特征，需要实现所有的目标，具体流程见图 9-1。由此而涉及的翻译管理方法和工具不仅包括机器翻译、机助人译、多语写作系统、翻译记忆系统、术语管理、文档管理、单语出版、人力资源管理、项目管理、质量管理、资源管理等，还包括对文本进行多维知识分析、面向有特定文化背景的目标语读者的知识产出等。[2]

狭义翻译管理是具体的系统和方法的呈现，指针对具体的翻译项目，完成所设定的多个翻译管理目标。换言之，翻译管理的各项措施在翻译管理系统（translation managament system, TMS）中得以实施。

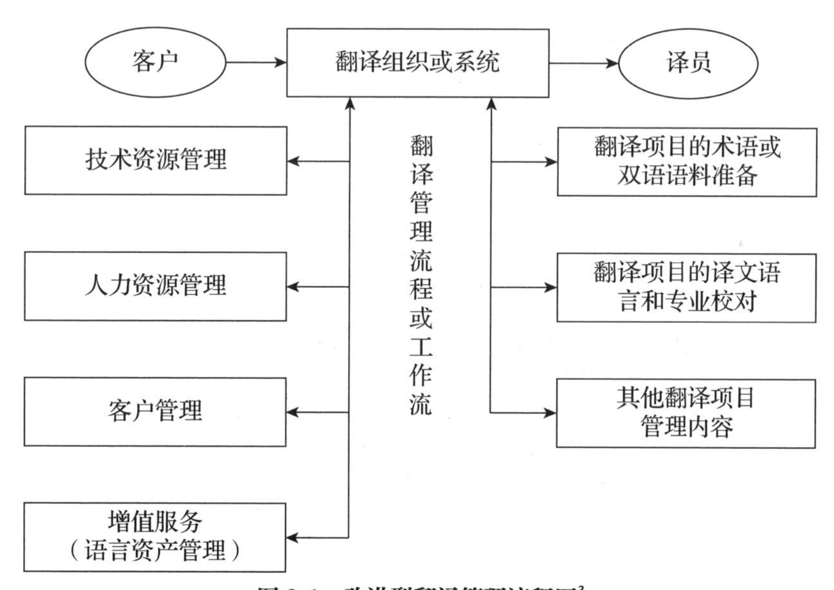

图 9-1 改进型翻译管理流程图[3]

1 管新潮，熊秋平. 翻译管理——应对语言服务行业的策略与技术. 工业工程与管理，2015，20（2）：138-143，151.

2 Budin, G. Ontology-driven Translation Management. In H. V. Dam, J. Engberg & H. Gerzymisch-Arbogast. (Eds.) *Knowledge Systems and Translation*. Berlin: Mouton de Gruyter, 2005, pp. 103-123.

3 管新潮，熊秋平. 翻译管理——应对语言服务行业的策略与技术. 工业工程与管理，2015，20（2）：138-143，151.

第二节 翻译项目管理

一、项目与项目管理

（一）项目的基本概念

根据美国的项目管理权威机构——项目管理协会（Project Management Institute, PMI）的定义，项目是“为创造独特的产品、服务或结果而进行的临时性的努力”。其中，“独特的产品、服务或结果”指项目的实施是为了产出具有独特性的交付物，以达成目标。尽管不同的项目可能会有重复性的内容，但不会从根本上改变项目的独特性。“临时性的努力”指项目有确定的开始和结束时间，持续时间或长或短。虽然项目是临时性的，但其交付物可能在项目结束后长期存在。[1]

项目概念的基本要素有4个：一是总体属性，项目的实质是一系列的工作，是整个过程，而不是项目的组织本身或产品本身；二是过程，项目是必须完成的、临时性的、一次性的、有限的任务，与常规的“活动和任务”不同；三是结果，即特定的目标，通常是与以往的任务或其他任务不完全相同的、独特的产品或服务；四是共性，项目会受到资金、时间、资源等条件的约束。[2]

根据项目的规模、复杂程度等特征，有多种分类方式:（1）根据规模，可分为大项目、中等项目和小项目;（2）根据复杂程度，可分为复杂项目和简单项目;（3）根据结果，可分为结果为产品的项目和结果为服务的项目，也有结果为产品和服务的项目;（4）根据行业，可分为农业项目、工业项目、投资项目、建设项目、教育项目、社会项目等;（5）根据用户状况，可分为有明确用户的项目和无明确用户的项目;（6）根据项目的产品、产品的生产过程和项目文化强度这三个变量可进行组合分类。[3]

（二）项目管理

项目管理是一种管理方法体系，指管理者（通常是项目经理和项目组织）在特定的组织机构内，遵循有限的时间和资源条件，科学地运用系统的理论和方法（包括

---

1 PMI. *A Guide to the Project Management Body of Knowledge (PMBOK Guide)*. 6th ed. Pennsylvania: Project Management Institute, Inc, 2017, pp. 4-5.

2 毕星，翟丽. 项目管理. 上海：复旦大学出版社，2000，第2-3页.

3 同上，第3-5页.

知识、技能、工具和技术），对项目涉及的全部活动及其资源进行计划、组织、协调、控制，实施积极有效的管理，从而实现项目的特定目标。[1-3]

项目管理是第二次世界大战的产物，是美国研制原子弹的曼哈顿计划开始的名称。在20世纪60年代以前，项目管理主要应用于建筑、国防和航天等领域。后来在阿波罗登月项目中取得巨大成功，从此风靡全球，引起了人们的浓厚兴趣，目前已经广泛应用于各个行业。经过几十年的发展，逐渐形成了两大项目管理的研究体系，一个是以欧洲为首的体系——国际项目管理协会（International Project Management Association, IPMA），另一个是以美国为首的体系——美国项目管理协会。这两大体系的工作卓有成效，在推动国际项目管理现代化方面发挥了积极的作用。[4]

项目管理的重要作用不言而喻，特别是在当今激烈的竞争环境下，在有限的人力、资金和其他资源条件下，项目活动是否能够按计划实施、既定目标能否达成、产品和服务能否保质保量产出等，需要高效的项目管理提供重要保证。优质的项目管理能够降低管理成本，提升企业的竞争力，为企业持续创造商业利益。

（三）项目管理知识体系

项目管理从开始到结束，基本内容包括项目定义、项目计划、项目执行、项目控制和项目结束。[5]美国项目管理协会出版的《项目管理知识体系指南》（*A Guide to the Project Management Body of Knowledge*），根据不同的分类方式，将项目管理分为5个过程组（也称“阶段”）、10个知识领域。[6]

项目管理过程组是项目管理过程的逻辑分组，是独立的项目阶段，主要分为以下五个过程组：

（1）启动过程组（initiating process group）：指获得项目的启动授权，从而确定新项目或现有项目的新阶段的过程。

（2）规划过程组（planning process group）：指确定项目范围、细化项目目标、确定

---

1 PMI. *A Guide to the Project Management Body of Knowledge (PMBOK Guide)*. 6th ed. Pennsylvania: Project Management Institute, Inc, 2017, p. 10.

2 毕星，翟丽. 项目管理. 上海：复旦大学出版社，2000，第8-9页.

3 王传英，闫栗丽，张颖丽. 翻译项目管理与职业译员训练. 中国翻译，2011，32（1）：55-59.

4 百度百科. 项目管理. [20200812]. 来自百度百科网站.

5 毕星，翟丽. 项目管理. 上海：复旦大学出版社，2000，第11-12页.

6 PMI. *A Guide to the Project Management Body of Knowledge (PMBOK guide)*. 6th ed. Pennsylvania: Project Management Institute, Inc, 2017, pp. 23-25.

项目进程的过程。

(3) 执行过程组(executing process group):指完成项目管理规划所确定的任务的过程。

(4) 监控过程组(monitoring and controlling process group):指对项目过程和执行情况进行跟踪、检查和调整的过程;识别项目规划需要进行必要的变更的相关领域,并启动实施。

(5) 收尾过程组(closing process group):指正式完成或结束项目、阶段或合同的过程。

项目管理也可划分为10个知识领域,即项目管理的知识要求和组成过程、实施、输入、输出、工具、技术所定义的特定领域:

(1) 项目综合管理(project integration management):指对项目管理过程组中的各种过程和活动进行识别、定义、联合、统一和协调。

(2) 项目范围管理(project scope management):指确定项目包含的工作既无遗漏,也无多余,以确保项目顺利完成。

(3) 项目进度管理(project schedule management):指确保项目及时完成。

(4) 项目成本管理(project cost management):指通过规划、估算、预算、融资、出资、管理和控制成本,使项目能够在批准的预算范围内完成。

(5) 项目质量管理(project quality management):指执行组织的质量标准,控制项目和产品质量,以达到干系人的预期。

(6) 项目资源管理(project resource management):指识别、获得和管理完成项目所需的各类资源。

(7) 项目沟通管理(project communications management):指确保项目信息能够及时和恰当地规划、收集、创建、分发、存储、恢复、管理、控制、监控以及最终处理。

(8) 项目风险管理(project risk management):指对风险管理进行规划,识别和分析风险,制定风险响应预案并执行,对风险进行监控。

(9) 项目采购管理(project procurement management):指从项目组外购买或获得所需的产品、服务或结果。

(10) 项目干系人管理(project stakeholder management):指识别可能影响项目或被项目影响的人、团体或组织,对他们的预期和对项目的影响进行分析,并制定合适的管理策略,以使他们有效参与项目决策和执行过程。

项目管理各个过程组之间相互关联,一个过程组的输出结果可能是下一个过程组的输入。各知识领域之间存在交叉,是一个互动的整体。两种分类方式也并不是完全独立的，它们之间存在映射关系，可用表 9-1 表示：

表 9-1 项目管理过程组和知识领域映射表[1]

知识领域	项目管理过程组				
	启动过程组	规划过程组	执行过程组	监控过程组	收尾过程组
项目综合管理	制定项目章程	制定项目管理规划	指导和管理项目工作 管理项目知识	监控项目工作 执行综合变更控制	结束项目或阶段
项目范围管理		规划管理范围 收集需求 定义范围 创建项目分解结构（WBS[2]）		确认范围 控制范围	
项目进度管理		规划进度管理 定义活动 对活动排序 估算活动时长 制定进度表		控制进度	
项目成本管理		规划成本管理 估算成本 确定预算		控制成本	
项目质量管理		规划质量管理	管理质量	控制质量	
项目资源管理		规划资源管理 估计活动资源	获取资源 确定团队 管理团队	控制资源	
项目沟通管理		规划沟通管理	管理沟通	监控沟通	
项目风险管理		规划风险管理 识别风险 对风险进行定性分析 对风险进行定量分析 规划风险响应预案	执行风险响应预案	监控风险	

1 PMI. *A Guide to the Project Management Body of Knowledge (PMBOK Guide)*. 6th ed. Pennsylvania: Project Management Institute, Inc, 2017, p. 25.

2 WBS: Work Breakdown Structure.

续表

知识领域	项目管理过程组				
	启动过程组	规划过程组	执行过程组	监控过程组	收尾过程组
项目采购管理		规划采购管理	执行采购	监控采购	
项目干系人管理	识别干系人	规划干系人参与方案	管理干系人参与过程	监控干系人参与情况	

通过这个映射表，可以直观地看到，随着项目进程组从左到右横向推进，会不同程度地涉及纵向上的10个知识领域，以此形成交叉关系，确保项目管理各项任务的实施。

二、翻译项目管理

（一）翻译项目的特征

翻译项目是项目的一种，因此首先具有项目的“独特性”和“临时性”的基本特征。一般情况下，每个翻译项目的内容、译者、服务对象等都不完全相同，所以每个翻译项目都是独特的。同时，每个翻译项目也有确定的开始和结束时间，持续时间或长或短，因此具有临时性特征。

另一方面，从时代的角度看，现代翻译项目又有自身的特点，工作主体、目标客户、工作内容、工作方法与过去有很大的不同[1-2]：

（1）翻译公司成为翻译项目的主体。经济全球化的发展，推动了翻译产业的发展，一大批专业翻译公司活跃在翻译行业，公司内部专业化分工明确，组织结构清晰，具备完善的质量控制体系和技术研发能力，能够提供标准化、规模化的服务，具有很强的市场竞争力，因而占据了很大的市场份额。

（2）跨国公司成为翻译服务的主要需求者。经济全球化的发展突出了翻译活动在增强跨国公司竞争力方面的重要战略意义。这些公司的产品和服务进入国外市场时，需要提前完成相关内容的多语种翻译，以便在多国市场同期发布产品和服务，抢占市场先机。本地化翻译服务大幅度提高了产品和服务进入目标市场的效率。

（3）高附加值的本地化翻译服务成为语言服务业的新增长点。本地化翻译的工作内容

---

1 王传英，闫栗丽，张颖丽. 翻译项目管理与职业译员训练. 中国翻译，2011，32（1）：55-59.

2 吕乐，闫栗丽. 翻译项目管理. 北京：国防工业出版社，2014，第43-45页.

涵盖了多语种翻译项目管理，软件、网站、游戏等的翻译与测试，多语种文档排版与印刷，技术文档写作，多语种产品支持，翻译策略咨询等多个方面内容。本地化翻译的报价远高于传统翻译，项目规模大，管理和工作流程也比传统翻译更加复杂。

（4）翻译项目必须依托项目管理。项目管理协会定义了的项目管理的 10 个知识领域，同样适用于翻译项目的管理。翻译公司需要按照项目管理的流程来保障翻译项目顺利实施，完成既定目标，为客户提供高质量的翻译服务。

（5）翻译项目管理必须依赖管理工具。在网络技术、移动通信技术十分发达的今天，翻译项目在互联网上通过计算机、平板电脑、手机等各种终端设备，由项目经理、译员、审校等各类角色在不同的地点、不同的时间执行，依照项目管理的规范和流程对翻译项目进行有效管理变得非常有必要。基于计算机网络的管理工具无疑能够为翻译项目管理带来更多的便利，在减少人工投入、降低成本、提高生产效率、保证项目执行质量等方面发挥重要作用。

（二）翻译项目的过程管理

翻译项目管理是项目管理在翻译行业中的具体运用和实施，[1] 指项目经理按照客户的要求，利用各种技术、工具和现代管理方法，协调好翻译、审校、排版等工作环节，按时、保质保量地完成翻译任务，并将成本控制在预算范围内。[2]

基于项目管理的五个过程组的体系，翻译项目的过程管理也要执行这五大过程组。

（1）翻译项目启动管理。这一阶段主要工作包括制定项目章程和识别干系人。首先需要对项目分析评估，了解客户需求，进行可行性论证，获得项目订单；[3] 项目章程是项目实施的基础，其中对项目总需求、总预算、总体里程碑、假设条件及制约因素进行了规定，授权项目经理正式启动项目；识别干系人是一个持续的过程，在项目启动阶段开始执行，贯穿项目执行全周期，需要项目团队全体成员参与，有时还需要其他内外部干系人参与并定期进行审查，以防遗漏或干系人对项目的影响发生变化。[4]

---

1 王华伟，王华树. 翻译项目管理实务. 北京：中译出版社，2013，第 5 页.

2 王传英，闫栗丽，张颖丽. 翻译项目管理与职业译员训练. 中国翻译，2011，32（1）：55-59.

3 王华伟，王华树. 翻译项目管理实务. 北京：中译出版社，2013，第 6 页.

4 崔启亮，罗慧芳. 翻译项目管理. 北京：外文出版社，2016，第 17-19 页.

（2）项目规划管理。根据表 9-1，这一阶段要对所有的知识领域的活动进行规划，其中涉及较多的是范围管理、进度管理、成本管理和风险管理。范围管理中，需要明确项目的工作内容，比如待译文档的格式、源语言、目标语言、质量要求、成果形式等，这些内容有时会以项目范围说明书的形式出现。进度管理是估算单项活动需要的工作时段数，从而制定进度表，合理安排工作流程。成本管理管理中主要是制定预算，根据工作包的数量和每个工作包的费用测算总预算。例如根据待译文件字数测算翻译费用，同时还考虑工程技术处理、排版、测试等工作的费用。风险管理占有重要比例，因为风险贯穿整个项目。首先识别有哪些风险可能影响项目，然后进行定性和定量分析，制定应对措施。

（3）项目执行过程管理。这一阶段主要进行质量管理、资源管理、沟通管理和风险响应等 8 个管理过程，对翻译项目最为重要的是实施质量保证和团队管理。[1] 实施质量保证是对质量要求、质量控制测量结果进行审计的过程，结合质量标准检查发现缺陷，促进改进。项目团队是完成项目的核心力量，有效的团队管理是项目顺利进行的基础。由于团队成员的技能、职责、工作风格、习惯等都有差异，需要利用多种管理手段，协调团队内部关系，形成默契。

（4）项目监控管理。监控管理是对项目的各个知识领域的状态进行跟踪、审查和调整等操作的一系列持续性过程。项目执行过程中通常会有偏差，需要通过监控来确定是否需要变更，变更会产生什么影响等。监控管理中最重要的过程是实施整体变更控制，即审查所有变更请求，经过综合考虑后批准，并对变更结果进行沟通。[2] 例如，在翻译项目执行过程中，客户要求增加译文语种，需要与翻译公司协商相关费用、进度变更等。在监控管理中还有控制进度、成本、质量等过程，需要对照项目管理规划把控时间进度、分析资金投入与任务完成情况等。

（5）项目收尾管理。这一阶段是项目的结束，通常包括最终成果的移交、组织过程资产的更新。翻译项目的收尾，往往是以客户正式验收为标志。在正式验收前，客户通常会反馈意见。项目组需要根据客户意见进行修改，确保所有意见都在交付结果中体现，且客户最终确认后，项目才能结束。在翻译项目实施过程中形成的词汇表、术语表、翻译记忆等语言资产，也需要进行收集整理，建立包含项目成员资料库、项目客户数据库、项目翻译资料库、项目指南等内容的项目管理信息系统，[3] 以便为新的项目提供参考。

1　崔启亮，罗慧芳. 翻译项目管理. 北京：外文出版社，2016，第 32-33 页.

2　同上，34 页.

3　蒲欣玥，高军. 翻译项目管理流程介绍. 上海翻译，2014（2）：35-37.

（三）翻译项目的重点知识领域管理

翻译项目管理或多或少涉及项目管理的各个知识领域，但翻译项目有其自身的特点，因此其管理通常主要体现在几个知识领域中。王华伟、王华树认为，与翻译服务相关的最核心是翻译沟通管理、质量管理、语言资产管理和财务管理。[1] 崔启亮、罗慧芳认为，对于翻译项目管理最重要的是项目范围管理、项目时间管理、项目成本管理和项目质量管理。[2] 王传英等认为，翻译项目管理的核心内容是质量管理、时间控制和成本管理。[3] 综合上述观点，我们选择质量管理、时间管理、成本管理进行介绍。

1. 质量管理

翻译项目的质量管理是翻译项目的核心部分，翻译的质量甚至能决定项目的成败。影响翻译项目的质量管理的因素是多方面的。首先是人的因素。翻译项目的团队中有译员、审校、排版、质检、编辑、语料库建设、技术支持、项目经理等人员，这些人的业务水平、工作经验、质量意识、组织协调能力、配合的默契程度等都会影响翻译的质量。其次是运行机制的因素。需要根据项目特点构建合理的翻译流程、实施严格的翻译质量管理体系。翻译质量的管理流程可分为译文生产环节和质量监控环节，前者产出译文，后者对前者进行监控和指导。这两个环节协同保证语言质量。[4] 翻译质量管理体系包括制定质量衡量标准和构建质量信息系统和质量管理数据库。通过质量标准对译文质量进行量化评估，并借助信息技术将质量管理融入翻译生成过程中。国内外有多种译文质量衡量标准，国内有《翻译服务译文质量要求》（GB/T 19682—2005）、《翻译服务规范》（GB/T 19363.1—2008），国外有国际通用的《翻译项目——通用指南》（*Translation Projects—General Guidance ISO/TS11669*）、《LISA质量保证模型》（*LISA QA Model*）等，美国、加拿大、欧洲等国家和地区也有各自的标准指南。[5]

2. 时间管理

时间管理也是翻译项目管理的重要内容，指“为达到特定工作目标，包括如期交货、实现收入和控制费用等，在规定时间内使所有工作或资源达到最优配置的一系列

---

1 王华伟，王华树. 翻译项目管理实务. 北京：中译出版社，2013，第 7-8 页.

2 崔启亮，罗慧芳. 翻译项目管理. 北京：外文出版社，2016，第 37-48 页.

3 王传英，闫栗丽，张颖丽. 翻译项目管理与职业译员训练. 中国翻译，2011，32（1）：55-59.

4 王华伟，王华树. 翻译项目管理实务. 北京：中译出版社，2013，第 95 页.

5 岳峰. 翻译项目管理：实操、案例与研究. 北京：北京大学出版社，2019，第 6-8 页.

工作过程”。[1]时间管理的主要内容是制订项目进度计划，包括定义项目中的活动、估计每项活动的持续时间、对活动进行排序、测算资源需求、制定项目进度计划表等。翻译项目首先要保证按时交付结果，但也不能一味地追求提前交付，因为压缩工作时间可能增加成本或影响质量，例如加急翻译需要收取加急费，或是需要使用额外的资源，如增加人手，利用机器翻译进行预翻译等。

3. 成本管理

从商业的角度看，翻译公司的执行翻译项目的最终目的是获取利润，因此成本管理的意义不言而喻。在保证翻译质量、按时交付的前提下，控制甚至降低成本有重要的现实意义。成本管理包括资源计划、成本估算、成本预算和成本控制四个环节。在项目规划阶段就需要进行资源计划、成本估算和预算。例如，翻译项目经理接到新项目后，首先要对如何使用现有资源进行计划，估算翻译成本，制定预算方案作为报价依据，并要在项目执行过程中密切关注并控制成本，确保在预算范围内完成项目。在项目完成后还要对成本和利润进行核算，总结经验。成本管理不仅是完成项目所需的资源成本，还要考虑项目决策对项目产品、服务或成果的使用成本、维护成本和支持成本的影响。例如，降低译员工资、聘请水平相对低一点的译员可以降低项目成本，但为了保证最终翻译质量，可能需要在质量保证方面投入更多。

三、翻译项目管理与翻译管理

根据前面对翻译管理和翻译项目管理的介绍，不难看出，翻译管理与翻译项目管理既有联系，又有区别。管新潮、熊秋平[2] 指出，翻译管理是针对特定的翻译机构或翻译团队而言，翻译项目管理则是翻译管理中必不可少的一部分，具体的翻译项目管理随着项目的启动而开始，之后也随着项目的结束而终止。这是二者的关系，也体现了范围的不同。根据具体的翻译服务要求，对翻译项目的管理，既可以采用翻译项目管理法，也可采用翻译管理法。翻译管理法使管理流程相对更顺畅、效率更高，将成为一种趋势。[3]

翻译项目管理和翻译管理的区别还体现在翻译管理经理的资质上，与翻译项目经

1 王传英，闫栗丽，张颖丽. 翻译项目管理与职业译员训练. 中国翻译，2011，32（1）：55-59.

2 管新潮，熊秋平. 翻译管理——应对语言服务行业的策略与技术. 工业工程与管理，2015，20（2）：138-143，151.

3 管新潮，熊秋平. 翻译管理流程的界定与优化. 工业工程与管理，2012，17(2)：97-101.

理不同，翻译管理经理的资质要求更高。总体上看，翻译项目经理主要负责项目管理，需要对项目管理精通、善于沟通；翻译管理经理需要对翻译管理涉及的诸多内容有全面而深刻的了解。二者的资质要求差异如表 9-2 所示：

表 9-2 翻译项目经理与翻译管理经理的不同资质要求[1]

资质内容	翻译项目管理	翻译管理
外语水平	一般	精通
翻译字数	无	200 万字以上
待翻译领域的知识	无	熟悉或了解
CAT 知识	熟悉	精通
沟通能力	强	强
术语知识	一般	精通
语料库知识	无	精通
语言校对	无	精通
项目管理知识	精通	精通

第三节 翻译管理系统

一、基本概念

翻译管理的各项流程通过计算机程序实现，形成了一个综合性的系统——翻译管理系统，也被称作全球化管理系统、全球内容管理系统或项目管理系统。[2] 卡门森司咨询公司对翻译管理系统的定义为：“翻译管理系统将企业职能部门、项目任务、工作流程和语言技术整合于一体，以支持大规模的翻译活动。TMS 软件可以有效协调各个沟通环节、组织内外及组织间的各方参与者。”[3]

1 管新潮，熊秋平. 翻译管理——应对语言服务行业的策略与技术. 工业工程与管理，2015，20(2)：138-143，151.

2 Shuttleworth, M. Translation Management Systems. In S. W. Chan. (Ed.) *The Routledge Encyclopedia of Translation Technology*. London & New York: Routledge, 2015, pp. 678-691.

3 王华伟，王华树. 翻译项目管理实务. 北京：中译出版社，2013，第 219 页.

翻译管理系统是翻译技术的一种类型，计算机化的翻译管理系统从 20 世纪 90 年代末开始出现，随着语言服务商的翻译流程日益复杂而发展得越来越成熟。[1] 早期的系统主要用于翻译本身的管理，例如待译文档的上传下载、内容解析、翻译和编辑、译员管理、译文生成等，多为中小型翻译公司的生产管理平台。由于翻译项目的规模越来越大、形式越来越复杂，文件格式也越来越多样，需要翻译管理系统对翻译项目、资源和财务等进行高效管理，减少甚至几乎无需人工投入，使译员能够专心投入专业的翻译工作，从而提高效率，降低运营成本。这些需求的变化促使翻译管理系统功能越来越完善，集成了多种等模块，支持大型翻译项目的内外协作，并有逐步与内容管理系统和企业信息管理系统整合的趋势。在实际应用中，翻译管理系统主要的优势是能够有效管理工作流程，达到事半功倍的效果，为用户管理翻译资产（例如翻译记忆、术语库和机器翻译）以及监控翻译工作流程提供了技术平台。[2-3]

二、主要功能

翻译管理系统种类繁多，功能也十分丰富，如翻译流程管理功能、数据库和内容管理系统连接功能、版本管理、项目范围和成本管理、任务分配和通知管理、业务规则管理、问题跟踪和审核历史记录管理等。有的系统注重语言处理，还嵌入了计算机辅助翻译软件的多种功能，如文件格式转换、文本切分、格式标记处理、文本对齐、嵌入式编辑环境、预翻译、翻译记忆库管理、术语库管理等。[4-5] 一般情况下，翻译管理系统有 7 项主要功能。[6-7]

（一）语言处理

翻译管理系统的语言处理功能实质上由其中的计算机辅助翻译模块实现。通过

1 Chamsi, A. Selecting Enterprise Project Management Software: More Than Just a Build-or-buy Decision?. In K. J. Dunne & E. S. Dunne. (Eds.) *Translation and Localization Project Management: The Art of the Possible*. Amsterdam & Philadelphia: John Benjamins Publishing Company, 2011, pp. 51-68.

2 王华伟，王华树. 翻译项目管理实务. 北京：中译出版社，2013，第 218-219 页.

3 Shuttleworth, M. Translation Management Systems. In S. W. Chan. (Ed.) *The Routledge Encyclopedia of Translation Technology*. London & New York: Routledge, 2015, pp. 678-691.

4 Ibid.

5 魏栋梁. 企业级翻译管理系统的设计. 电子技术与软件工程，2014（1）：84-85.

6 王华伟，王华树. 翻译项目管理实务. 北京：中译出版社，2013，第 221 页.

7 崔启亮，罗慧芳. 翻译项目管理. 北京：外文出版社，2016，第 192 页.

将待译内容与翻译记忆库进行比对，自动插入精确匹配和模糊匹配的译文，进行预翻译，充分利用已有资源，并能生成统计报告。有的系统也借助机器翻译引擎进行预翻译。这样的功能，不仅能够缩短语言处理时间，还能减少翻译工作量，为客户节省费用。语言处理功能还包括源文档撰写、翻译、术语管理、审校、质量保证等，但一般不包括翻译以外的功能，如桌面排版或测试等。

（二）业务评估

业务评估模块主要用于帮助翻译项目管理人员分析如何使用更少的成本获得更高的利润。主要内容包括内容分析、成本估算、资源计划、时间计划等。通常情况下，项目经理在接到翻译任务时，需要先对任务的专业领域、难易程度、翻译工作量、提交时间进行综合分析，估算成本，制订可行的价格结构方案作为对外报价的依据。在分配项目时，应合理利用现有资源组建翻译项目团队；在项目进行过程中，对成本进行关注和评估，严格控制在预算范围内，并确保顺利完成项目；项目完成后，应对生产率、响应能力、项目成本以及出现的问题等进行总结，为新的项目积累经验，也为决策者提供决策参考。

（三）流程管理

翻译管理系统可以对项目进行有序的科学化、流程化、自动化的管理，为项目协同提供便利，加快任务交付速度。用户可根据自身业务模式和项目的特性，定制自己的工作流程，而且可以在项目执行过程中，随时根据项目实际执行情况调整工作流。一般情况下，工作流初次创建后，后续项目可酌情更改设置或参数后即可继续沿用，不必每次都重新创建。语言处理环节基本的工作流包括：仅翻译（translation only）、翻译 + 编辑（translation+editing）、翻译 + 编辑 + 校对（translation+editing+proofreading）。这种定制化的流程管理提高了系统的适应性，使用户可以灵活配置项目流程，根据情况循环某个流程，或者增减流程。

（四）项目监管

项目管理者需要在有限的资源和时间内，全面监控项目的进度、成本和质量，实时了解每个译员的工作情况，对翻译中的各个环节进行管理和监控。用户利用项目管理系统丰富的报表功能和数据分析报告，可以通过多种图表直观、清楚地查看整体项目进度、单项任务完成情况、问题解决和跟踪、人力分配、时间安排、项目收益等数据信息。

（五）人员管理

项目团队人员分工不同，需要进行合理而有效的管理，才能确保项目有序开展。通过翻译管理系统可以对各类人员设置对应的角色，包括客户、项目经理、语言专家、专职翻译、兼职翻译、编辑、审校、术语专家、本地化工程、本地化测试、本地化排版等。例如，项目管理人员可根据项目成本要求、难易程度等要求，根据译员的擅长工具、特长领域、历史业绩、服务信誉等情况筛选最合适的译员。又如，可根据自定义类别，对客户进行分类，设置客户的信誉等级，查询任意时间段内客户的基本信息、项目报价、订单总额、付款情况、客户评价、客户的重要性等，从而全面了解客户，更好地进行沟通和提供服务。

（六）沟通管理

沟通是翻译项目管理的重要环节，有效的沟通能够及时传播信息，加强协作，将可能发生的冲突减少到最少。客户与项目经理之间、项目经理与服务提供商之间、项目经理与公司内部项目相关人员之间都需要沟通和交流。网络通信技术的发展为实时线上沟通提供了条件。翻译管理系统通常具备即时提醒和交流模块，一方面，为各类人员交流提供渠道。例如，翻译、审校、项目经理等可以就项目要求、译文质量等进行交流，可以实时对话和传输文件等，功能类似QQ和微信等即时通讯软件；另一方面，确保信息能够快速传达到位。例如，项目经理定制流程之后，系统将在第一时间自动通过电子邮件、系统消息、手机短信等手段通知具体负责人，以最快的速度将相关要求传达到每一环节的执行人，有效节约了项目管理者与具体任务执行人之间的沟通时间，提高项目执行效率，节省了管理成本。

（七）兼容扩展

根据业务的需求，翻译管理系统通常是基于标准的开放式体系结构，能够兼容多种标准（如Unicode、XLIFF、TMX、TBX、SRX、OAXAL、GMX、OLIF）和行业规范（如DITA、JSR170、S1000D、SCORM、WFMC）等，并能根据需要进一步升级和扩展。另外，还需要兼容XML、SOAP、.net、Java、J2EE等，以实现与用户企业的其他应用程序（如内容管理系统、财务系统、计算机辅助翻译和机器翻译等）无缝对接，用户在翻译系统中就能直接调用企业的产品数据、采购数据、客户数据、网站内容等。有些翻译管理技术提供商可为高级用户提供强大的应用程序接口（application programming interface, API）和软件开发工具包（software development kit, SDK）支持，进一步增强了系统的可配置性和扩展性。

随着市场需求的变化，翻译管理系统的功能也越来越强大，有的系统的功能多达几十项，但不是所有功能都会在一个翻译项目中被使用。这些功能在大量的实际项目中得到广泛应用，也会越来越完善，充分发挥其作用。同时，软件开发商也日益扩展思路，充分考虑语言服务行业的特殊性，针对语言服务企业的主要需求，如时间管理、文档管理、用户管理、计算机辅助翻译工具和邮件功能整合、网络化操作等；提供能够满足多样化需求的项目管理模块，以及提供自定义模块的功能，[1] 将使翻译管理系统更加完善和高效。

三、主流系统介绍

（一）系统分类

从开发方式看，翻译管理系统可分为商用型和定制型。商用型由翻译软件公司开发，如 Across Language Server、AIT Projetex、Beetext Flow、Google Translator Toolkit、LingoTek Language Search Engine、Lionbridge Translation Workspace、MultiTrans Prism、Plunet Business Manager、]project-open[、SDL TMS、SDL Trados Live、SDL WorldServer、Translation Office 3000、Worx、XTM、XTRF 等。定制型即为一些大型语言服务公司按照自己的业务需求定制开发的翻译管理系统，如国外的 Elanex EON、LigoNET、LanguageDirector、Lionbridge Freeway、Sajan GCMS，以及国内传神 TPM、朗瑞 TMS、思奇有道 TSMIS、信诺威 Satellite 等。除了专门的翻译管理系统，一些计算机辅助翻译软件也整合了翻译管理的基础功能，如 SDL Trados Studio、Déjà Vu、MemoQ、OmegaT 等。

从软件网络架构看，翻译管理系统可分为 C/S（Client/Server，客户端 / 服务器）和 B/S（Browser/Server，浏览器 / 服务器）两种类型。C/S 架构以客户端软件为基础，服务器端软件为核心。用户通过客户端软件向服务器端发送请求，服务器端进行响应，系统将任务合理地分配到客户端和服务器端，大大减少通信成本。这种架构一般用于小型网络，安全性较高，但升级维护相对困难。服务器端软件升级时，通常需要同时更新客户端的软件；用户更换计算机时，也需要重新安装客户端。B/S 架构是随着互联网的发展兴起的一种网络结构模式。用户通过浏览器访问服务器，核心的业务处理在服务端完成。这种架构可在广域网中运行，升级维护更方便，只需要在服务器端进行，但安全性相对较低。例如，SDL Trados Live 属于前者，XTM 属于后者，

1　崔启亮，罗慧芳. 翻译项目管理. 北京：外文出版社，2016，第 194 页.

Across Language Server 两种模式兼而有之。随着互联网技术的进一步发展，基于 B/S 架构的翻译管理软件逐渐成为主流。

（二）主流系统介绍

翻译管理系统种类繁多，我们从国外软件和国内软件中各选一例进行介绍。

1. SDL Trados Live[1]

SDL Trados Live 是 SDL 公司新创的基于云端的项目管理解决方案，分为 SDL Trados Live Essential 和 SDL Trados Live Team 两个版本，分别适用于个人用户和团队用户。它可以与 SDL Trados Studio 无缝协作，为用户提供真正的动态翻译体验，优化翻译流程，以提供更大的掌控力、可见性，并实现更高的协作水平。主要有以下特点：

1）为译员提供更自由的工作方式

译员可以自由地选择工作方式、时间和地点，从而节省时间，不受地点约束，工作体验更好。通过 Online Editor 提高翻译和审校的效率，或者通过智能手机进行项目管理。用户以灵活的方式与 Studio 协同工作，通过计算机、平板电脑和智能手机在任意浏览器上安全地访问 Studio 项目，可以很方便地处理任何工作。

2）扩展桌面应用的能力

SDL Trados Studio 2021 用户可以将桌面应用连接到 SDL Trados Live Essential，创建全新的工作方式，使用户能够灵活地在离线和在线工作之间无缝切换，随时随地创建、翻译并管理工作。

3）有效的团队协作

SDL Trados Live Team 可以优化翻译流程，包括简化和自动化项目流程，减轻管理负担。在确保安全性的前提下，可通过互联网共享集中式翻译记忆库、术语库和项目文件。用户可以根据实时项目仪表板和报告进行研判，做出更明智的决定。还可翻译和审校文件，并使用 Online Editor 进行并发编辑，缩减等待时间。

4）使用移动应用程序（APP）提高灵活性

全新的 SDL Trados Live 移动应用程序让用户可以更灵活地随时随地创建新项目，跟踪翻译进度，检查项目到期日期等，提高工作效率。

1 SDL. SDL Trados Live. [20200814]. 来自 SDL Trados 网站.

2. 传神 TPM[1]

传神 TPM（translation process management，翻译流程管理系统）是翻译生产流程管理平台，根据用户业务规模的不同，提供“流模式大型翻译流程管理系统”（简版）、“标准翻译流程管理系统”（标准版）和“翻译任务与供应商管理系统”（专业版）三个不同等级的应用。该平台可改善用户对翻译流程的控制管理，实现翻译过程的优化和自动化，从而降低成本、提高效率、提升企业核心竞争力。主要功能包括订单管理、客户管理、项目管理、任务管理、资源管理（包括译、审、校、排版人员）、财务管理、档案管理、总经理模式、系统配置管理等等。以标准版为例，主要特点有：[2]

- 可实现语言配置，即用户可根据项目处理流程中的习惯用语来配置系统中的术语。
- 多语种配置，即系统中的客户端支持中文简体、中文繁体、英语、日语等多个语种，用户可根据需要选择客户端的语言配置；拟合多语种计算机环境，即系统可在英文、中文简体、中文繁体等多语种计算机环境中使用。
- 系统中显示的表格内容可灵活配置，即用户可根据自身需要，配置每个表格显示的内容，以及调整显示顺序。
- 用户可根据自身需要，对系统预设的客户、销售人员、销售经理、客服人员、客服经理、项目总控、项目经理、译员、审校、排版人员、排版经理、质检人员、质检经理、资源经理、总经理等多个角色进行增减。
- 用户可根据项目特点和需求，对系统预设的客户下单、销售接单、销售经理审批、项目总控分配任务、项目经理派发任务、译员及相关人员（如审校、排版及质检人员等）处理任务、向客户提交稿件等整套翻译项目处理流程进行调整。
- 模式配置功能可以实现普通任务派发模式与任务流模式的灵活切换。项目可以灵活适应不同的应用模式，极大程度地满足了不同项目多样化的需求。

---

1 传神语联网网络科技股份有限公司. 流程管理. [20200815]. 来自传神网站.

2 传神语联网网络科技股份有限公司. 流程管理平台【标准版】介绍. [20200815]. 来自传神网站.

第四节 翻译管理的未来

翻译管理经过了20多年的发展，取得了显著的进步，但仍然有很多问题需要解决。翻译管理的关键是对系统和功能进行有效集成。因此，对翻译管理流程的设计、翻译质量保证以及翻译管理资源的合理配置等，都需要以更加系统化的思维方式进行思考，在技术和人才培养两个方面做出更多努力。

萨金特（Benjamin Sargent）[1] 曾对翻译管理技术的未来做出4点预测：（1）翻译管理系统将更好地与内容管理系统兼容，在其自身环境中就可订购翻译服务；（2）将更好地兼容技术写作环境；（3）将具有一键式资源管理功能；（4）将与流程管理、人力资源管理及财务管理等其他功能模块整合。随着技术的发展，这些预测正在成为现实，翻译管理系统的功能不断整合，流程不断优化，逐步从桌面走向云端。[2] 但是国外系统对中文的支持度还不够，在字词切分、搭配、检索等的精确性和效率上仍然存在诸多问题。这将是国产翻译管理系统以及国产语言技术与软件技术的发展机会，但也是挑战。[3]

翻译管理的关键在于翻译管理人才的培养。[4] 如前所述，翻译管理经理需要掌握语言、技术、管理、沟通等多方面的知识和技能，换言之，不仅要具备专业的翻译能力，还要会灵活运用技术，更要善于管理和带领团队顺利完成任务。因此，翻译学科的人才培养也应当对翻译管理人才给予更多关注。

本章小结

本章用4个小节介绍了翻译管理的相关内容。第一节介绍语言服务行业的基本概念和发展现状；然后介绍翻译管理的基本概念和发展背景，并对广义和狭义的翻译管理进行区分；第二节结合项目与项目管理，介绍了翻译项目管理，并比较了翻译项目管理与翻译管理的区别；第三节介绍了翻译管理系统；第四节对翻译管理的未来进

---

1 崔启亮，罗慧芳. 翻译项目管理. 北京：外文出版社，2016，第246页.

2 王华树，张成智. 语言服务行业翻译管理系统探究. 东方翻译，2015（4）：16-21.

3 管新潮，熊秋平. 翻译管理——应对语言服务行业的策略与技术. 工业工程与管理，2015，20（2）：138-143，151.

4 同上.

行展望。虽然翻译管理的发展时间只有20多年，我们相信随着语言服务行业的发展，翻译管理的理念也会不断创新；技术的飞速发展，也将带动翻译管理系统的升级换代，更好地支撑翻译管理实现科学化、流程化和自动化。

练 习

1. 案例分析

案例：小型图书翻译项目管理[1]

*1）*项目介绍

待译材料为中国旅游出版社的目击者系列旅游手册（中国和欧洲）[*China (Eyewitness Travel Guides), Europe (Eyewitness Travel Guides)*]，每本书篇幅约700页，内页图文并茂，版面结构异常复杂。出版社一般购买了群书的排版文件，在翻译完成后用译文替换原文，力求保留原书的版面格式。

*2）*项目分析

原书排版文件是用Adobe InDesign软件制作的，可直接导出为计算机辅助翻译软件能够识别的格式，创建项目进行翻译。需要用到的软件主要有排版软件InDesign、计算机辅助翻译软件Déjà Vu。主要翻译流程如下：

（1）从InDesign文件导出Déjà Vu可识别的格式；
（2）使用Déjà Vu翻译及校对；
（3）导出翻译结果；
（4）将翻译结果导入InDesign文件，自动完成大部分排版任务；
（5）出清样校对；
（6）付印。

*3）*项目实施过程

（1）文件管理。首先在Déjà Vu中建立总的翻译项目，导入需要翻译的页面，完成必要的预处理，然后可拆分为子项目文件。语句拆分及合并功能被锁定，使译员不能调整，以确保子项目翻译结果合并到总项目文件时不出差错。

---

1 本案例摘自徐彬，郭红梅. 出版翻译中的项目管理. 中国翻译，2012，33（1）：71-75.

（2）译员分工。根据译员水平，合理分工。可两两结对，初译完成后可交换校对，再提交给项目负责人审校。

（3）项目预处理。主要包括：利用 Déjà Vu 对项目文件全文检索，生成词表，统计词频，将高频词汇和短语作为术语，确定译文，制作成术语库；统计每个待译文件文字量，作为分配依据。

（4）文件流转。通过 Dropbox 在网络存储空间，与指定的项目组译员共享文件夹，文件夹中的文件可在网络与项目经理和译员各自的电脑自动同步，不必用传统的方式来回发送。

（5）术语更新。在翻译过程中，必然会遇到出现频率相对较低的术语，需要项目经理制定严格的术语更新制度，及时更新，避免多名译员重复维护术语。

（6）质量控制。项目经理可通过 Dropbox 随时抽检子项目文档，监控项目翻译质量。但要约定好时段，避免项目经理和译员同时打开同一个文件，造成保存冲突。注重根据译员能力进行强弱搭配，尽可能减少翻译问题，减轻最后的校对压力。对专有名词的翻译可通过术语库检查。译员可利用 Déjà Vu 的标注和批注功能，标记翻译中遇到的问题，项目经理也可标注校对过程中发现的典型问题，有助于保证译文质量。另外，利用 Déjà Vu 的质量控制功能可进行术语及阿拉伯数字的自动比对，发现不一致的地方，最大限度减少技术性错误。

（7）进度管理。项目经理使用谷歌日历服务，将每个时段应完成的任务作为“活动”添加到在线日历中。译员会收到谷歌日历程序定期发送的邮件和手机短信，提示即将到期的工作。通过这种自动化的提醒方式，节省了项目经理的精力和时间。

*4）*项目交付

翻译完成后，直接向出版社交付目标语过渡文件。由出版社导入 InDesign 中排版得到目标语排版文件。以往需要 8 个多月的排版工作，只用了两个月就基本完成了。

案例分析：在本案例中，首先对项目进行了分析，梳理翻译流程，制定了项目计划；然后利用 InDesign 进行格式转换，利用 Déjà Vu 进行语言处理。在执行过程中，对文档、进度进行了有效管理，对人员进行合理配置和管理。质量控制是最重要的环节，利用网络同步功能和计算机辅助翻译软件的质量控制模块，加强对项目质量的监控，确保了译文质量。通过这个案例可以看出，对于复杂的翻译项目，除了传统的基本翻译能力外，还需要掌握项目分析、文档处理、计算机辅助翻译、网络等技术，具备较强的管理能力，才能顺利地实施和完成翻译项目。

2. 思考题

1）语言服务行业与传统翻译有什么不同？
2）什么是翻译管理？
3）翻译项目管理的关键是什么？
4）翻译管理与翻译项目管理有何不同？
5）翻译管理系统有哪些主要功能？

3. 扩展阅读

Budin, G. 2005. Ontology-driven translation management. In H. V. Dam, J. Engberg & H. Gerzymisch-Arbogast. (eds.) *Knowledge Systems and Translation*. Berlin: Mouton de Gruyter, 103-123.

PMI. 2017. *A Guide to the Project Management Body of Knowledge (PMBOK guide)*. 6th ed. Pennsylvania: Project Management Institute, Inc.

Schneider, T. 1984. Problems incorporated: Translation management in an industrial environment. *Meta*, 29 (4), 359-361.

毕星，翟丽. 2000. 项目管理. 上海：复旦大学出版社.

崔启亮，罗慧芳. 2016. 翻译项目管理. 北京：外文出版社.

岳峰. 2019. 翻译项目管理：实操、案例与研究. 北京：北京大学出版社.

第十章

翻译研究方法论

方法论对科学研究的重要性不言而喻，系统地掌握研究方法是进行有效的、高质量研究的关键。早在 20 世纪 80 年代，我国杰出的文学翻译家董秋斯[1] 就指出“翻译理论建设的基础有三：正确的科学方法、广泛的调查、深入的研究”。这一论断不但强调研究方法的科学性与重要性，更将方法论问题升华为翻译理论的首要基础。然而，在我国翻译研究迅速发展的背后，一个不容忽视的事实是“我们从历史上就不重视方法论建设”，[2] 从而导致翻译研究中方法论严重缺失，[3] 方法论训练和教育成为翻译教育中的薄弱环节。

事实上，学习与实践研究方法论不是研究人员的专利。有意识地了解与学习翻译研究方法可以帮助我们树立问题意识，培养方法论自觉，以科学、理性、敏锐的思维去发现和审视学习与生活遇到的各种翻译问题和现象，并最终解决问题、深化认识。那么，翻译研究的方法论是什么？如何在翻译研究中选择恰当的方法？本章围绕翻译研究的方法论这一话题展开，第一节对研究方法进行概述；第二节至四节基于研究对象将研究方法进行分类，并逐一进行举例介绍；第五节重点讨论翻译研究方法中几组关系，加深对翻译研究方法的全面性、系统性了解。希望通过本章的学习，学习者可以对翻译研究的种类以及其适用情景有基本了解，并能结合自己在翻译学习与研究中遇到的问题进行有效的方法选择，从而提高其分析翻译问题、进行翻译研究的能力。

---

1 董秋斯. 论翻译理论的建设. 罗新璋. 翻译论集. 北京：商务印书馆，1984.

2 杨自俭. 谈谈翻译科学的学科建设问题. 现代外语，1996（3）：26-30，73.

3 许钧，穆雷. 中国翻译学研究 30 年（1978—2007）. 外国语，2009，32（1）：77-87.

第一节 翻译研究方法论概述

科学研究总是基于一定的研究问题或假设进行的，而研究问题能否得以解决或者假设能否站得住脚，在很大程度上依赖于研究方法的选择以及由此获得的数据，翻译研究亦是如此。然而，在现实中我国翻译专业学生对“研究方法论”这一概念以及其内涵比较陌生，常常不能区分“研究方法论”与“研究方法”，甚至将“翻译研究方法”与“翻译方法”相混淆。因此，本节首先厘清相关概念，然后对社会研究方法体系进行简要介绍，并阐述影响研究方法选择的因素。

一、方法与方法论

“方法”在汉语中最早见于《墨子·天志》中，指“测定方形的方法”，后来演化成“关于解决思想、说话、行为等问题的门路、程序等”。[1] 而其英文对应的词 method 在《牛津英语词典》中的定义为“① a particular form of procedure for accomplishing or approaching something, especially a systematic or established one；② orderliness of thought or behavior; systematic planning or action”（完成或处理事情的某种程序，尤其是系统的或约定俗成的程序；思维或行为的条理性、有系统性的计划或行为）。[2] 可见，“方法”是人们为了实现特定目的而采用的程序或方法，通常具有计划性和一定的条理性。

《现代汉语词典》将“方法论”定义为：“① 关于认识世界、改造世界的根本方法的学说。② 在某门具体学科上所采用的研究方式、方法的综合”。[3] 风笑天[4] 则将其概括为“规范一门科学学科的原理、原则和方法的体系”。其英文对应的 methodology 的定义为“① the science of method, or orderly arrangement; specifically the branch of logic concerned with the application of the principles of reasoning to scientific

---

1 中国社会科学院语言研究所词典编辑室. 现代汉语词典（第五版）. 北京：商务印书馆，2005，第 383 页.

2 Pearsall, J. *The New Oxford Dictionary of English*. Shanghai: Shanghai Foreign Language Education Press, 2001, p. 1164.

3 中国社会科学院语言研究所词典编辑室. 现代汉语词典（第五版）. 北京：商务印书馆，2005，第 383 页.

4 风笑天. 社会学研究方法. 北京：中国人民大学出版社，2001，第 6 页.

and philosophical inquiry; ② a system of methods, as in any particular science（方法的科学或有序排列，尤其是有关科学与哲学探索中推理原理运用的逻辑学分支；特定科学中的方法体系）。[1] 可见，“方法论”涉及研究过程的逻辑或研究的基础，是有关方法的理论或学科。事实上，方法论[2] 具有一定的体系性和层级性，可分为“哲学方法论”（即关于认识与改造世界的普世性方法理论）、“一般研究方法论”（普遍适用于相关研究领域的方法理论）和“具体学科研究方法论”（运用于某一具体学科或领域的方法理论）等三个层次。[3]

由上述定义可知，方法与方法论既相关又相异，两者的关系类似于“建材”和“大厦”。方法是方法论体系大厦的“建材”，但方法论不是方法的简单堆砌，而是基于某种规则或理念的有序排列，是众多方法的概括与升华。沙库（Saukko）[4] 也认为，方法是用以理解经验世界的具体工具，而方法论则是由诸多工具和某一种研究方法所蕴含的哲学和政治承诺共同构成的集合体。作为方法的理论，方法论重在强调人类活动应该遵循的基本原则与操作规范，阐释了具体方法在何种程度上具有适切性，指导人们规范化地选择与使用方法，提高行为的条理性、严谨性与科学性。

二、翻译研究方法论

翻译研究方法论是关于翻译研究方法的理论或“元方法”，在方法论系统中属于“具体科学方法论”这一层级。它不但受到形而上的“哲学方法论”层级的引导，兼顾了一般研究方法论，更是针对翻译研究学科自身特点和属性的相对独立的方法论。它主要“研究翻译学认识活动中所运用的所有研究方法的结构、功能、特点，阐述这些方法的应用、发展规律和方向以及各种方法之间的相互关系”。[5]

翻译研究方法论又可细分为“哲学方法”“一般科学方法”和“译学专有方法”

1 Guaralinik, D. *Webster's New World Dictionary of the American Language*. Cleveland: World Publishing Company, 1968.

2 李慧红. 翻译学方法论. 北京：国防工业出版社，2010.

3 穆雷. 翻译研究方法概论. 北京：外语教学与研究出版社，2010.

4 Saukko, P. *Doing Research in Cultural Studies: An Introduction to Classical and New Methodological Approaches*. London: Sage, 2003, p. 8.

5 李慧红. 翻译学方法论. 北京：国防工业出版社，2010，第 30 页.

三个层级。哲学方法并非用来解决翻译研究的具体问题，而是研究中的一种哲学思想基础以及有关研究对象的本体论。翻译研究中的哲学路径（如解构主义、阐释学、语言哲学等）便是这种哲学方法的体现。比如，阐释学中“视域融合”“阐释循环”“理解的历史性”“效果历史”等原则常常被用于指导和解释文本意义的开放性、译者主体性或主体间性以及文本阐释动态性等方面的研究。解构主义的翻译观消解了翻译研究中原文与译文二元对立，强调了意义的不确定性、译者的作用以及翻译中伴随的文化政治和权势，为具体的翻译研究提供了一种思想基础或理论起点。作为翻译研究方法论的中间环节，一般科学方法主要指具有科学研究的共性特征的方法。李慧红[1]将其分为① 系统论、信息论和控制论等横断 / 交叉科学方法；② 调查法、观察法、实验法等经验科学方法，以及 ③ 理性科学方法（如分类、比较、分析、综合、归纳、演绎、类比等）。此外，作为一门年轻的学科，翻译研究往往从其他学科移植一些方法并将其改造成适用于本学科的独特方法，即译学专有方法。

翻译研究方法论不是具体的翻译研究方法，更不是翻译方法（即翻译过程中使用的技巧与策略）。它是翻译研究学术共同体的共同语言，是研究方法选择和使用的规范化系统，是研究客观、过程有效、结论可信的保证，有利于完善翻译学理论体系。

三、社会研究方法体系

翻译研究是一门研究翻译和翻译现象的综合性科学，涉及社会科学和人文科学两个方面，有明显的跨学科特征。然而，作为一门仅有 30 多年发展史的新兴学科，翻译研究在方法论上还不够成熟和完善，因此有必要借鉴人文社科研究方法，以丰富其翻译研究的方法论体系。

穆雷[2]从抽象到具体将社会研究方法依次分为方法论、一般方法（类型）和具体方法，将其各层次的具体内涵呈现如图 10-1 所示：

1 李慧红. 翻译学方法论. 北京：国防工业出版社，2010，第 31-32 页.

2 穆雷. 翻译研究方法概论. 北京：外语教学与研究出版社，2010，第 3 页.

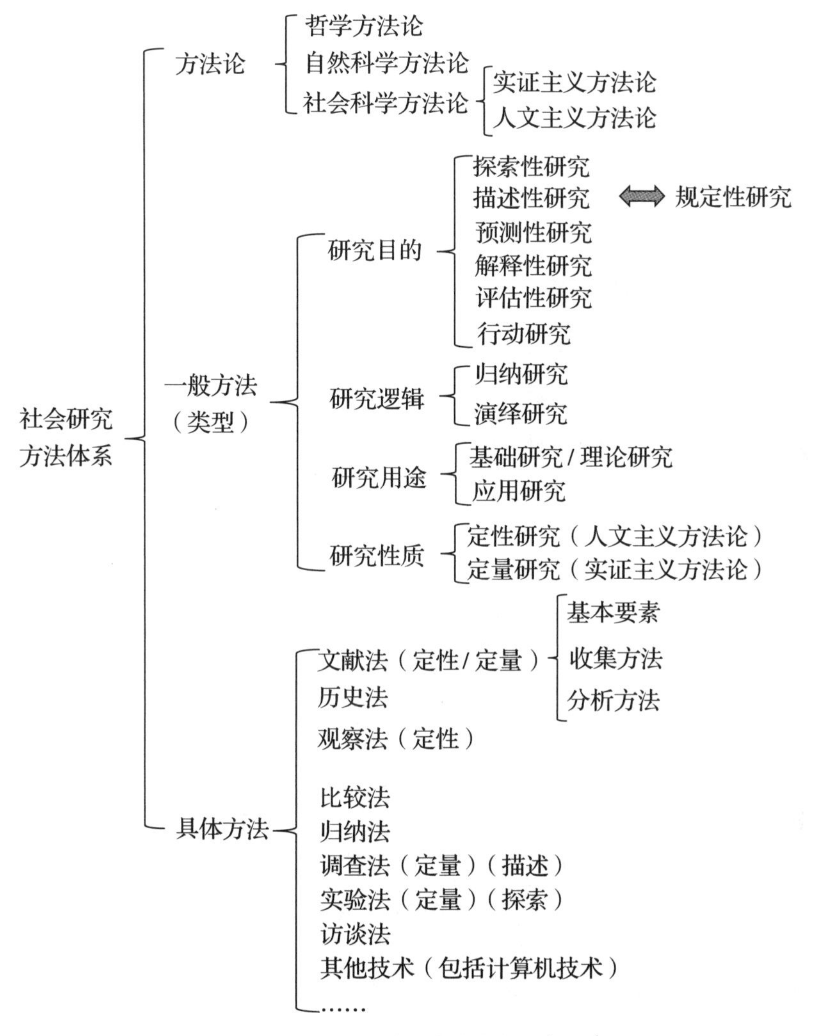

图 10-1 社会研究方法体系[1]

由图10-1可知，社会研究的“方法论”宏观层既包括指导研究的哲学思想和观点，又包括了自然科学与社会科学中的一些基本假设、逻辑与程序。在“一般方法”层面，社会研究方法因研究目的、逻辑、用途和性质等因素而存在差异。而“具体方法”微观层主要涉及的是数据收集、分析和其他的技术手段或工具。这三个层面相互联系、

1 穆雷. 翻译研究方法概论. 北京：外语教学与研究出版社，2010，第4页.

相互照应、相互补充：方法论是研究思路的宏观指导，影响研究者对一般方法的选择；而具体方法是一般方法的可操作化，如翻译实证研究者往往根据自然科学方法论的思路首先建立研究假设，然后通过实验或调查的“具体方式”收集数据和资料；最后再借用“一般方法”进行定量分析和检验。可见，研究方法的选择往往是体系内三个层面动态互动的结果。

四、研究方法的决定因素

选择与实施研究方法是科研过程中的一个重要环节，研究方法将研究目的和数据搜集与分析连接在一起，事关研究结论的信度和效度以及整个研究的质量。研究方法的选择常常取决于研究目的和研究情景等因素。

（一）研究目的

研究目的，即为何做这个研究，是研究进行的原因、理由和总体意图，具有统摄全局的意义。穆雷[1]基于研究目的将研究分为探讨新问题的“探索性研究”（explorative research）、详细描述现象的“描述性研究”（descriptive research）、预测可能现象或趋势的“预测性研究”（predictive research）、探寻因果联系的“解释性研究”（explanatory research）、对干涉介入社会的活动进行的“评估性研究”（evaluative research）和旨在解决问题的“行动研究”（action research）六类，而每种研究都在一定程度上决定了研究方法的选择。如探索性研究是针对新领域或对研究对象认识不深的前提下进行的研究。由于缺乏精确的资料，此类研究通常选取对资料和文献进行理论分析和逻辑推理、访谈法，或个案研究等方法；而评估性研究是对现象、活动、行为或其执行情况进行评估，因此量表、问卷等定量工具成为最常见的研究方法。

鉴于研究目的往往具象成为研究问题，因此研究问题也在一定程度上影响甚至决定研究方法的选择。如在研究英语古诗英译中注释“如何注”和“为何注”等问题时，张广法、文军[2]采用了基于文本分析的个案研究。他们选取了 11 本古今中外译者公开翻译出版的古诗译本，基于文本对其中的注释进行案例分析，并归纳汉语古诗英译的注释方法体系。为探究翻译专业学生对译者地位的感知情况，卢柯嫩（Ruokonen）[3]

---

1 穆雷. 翻译研究方法概论. 北京：外语教学与研究出版社，2010，第 5-8 页.

2 张广法，文军. 汉语古诗英译注释策略研究. 外国语文，2018a，34（6）：1-12.

3 Ruokonen, M. Realistic but Not Pessimistic: Finnish Translation Students' Perceptions of Translator Status. *Journal of Specialized Translation*, 2016, (25): 188-211.

对五所大学的 277 名学生进行了电子问卷调查，了解其对收入、能力、权势以及显身度等构成译者地位的要素的感知。

（二）现实制约

翻译研究总是发生在一定的现实情境与社会文化之中，因此研究方法的选择也受到了现实因素的制约，这包括现实的主观条件（如研究者的研究理念、能力、知识结构、责任心等）和客观条件（如资料可获得性、经费、时间、技术手段与协作条件等）。如一个笃信实证主义或醉心于统计分析的研究者通常会选择量化研究方法，选择诸如访谈、观察等方法的可能性会比较低。同样，一个有人本主义与建构主义理念的研究者在对翻译能力进行评价时，也不会单独依赖考试分数这种终结性评价，而更多融合学生的翻译档案、学习与反思日记等数据对其翻译表现进行形成性评价。在客观制约方面，如果研究者无法进入机构（如外事部门、翻译公司或出版社），那么他就不可能选择档案分析、参与性观察这类研究方法。而在没有 Translog、眼动仪（Eye-tracker）、功能性磁共振成像（fMRI）、正电子发射断层扫描技术（PET）、功能性近红外光谱技术（fNIRS）等技术设备的条件下进行翻译过程的认知研究是不切实际，也是不可能的。这种情境性制约也是研究设计可行性的一种重要体现。

第二节 文本取向的研究方法

翻译研究是一门经验科学，其研究对象是现实世界中的翻译现象、翻译过程与行为，以及翻译作品。经过 30 多年的发展，翻译研究吸收了不少学科的研究方法，形成自己的方法论体系（见本章第一节）。不同学者从不同角度将翻译研究方法进行归类，如威廉姆和切斯特曼（William & Chesterman）[1] 基于研究手段把翻译研究分为“理论研究”和“实证研究”两类，并指出“实证研究”具体方法包括个案、语料库、调查、历史档案等方法。杨梅[2] 则将翻译研究方法分为“理论研究法”（经验总结法、归纳思辨法、语言学理论研究法、跨学科研究法）和“实证研究方法”（语料库、个案、

---

1 Williams, J. & Chesterman, A. *The Map: A Beginner's Guide to Doing Research in Translation Studies.* Manchester: St. Jerome, 2002, pp. 58-67.

2 杨梅. 翻译研究方法评析. 重庆大学学报（社会科学版），2009，15（4）：138-142.

观察、调查、实验）两类。我们参考了萨尔达尼亚与奥布莱恩（Saldanha & O'Brien）[1]的分类法，基于研究对象将翻译研究方法分为“文本取向”“过程取向”“参与者与情景取向”三大类。需要强调的是，虽然我们基于研究对象把研究方法进行了如上分类，但方法选择的最终决定因素依然是研究目的。此外，鉴于翻译现象与问题的多样性与复杂性，以及翻译研究的跨学科性，在具体的研究中方法选择会呈现多元性、复合性与动态性等特性。

在接下来的三个小节中，我们基于分类对各种研究方法进行逐一介绍。本节“文本取向的研究方法”主要讨论用于研究翻译过程的成品及其相关文本（如副文本、翻译评论、研究文献等）的方法，而对翻译文本的研究通常具有描写/解释或评价维度。因此，文本取向的研究方法包括文本分析法、语料库、内容分析法和其他方法四种。

一、文本分析法

文本分析法（textual analysis）是由表及里地对文本进行细读与分析，从而发现其中深层意义或规律的方法，广泛地运用于人文与社会学科。文本分析和对比是翻译研究诸多方法中最古老，也是语文学与语言学研究范式下最常见的方法。到20世纪90年代，基于文本的语篇分析与批评话语分析等研究方法开始在翻译研究中占一席之地。

通常情况下，研究者可以将译文（TL）与原文（SL）进行对比，以发现翻译过程中的“对等”（equivalence）与“转移”（shifts），挖掘译者的翻译决策、翻译策略或翻译中的意识形态、权力等因素。如冯正斌、党争胜[2]基于对《废都》葛浩文英译本的细读和与原文对比发现，译者采用了去前景化、创造性前景化、“等值”前景化等策略忠实地传递原作的语言风格，最大限度地再现作品的文学性和艺术效果，而王彦[3]则把文本分析与批评性话语分析和系统功能语言学理论相结合，对政治演讲《中国的发展道路》的源语文本与译文进行了对比分析，发现译者对语言形式的选择直接影响到翻译语篇所传达给读者的意识形态意义。此外，研究者还可以对比同一原文的不同译文（versions），以讨论某一个现象的处理方式，挖掘译文风格与形态差异背

---

1 Saldanha, G. & O'Brien, S. *Research Methodologies in Translation Studies*. London: Routledge, 2015, p. 5.

2 冯正斌，党争胜．前景化语言翻译策略研究：以《废都》葛浩文英译本为例．外语教学，2019，40（1）：84-89.

3 王彦．政治语篇翻译的批评性话语分析．上海翻译，2009（3）：23-27.

后的原因，抑或揭示不同译者的风格。如陈晓莉、钱川[1]从语言、加注、话语角色吻合度、字幕与音画同步性等方面对两个字幕组的译文进行对比分析，从而探究公开课字幕组翻译过程中影响译者策略选择的因素以及字幕组的翻译规范。

虽然文本分析可以揭示和分析一些翻译现象，但它也具有一定的局限性。研究者往往基于文本细读中发现的少量例证或选择性的例证对主观判断或直觉进行论证，使研究缺乏足够的客观性和有效性。此外，文本的选择也相对主观和随意，不一定具有代表性，而且在分析和解释中容易出现以"先入为主"的观念筛选数据、循环论证、结论不可复制等问题。即便如此，文本分析依然是翻译研究中最根本、最常见的方法。

二、语料库

语料库（corpus）是"依照某种原则方式所收集的大量文本总汇"，[2]在信息化的今天通常是根据某种目标大规模收集并储存在计算机中的真实语料。莫娜·贝克（Mona Baker）最早提出用语料库的方法来描写和分析大量客观存在的翻译文本，从而揭示翻译的本质。此后，语料库在翻译研究中兴起，成为一种全新的研究方法。它"采用语料库方法，在观察大量翻译事实或翻译现象并进行相关数据统计的基础上，系统分析翻译本质和翻译过程"。[3]

目前，翻译研究中常见的语料库类型有平行语料库（parallel corpus，即原文与译文）和可比语料库（comparable corpus，即原创文本与翻译文本）两种。一般说来，研究者遵循"描写–解释"的路径，首先通过语料库对翻译事实或文本的词汇、搭配、句法、语义韵和语篇等特征进行客观描写和统计分析，然后再结合相关的语言学、文化、社会学或翻译理论进行分析和解释，是一种"自下而上"（bottom-up）的研究方法。它可用于翻译文体（文学与应用翻译）、翻译史、翻译教学、机器翻译以及描写翻译规范和翻译共性等研究领域。如贝克[4]提出了 6 种基于语料库的"翻译普遍特

---

1 陈晓莉，钱川. 耶鲁大学网络公开课字幕翻译对比研究——以 Ocourse 和 TFL 两字幕组翻译作品为例. 外语学刊，2013（3）：100-103.

2 Kenny, D. *Lexis and Creativity in Translation: A Corpus-Based Study*. Manchester: St. Jerome Publishing, 2001, p. 22.

3 胡开宝. 语料库翻译学：内涵与意义. 外国语，2012，35（5）：59-70.

4 Baker, M. Corpus Linguistics and Translation Studies: Implications and Applications. In M. Baker, M. Francis & E. Tognini-Bonelli. (Eds.) *Text and Technology: In Honor of John Sinclair*. Amsterdam: John Benjamins, 1993, pp. 243-245.

征”（universal features of translation），即显化、消歧和简化、合乎语法性、避免重复、超额再现目标语语言特征、某些语言特征的特定分布，这也成为很多后来研究翻译共性的参考框架。王克非[1]指出，双语对应语料库在翻译教学中可以实现词语对译检索、结构对译检索、一本多译对照与参考等辅助工作，有助于提高学生原文理解和用更流畅的目标语进行翻译的能力。而黄立波、朱志瑜[2]则基于语料库从标准类符／形符比（STTR）、平均句长和转述动词 SAY 入手，对比了葛浩文和戴乃迭翻译风格的差异，并以原创小说为参考考察了翻译文本与非翻译文本的差异程度。

较之传统的文本分析，语料库以大量自然文本的描写与分析为基础，把数据分析与定性研究相结合，在全面性、科学性与客观性上更胜一筹。然而，语料库手段也存在一定的局限性。除了需要一定量的库容外，对语料库的加工以及标注程度也会影响分析的充分程度和结论的可靠性。另外，数字时代下很多文本均以多模态形式出现，但目前国内外基于多模态语料库的翻译研究还处于探索阶段。即便如此，语料库也因其实证性、多维度描写和多视角阐释、定性与定量相结合等优势，备受研究人员的青睐，成为深化和推展译学研究的重要手段。

三、内容分析法

内容分析（content analysis）最早产生于传播学领域，是 20 世纪兴起的一种文献研究方法。它针对各种信息传播形式（如书籍、报纸杂志、歌曲、会话、演说、电视节目、广告、照片等）的明显内容进行客观的、系统的和定量的描述。[3]内容分析可分为定量研究和定性研究两种，然而大部分研究中往往采取定量取向，即研究者通过对文献的显性内容进行客观、系统的描述，分析内容中某一项目的频次或某一类别占整体的比重，等等。

内容分析的一般程序为：确定总体范围和分析单位→样本抽取→编码→分析，其主要类型包括“记词法”（统计关键词出现的频次或百分比）、“概念组分析”（以概念组为变量的分析）和“语义强度分析”（基于词汇语义的加权数的分析，以反映人们态度的强弱）。[4]近年来，翻译研究人员也借用内容分析法对翻译事实和现象进行分

---

1 王克非. 语料库翻译学探索. 上海：上海交通大学出版社，2012，第 142 页.

2 黄立波，朱志瑜. 译者风格的语料库考察——以葛浩文英译现当代中国小说为例. 外语研究，2012（5）：64-71.

3 风笑天. 社会学研究方法. 北京：中国人民大学出版社，2001，第 219 页.

4 袁方. 社会研究方法教程. 北京：北京大学出版社，1997，第 405-410 页.

析。如张广法、文军[1]使用内容分析法对从“中国重要报纸全文数据库”中2000年至2017年期间的56份有关翻译议题的文献进行了整体趋势、议题聚类与议题内容等方面的分析，发现虽然翻译议题报道数量稳步增长，但各类报纸的关注程度存在差异，且各类议题受到的关注程度也不同。

内容分析是将定性与定量结合，以定性研究入手，将反映文献内容的一定本质的特征转换为定量数据，从而使研究结果相对客观。同时，它以文献为研究对象，干扰性较少，还可以进行历时研究。当然它也存在一些不足，如只适合描述和分析那些明确、显性的内容，编码过程中无法避免的主观性等。

四、其他方法

（一）档案研究法

档案研究法（archival method）通过收集、梳理和分析以文字、图片、符号等形式存在的现存档案（如书籍、手稿、个人信件与笔记、序跋等），来探讨各种现象。在翻译研究中常用来进行翻译史和翻译家研究，以了解特定历史时期内的翻译活动以及对翻译问题的探讨，再现译者翻译过程中的行为或策略选择。近年来，国内外翻译学界开始关注翻译手稿的研究，并依次发掘译者的翻译观、翻译规范和惯习，再现翻译过程，开展译者能力研究。如张汨、文军[2]从词汇和句子层面对朱生豪《仲夏夜之梦》翻译手稿中的修改处进行研究，发现手稿修改处是译者对译文“可读性”和“可表演性”的追求的结果。档案研究法的优势在于，研究具有非接触性，可以研究因时空限制而无法接触的对象，还可以基于档案进行定性、定量或历时研究。然而，档案有时不易获得，且质量参差不齐，缺乏标准化形式而难以编码。

（二）文献计量法

文献计量法（bibliometric method）是以文献的外部特征作为研究对象，采用数理统计的方法来描述、评价或预测某个领域现状与发展趋势的方法。[3]近年来，文献

1 张广法，文军. 媒体对翻译议题报道的现状考察——基于“中国重要报纸全文数据库”（2000—2017）的研究. 上海翻译，2018b（3）：20-26，51.

2 张汨，文军. 朱生豪翻译手稿描写性研究——以《仲夏夜之梦》为例. 外语与外语教学，2016（3）：120-128，148.

3 朱亮，孟宪学. 文献计量法与内容分析法比较研究. 图书馆工作与研究，2013（6）：64.

计量法广泛用于翻译研究，以探讨翻译学科的现状、热点与发展趋势，文献间的引文关系以及学术共同体的互动。马丁内斯－戈麦斯（Martínez-Gómez）[1] 利用文献计量法对 1973—2013 年间西方非职业口译的发展情况进行了全面分析，而张继光[2] 则借助文献计量学工具 CiteSpace 对 1993—2014 年期间我国语料库翻译学研究的发展脉络和现状进行了全景式考察。作为一种定量研究方法，其计量过程因文献质量、数学模型复杂度、技术等因素而呈现出一定的相对性和模糊性。需要特别指出的是，虽然该方法非常适合综述类论文的研究，但它只能对文献特征进行描述和统计，研究者还需对现象背后的原因进行解释和深入分析。

第三节 过程取向的研究方法

作为翻译研究另一个重要的对象，翻译过程可以分为认知过程和社会过程两类。对认知过程的研究旨在探索翻译的内在过程，即译者大脑中的思维与决策过程，属于实验性研究。由于研究工具的介入，受试通常在非自然状态下进行翻译，研究过程具有一定的介入性。而翻译的社会过程研究则旨在揭示翻译的外部过程以及译文的生产轨迹以及其中蕴含的各种社会互动与网络。由于翻译的社会过程具有明显的情景性，我们将其研究方法放在本章第四节进行介绍，重点讨论几种常见的翻译认知过程研究方法。

一、有声思维法

有声思维法（think aloud protocol, TAPs）源于心理学领域，是一种对翻译过程的即时口头报告。它要求译者口述自己进行翻译任务时的所思所想，研究者通过录音或录像的方式记录讲述内容，并将其转写为数据本文以便后期进一步分析，发掘和重组译者的思维模式、翻译步骤、翻译决策过程。后来，随着翻译日益成为一种团队合作，它逐渐演变成为“多人有声思维（collaborative translation protocols, CTP）”，由进行翻译任务的多人同时进行有声思维，如常地进行讨论、建议、辩护、相互打断

1 Martínez-Gómez, A. Bibliometrics as a Tool to Map Uncharted Territory: A Study on Non-Professional Interpreting. *Perspectives: Studies in Translatology*, 2015, 23 (2): 205–222.

2 张继光. 国内语料库翻译学研究状况的科学知识图谱分析（1993—2014）. 上海翻译，2016（3）: 34-40，61，93.

等翻译互动，以获得更加自然和真实的数据。

有声思维法通过直接诱导译者大脑“黑匣子”中的思维数据，使研究者可以从不同目的、角度和问题对翻译过程进行研究，探讨翻译单位和翻译过程自动化、译者解决问题的过程与策略、译者抉择的制约因素、源语或目标语对翻译的影响等问题。如文军、殷玲[1] 运用有声思维法对 20 名英语专业三年级学生在翻译过程翻译策略的运用情况进行了研究。

尽管有声思维法在翻译过程研究中的效果已得到认可，但它也具有一些局限性。有声思维过程中，译者往往有意无意地将其翻译认知理性化，因此获得的文本并不能全面、准确地描述译者大脑运作情况。此外，有声思维还会在一定程度上干扰翻译任务的进行。为避免或减少此类影响，很多研究者将它和其他方法结合，获取多元数据（详见第四章第二节）。

二、键盘记录法

键盘记录法（key-logging），又称“击键记录法”，始于写作过程的研究，于20世纪90年代开始被用于翻译过程研究。译者在电脑上安装Translog键盘记录软件，软件会自动记录翻译过程中的键盘敲击活动、鼠标操作以及完成特定任务所需的时间，包括输入的内容、光标的移动（上拉或下拉查看源文和译文、词语顺序调换等）、删除内容的字数、Translog 自带的在线字典查询、暂停和改正等等信息，[2] 从而为翻译过程研究提供客观的观察数据。如伊莫南（Immonen）[3] 使用 Translog 软件对翻译和单语文本写作中的停顿模式进行了对比研究。王福祥、徐庆利[4] 以键盘记录法为研究工具，对以母语为汉语、外语为英语的准职业译者和翻译初学者在翻译过程中的在线修改情况、翻译各阶段耗时和翻译单位层次和数量等数据进行量化分析，探讨了汉英翻译递归性与翻译经验和翻译单位关系。

虽然键盘记录法不干扰翻译过程，避免有声思维法的主观性，但其诱导出的仅仅

---

1 文军，殷玲. 翻译过程中翻译策略的实证性研究——基于英语专业大学生的有声思维调查. 解放军外国语学院学报，2010，33（4）：75-80，128.

2 张倩. 翻译过程研究方法回顾. 陕西理工学院学报（社会科学版），2018，33（2）：100.

3 Immonen, S. Translation as a Writing Process: Pauses in Translation Versus Monolingual Text Production. *Target,* 2006, 18 (2): 313-336.

4 王福祥，徐庆利. 汉英翻译递归性与翻译经验和翻译单位关系的实证研究. 外文研究，2015，3（4）：45-53，106.

是有关译者可观察行为的间接数据，无法直接揭示译者的思维过程与认知负荷分配，在研究中常与其他方法（如眼动）一起配合使用（详见第四章第二节）。

三、眼动追踪

眼动追踪（eye-tracking）来源于认知科学，是近年来兴起的一种翻译研究方法，其运作机制基于“脑眼假设”（mind-eye hypothesis），即眼睛注视意味着人脑在进行加工。[1] 它通过眼动仪记录和分析人们在阅读或浏览时眼睛运动指标（如注视的次数与时长、回视次数、瞳孔直径、眼动轨迹），从而揭示认知加工过程与规律。奥布莱恩是最早将眼动跟踪法应用于翻译过程研究的学者，后来这方法逐渐得到推广，常用来研究翻译过程中译者的认知处理与注意力分配、译者的阅读习惯、翻译问题的识别与处理、隐喻与字幕翻译过程、翻译方向对过程的影响，以及翻译过程中的不确定因素管理等。[2] 如哈维普兰德（Hvelplund）[3] 结合眼动追踪与屏幕记录分析了 18 名专业译者使用电子资源的情况，发现译者在查阅电子资源时出现注视时间更长和瞳孔扩大等情况，这意味着其此时认知负荷在增加。王一方[4]（2019）则将眼动追踪与 Translog 键盘记录法相结合，基于译者的认知注意分配模式，探讨译者从中文译入英语时源语理解和目标语产出平行处理的过程。

虽然眼动追踪能够在一定程度上探究翻译认知过程，但眼动数据并不能直接指向特定认知过程。此外，眼动设备的佩戴会干扰翻译任务的进行，无法如实反映实际的翻译状态，从而降低了研究结论的生态效度。因此，光看眼动数据是不够的，需要键盘记录、访谈等其他方法配合使用，相互印证。

四、神经科学方法

鉴于上述的方法都不能对翻译认知进行直接测量，近年来越来越多的神经科学（neurosecience）研究方法被用于翻译过程研究，将译者的外在可观察行为与对内在神经活动的认知相结合，以管窥译者翻译过程中的大脑活动。这些方法包括脑电图

---

1 Just, M. A. & Carpenter, P. A Theory of Reading: From Eye Fixation to Comprehension. *Psychological Review*, 1980, 87 (4): 329–354.

2 Saldanha, G. & O’Brien, S. *Research Methodologies in Translation Studies*. London: Routledge, 2015, p. 138.

3 Hvelplund, K. T. Translators’ Use of Digital Resources During Translation. *Hermes,* 2017 (56): 71-87.

4 王一方. 汉译英过程中的平行处理——基于眼动和键击的实证研究. 外语教学，2019，40（4）: 88-93.

（EEG）、功能性磁共振（fMRI）、正电子发射断层扫描技术（PET）、功能性近红外光谱技术（fNIRS）等。其中EEG记录大脑活动时电波的变化，fMRI测量神经元活动引发的血流和血氧变化，PET通过观察被标记上短寿命放射性核素的生命代谢必需物质（如葡萄糖、蛋白质、核酸等）在代谢过程中的聚集来获取人体代谢活动的情况，fNIRS则基于氧合血红蛋白和脱氧血红蛋白的变化来窥视大脑活动。如何妍、李德凤、李丽青[1]采用近红外脑功能成像技术探讨了翻译方向对学生译员在汉英、英汉视译过程中认知加工的影响，发现翻译方向对译员视译表现、视译过程中的脑激活模式以及认知负荷均有显著影响。

虽然神经科学方法为洞悉译者认知思维过程提供了新视角，加强了研究的客观性与科学性，但大部分技术成本高，可及性有限，而且设备会在一定程度上干扰受试的正常表现。因此，研究者需因地制宜地选择方法，或者将其整合收集不同类别的数据进行多元互证。

第四节 参与者与情景取向的研究方法

伴随20世纪80年代翻译研究的“文化转向”，越来越多的研究者将研究的焦点从文本和翻译过程转向翻译的社会文化语境以及翻译过程中的行为者。在这种背景下，翻译的社会过程以及译者成为重要的研究对象。本节将主要介绍几种以人和情景为取向的研究方法。

一、问卷调查法

问卷（questionnaire）是一份用于调查的精心设计的问题表格，旨在收集研究参与者的背景信息，调查人们行为、观点、态度以及社会特征等。[2]虽然实际调查中的问卷千差万别，但往往包括前言（研究者身份、研究目的与主题、调查结果的用途以及保密原则）、正文（被调查者基本信息、调查项目）和结束语（致谢）三个部分，而问卷中的问题分为封闭式（close-ended）和开放式（open-ended）两类。前者给

1 何妍，李德凤，李丽青. 方向性与视译认知加工——基于近红外脑功能成像技术的实证研究. 外语学刊，2020（2）：95-101.

2 风笑天. 社会学研究方法. 北京：中国人民大学出版社，2001，第158页.

出若干答案，被调查者根据实际情况选择，结果可进行描述或关联统计分析，而后者不给出具体答案，相关的回答适合进行质性分析。

研究者往往基于特定研究目的和意图设计问卷初稿，确定被调查的人群，然后从中选一个小样本进行前测，根据参与者的意见进行内容、表述与格式上的修改，然后确定问卷终稿，通过线上或者线下的方式实施问卷，收集数据，并对其进行分析。在设计问卷时，应该注意以下几点：其一，问题的措辞尽量简短、明确、通俗易懂。其二，问卷不宜过长，通常三十分钟年能完成为宜。其三，注意问题的逻辑顺序与过渡：通常把被调查者相对熟悉的、感兴趣的、容易回答的放在前面，问题的内容由浅入深从现象、行为过渡到看法和态度，开放式问题放在问卷的最后面，等等。[1]

问卷相对节省时间和人力，具有很好的匿名性，而且便于进行定量处理和分析，在翻译研究中也是一种常见的研究方法，用以调查翻译行业、某个译者群体、翻译技术、翻译的接受与译介、文本翻译的规范性、翻译教学（课程设置、人才培养现状、师生的需求与态度、教学效果），等等。司徒和郭（Seaton & Guo）[2] 采用问卷调查了上海和台北两地的口笔译员的专业实践、自我感知、工作满意度与期待，以及在英语和汉语成为 20 世纪主流语言的背景下他们对自己角色和贡献的感知。冯全功、胡本真[3] 提出了文学翻译中修辞转换模式对原文文学性的影响的假设，采用问卷调查了 100 名不同专业的大学生对各种转换模式下原文和译文的文学性和审美效果强弱的对比和感知，发现译者对修辞认知的充分调用能够增强译文的文学性以及其作为独立文本的价值。

然而，问卷调查也存在不足。如问卷的回收率、被调查者的参与程度及其回答质量难以保证。此外，问卷收集的大多是描述或探索型数据，并不是收集解释型数据（情感、态度、观点与个人经验）的最佳方式。[4] 即便如此，问卷依然是有用且重要的手段，在实际研究中往往辅以访谈或其他的研究方法，已达到最佳研究效果。

1　袁方. 社会研究方法教程. 北京：北京大学出版社，1997，第 253-257 页.

2　Seaton, R. & Guo, L. L. Attitudes to Role, Status and Professional Identity in Interpreters and Translators with Chinese in Shanghai and Taipei. *Translation and Interpreting Studies*, 2009, 4 (2): 210-238.

3　冯全功，胡本真. 译者的修辞认知对译文文学性影响的实证研究. 外语学刊，2019（1）：97-103.

4　Saldanha, G. & O'Brien, S. *Research Methodologies in Translation Studies*. London: Routledge, 2015, p. 152.

二、访谈法

访谈（interviewing）是一种人文社科领域广泛使用的研究工具，是研究者通过口头谈话的方式从被研究者那里收集或“建构”第一手资料的研究方法。[1]研究者往往基于一套精心设计且针对性强的问题，引导受访者陈述自己的情感、看法与态度，使用录音或者录像的方式保存研究资料，将其转写成文本后进行统计或内容分析，并得出结论。和问卷一样，访谈法也需要进行前测，基于反馈进行修改和调整访谈提纲，然后再基于抽样招募受访者参与采访。在访谈执行过程中，研究者需遵守知情同意、匿名与隐私保护、非歧视和剥削等研究伦理。访谈可以通过面对面、电话和网络即时通信软件（如 Skype、微信、QQ 语音等）进行。

根据受访者的人数，访谈可分为“个别访谈”和“焦点小组”（focus group）两类。前者适合针对某个问题进行个人的深度挖掘，而后者通常有六到十名参与者，大家就有关问题进行深度讨论，建构知识。就结构而言，访谈可以分为“结构化”（structured，即研究者根据事先设定的、有固定结构的统一问卷进行访谈）、“无结构”（unstructured，即无固定访谈问题，鼓励受访者积极参与并发表看法）和“半结构化”（semi-structured，即研究者事先准备提纲，但根据访谈中的情况灵活调整程序和内容）三种。[2]一般说来，结构化访谈适合量化的统计分析，而无结构或者半结构化访谈则适合做内容的质性分析。

长期以来，访谈广泛用于口译研究之中。它不但是一种诱导数据的工具，更因为公共服务领域（如警局、社会福利中心、医院、学校等）的口译材料大多以访谈形式存在。[3]近年来，随着社会翻译学的兴起以及翻译技术和翻译教育的发展，访谈常被用来研究翻译的社会过程、译者风格、翻译教学、译者能力、翻译修订与质量控制、翻译技术等问题。如施（Shih）[4]采用访谈法探究了职业译者翻译修订的情况以及其态度。

较之问卷调查，访谈更灵活，可以更深入地探讨问题，研究者通过与受访者直接互动获取详细的一手资料。但它也存在一些不足，如受访人员的参与程度存在差异、数据收集和分析相对耗时，不适合大样本研究等。因此，在具体研究中往往通过执行分析软件对转写文本进行处理，或和其他方法配合使用，以提高其效率和效果。

---

1 陈向明. 质的研究方法与社会科学研究. 北京：教育科学出版社，2000，第 165 页.

2 同上，第 171 页.

3 Saldanha, G. & O'Brien, S. *Research Methodologies in Translation Studies*. London: Routledge, 2015, p. 168.

4 Shih, Y. Y. Revision from Translator's Point of View: An Interview Study. *Target*, 2006, 18 (2): 295-312.

三、民族志

民族志（ethnography），又称“人种志”，来源于人类学和民族研究，最初被用于研究某些原始部落群体的文化，后来逐渐成为一种用于研究特定社群以及其文化的方法。它鼓励研究者长期参与研究对象的日常活动，浸入式地收集全面的、最真实的、深入的数据，并进行深度描写（thick description）以达到研究的目的。近年来，随着信息技术和数字技术的发展，越来越多的人将互联网当作人际沟通与解决问题的工具，“网络民族志”（netnography）或“虚拟民族志”（virtual ethnography）应运而生，用于研究以计算机为媒介的沟通交流和由此形成的虚拟网络社群及其文化，包括其社会文化实践、理念、意义、关系和语言符号系统等。[1]

严格意义上的民族志研究往往遵循如下程序：识别研究对象与问题→选择研究场所→批准进入→建立友好、信任的关系→参与式观察与数据收集→数据分析→撰写民族志，但在实际研究中，研究者往往将民族志作为数据收集方法，以获得对某个社群以及其文化的整体性理解。事实上，民族志是一种“兼容并包”的研究方法，研究者在参与式观察中可以通过直接观察、访谈、收集文献与实物，甚至问卷等方式获取不同类型和层面的数据，从而提高研究结果的可靠性和全面性。

一些翻译研究学者认为，实验情境下的翻译过程和行为缺乏足够的自然性、情境性和真实性，主张将民族志引入翻译研究，借以对翻译的社会过程进行考察。如加拿大学者布泽林（Helene Buzelin）考察了文学的翻译与出版过程，芬兰坦佩雷大学的凯萨·科斯基宁（Kaisa Koskinen）探究了欧盟机构翻译以及译员的身份与职业身份等等。近年来，也有不少学者通过网络民族志对翻译技术的使用、翻译网络及其中的过程、译者行为等问题进行了探究。多姆贝克（Dombek）[2]将问卷与网络民族志相结合考察了波兰用户译者参与脸书项目翻译的动机以及技术使用情况。阿美瑞和柯西萨里赫（Ameri & Khoshsaligheh）[3]借用网络民族志的方法，基于波斯语网络社群内用户发的帖子和评论分析了他们对伊朗影视配音的接受和态度。

作为一种描写性研究手段，民族志涉及人，因此需要研究者应该恪守知情同意、

---

1 Kozinets, R. V. *Netnography: Doing Ethnographic Research Online*. London: Sage, 2010.

2 Dombek, M. *A. Study into the Motivations of Internet Users Contributing to Translation Crowdsourcing: The Case of Polish Facebook User-Translators*. Unpublished Doctoral Thesis. Dublin: Dublin City University, 2014.

3 Ameri, S. & Khoshsaligheh, M. Dubbing Viewers in Cyberspaces: A Netnographic Investigation of the Attitudes of a Persian-Language Online Community. *KOME,* 2020, 8 (1): 23-43.

匿名与隐私保护、非歧视和剥削以及自我反思等伦理。在民族志研究中，研究者可以进入研究场所并在一定时间内进行直接的、情景化的观察，从而获得较之访谈更直接、更真实、更动态、更丰富的一手资料，但整个研究过程存在不确定因素，相对耗时，难以完全避免数据分析和阐释的主观性。因此，研究者往往采取多点、多时段民族志，或将它和其他方法配合使用，以获得整体性认识或建构理论。

四、个案研究

个案研究（case study）是“对一个人、一件事件、一个社会集团，或一个社区进行深入全面的研究”。[1] 具体说来，它将焦点放在个人或社群，通过搜集相关的背景信息、文本、谈话、物件等资料，发现研究对象的特征、问题与现象的形成、发展以及变化过程，并借此概括和归纳出对类似现象或问题的认识，或者为后续研究提供理论假设。

个案研究的一般程序是明确研究问题→选择个案→获得接触→数据收集→撰写研究报告。它多用于纵向研究，分析特定的对象在一段时间内的发展变化与规律特征。需要特别强调的是，个案研究的逻辑基础不是统计学意义上的扩大化推理（即从样本推论到总体），而是从个案上升到理论这种分析性推理。[2] 因此，个案选择时候需要考虑其典型性，即个案能否体现现象的重要特征，而非再现总体的性质，以便将个案结论推广至其所归属的某一类别现象。[3]

翻译研究中的个案研究往往是针对翻译作品、译者或翻译情景展开，在某些情况下还可以开展个案对比或多重个案研究（multiple case studies），可以对某种翻译事件和过程、翻译规范、翻译行为或互动模式以及译者风格和翻译观进行描述，也可以对翻译现象、译者行为与决策等进行解释，也可以在描述和解释基础上对翻译文本、事件或现象进行的价值或伦理判断。阿尔纳法（Al-Nafra）[4] 以伯明翰大学翻译研究项目为个案，历时地考察了项目对学生译者社交能力的影响，重点关注了他们在翻译讨论中立场与定位在项目进行前后的变化。研究发现，虽然项目能帮助学生更加自信、

---

1 风笑天. 社会学研究方法. 北京：中国人民大学出版社，2001，第 239 页.

2 Yin, R. K. *Case Study Research: Design and Methods. 2nd ed.* London: Sage, 1994.

3 王宁. 代表性还是典型性？——个案的属性与个案研究方法的逻辑基础. 社会学研究，2002（5）：124.

4 Al-Nafra, N. Trainee Translators’ Positioning in Discussing Translation Decisions: A Diachronic Case Study. *inTRAlinea,* 2018 (20).

坚定地阐述自己的翻译决策过程与最终的解决方案，但到项目结束时他们和不同观点互动的意愿降低。

个案研究针对特定对象进行深入、全面的分析和研究，有助于对某类现象形成定性的认识，具有实验和调查研究无法比拟的优势。然而，个案研究有明显的主观性，加之对象数量少，代表性有限，难以从中得出普遍性结论。但研究者可以把它和其他方法相结合提高研究的效度，抑或从具体个案中抽离出一些启发性的观点或假设，供后续研究思考或证实。

五、其他方法

除上述方法外，近年来翻译学者还借用了教育学、历史学、社会心理学等学科的方法对翻译中的人与情景进行了研究。我们将较为常见的三种简述如下：

（一）叙事研究

叙事探究（narrative inquiry）由加拿大教育学学者康纳利（F. Michael Connelly）和克兰蒂宁（D. Jean Clandinin）提出来一种基于叙事或故事的探究方式。不同于日常生活中的"讲故事"，它探究"经验的内在关联，通过把它放置于一定的社会、文化语境中，以理解、诠释内在的意义，最后通过叙事的形式表述或呈现它"。[1] 近年来，一些国外的翻译学者开始使用叙事来探究诸如翻译能力的培养、译者对翻译技术的情感与态度等问题。卢柯嫩和科斯基宁（Ruokonen & Koskinen）[2] 通过译者撰写的"情书 / 分手信"情感叙事文本探究了他们与技术的互动，分析了翻译人机交互过程中译者与技术之间的"能动性之舞"（dance of agency）。作为一种质性研究形式，叙事探究是研究者和研究参与者通过互动探究经历、建构知识的过程。虽然它具有不可避免的主观性，缺乏量化研究注重的客观性和可推广性，但能动态地呈现个体经验的丰富性、多样性和复杂性，在"人"的研究中具有重要的作用。

（二）口述史

口述史（oral history）是一种有关"口述史料"的方法，是"亲历者叙述的历史"，

---

1 李晓博. 叙事探究的"事实"、价值和评价基准. 中国外语，2010：85.

2 Ruokonen, M. & Koskinen, K. Dancing with Technology: Translators' Narratives on the Dance of Human and Machinic Agency in Translation Work. *The Translator*, 2017, 23 (3): 310-313.

即从亲历者、当事人、知情者那里了解历史的真相，认识历史的本来面貌。[1] 近年来，它在翻译史研究中兴起，基于译者、历史见证人等的口传记忆发掘被遮蔽的史料，呈现社会文化史中翻译的全貌，描述和解释复杂的翻译事件和现象。日本学者鸟饲久美子（Kumiko Torikai）[2] 采用口述史的方法，先后对五位外交口译进行访谈，揭示了"二战"以后日本的外交口译史。

（三）行动研究

行动研究（action research）是一种针对社会情景的研究，"以参与和协作的方式解决现实社会中的问题，通过一个循环的过程改善行动质量，获取知识"。[3] 这个"循环过程"包括四个互联互依的环节（计划、行动、考察、反思），呈现螺旋上升，环节结束后又进入下一个循环。[4] 在这种协作式研究方式中，被研究者摆脱了研究对象或客体的被动身份，主动和研究者一起解决现实的问题，改善行动的质量。由于其"行动"的焦点，翻译学者可以用它来进行翻译技术、翻译教学等方面的研究，以考察某种技术对翻译实践的影响，或者某种教学方式的效果或对学生翻译能力的作用。王洪林[5] 借助 Moodle 教学平台对口译翻转课堂教学开展行动研究，并结合课堂观察、问卷调查、学生访谈和学生反思性评价等方式探讨了翻转课堂对口译训练效果的促进作用。

第五节 翻译研究方法中的几组关系

在前面四节中，我们集中介绍了翻译研究中文本、过程、参与者与情景取向的研究方法，简述了各种方法使用的一些研究领域以及方法本身的利弊。诚然，研究方法的选择受到了研究目的和研究情景中主客观因素的制约，但翻译作为一种认知、语言、文化与社会现象有其复杂性、动态性、历史性和多维性。这就需要我们在选择研

1 程中原. 谈谈口述史的若干问题. 扬州大学学报（人文社会科学版），2005（2）：20-23.

2 Torikai, K. *Voices of the Invisible Presence: Diplomatic Interpreters in Post-World War II Japan*. Amsterdam: John Benjamins, 2009.

3 O'Leary, Z. *The Essential Guide to Doing Your Research Project*. London: Sage, 2010, p. 146.

4 陈向明. 什么是"行动研究". 教育研究与实验，1999（2）：65.

5 王洪林. 基于"翻转课堂"的口译教学行动研究. 中国翻译，2015，36（1）：59-62.

究方法时思考并处理好以下几组关系，因为它们不仅关系到具体方法和手段的选择与操作，更是研究者的研究思维、逻辑起点、价值取向以及研究目的、层面与客观性的重要体现。

一、规定与描写

规定（prescriptive）与描写（descriptive）是研究目的的重要体现。《新牛津英语词典》将 prescriptive 定义为"属于或关于规则或方法的实施或执行"（of or relating to the imposition or enforcement of a rule or method），[1] 而把 descriptive 界定为"服务于或试图描述的"（serving or seeking to describe）。[2] 可见，规定是以某种先前确立的规范或标准考察某个事物或现象，是"should be"的状态，而描写是如实地记录事物或现象本来的面貌，是"is"的状态。

长期以来，国内外的翻译研究中"规定"大行其道。无论是西方早期学者（如西塞罗、圣杰罗姆）对"直译和意译，何为恰当的翻译策略"的讨论，还是家喻户晓的"信达雅"翻译标准，都充分体现了翻译研究中的规定取向。这类研究的特征归纳为 4 个方面，即（1）以源语或原文本为中心；（2）将翻译视为语际转换，忽略文化语境；（3）研究基于个人经验的感悟或语文学、修辞学框架；（4）研究的终极目的为指导实践，研究包含研究者的价值判断。[3] 虽然规定性研究有其局限性（如标准的多元化、研究者的主观性、价值判断的相对性），但它却非常适用于需要规范化或标准化的领域，如翻译教学（人才培养方案、教学大纲、课程设置等）、翻译质量评估与翻译批评、应用文体（如公示语、法律文本等）、翻译标准探讨，以及翻译学科体系等。如万华[4] 考察了国家某 5A 级风景区公示语及其英译，总结了 7 类翻译失误，并提出公示语翻译应遵循正确规范、准确清晰、身份认同、通俗易懂、内外有别、名称统一、文明礼貌 7 大原则。

翻译研究中的"描写"兴起于 20 世纪 70 年代的欧洲，是对规定性研究不足的一种回应和补充。当时，越来越多的翻译学者意识到跳出文本和语言的束缚，将文

1 Pearsall, J. *The New Oxford Dictionary of English*. Shanghai: Shanghai Foreign Language Education Press, 2001, p. 1465.

2 Ibid, p. 499.

3 穆雷. 翻译研究方法概论. 北京：外语教学与研究出版社，2010，第 110-111 页.

4 万华. 公示语翻译：问题与规范——以某 5A 风景区公示语英译为例. 上海翻译，2017（3）：38-45.

本放置于社会、文化、意识形态与政治的语境下考察的重要性。描写性研究始于霍姆斯“翻译研究图谱”中的“纯理论研究”下的“描写翻译研究”，经过以色列学者图里系统发展后替代了规范性研究中翻译研究中的中心地位，成为一种新的研究趋势。穆雷[1]将描写翻译研究的核心信念归纳为：（1）翻译研究旨在于更好地描写和解释翻译研究；（2）研究对象是现有的翻译事件和现象；（3）研究避免进行价值判断；（4）以目标语为导向；（5）翻译语境化。翻译研究中的描写主要针对翻译产品（如个别译作研究、不同译本对比）、翻译过程（认知过程、社会过程、译者与其他行为者）与翻译功能（译本的社会文化语境以及其作用），而在研究法上则常常出现交叉和混合的特点。如翻译行为的描写研究可以整合民族志观察、键盘记录、眼动追踪、译文的分析甚至译者访谈。可见，翻译中的“描写”是一种非判断性的、包容型的研究策略，允许何种方法和理论百花齐放、取长补短。

需要指出的是，“规定”和“描写”并不是相互矛盾的一对概念，只是因研究目的而异的两种策略，不存在孰优孰劣。我们不能将二者对立起来，应根据具体的研究问题来确定要自己做的是描写性研究还是规定性研究，或将其有机结合（如先描述再规约），使规定和描写各司其职，共同推动翻译研究的发展。

二、定量与定性

定量（quantitative）与定性（qualitative）是研究性质的简洁描述，也是社会科学界中近四十多年来相互对峙的两大阵营。定量“侧重于对研究现象的测量与计算，立足于收集客观事实，重视测量步骤的信度和效度，强调研究结果的可推广性与可重复性”；定性则是“有计划地采集到的大量的经验性资料，包括个体体验、反思、生活故事、访谈、观察、历史事件的描述以及交互的视听觉文本等，强调描述个体生活中的日常行为、问题情境及其意义”。[2]

定量研究的理论基础是实证主义（positivism），逻辑结构是演绎，适合于有一定理论基础，需要通过量化数据来验证理论或假设的情况。研究者将假设陈述为可验证的命题，确定相关的变量，在研究对象中进行抽样调查，然后用统计方法对收集到的数据进行分析，最终证实或证伪假设，从而拓展理论。翻译中的定量研究往往针对

1 穆雷. 翻译研究方法概论. 北京：外语教学与研究出版社，2010，第 116-117 页.

2 徐建平，张雪岩，胡潼. 量化和质性研究的超越：混合方法研究类型及应用. 苏州大学学报（教育科学版），2019，7（1）：50-59.

文本、翻译过程、译者、翻译教学以及翻译学科进行，通过语料库、内容分析、文献计量法、实验、问卷、量表、结构化访谈等方式收集和分析数据，从而证实或证伪假设，或解释整体趋势和共性特征。本章第二节“内容分析法”中提到的《媒体对翻译议题报道的现状考察》便是一个定量研究的例子。研究者采用系统抽样法选取了2000—2017年间国内报纸中456份有关翻译议题的报道，采用ATLAS. ti v7. 5. 7对其进行了三级编码，然后对其整体趋势（报纸类别、报道数量与增长趋势）以及翻译议题进行了统计和内容分析，从而揭示了中国媒体所关注的翻译现象及历时变化。本章第三节“神经科学方法”中提到的论文《方向性与视译认知加工》通过实验采集了11名学生译员在进行视译时的fNIRS数据，并从视译表现、视译过程中的脑激活模式以及认知负荷三个方面进行了量化分析，最终发现翻译的方向性对学生译员认知加工的影响。虽然定量研究具有系统性、证实性、可靠性、概括性、客观性等特征和优势，[1]但对科研者的数理统计能力要求较高，有些因子难以量化，而且它常常揭示的是样本群体的整体趋势和共性，对个体差异考察不足。

定性研究则建立在现象学（phenomenology）、阐释主义（hermeneutics）和建构主义（constructivism）的基础之上，其逻辑结构是归纳。研究者往往针对某一现象在“自然情境下采用多种资料收集方法”，使用“归纳法分析资料和形成理论，通过与研究对象互动对其行为和意义建构获得解释性的理解”。[2]定性研究是数据驱动的研究，过程是开放的，研究者的理解可能随着研究的进行而变化，可能会被否定、修正甚至放弃，但最终会形成某种理论或者模型。克雷斯尔和克拉克[3]指出，定性研究适合下列四种研究情景：（1）由于缺乏理论和前期研究，相关概念“不成熟”；（2）现有理论存在不准确、偏见甚至谬误；（3）有必要深入描述、研究和发展某一个现有现象；（4）研究选题本身不适合量化。翻译中的定性研究主要针对翻译中不宜量化的现象和过程，通过开放式问卷、访谈、民族志、有声思维法、个案研究等方法收集数据，通过归纳思维获得整体性理解，或建构某种模式或理论。本章第二节中“档案研究法”中提到的“你为何翻译？TED志愿翻译的动机研究”（Why Do You Translate? Motivation to Volunteer and TED Translation）便是一项小型的定性研究。在开展研究的时候，学界与大众对于网络志愿翻译的认识还相对较少，没有现成的理论框架可以采用或借鉴，因此研究者选择了定性的方法，在TED网站上收集了11篇志愿者

---

1 穆雷. 翻译研究方法概论. 北京：外语教学与研究出版社，2010，第61页.

2 陈向明. 质的研究方法与社会科学研究. 北京：教育科学出版社，2000，第12页.

3 Creswell, J. W. & Clark, V. P. *Designing and Conducting Mixed Methods Research*. London: Sage, 2018.

译者撰写的日记，通过文本细读从中归纳出他们参与TED翻译的6大动机（即分享TED的好处、影响社会变革、收获人情味、参与社区、加强学习、获得乐趣），并建议将来可以采取定性与定量相结合的混合研究。虽然定性研究具有整体性、描述性、灵活性、归纳性等特点，[1] 但它研究过程相对较长，人力和时间成本较高，其结论有时候难以推广，客观性相对有限。

定量和定性只是研究的偏向，并不是一对不可调和的矛盾。研究者往往根据研究主题、研究目的，从定量或定性的研究方法中进行灵活的选择甚至组合。事实上，从20世纪后半叶开始，一些学者逐渐认识到了定量和定性自身的局限性，并提出将二者相结合的"混合方法研究"（mixed-methods research），在改善研究的科学性、客观性和效度的同时，保留其人文"温度"。

三、演绎与归纳

演绎（deductive）与归纳（inductive）既是研究者思维推理方式，又是研究的逻辑和定位。演绎是指通过数据对现存理论或假说进行验证，逻辑走向是从抽象到具体，而归纳则是从收集到的数据出来发展理论或假设，从具体到抽象。[2] 换言之，演绎是由上至下（top-down）的思维模式，即理论 / 假设→数据→验证，而归纳则由下而上（bottom-up），即数据→模式 / 规律→假设 / 理论。

翻译研究中的演绎主要包括基于理论的数据分析和结合数据的假说验证两类。基于理论的演绎在翻译研究中最为常见，它从理论出发，结合数据层层推进，论证相对严密。叶苗[3] 运用语用翻译学原理，分别从语用含义与语用等效、"关联"理论和语用策略3个方面对景点名、导游词、标志牌、告示语和旅游标语等旅游资料的英译进行了分析。然而，在实际的操作中，研究者因为受到了理论的影响在数据收集和分析过程中进行了筛选，只采纳那些符合理论框架的数据或示例，出现"削足适履"的错误倾向，这是我们在研究中应该要极力避免的。第二类"基于假说的演绎"是自然科学中发现与知识生成的常用方法，以假说为出发点，基于数据演绎出可检验的结论，从而证实或修正假说，广泛于翻译实证研究。本章第四节"问卷调查法"中提到的"译者的修辞认知对译文文学性影响的实证研究"便是这样的研究。文章先把文学翻译

---

1 穆雷. 翻译研究方法概论. 北京：外语教学与研究出版社，2010，第60页.

2 Saldanha, G. & O'Brien, S. *Research Methodologies in Translation Studies*. London: Routledge, 2015.

3 叶苗. 旅游资料的语用翻译. 上海翻译，2005（2）：26-28，58.

中的修辞认知转换模式可分“修辞认知转换为概念认知”“修辞认知转换为修辞认知”和“概念认知转换为修辞认知”三类，并假设三种模式对原文的文学性分别起弱化、等化与强化的作用。然后，研究对 100 名大学生对各种转换模式下文本的文学性和审美效果进行了问卷调查，数据的分析最终验证了之前提出的假说。

翻译研究中的归纳是一种数据驱动的思维，从某个翻译现象或问题的丰富繁琐的数据之中总结和提炼共有特征、模式、趋势以及相互关系，从而形成假说或建构理论，深化人们对翻译现象以及翻译本质的认识。张文鹤、孙三军[1]的《汉语古诗英译中替换法的描写研究》一文就较好地运用了归纳法。文章选取了 10 本国内外出版的英译古诗集，通过文本分析的方法从中挖掘出 664 个替换法的示例，经过编码和统计后归纳出古诗英译中替换法的分类模型（即文化替换、修辞替换、审美替换与情景替换），并对替换的作用与局限性进行了阐释。

需要强调的是，演绎和归纳并不是和某种特定的研究方法完全对应。比如研究者采用演绎的思路，通过语料库对贝克[2]提出了 6 种“翻译普遍特征”进行验证，也可以在译本语料库中描写不同译文的共同特征与模式，从而归纳出译者的翻译风格。事实上，演绎和归纳并不是相互排斥的，常常可以整合在一个研究之中，可以“先演绎，再归纳”或“先归纳，再演绎”。比如，在研究字幕组译者的行为时，研究者可通过访谈或观察收集数据，总结出字幕译者的行为模式及其影响因素（即归纳），然后再通过问卷对提出的模式进行检验和调整（即演绎）。可见，演绎和归纳并不是“非此即彼”的研究思路，而且各自都能兼容诸多的研究方法。我们应该正确地认识和灵活地运用它们，使其更好地为研究服务。

四、共时与历时

共时（synchronic）与历时（diachronic）是涉及研究时间维度的两种视角。作为概念，它们源于现代语言学，但作为研究途径它们却有很久的历史，分别是我们日常生活中说的“同一时期内”和“不同时期内”。共时“忽略时间变化，描写现实事物的静止状态及系统各要素之间的关系”，而历时则“研究系统各要素在时间流变中

---

1 张文鹤，孙三军. 汉语古诗英译中替换法的描写研究. 外国语文，2018，34（6）：13-24.

2 Baker, M. Corpus Linguistics and Translation Studies: Implications and Applications. In M. Baker, M. Francis & E. Tognini-Bonelli. (Eds.) *Text and Technology: In Honor of John Sinclair*. Amsterdam: John Benjamins, 1993.

的变化”。[1]

翻译总是发生在一定的时空之中，而且译文也总是置身于一定的历史语境之中。因此，从时间维度对翻译进行研究具有重要的价值。翻译研究中的“共时”视角把特定历史时期内相对稳定的翻译事实或活动作为研究对象，对某一时期内翻译的过程、成品、功能、翻译家（或翻译家群体），以及翻译理论进行描写研究或对比分析，以获得具体的、有针对性的认识。而翻译研究中的“历时”则按照历史的纵向顺序作为研究视角，考察不同时期内翻译活动、现象的动态变化和规律，对不同时期内的翻译实践、翻译理论、译作及其接受、翻译家（或翻译思想家）进行描写或对比，以获得动态的、整体的认识，从而揭示翻译活动与现象背后的特征、模式与规律。

虽然两种视角的重心存在差异，但我们应该看到两者之间有机互动、相互补充的关系。历时研究少不了对这一特定历史时期内某个时间点上翻译事实的共时分析，而共时研究也需要置于动态的历史框架中考察才能将其意义推广和升华为跨时代的理性认识。因此，好的研究往往是二者的融合与统一。本章第四节“个案研究”中提到的“学生译员在翻译决策讨论中的定位：一项历时的个案研究”（Trainee Translators' Positioning in Discussing Translation Decisions: A Diachronic Case Study）便是将历时与共时有机融合的研究。整体上看，研究考察了 2012—2013 学年伯明翰大学翻译研究项目进行过程中学生译者在翻译决策的讨论中立场与定位的前后变化，但作者也在其中选择了三个关键时间点（即秋季学期、春季学期和夏季学期），先后对学生进行问卷、翻译任务，并填写翻译决策与策略表格，并将数据进行共时分析和历史对比，最终得出“项目改善了学生阐述翻译决策的信心和社交能力”这一结论。

共时和历时是相对的，在研究中往往是辩证统一的，在共时研究中不忘纵向的考察，而在历时考察中兼顾深度的共时分析与对比。我们在研究中应该灵活地把研究时间的横向与纵向相结合，更好地分析翻译现象，揭示其背后的共性与本质。

五、宏观与微观

宏观（macro）与微观（micro）是研究中的两个关注层面或切入点。宏观是概念和规律的层面，关注事物或现象的整体性，而微观是操作的层面，从具体的局部入手。霍姆斯（Holmes）[2] 指出，翻译研究的两个主要目标是描写“翻译过程和翻译

1 穆雷. 翻译研究方法概论. 北京：外语教学与研究出版社，2010，第 197 页.

2 Holmes, J. S. *Translated! Papers on Literary and Translation Studies*. Beijing: Foreign Language Teaching and Research Press, 2007, pp. 68-70.

作品的各种现象”并确定“描写或者预测上述现象”的“普遍原理”。从研究层面看，现象的描写属于微观，而普遍原理的确定属于宏观，两者相互照应。

翻译研究中的宏观层面包括翻译理论、翻译史、翻译批评、翻译教学体系等，对其的研究可以帮助人们从全局上把握翻译的原理、思想和标准，翻译事件和活动的整体趋势，以及翻译人才培养的规律和模式，但它往往具有一定的笼统性和抽象性，针对性相对较弱，而且对研究者的理论素养、知识储备的要求较高。

较之抽象的宏观研究，微观研究更“接地气”，因此从事的人也相对较多。翻译研究中的微观层面既包括针对某个领域或体裁的翻译理论、具体文体的翻译以及翻译教学中的实际问题（如教材、方法、评估），又涉及基于文本层面的译作分析、对比和赏析等。这类研究有利于人们加深关于具体的翻译活动和现象的复杂性、丰富性和微妙性的认知，但它相对琐碎，针对性过于强而缺乏普遍性意义，容易让人忽略事物之间的联系。

事实上，宏观和微观是相对的概念。较之“宏观”的翻译史研究，对某个翻译家的研究属于“微观”研究，但对翻译家译本的研究既包括词汇、短语和句子这些“微观”层面，又不乏“语篇”这个宏观层面。本章第二节“档案研究法”中提到《朱生豪翻译手稿描写性研究——以〈仲夏夜之梦〉为例》一文便在研究中兼顾了微观与宏观。研究首先对朱生豪翻译手稿中词汇（动词、名词和代词）与句子（语序和短句）层的修改处进行了统计和分析，这属于“微观”描述。在描写之后，论文跳出了文本的藩篱，结合社会文化背景（即翻译规范和译者惯习）探讨了手稿修改的原因，这属于“宏观”解释。

不难看出，宏观与微观只是研究层面取向上的差异，两者常常需要相互照应、相互补充，是“树”和“林”的关系。宏观研究少不了微观层面的分析，而微观研究也不能缺乏宏观层面的引导与审视。翻译研究应该“立足翻译本质和翻译的基本规律的宏观背景，深入考察语言转换的技巧等微观方面及深层联系”。[1] 只有将两者有机统一，才能切实地推进和提升翻译研究的质量。

本章小结

本章基于“总－分－总”的思路，从概述到具体的翻译研究方法，再到翻译研究

1 穆雷. 翻译研究方法概论. 北京：外语教学与研究出版社，2010，第 227 页.

中的几组关系，对翻译研究的方法论进行了梳理。我们通过案例介绍了文本取向、过程取向以及参与者与情景取向的诸多具体的研究方法，说明了它们在翻译研究中的应用范围以及其各自的优势与不足，并阐述了选择研究方法时候需要充分考虑与平衡的5组关系。

事实上，各种具体研究方法既有各自的侧重，又有一定程度的交叉，比如虽然访谈法被归入“参与者与情景取向”，但它也可以是个案研究、民族志中重要的数据收集方法，而且对访谈转录稿的分析在一定程度上属于“文本分析”。因此，研究方法分类的交叉性和具体研究方法的综合性也反映了翻译研究方法论体系是一个动态的有机系统。随着翻译研究在广度和深度上拓展，其研究方法的使用也将呈现出了灵活性、互补性和综合性。

此外，近些年来翻译研究（尤其是翻译过程研究）中越来越强调“多元互证”（triangulation），即采用几种不同的数据收集与分析工具，更好地认识翻译过程的本质，[1] 以提高翻译研究的效度与可信度。因此，我们在设计研究和选择研究方法时应该根据研究对象和目的，在研究情景许可的情况下，在数据和方法上尽可能多元和丰富，让它们相互印证，从而更加科学、全面、可靠地进行翻译研究。

练　习

1. 案例分析

仔细阅读下面的英文论文摘要，识别其研究对象与主题、研究目的、采用的研究方法，简要评价方法选择是否合适，说明其优劣。

ABSTRACT: Translation is considered as a form of intercultural communication which involves the cooperation of many agents. In recent years, increased attention has been focused on the people and institutions involved with translation. One of the main research areas that has recently emerged is the investigation of the link between the sociology of professions and the status of translation as an occupation. This study aims to determine the current challenges to establishing a professional status for translators in Iran and attempts to offer solutions for improving the

1 Alves, F. *Triangulating Translation: Perspectives in Process Oriented Research*. Amsterdam: John Benjamins, 2003, p. vii.

status quo based on the suggestions of active agents in the field. The data for this study were collected qualitatively through in-depth interviews using a purposive sample of translation agents in Iran. The results indicate that there are numerous administrative, educational, social and financial challenges facing translation as a profession in Iran. The proposed solutions for improving the current situation have been discussed in the light of the relevant literature. (From *The Translator*)

细读这段论文摘要后，我们不难发现：研究是在“翻译日益成为一种有多个主体相互合作的跨文化交际形式，研究者日益专注翻译中的人和机构”的背景之下进行的，从“职业的社会学”（the sociology of professions）的角度对翻译行业（the status of translation as an occupation）进行了探讨。研究的主要目的有两个：其一，“探究目前伊朗译者职业化过程中面临的挑战”（determine the current challenges to establishing a professional status for translators in Iran）；其二，“基于翻译行业内部人士的建议提出改善现状的方法”（offer solutions for improving the status quo based on the suggestions of active agents in the field）。为了实现这一目的，研究者采用了“目标抽样”（purposive sampling），选取了行业中具有代表性的翻译主体，对他们进行了“深度访谈”（in-depth interviews）。基于访谈内容的分析指出，目前伊朗译者职业化主要面临着行政、教育、社会与财政等四个方面的挑战，并提出了相应的建议。相关内容总结于下表：

研究背景	① Translation as a form of intercultural communication with the cooperation of many agents; ②increased attention on the people and institutions involved with translation.
研究对象和主题	status of translation as an occupation
研究目的	① determine the current challenges to establishing a professional status for translators in Iran; ② offer solutions for improving the status quo based on the suggestions of active agents in the field.
研究方法	In-depth interviews
结论	Establishing translation as a profession in Iran entails numerous administrative, educational, social and financial challenges. Solutions are proposed to improve the current situation.

整体上说，研究涉及了相关人士的观点、态度和建议，通过深度访谈法进行数据收集是适合的，而且和问卷相比，被访者的参与度较高，能获得相对具体和丰富的数

据。然而，被访者是研究者基于对翻译行业中相关人士整体特征的了解而进行的“目的抽样”，这选择本身具有一定主观性，可以结合其他方式（如问卷、行业发布的统计数据等），收集多元数据来相互印证，提高研究的相对客观性。

现在，请按照上述思路分析下面两则英文论文摘要，并评价其研究方法的选择。

1）

This paper seeks to identify professional translators' attitudes towards the practice of translation crowdsourcing. The data consist of 48 professional translator blogs. A thematic analysis of their blog posts highlights three main findings: translation crowdsourcing can enhance visibility of the translation profession, but fails to enhance visibility of the professional translator; ethical concerns are raised regarding translator participation in non-profit translation crowdsourcing, and the shifting of responsibility from the professional to the non-professional translator; professional translators do not openly discuss their motives for differentiating between the various non-profit initiatives, and while there is much discussion on translation crowdsourcing for humanitarian causes, little or no attention is paid to free and open source software projects. (From *Journal of Specialized Translation*)

2）

This paper reports on an empirical study that investigates the translation process in the workplace from a cognitive ergonomic perspective. In particular, the interaction between ten translators employed by a language service provider and the tools they deploy are examined. To that end, we recorded the translators' workplace activities using keystroke logging, screen recording and eye tracking, combined with short retrospective interviews. We analyzed their behavior in terms of how they switched between the two screens on their desks, how they used different tools and where they invested their visual attention. Data related to productivity and quality are also presented. Among other findings, our data reveal that validation searches for terms and general expressions lead to considerable tool and task switching among professional translators. (From *Translation Spaces*)

2. 思考题

1) 你如何看待“翻译研究方法论就是研究方法的总和”这种观点？

2) 翻译研究具有跨学科性，还借鉴了一些学科的研究方法，这是否意味着翻译研究没有自身的学科独立性？结合第一节相关内容，谈谈你自己的理解。

3) 文本取向的研究方法的优势和不足都有哪些？

4) 本章介绍的研究方法中，哪些是定量的？哪些是定性的？哪些是二者皆有之？

5) 规定性研究和描写性研究的优劣之处分别是什么？描述性研究是否能完全避免价值判断？如果不能，那么它应该在多大程度上避免价值判断？

6) 宏观研究和微观研究分别有何特点？是否微观研究更加容易，为什么？

7) 何为“多元互证”？为何要多元互证？如何在研究中执行？请举例说明。

3. 扩展阅读

Angelelli, C. V. & Baer, B. J. 2015. *Researching Translation and Interpreting*. London: Routledge.

Saldanha, G. & O’Brien, S. 2015. *Research Methodologies in Translation Studies*. London: Routledge.

Williams, J. & Chesterman, A. 2002. *The Map: A Beginner’s Guide to Doing Research in Translation Studies*. Manchester: St. Jerome.

刁克利. 2012. 翻译学研究方法导论. 天津：南开大学出版社.

姜秋霞，刘全国. 2012. 翻译学方法论研究导引. 南京：南京大学出版社.

蓝红军. 2015. 翻译学方法论基本概念：范式与模式. 外语研究，32（5）: 72-77.

刘华文. 2012. 汉语典籍英译研究导引. 南京：南京大学出版社.

李慧红. 2010. 翻译学方法论. 北京：国防工业出版社.

穆雷. 2010. 翻译研究方法概论. 北京：外语教学与研究出版社.

第十一章

翻译论文写作论

在从事翻译学研究的学者和翻译学专业的硕士和博士中，大部分人本科阶段的专业是外语或者翻译。这两个专业的本科生普遍缺少科研写作方面的专门训练，其中一个重要原因是课程设置的问题。在外语和翻译专业本科阶段，课程设置主要围绕语言和翻译技能的训练展开，较少涉及科研能力训练。虽然少数高校在高年级阶段开设了论文写作的课程，但该课程主要为选修课，大部分学生认为这个课程对论文写作的帮助不大。[1] 另一个原因可能和缺少适合本科生的外语科研教材相关。就翻译学来讲，目前专门探讨翻译学科研的著作并不多，包括威廉姆斯（Jenny Williams）和切斯特曼（Andrew Chesterman）[2] 合著的 *The Map—A Beginner's Guide to Doing Research in Translatino Studies*、穆雷[3] 主编的《翻译研究方法概论》、萨尔达尼亚（Gabriela Saldanha）和奥布莱恩（Sharon O'Brien）[4] 合著的 *Research Methodologies in Translation Studies*、梅林格（Christopher Mellinger）和汉森（Thomas Hanson）[5] 合著的 *Quantitative Research Methods in Translation and Interpreting Studies*、蓝红军[6] 撰写的《译学方法论研究》等。这些著作探讨的要么是翻译学的科研步骤和程序，要么是翻译学研究方法论或研究方法，专业性较强，难度较大，更加适合翻译学专业的

---

1 孙文抗. 英语专业学士论文写作现状分析. 外语界，2004（3）：59-64.

2 Williams, J. & Chesterman, A. *The Map—A Beginner's Guide to Doing Research in Translatino Studies*. Manchester: St. Jerome Publishing, 2002.

3 穆雷. 翻译研究方法概论. 北京：外语教学与研究出版社，2010.

4 Saldanha, G. & O'Brien, S. *Research Methodologies in Translation Studies*. London & New York: Routledge, 2013.

5 Mellinger, C. D. & Hanson, T. A. *Quantitative Research Methods in Translation and Interpreting Studies*. London: Routledge, 2016.

6 蓝红军. 译学方法论研究. 北京：外语教学与研究出版社，2019.

教师、硕士生和博士生。针对以上背景，我们特在本教材中设计了“翻译论文写作论”一章，旨在为外语专业和翻译专业的本科生集中介绍翻译学科研的基本类型、步骤和方法，使大家对翻译学的科研有一个较为完整的把握，为后续的学习打下较为坚实的基础。本章第一节介绍科研的定义和类型；第二节介绍论文写作的基本程序；第三节介绍投稿与发表。希望大家在学习完本章的内容之后，能够了解翻译论文写作、投稿与发表的基本程序，并把这些知识运用到自己的论文写作过程中。

第一节 科研概述

翻译论文写作从根本上不同于翻译实践，尽管有时翻译论文需要基于翻译实践。翻译论文写作是一种科研活动，须符合科研活动的一般特点和规律。在学习如何写作翻译科研论文之前，我们有必要先了解一下与翻译论文写作相关的几个概念，包括科研、科研的类型、方法等，目的是让大家对科研活动有一个整体的认识，为翻译论文写作的学习做好理论上的铺垫。

一、科研的定义

和科研相关的一个概念是“研究”，这个概念在我们的生活中经常会用到。比如，你打算去旅行，在开始行程之前你需要研究一下目的地，规划具体路线、交通方式、饮食住宿等。购买一款产品时，你需要搜索相关网站，或者去线下实体店，搜集到尽量多的产品信息，进行对比研究，确保可以买到质优价廉的产品。学生为了完成老师布置的作业，经常需要查询图书馆的资源，搜集相关资料，进行研读、分类、对比、计算，进而得出结果。因此，从日常使用的角度来讲，“研究”的定义是为某个问题寻找答案的过程。但是这种意义上的研究还不是科研，因为日常生活中的这些研究一般没有经过严格的设计，随意性较大，样本的代表性往往较差，数据的搜集方法不一定科学。而科研，即科学研究，是“有组织的、系统的探求问题答案的过程”。[1] 与日常语言中的研究概念比较起来，科研最重要的特点便在于其组织性和系统性，主要体现在以下三个方面：

---

1 Hatch, E. & Lazaraton, A. *The Research Manual: Design and Statistics for Applied Linguistics*. Boston: Heinle & Heinle Publishers, 1991, p. 1.

第一，科研活动的规划。不论是个人、团队还是组织，在开始具体的科学研究之前都需要有一个整体、系统的规划，明确研究方向、重点、难点、步骤、目标等，然后按照既定的规划系统推进。而我们日常生活中的研究活动往往是为了解决具体语境中的具体问题，随机性较大，一般缺乏系统规划。

第二，研究问题的提出。一般而言，科研人员在提出研究问题之前需要广泛搜集、整理以往文献，系统总结前人的研究成果，发现研究空白，以便提出有价值的研究问题。这些问题的提出体现了科学研究的积累性和延续性，问题的答案对于既有理论的完善、新理论的建构、技术的更新等具有普适性的意义。在日常生活中，我们需要解决的问题一般是在生活实践中遇到的具体问题，个人与个人的问题之间一般缺乏明显的逻辑性和延续性，问题的解决方案一般也无普适性的意义。

第三，研究方法的选择。一个研究之所以被称为科学研究，其中一个重要原因便是研究方法的科学性。在解决科研问题的过程中，研究者总结出了大量有效的研究方法，有纯理论思辨的方法（如归纳法和演绎法），有实证法，包括质性法（如访谈、民族志、话语分析等）和量化法（实验、问卷调查、语料库等）。这些方法适合不同性质的研究问题，可以帮助研究者搜集到不同性质的数据，系统性地解决具体的研究问题。

二、科研的类型

在从事具体的科研活动之前有必要了解一下科研的类型。一般认为，人文社科研究的对象是人和社会，其复杂程度超过自然科学的研究对象，即自然现象。自然科学使用的方法主要是实证研究中的实验法和观察法，人文社会科学使用的方法则更加复杂，既有实证方法中的量化法，比如观察法、实验法、统计法、语料库、调查法等，又有质性法，比如民族志、访谈、话语分析等，还有理论或概念的方法等。了解科研的基本类型有助于研究者明确具体研究的性质，学习研究方法，理清研究方法和研究问题之间的关系，进而为具体的研究定位，提高科研学习和实践的效率。

科学研究可以从不同的角度进行划分。按照研究的用途，科研可以分为基础研究（basic research）和应用研究（basic research）。基础研究是基于自然或社会中的事实本身来研究一个专业领域的基本事实之间的关系，即创立理论，属于理论或学科性研究，目标是要通过创立新概念、新理论来构造新学科。[1] 基础研究要回答的问题通常

1　王定祥. 研究方法与论文设计. 北京：高等教育出版社，2013，第 30 页.

是“是什么”“为什么”和“怎么样（事物之间的关系）”的问题，自然科学中的数学、物理、化学等就属于基础研究。应用研究是运用基础研究的成果和有关知识，为创造新产品、新方法、新技术、新材料的技术基础、技术应用，以及解决社会实践中存在的具体问题所进行的研究，目标是要获取解决问题的有效技术、方案、措施和策略。[1]应用研究着重解决的问题是应该怎么做的问题，旨在为实践提供具体指导。

根据研究的性质可以把科研划分为“理论研究”（theoretical research）和“实证研究”（empirical research）两类。理论研究也叫概念研究（concept research），目的是“界定和澄清概念，解释或重新解释观念，澄清概念与更大的系统的关系，介绍可以让我们能够更好地理解研究对象的新概念、隐喻或框架”。[2]实证研究则被用来“从对数据的观察和实验中寻找新数据和新信息，寻找能够支持或者否定假设，或者提出新假设的证据”。[3]两类研究最大的区别在于理论研究是基于概念的，不需要数据，而实证研究是基于数据的。根据理论研究的定义，理论研究的目的有四个：（1）界定和澄清概念；（2）解释和重新解释观念；（3）澄清概念与更大的系统的关系；（4）介绍可以让我们能够更好地理解研究对象的新概念、隐喻或框架。这四个目标或者针对概念本身，即界定或重新界定概念，或者针对概念与概念之间的关系，即解释新观念，或者针对概念与判断 / 理论之间的关系。由此可见，理论研究主要是针对概念、由概念构成的判断以及概念与概念之间、概念与判断之间、判断与判断之间的逻辑关系，是一种纯粹思辨的研究。

实证研究与概念研究有很大的不同，实证研究中有两个关键要素：一个是“数据”；一个是“假设”，二者对实证研究来说必不可少。数据是“搜集到用于分析、研究或者决策的信息，特别是事实和数字，或者是用电子计算机来存储和使用的电子信息”。[4]科研中使用到的是第一种意义上的数据，即事实和数字信息。实证研究中的数据从性质上讲包括两类：量化数据和质化数据。顾名思义，量化数据就是用数字记录，可以计算的数据，质化数据无法计算，可以用来进行质化研究，表现为文字、图片、实物等形式。实证研究的第二个要素是假设。假设是根据研究者的经验或者理论对研究问题所作出的推断性回答，是在进行研究之前暂定为真的某种判断。为了验证假设

---

1 王定祥. 研究方法与论文设计. 北京：高等教育出版社，2013，第 31 页.

2 Williams, J. & Chesterman, A. *The Map—A Beginner's Guide to Doing Research in Translatino Studies*. Manchester: St. Jerome Publishing, 2002, p. 58.

3 Ibid.

4 *The Cambridge Dictionary.* [20200812]. 来自 Cambridge Dictionary 网站 .

是否为真，研究者需要选定研究对象，分析假设中的变量，确定研究样本或者设计实验，搜集数据，分析数据，进而验证数据是否支持假设，或者提出有助于提出新的假设。

理论研究和实证研究之间界限并非十分明确，二者之间并非完全相互排斥的关系。尽管实证研究的目的和理论研究不同，但实证研究本身离不开对概念和理论的使用。首先，研究假设本身包含概念，这些概念一般来自某些具体理论。比如廖凤明（Liu Fung-Ming）[1] 在她的一个研究中提出了 4 个假设：

（1）The more visible the translators, the more symbolic capital they receive.

（2）The more visible the translators, the more economic capital they receive.

（3）The more visible the translators, the more social capital they receive.

（4）The more visible the translators, the more cultural capital they receive.

这些假设中包含五个概念“translator's visibility”“symbolic capital”“economic capital”“social capital”和“cultural capital”，分别来自两个理论：译者隐身论和社会翻译学。

其次，在提出了研究假设之后，研究者需要根据研究假设中的变量，搜集数据。仍以上面的研究为例，为了证实 4 个假设中相关概念之间的关系，研究者首先对 4 个概念进行了操作化，设计了一份问卷，对 100 余名研究对象进行了调查，收集相关数据来验证假设。可见，数据搜集本身也需要以具体理论为支撑。

最后，具体学科中的理论和概念需要和实证数据相联系，无法和实证数据建立联系的概念和理论对具体学科的意义不大。实际上，具体学科中的很多理论本身就来自对具体现象的反复观察和总结。比如，埃文·佐哈尔（Even Zohar）[2] 的多元系统理论对翻译文学在文学多元系统中占据统治地位的 3 种情形做过论述，分别为：（1）当一个文学多元系统还未形成，即一种文学还很“年轻”，正处于创立阶段；（2）当一种文学或者处于边缘（在一组大的多元系统中）或弱势位置时；（3）当一种文学中出现转折点、危机或者真空时。其实，埃文·佐哈尔是做了大量的案例研究之后，才逐渐总结出这个理论的。理论和实证的关系可见一斑。

---

1 Liu, F.-M. Revisiting the Translator's Visibility: Does Visibility Bring Rewards?. *Meta,* 2013, 58 (1): 26.

2 Even-Zohar, I. The Position of Translated Literature Within the Literary Polysystem. *Poetics Today*, 1990, 11, (1): 47.

第二节 论文写作的步骤

科研论文不同于文学文体，文学作品的写作更强调内容的新颖性、语言的美感等因素，一般无固定的创作程式。科研论文是研究者展示科研成果的一种主要形式，研究的主题、方法、内容、结果，乃至写作的程序无不体现着科学研究的精密性和严谨性，翻译论文当然也不例外。翻译论文的撰写大致可以分为论文选题、研究方法选择、研究资料搜集、整理与分析、论文撰写与修改等 5 个步骤。下面结合具体研究案例详细解释。

一、确定选题

（一）选题的意义

合理的论文选题是论文成功的关键因素，做好论文选题工作至少具有以下 3 个方面的意义：

第一，确定研究问题。科学研究主要通过解决各个领域中的具体问题，提出新概念、新视角、新理论，研发出新材料、新技术，新方案，从而逐步推进各个领域研究的进步。在这其中，研究问题是一个研究的开端，居于核心位置，直接决定着一篇文章的研究对象、研究重点和大致方向。比如，王宏志[1] 发表在《中国翻译》2015 年第 3 期上的文章《〈南京条约〉中‘领事’翻译的历史探析》，针对的就是学界对于《南京条约》中“Superintendent”一词的翻译争论。该文的研究问题有两个：（1）马儒翰在《南京条约》中以“领事”一词翻译 Superintendent 到底是不是误译；（2）马儒翰这样翻译的历史原因是什么。作者的前期研究工作中资料的搜集、整理、分析以及结论的得出等全部围绕这两个问题展开。

第二，决定研究的范围和工作量。论文选题一旦确定下来，研究的大致范围和工作量也基本可以确定。有了具体的选题之后，研究者就可以制订具体的研究计划，开始具体的研究工作。仍以王宏志的这篇论文为例。题目确定下来之后，作者需要根据研究问题、重点和难点等有针对性地搜集史料。作者通过各种途径查阅了国家图书馆、档案馆、英国国家图书馆等的资料，搜集到了大量史料，包括《南京条约》的英文底稿、书函、中英往来文书等。确定选题选题有助于研究者廓清研究资料的搜集范

1 王宏志.《南京条约》中“领事”翻译的历史探析. 中国翻译，2015，36（3）：31-41，128.

围以及大致的工作量，有助于后续工作的开展。

第三，决定研究方法。研究方法有很多种，有纯理论思辨的方法和实证法，不同的方法适合不同的选题。比如，翻译研究领域最初发表于 1972 年的经典文献“The Name and Nature of Translation Studies”[1]，研究的是当时讨论的比较多的两个问题，即翻译研究作为一个学科的名称和性质问题。适合解决这类问题的方法是理论研究的方法，即概念界定和划分。霍尔姆斯（James S. Holmes）讨论了翻译研究这个学科的名称问题，并把翻译研究划分为纯翻译研究和应用翻译研究两个大的分支，前者划分为理论翻译研究和应用翻译研究，后者划分为译员培训、翻译辅助工具、翻译批评和翻译政策四类。有些选题更加适合使用实证法。洛亚科诺（Loiacono）和贝尔托利（Bertoli）[2] 的文章“The Complexities of Legal Translation in the Drafting of Bilateral Treaties Between Italy and English-Speaking Countries”，研究的是双边条约法律翻译中的复杂性问题，具体的研究问题是意大利和美国、加拿大双边条约具体条款中的法律术语翻译中存在的难点。为了解决这个问题，作者选择了 20 世纪 70 年代到 21 世纪初的 25 年间意大利和美国、加拿大之间实施的 5 个条约，建立了数据库，提取了其中的法律术语进行对比分析。

（二）选题的方法

每个研究者选择研究题目的方法各不相同，归纳起来大致有 4 种：

第一个广泛使用的方法是阅读学术文献发现研究选题，如专著、编著、论文、研究报告等。阅读学术文献是科研的基本功，任何一个研究者都应该养成定期跟踪最新研究文献的习惯。研究者首先应该跟踪自己专业内的文献，了解最近的研究动态。以翻译学为例，这些学术文献包括国内外出版的专著、编著和期刊，国内的期刊包括《中国翻译》《上海翻译》《外语教学与研究》《外语教学》《外语与外语教学》等，国外的期刊包括 *Target*、*Persepctives*、*Meta*、*Translation Studies* 等。同时，研究者还应该跟踪其他学科的文献，以便开阔自己的视野，学习新的理论、视角和研究方法，这对于跨学科研究大有裨益。经常跟踪学术文献可以使研究者了解相关领域的研究动态，以便发现在研究对象、研究问题、研究方法、研究设计等方面的问题，发现新的选题。

---

1 Holmes, J. The Name and Nature of Translation Studies. In L. Venuti. (Ed.) *The Translation Studies Reader*. London & New York: Routledge, 2004, pp. 172-185.

2 Loiacono, R. & Bertoli, L. The Complexities of Legal Translation in the Drafting of Bilateral Treaties Between Italy and English-speaking Countries. *Perspectives,* 2018, 26 (5): 646-662.

对于翻译研究来说，第二个选题方法就是关注翻译实践。翻译学中很多研究直接解决翻译实践中的问题，如词语、句式结构、文体的翻译、译者的翻译风格、翻译能力等。比如，《关联理论视阈下双关语英译研究》一文针对的就是双关语的翻译问题，该研究以杨宪益和霍克斯翻译的《红楼梦》为语料，分析了双关语中铰链的各种交际提示对翻译的指导和限制作用，认为要想把双关语的双重语境传达给译语读者，译者需将原文铰链所蕴含的各种交际提示在译语中体现出来。[1]《乡土语言与中国儿童文学英译的风格再造》一文探讨的是乡土语言的翻译策略问题，该文以曹文轩的代表作《青铜葵花》为案例，从方言词、俗语、惯用语和成语四个角度探讨乡土语言在翻译中的处理策略，认为在儿童文学翻译中处理乡土特色语言时，译者既要在译文中再造原文的乡土特色以忠实再造原文的风格，又要充分考虑读者的阅读接受，实现“既求真、又务实”的儿童文学翻译旨归。[2] 宏观的翻译实践概念包括选材、翻译、出版、接受、评价等各个环节，任何一个环节中都存在着大量需要解决的问题，研究者应该关注翻译实践的全过程，善于发现合适的研究选题。

第三，经常参加学术交流也有助于发现选题。国内外大学和各类研究机构都会定期举办各类学术交流活动，比如讲座、讨论会、学术沙龙、学术会议等，参与人员有机会了解到同行最新的研究成果，发现新的研究选题。同时，学术会议能够给研究者提供更多面对面的交流机会。如果与会人员对某个研究感兴趣，发现了具体问题，或者有疑问，可以进行面对面的交流，效率更高，效果更好。2020 年全世界范围内的新冠疫情使之前较少使用的在线会议逐渐为政府机关、公司、高校等机构所接受，成为后疫情时代的一种主要交流形式。在这种背景之下，越来越多的学术会议采用线上形式，吸引到了更多的参与者。研究者应该关注这种新的交流形式，发现新选题。

最后，研究者可以根据自己的研究兴趣来选择研究题目。兴趣和爱好是最好的老师，也是一个学者从事研究的最重要的原动力。兴趣爱好和每个人的专业背景、学术路径、受教育水平、社会文化环境等有很大的关系，研究者可以根据自己的爱好选择合适的选题。比如，一个人有做口译的经验，那么他就可能更加关注口译方向的研究；一个人对儿童文学感兴趣，那么就可以重点关注儿童文学翻译研究。总之，研究者除了需要通过各种途径和方式学习最新理论，跟踪最新文献之外，还需要重点关注自己感兴趣的领域，发现合适的选题。

1　陈家旭，陈彦会，关联理论视阈下双关语英译研究. 上海翻译，2019（6）: 62-68.

2　徐德荣，范雅雯，乡土语言与中国儿童文学英译的风格再造——以曹文轩作品《青铜葵花》的翻译为例. 外语教学，2020，41（1）: 93-98.

二、选择研究方法

翻译研究是一门新学科，学科之新体现在多个方面，其中一个方面就是学界对翻译研究方法的关注较迟，专门探讨翻译研究方法的著作并不多，观点也并不一致。较早的一本专门论述翻译研究科研方法的专著是威廉姆斯和切斯特曼[1]合著的一本149页的小册子*The Map: A Beginner's Guide to Doing Research in Translation Studies*（2002年出版，上海外语教育出版社2004年原版引进）。该书对翻译研究的科研程序进行了简单的概括，涵盖翻译研究的领域、选题、制订研究计划、研究类型、研究问题、假设等。该书在第四章中对实证研究方法进行了简要介绍，但仅包括案例研究、语料库和历史与文献研究3种方法，介绍既不全面，也不详细。这很可能与当时翻译研究这门学科正处于初创期，学界对翻译研究方法的反思不足有关。相比较起来，八年后，穆雷教授主编的《翻译研究方法概论》一书对翻译研究方法的介绍更加全面、细致。该书把翻译研究方法划分为形式逻辑法、归纳和演绎法、定性定量法、实证研究法、语料库和TAPs等5种。[2]但是仔细分析后我们会发现，以上分类标准不是十分严格，各类之间互有交叉。形式逻辑法属于上位概念，归纳和演绎是下位概念，二者之间并不能并列。在后三类当中，实证研究法是上位概念，定性法、定量法、语料库和TAPs是下位概念，同样无法并列。虽然该书对翻译研究方法的划分仍有商榷的余地，但已经涵盖了学界使用的主要研究方法，进步是明显的。2013年，萨尔达尼亚和奥布莱恩[3]出版了一本专著*Research Methodologies in Translation Studies*，该书虽题为《翻译学研究方法论》，其实探讨的是实证研究方法。该书根据翻译研究的对象的不同，把实证翻译研究方法划分为“产品取向的研究方法”“过程取向的研究方法”“参与者取向的研究方法”和“语境取向的研究方法”。产品取向的研究方法包括语料库和批评话语分析，过程取向的研究方法包括内省法、键盘记录、眼动追踪、情境访谈、个性分析，参与者取向的研究方法包括问卷法、访谈、焦点小组，语境取向的研究方法包括案例研究一种方法。该书对研究方法的介绍针对性更强，研究步骤的解释也更加详细，更具操作性。

回顾学界对翻译学研究方法的研究后，我们可以发现，翻译研究方法有以下3个主要特点。第一个特点是翻译学研究方法的开放性，即翻译学研究方法体系是一个

---

1 Williams, J. & Chesterman, A. *The Map—A Beginner's Guide to Doing Research in Translatino Studies*. Manchester: St. Jerome Publishing, 2002.

2 穆雷. 翻译研究方法概论. 北京：外语教学与研究出版社，2010.

3 Saldanha, G. & O'Brien, S. *Research Methodologies in Translation Studies*. London & New York: Routledge, 2013.

开放的系统，任何有助于研究问题解决的方法都可以纳入翻译研究方法的范畴中。本书第十一章“翻译研究方法论”把研究方法归为三大类:（1）文本取向的方法。文本分析、语料库、内容分析、档案研究、文献计量。（2）过程取向的方法。TAP、键盘记录、眼动追踪、神经科学法。（3）参与者与情景取向的方法。问卷、访谈、民族志、个案、行动研究、叙事探究。当然以上所列方法仅仅是目前翻译研究中使用的主要研究方法，而非全部。在其他学科中可能还存在一些可能被应用到翻译研究中但暂未被使用的方法，这些方法有待于学界的发现。同时，随着科学技术的进步，可能还会出现一些新的研究方法，比如翻译过程研究中的键盘记录和眼动追踪就是随着技术的进步而出现的新方法。我们在学习和使用翻译研究方法时，应该保持一个开放的心态，除了学习翻译研究中的主要研究方法之外，还应该关注其他学科领域，只要这些研究方法有助于研究问题的解决就可以使用。

翻译学研究方法的第二个特点是研究方法的专业性，以及由此导致的学习和操作上的复杂性。学界使用比较多的一种研究方法是案例研究，也叫个案研究。这种方法看似简单，实则复杂。那么何为个案呢？个案必须是现实生活中的一种现象，而非某种抽象的主题、论点或假设，个案可以是个人、文本、机构、文学系统、过程、事件等。[1]所以选择个案研究的第一步是确定个案的类型，并界定范围。第二步是收集数据。个案的数据类型一般包括文本资料、语音资料、观察、实物、量化数据等。研究者需要对目标数据有一个整体规划，分步实施，在数据搜集的过程中做好记录，方便核对。第三步是分析数据，量化数据的分析需要统计学知识，质化数据的分析需要明确的概念或理论工具。数据的分析有时还需要用到专门的工具，比如统计分析工具 Excel、SPSS、R，质化数据分析工具 Atlas.ti、Nvivo 等。有时候数据分析的结果并不符合研究者的假设，这时或者需要核对全部研究过程，补充数据，或者对研究假设进行调整。由此可见，看似简单的案例研究法其实并不简单。

还有一些研究方法的专业性更强，有些研究方法还涉及软件和设备的操作，技术性较强，需要专门的学习和训练。比如，语料库是一个广泛使用的翻译研究方法，这个方法涉及语料库的建设和应用两个大的方面：建设涉及语料的采集、分析、整理、标注、语料库软件的开发等步骤；应用涉及语料的提取、分析、统计学的学习等各个方面。语料的采集又涉及库容的大小、入库样本的代表性、文本的电子化、文本清理、文本标注等，平行语料库还涉及语种数量、文本对齐等。语料库包含大量的数据，

1 Saldanha, G. & O'Brien, S. *Research Methodologies in Translation Studies*. London & New York: Routledge, 2013, p. 207.

数据的提取和分析一般需要依靠专业软件，常用的语料提取和分析软件有 AntConc、Wordsmith、ParaConc 等，统计软件有 SPSS、R 等，高水平研究者还会依据研究目的设计专门的软件。翻译学研究方法的专业性和学习的难度可见一斑。

翻译研究方法最重要的价值在于研究者可以用其来解决科研实践中遇到的具体问题，这是翻译学研究方法的第三个特点，即翻译学研究方法的实践性。研究者系统地学习各类研究方法是非常必要的，学习内容包括研究方法的基本步骤、数据类型、数据收集、分析和处理方法等。掌握了这些知识，研究者便能够从更专业的角度阅读一篇论文，特别是一些研究设计做得比较细致、严密的文章，甚至可以发现其中存在的问题，找到新的研究选题。我们建议，同学们在学习研究方法时，可以写几篇文章，尝试用学到的研究方法解决具体的问题。在这个过程中，同学们经常会发现一些学习时忽略的问题，或者掌握不牢固的知识点，这时可以重新查阅资料，或者向有经验的人请教，查漏补缺。知识点系统学习外加写作实践的研究方法学习模式可以有效地加深学习者对研究方法的理解，研究方法的应用也会变得更加得心应手。

三、研究资料的搜集与整理分析

确定了选题，选择了研究方法之后，下面的步骤就是搜集、整理、分析研究资料，进而得出研究结论。研究资料按照存在的形式，一般可以分为文字资料、数字资料和实物资料三大类，三类资料的特点和作用不同，搜集、整理和分析的方法也不同。

文字资料是科学研究中非常重要的一种研究资料，主要包括公开或未公开发表的以文字体现的研究报告、论文、工作总结、文件、发言稿、计划、规划、纲要、法律法规等材料。[1] 文字资料还包括教材、专著、报纸、杂志、历史文献、官方文件（如政策、法律法规、会议决议等）。文字资料的主要载体是纸，纸质材料占用的空间比较大，查询起来耗时耗力。电子信息技术的迅猛发展使纸质材料的电子化成为可能，有些出版机构甚至不再出版纸质材料，而是直接出版电子材料，这从很大程度上节省了人力、物力和财力，极大地提高了传播的效率。国内外有专门的机构负责创建不同类型的数据库，比如中国知网数据库（CNKI）、维普数据库、万方数据库、剑桥电子期刊回溯数据库、PQDT 学位论文数据库、Westlaw 法律数据库等。这些数据库中存储着海量的专业资料，搜索简便快捷，极大地方便了研究人员的资料搜集工作。

数字资料需要测量和计算，并以图表和数据的形式表现出来。数字资料可以分为一手数据和二手数据。一手数据是研究者通过观察、调查或实验等方法直接获得的数

---

1 王定祥. 研究方法与论文设计. 北京：高等教育出版社，2013，第 98 页.

据。比如，在翻译研究中，研究者经常需要使用问卷调查、语料库软件、内容分析、实验等方法获得量化数据，以便描述研究对象，检验研究假设。一手数据的获取成本高，耗时长，但可以直接用来回答研究问题，检验研究假设。有时候，与研究主题相关的数据已经存在，研究者不必重新搜集，只需要对现存的数据进行重新加工、整理、分析，使之成为可用的数据即可，这就是二手数据。二手数据的形式有很多，比如各级政府部门、专业机构、行业协会发布的统计公报、年鉴、行业信息等；专业期刊、报纸和书籍中的统计资料等。与一手数据比较起来，二手数据的获得比较方便，成本较低。除了可以用于分析所要研究的问题外，还可提供研究问题的背景，帮助研究者更好地定义问题，回答译文，检验假设，寻找解决问题的思路和途径。[1]

第三类研究资料是实物资料。所谓"实物"包括所有与研究问题有关的图片、音像、物品等，可以是人工制作的东西，也可以是经过人工加工的自然物，包括证件、资料和非正式的个人资料。[2] 证件可以反映研究对象的身份特征，是在调查阶段搜集的第一手实物资料。实物意义上的资料主要指研究对象制定的文件、制度、规定，以及能反映研究对象工作概况和行为特征的各种记录，如财务报表、学校课表、教材、教辅资料等。非正式的个人资料主要是研究对象个人撰写的材料，如日记、信件、自传、个人备忘录等。翻译研究中经常会用到实物资料。比如，翻译教学研究中经常会涉及具体教学机构内部使用的课表、教材、管理文件等，翻译史研究中对实物资料的使用更多，如日记、信件等，翻译手稿研究更是直接对翻译实物的研究。

研究资料搜集之后，研究者需要对资料进行整理和分析。资料的性质不同，整理和分析的方法也不同。质化资料一般用于定性分析，用于了解研究对象的类型、特点、性质、功能、趋势、观点、态度等，常用的方法是概念界定、概念划分、对比、逻辑推理等。量化资料主要用于统计分析，包括描述统计和推断统计两大类：描述统计是通过数字和图表的方法，对量化数据进行整理和分析；对数据的分布状态和特征进行描述的方法；推断统计是利用样本数据来推断总体特征的统计方法，包括 t 检验、卡方检验、方差分析、回归分析等统计检验方法。处理数据时经常需要用到软件，处理质性数据的软件有 ATLAS.ti、NVIVO、MAXQDA 等，这三款软件可以用来处理文本、图像、音频和视频数据。量化数据的处理软件有很多，如 Excel、SPSS、R、Phthon 等，量化数据处理软件的学习需要统计学的基础知识，有些还需要编程知识，这些知识需要专门、系统的学习。

1　王定祥. 研究方法与论文设计. 北京：高等教育出版社，2013，第 100 页.

2　同上，第 102-103 页.

四、写作与修改

确定研究选题，选择研究方法，搜集、整理、分析完数据得出初步结果之后，研究者就要开始论文的写作了，一般包括拟定提纲、撰写初稿、修改完善三个步骤。

（一）拟定提纲

论文提纲是学术论文的整体设计和骨架，起到理清思路，安排论点和论据，明确各部分之间逻辑关系的作用。在拟定提纲之前，研究者已经做了很多具体的研究工作，比如确定研究对象，明确研究问题，选择研究方法，确定研究样本，搜集、整理、分析数据，得出初步的结论等。完成了以上工作之后，研究者对具体的研究其实已经有了一个整体的把控，下面要做的就是拟定论文提纲，安排文章结构，归纳论点，整理论据，开始论文写作。

拟定论文提纲之前，研究者首先应该明确学术论文的主要构成。通常，一篇学术论文由 8 个组成部分：题名、作者署名、摘要、关键词、正文、注释、致谢、参考文献，有时非英语论文还需提供英文摘要和关键词。我们这里所谓的论文提纲指的是论文正文的结构，而非论文的组成部分，这一点大家应该明确。拟定论文提纲时，大家应该注意以下 4 点：

（1）列出论文的核心论点；
（2）列出核心论点下的分论点；
（3）列出各级论点的主要论据；
（4）注意论点之间的逻辑关系。

提纲是研究者对文章整体结构的整体规划，体现了研究者的基本思路，对论文的写作具有指导意义，因此研究者需要从文章整体结构、各部分的划分、段落的安排等方面仔细斟酌。提纲确定下来之后，研究者便可以开始写作论文了。在论文写作的过程中，随着思考的深入，研究者可能还需要根据最新的思考和发现对提纲进行调整，使之变得更加完善。

（二）撰写初稿

提纲确定下来之后就可以开始论文写作了。每个研究者的写作习惯不同，写作的顺序也有区别，基本有以下几种写作顺序：

（1）按照提纲顺序从头至尾依次写作。这种写作顺序的好处是从头至尾逐步推进，容易保持部分与部分之间、段落与段落之间的衔接。但是，按照这种顺序写作时，我们有时会发现有些部分处理起来困难。比如，引言部分的结尾处比较难以处理，因为这部分一般会和文章的结论进行呼应，而此时文章并未写完，详细的结论并未得出，无法和结论进行衔接。当然，作者可以暂时空下来难以处理的部分，直接进入下一个部分的写作。

（2）按照正文—结论—引言的顺序进行写作。这种顺序的好处是可以先完成文章最核心的部分，得出明确的研究结论，最后再写引言，介绍研究背景、目的等。这样写的好处是写作的顺序和思考的顺序相同，更容易做到主次清晰，逻辑严密。但是，我们建议大家，按照这种顺序写作完成之后，务必要通读全文，特别要注意各个部分之间的衔接。

（3）按照先易后难的顺序写作，即先写作思考的比较成熟的部分，再处理比较难的部分，最后根据逻辑关系把各个部分串联成一篇完整的文章。研究者思考比较成熟的部分可能是引言、研究问题、研究方法等，作者可以具体情况具体处理。但是这种方法容易导致各个部分之间缺乏衔接，作者在最后的修改阶段需要重点注意。

在写作的过程中，作者还需注意以下几个问题：

第一，写作并非是一个把已经思考清楚的内容写下来的过程，实际的情况是我们边思考，边写作，或者说写作即思考也不为过。在写作之前，研究者需要认真思考，反复斟酌文章的中心论点、分论点、论据和推论等，在此基础上拟定写作提纲。但是，实际的写作过程告诉我们，再认真细致的思考也无法涵盖文章方方面面的细节，提纲只是作者在写作前制定的宏观规划，这个规划无法解决你写作中遇到的所有问题。因此，提纲拟定之后，研究者需要尽快开始写作，边写作，边思考，边完善提纲。

第二，写作时务必紧扣中心。学术论文可以分为论说性学术论文（基于事实和数据的研究性论文）、综述性学术论文（对某一时期某个研究方向的情况进行概括总结，总结进展，发现问题，明确方向）、评论性学术论文（对学术成果进行评价，分析其价值和成就，指出不足，翻译研究中的书评就属于此类）、驳斥性学术论文（驳斥某种观点，提出作者自己的见解，翻译研究中的商榷类文章就属此类）。文章类型不同，中心也不同，作者在写作时应该时时注意文章的主旨和中心，绝对不能信马由缰，随意发挥。

第三，写作时尽量把自己思考到的所有内容都写进去。在写作前虽然已经拟定了尽量详细的提纲，对文章中心和细节有了比较充分的把握，但是写作时我们经常会产生一些新观点、新发现和新推论，这时我们可以在尽量把握主旨的情况下，把这些内容都写进去，以便以后修改。

第四，前期的研究工作做好之后，最好趁热打铁，一鼓作气完成初稿，中间最好不要中断。如果论文写作中断，重新开始时一般要花更长的时间去寻找之前的思路，而且前期的一些灵感也可能会消失，写作时会出现脱节断气的现象。

（三）修改完善

论文初稿完成并不意味着写作的结束，论文的修改同样重要。论文的修改是作者对论文初稿的结构、内容和格式进行重新打磨和推敲的过程，也是一个再加工和再创造的过程。论文修改是论文写作的必要一环，对于修改写作中存在的问题，提升论文质量具有重要意义。

论文修改主要针对以下几个地方。第一是大处着眼，重新推敲文章结构，包括文章主题、主要论点、论据等。写作之前虽然已经基本确定了提纲，但是正如上文所言，在写作的过程中我们一般都会产生一些灵感，有一些新发现，在完成初稿之后，我们需要重新审视文章的宏观结构，特别要注意写作中的新发现和文章结构之间的关系，同时还要注意修改文章细节，包括标题、观点、逻辑、语言等。文章标题常见的问题是：（1）标题过大，体现在概念的内涵较空泛，外延过宽，超过了文章的主题；（2）标题过小，体现在概念的内涵较丰富，外延过窄，无法体现文章主题的全部内容；（3）缺乏学术性，体现在没有正确使用学术概念。文章的观点也需要重新检查，特别需要注意核心论点和分论点之间的关系，论据是否充分，论证是否符合逻辑。逻辑问题也是修改的重点，作者需要重点检查概念的使用是否恰当，定义是否合适，判断是否有依据，推理是否符合逻辑，是否犯了以偏概全、诉诸权威、证实性偏见、循环论证等逻辑谬误。当然这需要作者具有较扎实的逻辑学基础，特别是批判性思维的能力。语言一直是论文修改的重中之重，含混啰唆的语言会造成阅读上的困难，简洁明了的表述则有助于学术思想的表达和传播。修改论文语言时首先改正错误，比如错字、漏字、标点符号、句式结构等，这些错误务必要一一订正。其次，要把啰唆、笼统、含混的语言修改为精炼、明确、清晰的表述，让读者能比较容易地理解文章的意思。

写完文章之后作者可以先自己修改，大致有两种方式。一种是写作完之后立刻修改，这时作者对整个研究和写作的过程比较熟悉，修改起来效率较高，但也正是因为对文章太熟悉，作者可能受到思维定式的影响，无法发现文章中的问题。另一种是写完之后先暂时放置一段时间，然后再回来修改。这样做的好处是，作者可以跳出思维定式的影响，发现潜在的问题。但是不论如何，如果完全是自己修改的话，有些问题始终难以被发现，这时就需要请他人帮忙修改。研究者可以请自己的老师、同学、同事、朋友等帮忙，请他们指出自己文章中的问题，然后再有针对性地修改。

第三节 投稿与发表

一、选择期刊

投稿时作者应该为自己的文章选择合适的期刊，可以选择的期刊有以下几类。一类是翻译研究专业期刊，国外的期刊有 *Target*、*Perspectives*、*Translation and Interpreting Studies*、*Translation Studies*、*Babel*、*The Translator*、*Across Languages and Cultures*、*The Interpreter and Translator Trainer*、*Translation Review* 等，国内的期刊有《中国翻译》《上海翻译》《翻译季刊》《东方翻译》《翻译界》《外语与翻译》《中国科技翻译》《民族翻译》等。国外专业期刊有时候也会发表翻译论文，比如 *Neohelicon*、*Language and Intercultural Communication*、*Language and Communication*，国内的期刊有《外语教学与研究》《外语与外语教学》《外语教学》《外国语》《外语研究》《外语学刊》《西安外国语大学学报》《解放军外国语学院学报》《外国语文》《语言教育》《外国语言文学》等。另外，一些综合性的大学学报有时也会发表翻译研究的论文，大家可以关注。

在投稿之前作者需要搞清楚不同的期刊的定位和刊文倾向，以提高文章被接受的可能性。一般，文章的定位会在杂志或者主页上说明。以 *The Interpreter and Translator Trainer* 为例，该杂志的主页对其目标和刊文领域介绍如下：

> ITT welcomes contributions from diverse theoretical and applied approaches among trainers, educators, researchers and all associated professionals, with the aim of exchanging and enriching skills and knowledge in the professional translator and interpreter communities and amongst trainers themselves. The journal encourages critical reflection on: curricular design; syllabus design; translator and translation competence(s); interpreter and interpreting competence(s); teaching and learning approaches; resources (including ICT), methods and techniques; assessment and accreditation; trainer training.[1]

从以上介绍可以看出，ITT 刊文的专业领域主要包括：课程设计、教学大纲设计、译员和翻译能力、口译员和口译能力、教学方法、资源（包括信息和通信技术）、方法和技术、评估和认证、培训师培训等。所以，有关翻译和口译教学的文章更加适合

1 参见 Taylor & Francis 网站.

这个期刊。

《中国科技翻译》是一本特色鲜明的翻译研究专业期刊，其宗旨是“理论研究与实践相结合，注重翻译行业的实践性，反映翻译工作者探索科技翻译理论和从事翻译研究与实践的新成果，提高译者的科技翻译水平，促进机器翻译研究与应用，报道科技翻译教学与研究经验、辅导科技翻译自学”。[1] 该刊的栏目有20个:（1）科技翻译研究;（2）科技翻译理论探索;（3）译名标准化;（4）口译;（5）机器翻译;（6）网络翻译;（7）经贸翻译;（8）翻译教学;（9）译海论坛;（10）译事纵横;（11）翻译随笔;（12）译史钩沉;（13）典籍翻译;（14）图书评介;（15）科技翻译自学;（16）译词争鸣;（17）术语揽新;（18）日积月累;（19）简讯;（20）特稿或题词。

研究者平实应该多关注这些期刊，了解其特色和刊文倾向，以便为自己的文章选择合适的目标期刊。

二、论文投稿

投稿方式主要有3种：邮寄打印稿、邮件投稿和网上投稿系统投稿。现在的网络和通信技术比较发达，大部分期刊编辑部已经不再接受第一种投稿方式了，因此我们只介绍后两种投稿方式。

不论是邮件投稿还是使用投稿系统投稿，第一步都是先找到期刊的投稿方式信息。一般我们习惯于使用搜索引擎搜索目标期刊，但在这里我们特别强调，用这种方式搜索投稿信息时要非常小心，因为目前有很多非法的论文代写代发机构在网络上做推广，还有很多冒充官方网站的非法网站，用搜索引擎搜出来的结果极有可能不是目标期刊的官方网站。比如，笔者于2020年8月10日在某搜索引擎上以“外语与外语教学投稿”为关键词进行搜索，结果发现，在第一页显示的14条记录中，没有一条信息来自《外语与外语教学》的官网（即大连外国语大学期刊网）。有些网站打着“《外语与外语教学》编辑部在线投稿”的幌子，伪装成该刊的官网，诱导作者投稿，非常具有迷惑性，这点一定要引起大家的注意。搜索投稿信息的正确方式一定是进入该杂志的官网，杂志的主办单位的官网一般会有进入通道。比如，《外语与外语教学》的主办单位是大连外国语大学，《外语教学》和《西安外国语大学学报》的主办单位是西安外国语大学，《外国语》《外语界》《外语电化教学》和《东方翻译》的主办单位是上海外国语大学，《外语教学与研究》《翻译界》和《外语教育研究前沿》的主办

1　参考中国科学院科技翻译工作者协会网站.

单位是北京外国语大学。这些主办单位的官网一般都会提供进入通道，大家在主页上搜索即可。

第一次进入投稿网站时一般需要注册，作者需要根据要求注册，然后登录。投稿网站上会提供投稿方式信息，在投稿之前，作者有必要认真阅读“投稿须知”，然后逐条对照要求修改文章格式。如果要求邮件投稿，作者只需把文章作为邮件附件发送到指定邮箱即可。有些期刊启用了在线投稿系统，作者需要根据系统提示填写作者和文章信息，逐步完成投稿。

三、审稿意见处理

投稿完成之后，下面就进入了审稿环节，第一步是编辑初审。编辑初审主要涉及论文的格式和内容两个主要方面，涉及题目、摘要、关键词、文章整体结构、参考文献格式、文章结论、文章重复率等。对于不符合要求的稿件，编辑会直接退稿，只有通过编辑初审的稿件才会进入下一个阶段，即专家评审。评审专家一般是某学科，或者某学科中的具体研究方向的知名博士、专家、教授等，他们会对文章的选题、研究设计、论证过程、数据处理、结论等方面进行全方位的评价，判断文章是否可以发表。专家评审完论文之后，一般会回复审稿意见。审稿意见体现了专家对具体研究的整体评价，对作者来说是一个极好的学习和提高的机会。不论审稿意见是退稿、退修还是接受，作者一定要认真对待。审稿的第三步是主编或常务副主编审理。主编或常务副主编最终决定论文是否录用，已经决定录用了的稿件，会最后进入编辑阶段，编辑一般会联系作者对文章进行最后修改和校对。

审稿意见包括两种：一种是退稿，一种是退修。经编辑部审理的稿件，如果不录用，编辑部会直接退稿。退稿的原因可能是编辑部认为稿件创新不足，没有发表价值，或者稿件选题和内容与期刊宗旨不符，或者积压的稿件过多，编辑部无法处理。退修是编辑部把审稿意见发送给作者，请作者根据审稿意见进行修改。退修的稿件有三类：一是经过专家审理后认为可以发表的稿件；二是专家认为经修改后可以发表的稿件；三是专家认为作者需要修改后重新审稿方可决定是否可以发表的稿件。

不论论文是否被接受，收到退修意见之后，作者一定要重视审稿人的审稿意见，根据意见认真修改。即使论文没有被接受，这也是一次学习和提高的过程。作者在修改论文时务必做到没有遗漏，条理清晰。所谓没有遗漏，即审稿人的意见必须逐条回复，修改了的地方说明如何修改，未修改的地方说明未修改的原因。所谓条理清晰，即所有的修改，大到文章结构，小到标点符号，都必须逐条说明，方便编辑和审稿人再次审阅。

本章小结

本章的题目是翻译论文写作论，主要介绍了翻译论文的写作、投稿与发表的步骤。第一节为科研概述，主要介绍了科研的定义和类型，目的是为第二、第三节介绍翻译论文的写作做好铺垫。科研是有组织的、系统的探求问题答案的过程。科研可以分为基础研究和应用研究，也可以分为理论研究和实证研究。翻译论文的写作一般包括以下步骤：确定选题、选择研究方法、搜集研究资料、处理分析研究资料、撰写初稿、修改与完善。论文完成之后可以进行投稿，一般是先选择目标期刊，然后向目标杂志投稿，最后是根据审稿意见修改。翻译论文写作既是认识问题，又是实践问题。研究者应该有扎实的理论和研究方法知识、广泛的涉猎和开阔的视野，这属于认识问题。但对于论文写作来说，认识问题固然重要，更重要的是实践问题。研究者在翻译理论学习和翻译实践的过程中，应该善于发现选题，设计研究，搜集整理研究资料，得出结论，撰写成文。在做研究的过程中，作者一方面巩固了自己的理论知识；另一方面也解决了具体的研究问题，与学术共同体一起推动了科学研究的进步。

练　习

1. 案例分析

本章第一节对科研的类型进行了划分，其中一个分类标准是研究的性质，据此，翻译研究可以划分为“理论研究”和“实证研究”。在本部分的案例分析中，我们分别从这两类研究中选择一篇文章进行分析，期望大家对翻译论文写作能有一个更加具体和全面的认识。

第一篇文章是翻译研究领域里的一篇经典文献，即霍尔姆斯的“The Name and Nature of Translation Studies”[1]。霍尔姆斯是翻译学的公认的奠基人之一。该文最初

---

1 Holmes, J. The Name and Nature of Translation Studies. In L. Venuti. (Ed.) *The Translation Studies Reader*. London & New York: Routledge, 2004, pp. 172-185.

在1972年在哥本哈根召开的第三届国际应用语言学会议上宣读，后被收录到各类编著当中，“普遍被认为是翻译学学科的创建宣言”。[1] 该文就是一篇典型的理论研究型文章。首先，从选题的角度来讲，该文针对的是翻译研究的名称以及学科内部分支学科的划分问题，这个问题是20世纪下半叶翻译学界讨论的一个热点话题，该文对于厘清当时有关翻译学名称和分支学科的争议具有重要意义。其次，该文研究资料主要是前人的研究成果，没有涉及实证数据，所以使用的主要是逻辑思辨的方法，没有使用任何质化和量化研究方法。前人的研究成果包括学界对翻译研究这一学科名称的观点，有“translatology”“translatistics”“the theory of translating”“translation theory”“science of translation”等。作者对以上术语的优缺点逐一进行了分析，最后得出结论，认为“translation studies”是一个更加合适的术语。在翻译学内部分支学科的划分上，作者主要使用了概念定义和划分的逻辑方法。该文的语言为英文，表述简洁，逻辑清晰，语言地道，符合英语学术语言的规范。

第二篇文章是发表在 *Across Languages and Cultures* 2013年第一期上的文章，题为“A Quantitative Enquiry into the Translator's Job-Related Happiness: Does Visibility Correlate with Happiness?”[2]，作者是The Open University of Hong Kong的刘凤明博士。该文是一篇使用了量化和质化研究方法的实证性论文。该文的标题直接阐明了其研究问题，即译者的隐身程度是否和职业幸福感相关。该文的文献综述部分主要介绍了学界有关译者隐身问题的研究，发现译者大部分时期都处于隐身状态和从属地位，因此作者问道：“既然如此，译者为什么还选择从事这个职业呢？”作者发现，学界对这个问题的关注不够，实证研究更是鲜见。为了研究这个问题，作者提出了两个具体的研究假设：

（1）The more visible the translator, the smaller the gap between capital sought and capital received;

（2）The more visible the translator, the more and greater positive emotions they experience when they deal with translation.

为了验证这两个研究假设，作者对其中的三个变量进行了操作化：“visibility”“capital”“job-related happiness”。其中，“visibility”划分为5个层次，“capital”

1 Gentzler, E. *Contemporary Translation Theories*. Shanghai: Shanghai Foreign Language Education Press, 2004, p. 93.

2 Liu, C. A Quantitative Enquiry into the Translator's Job-related Happiness: Does Visibility Correlate with Happiness?. *Across Languages & Cultures*, 2013, 14 (1): 123-147.

划分为 4 个层次,"job-related happiness" 通过计算 "translator's satisfaction index" 和 "translator's positive affective index" 的平均值得出。作者据此设计了一份问卷，对 193 位中国译者进行了问卷调查，得到了有关调查对象基本情况的描述性量化数据。然后，作者对这些数据进行了方差分析和相关分析，以便验证研究假设。统计分析结果支持以上两个假设。作者在文章的最后分析了产生以上现象的原因。

从以上对两种类型文章的分析可以看出，研究者在选择具体的研究问题时应该掌握系统的翻译理论知识，熟悉翻译研究的整体进展，了解学界关注的热点议题，善于发现有价值的研究问题。同时，研究者还应该掌握系统的方法论和研究方法知识，根据研究问题选择合适的研究方法，搜集研究资料时应该系统全面，数据分析时应该使用科学的方法，文章结构应该符合逻辑，语言应该简洁清晰。总之，从根本上说，翻译论文写作是一种实践活动，学习范文固然重要，但更重要的是长期的写作练习，相信经过系统的训练之后，同学们的写作水平一定能够逐步提高。

2. 思考题

1）请大家讨论一下在学习本章之前自己对于翻译论文写作的认识。

2）本章第一节介绍了科研的两种划分方法，即按照研究用途的不同，科研可以分为基础研究和应用研究；按照研究性质的不同，科研可以划分为理论研究和实证研究。除了以上两种标准之外，你还知道其他哪些划分标准?

3）本章第一节介绍了理论研究和实证研究的区别，请大家找到几篇理论研究和实证研究的论文，认真对比分析，找到两类研究之间的具体区别。

4）如案例分析所示，霍尔姆斯的 "The Name and Nature of Translation Studies" 是一篇理论研究型文章，使用的主要是纯逻辑思辨的方法。请大家熟读该文，认真讨论，找出该文所使用的具体的逻辑方法。

5）请大家找到几本专业的翻译研究期刊，认真阅读近几年的文章，总结出这些期刊的特色和刊文倾向。

3. 扩展阅读

Dornyei. Z. 2007. *Research Methods in Applied Linguistic*. Oxford: Oxford University Press.

Williams, J. & Chesterman, A. 2002. *The Map—A Beginner's Guide to Doing Research in Translatino Studies*. Manchester: St. Jerome Publishing.

Mellinger, C. D. & Hanson, T. A. 2016. *Quantitative Research Methods in Translation*

and Interpreting Studies. London: Routledge.
Saldanha, G. & O'Brien, S. 2016. *Research Methodologies in Translation Studies*. London & New York: Routledge.
穆雷. 2010. 翻译研究方法概论. 北京：外语教学与研究出版社.
蓝红军. 2019. 译学方法论研究. 北京：外语教学与研究出版社.
王定祥. 2013. 研究方法与论文设计. 北京：高等教育出版社.

第十二章 翻译的未来展望

当今，经济全球化进程加快，国际交流日益密切，信息网络技术、数字技术、大数据、云计算等技术飞速发展。它们不但带来了海量的翻译与语言服务需求，还催生了新的翻译模态和业态，给翻译这种古老的活动注入了鲜活的生命力与鲜明的时代特征，也带来了一场深刻的变革。谷歌翻译、有道翻译、众包、云翻译、AI、深度学习等抽象但时髦的词汇也常常出现在媒体报道、商家广告和日常会话之中。那么，在这个 Web 2.0 时代里，翻译有什么样的趋势？未来的发展会怎么样？技术的发展给翻译带来了哪些影响和冲击？机器翻译是否会替代人工翻译？新涌现的翻译业态都有哪些？

针对上述的一系列问题，本章第一节主要介绍 Web 2.0 时代翻译的趋势，并对未来翻译的发展趋势做了整体的预测；第二节以 Web2.0 时代的职业翻译为线索，阐述了技术发展对翻译行业的影响和未来走向，技术革新带来的新职业活动以及对译者的能力和选择；第三节以字幕组和众包翻译为例对 Web 2.0 时代非职业翻译进行了介绍。希望通过本章的内容，学习者可以对目前翻译的现状、趋势以及未来展望有一个基本了解，并能理性而辩证地看待翻译技术的发展及其与人工翻译的关系。

第一节 Web 2.0 时代翻译的趋势

随着信息网络技术与数字技术的发展，蕴含 Web 2.0 技术的互联网已经成为人们社会、文化、教育与职业生活中常见且重要的部分，并推动和影响众多行业的发展。

美国罗格斯大学的翻译学者米格尔·吉梅内斯–克雷斯波（Miguel Jiménez-Crespo）[1]曾将互联网对翻译的影响归纳为3个层面：其一，互联网成为交流平台；其二，在翻译任务中使用互联网（包括使用基于云的软件，如翻译记忆或人辅机译），并将互联网资源作为解决翻译问题的“外部支持”；其三，新翻译模态（如网页本地化）、新语篇类型（如社交网站或推文）与新翻译实践（如在线众包与非职业社群的志愿翻译）出现。[2]本节将对Web2.0环境下的翻译进行分析，并介绍Web 2.0时代下翻译的整体趋势。

一、Web 2.0与翻译

（一）Web 2.0及其特征

虽然很多文献都认为Web 2.0理念源于2004年O'Reilly和MediaLive International这两家公司的一次头脑风暴，但实际上创造这个词的是信息架构咨询师达西·迪尼奇（Darcy DiNucci）。1999年，他在*Print Magazine*上发表一篇名为《破碎的未来》（“Fragmented Future”）的文章，指出随着移动设备的使用网络已经出现碎片化的趋势，而Web 2.0作为未来网络的雏形，可以实现单向媒体向用户参与的双向媒体的转换。[3]遗憾的是，这一词汇当时并没有被世界所熟知。直到2005年那次头脑风暴会议后，Web 2.0作为“一系列使今天的互联网用户可以有效互动与分享信息的服务”的概念才广泛被人们了解。[4]

Web 2.0可以视为是Web 1.0的升级版。Web 1.0是一种网站对用户的广播式传播，用户被动接受，无法基于自己的爱好或需求决定内容，而网站编辑的内容往往先入为主，缺乏民主性和互动。[5] Web 2.0则以自助服务模式为主，强调用户可以自主选择服务，并参与内容建设。它以个人为主体，用户可通过博客（Blog）、维基（Wiki）、社交网络服务（social networking services, SNS）、即时通信（instant messaging, IM）、简易信息聚合（really simple syndication, RSS）等技术编辑、收集、整理、发

1 Jiménez-Crespo, M. A. The Internet in Translation Education: Two Decades Later. *TIS: Translation and Interpreting Studies*, 2015, 10 (1): 34.

2 Ibid.

3 DiNucci, D. Fragmented Future. *Print Magazine*, 1999, (4): 32.

4 O'Reilly, T. What Is Web 2.0: Design Patterns and Business Models for the Next Generation of Software. *Radar O'Reilly*, 2007.

5 余燕芳，葛正鹏. 终身学习平台设计与构建——以Web2.0到Web3.0的学习理念变迁为视角. 中国远程教育，2014（4）：70-71.

布与订阅信息，实现信息的分享并聚合分散的信息。这一概念的典型例子包括维基百科、脸书、微博与微信等社交媒体、以及众多自媒体平台。

Web 2.0 模式下的互联网一改之前的被动、静态、单向等特性，具有如下几个特征:（1）参与性 / 去中心化。互联网成为一个开放的平台和参与体系，用户既是内容创造者和发布者，又是内容的接受者和消费者，从而使得互联网空间的话语权中心被消解，进而分散在网络用户的电脑或移动设备之前。（2）分享性。用户可不受时间和地域限制分享内容和观点。（3）协同性与整合型。Web 2.0 更加注重交互性，用户可以自发组织协同创造，把分散的独立的用户聚合，充分调动集体的智慧与力量，实现内容的生产和聚合，整合概念、技术与服务。[1]

（二）Web2.0 环境下的翻译

随着网络技术与数字技术的发展，特别是 Web 2.0 兴起，以字幕组、众包翻译、在线翻译系统、云翻译等为代表的新翻译方式和模态呈现出快速发展的态势，互联网以其开放性和参与性重新界定了翻译的主体，给予了他们在翻译和传播内容选择方面更多的自主性和控制权，带来了翻译生产、传播和互动的变革。很多深受用户喜爱且访问量极高的社交或信息网站（如脸书、推特、维基百科、英领、TED、环球网、微博等）都包含用户自主翻译的内容。事实上，Web 2.0 为翻译（尤其是在线合作翻译）的发展提供了无与伦比的契机，这反映在以下 3 个方面：

（1）Web 2.0 的开放性与民主性为大众参与翻译提供了一种可能。在过去，普通人参与翻译往往需要某种介质（如翻译公司、亲朋好友推荐等）才能实现，但这过程中教育或翻译资历往往起到了重要作用。而作为开放、自由参与平台的 Web 2.0 使普通人能够在浩瀚的信息网络中找到自己可胜任的翻译任务，同时互联网上的开源软件与技术也给他们提供了强大的支持，从而激发了他们参与翻译的热情与信心。以字幕组为例。先前的字幕翻译往往被电影公司或商业字幕公司垄断，除了字幕的版权以及进口的时间差之外，一个最主要的原因是字幕编辑软件的操作技术性太强，未受过专业培训的人很难操作。Web 2.0 时代里，互联网上出现了不少开源的视频编辑软件（如 AegiSub, SrtEdit, Subtitle Creator），这些软件不但免费，而且相对容易操作，这就给那些有字幕翻译梦想或想分享自己喜欢的视频的人提供了技术条件，让他们能够参与到自己选择的视频内容的字幕翻译之中。

---

1 王伟军，孙晶. Web2.0 的研究与应用综述. 情报科学，2007（12）：1909.

（2）Web 2.0 的交互性有利于广泛的翻译参与和协作网络的形成。在 2005 年之前的 Web 1.0 时代，网民更多是通过浏览网页的方式检索或获得翻译的内容，而非翻译的内容由专业人士挑选，他们无权参与待译信息的摘选，这实际上在读者与专业译者之前建立了一种无形屏障。而 Web 2.0 的出现创造了一个去中心化的交往与参与空间，用户可以通过互动和协作对内容进行选择、翻译和后续的修改。比如，在大家比较熟悉的短视频网站 Bilibili（即 B 站）上，就有不少上传者（俗称“UP 主”）自发地翻译短视频字幕。他们基于个人兴趣爱好或根据自己对特定粉丝群体的了解，在“油管”（YouTube）上选择相应的视频，将其字幕翻译然后压制成单语或双语视频发布在 B 站上。有时候，他们还会根据粉丝反馈对字幕进行修改，从而实现了互动式协作翻译。这个翻译参与网络更重要的意义在于，它将过去在翻译活动中被边缘化或相对“草根”的人员聚集起来，让集体的智慧和力量形成合力，实现了他们在翻译方面的理想与价值。

（3）Web 2.0 本身的整合性为翻译技术的传播提供重要平台，从而提高了翻译活动的科技性。阿尔西纳（Alcina）[1] 曾把“翻译技术”分为译者的计算机设备（translators' computer equipment）、交流与文献工具（communication and documentation tools）、文本编辑与桌面排版工具（text edition and desktop publishing tools）、语言工具与资源（language tools and resources）以及翻译工具（translation tools）五类。作为 Web 1.0 的发展和整合，Web 2.0 具有更强的兼容性和互动性。在这样的网络空间进行的翻译活动，不但可以被一个具有不同能力、知识和专业背景的异质性人群整合起来，而且还可以聚合各种上述的翻译技术（如互联网、在线词典、在线翻译、翻译记忆、机器翻译、术语库、在线众包翻译平台等），凸显数字化时代翻译的多元主体性、协同性和技术化趋势。

二、Web 2.0 时代的翻译趋势

过去十多年间，翻译技术飞速发展，新的翻译业态涌现并迅速推广，从在线自动翻译系统、网络翻译、众包翻译到个人移动设备中的翻译工具，都是这些发展的重要体现。虽然很难对翻译的未来发展进行明确的预测，但我们可以结合香港中文大学翻译系陈善伟（Chan Sin-wai）[2] 教授对翻译技术未来发展的阐述，对目前 Web 2.0 时代

1 Alcina, A. Translation Technologies: Scope, Tools and Resources. *Target*, 2008, 20 (1): 79-102.

2 Chan, S. W. *The Future of Translation Technology: Towards a World Without Babel*. London: Routledge, 2017, pp. 266-275.

翻译中出现的 4 个趋势进行总结，以此来管窥翻译技术乃至翻译的未来。

（一）翻译的全球化：从地区到全球

英国学者安东尼·吉登斯（Anthony Giddens）[1] 将“全球化”定义为“联系远隔地区的社会关系在世界范围内的加强”，这种连接关系使某个地方发生的事对几英里外的地方发生的事具有指向意义。从本质上说，全球化进程的推进需要以翻译和译者为中介，翻译是使全球化成为可能的一种“基础设施”。[2] 鉴于翻译在全球化过程中的重要作用，英国翻译学者迈克尔·克罗宁（Michael Cronin）[3] 甚至提议将“信息时代”称为“翻译时代”（Translation Age），以更好地定义和理解“信息和技术概念内涵的变化，以及由新翻译媒介带来的语言与文化之间关系的变更与突变”。

伴随经济全球化进程的推进，翻译已经从区域性的语言、文化交际行为升级为全球性的经济、文化、政治活动，具有重要的战略意义，而 Web 2.0 的出现更是将加速了这趋势的发展。全球化产生了海量的翻译需求，却同时又要求把翻译项目时缩短。在这样的背景之下，翻译无法维持其传统的基于地域的运作模式，转而借互联网（尤其是 Web 2.0 技术）将其翻译运作过程网络化、技术化和全球化。这主要体现在：（1）众多在线翻译公司 24 小时为客户提供多语种的翻译服务；（2）在线机器翻译系统（如 Google Translate）的问世以及运用；（3）在线计算机辅助翻译系统和软件（如 SDL Trados、Wordfast Anywhere）的研发与使用；（4）在线计算机辅助翻译管理系统（如 SDL World Server）的建立。[4] 此外，得益于大数据、AI 领域的发展，很多科技公司（如谷歌、百度、腾讯等）近年来推出在移动设备上使用的应用程序，把手机拍照、字符 / 图片识别和机器翻译相结合，给人们日常生活提供便捷的翻译服务，也使翻译出现“无国界”的趋势。在 Web 2.0 的网络空间内，来自不同地域、不同背景的人借助翻译技术，交换信息，交流文化，推动了全球化的进程，也提高了翻译的实时性和全球化。

---

1 Giddens, A. *The Consequences of Modernity*. Cambridge: Polity Press, 1991, p. 63.

2 Godev, C. B. *Translation, Globalization and Translocation: The Classroom and Beyond*. Houndmills: Palgrave, 2018, p. 4.

3 Cronin, M. *Translation in the Digital Age*. London: Routledge, 2013, pp. 104-106.

4 Chan, S. W. *The Future of Translation Technology: Towards a World Without Babel*. London: Routledge, 2017, p. 267.

（二）翻译的多元性：从文本到多模态

模态是指“可以被具体感知过程解释的社会符号系统”，[1]包括图像、文字、声音、颜色、手势、触觉等。如果只有一种符号参与信息交流，为单模态；如果多种符号参与，则为多模态。

在过去相当长的一段时期，翻译是立足于文本的跨语言信息转换和传递，只涉及文字这一种模态。即使是后来以 DOC、PDF、PPT、JPG 等形式存在的电子文件也往往只有语言符号这么一种载体。然而，随着信息技术和数字技术的发展，更多的表达模态加入，新的生产方式（如从文本到言语、文本到图片、文本到图标、文本到视频、文本到动画等）不断产生，使承载语义的图像、声音、表情等超文本符号在 Web 2.0 网络空间涌现和扩散，不但拓宽了文本的信息承载能力，更带来了翻译从单模态向多模态的转变。据荷兰翻译自动化用户协会（Translation Automation User Society, TAUS）的相关资料，20 世纪 80 年代的翻译，焦点为纸介质，内容为纸质文本；20 世纪 90 年代本地化技术的加入使软件成为行业焦点，翻译的内容包括纸质和数字文本；随着互联网技术的发展，2000 年前后翻译内容新增了静态网页；到 2010 年翻译的载体包括纸质文件、数字文件、静动态网页，而涉及的模态有文本、图像、音频、视频、动画等等。[2]此外，我们不难发现，目前的机器翻译系统除网页版之外还有手机程序，提供诸如语音、图像、摄像头取词、照片扫描等多模态的免费在线翻译服务，既顺应了 Web 2.0 时代多模态交际和信息交流的现实，又通过个性化服务满足了不同用户的翻译需求。在未来，信息爆炸加剧，人们交流方式多样、渠道多元，单靠当基于文字的单模态翻译无法满足现实的需求，多模态翻译将不断深化。

（三）实践重心的转移：从文学到应用

在过去，宗教典籍和文学翻译曾是翻译实践的主流，无论在中国和西方都如此。然而，随着全球化进程的推进，新技术（尤其是信息技术、数字技术、大数据）的发展，翻译领域不但经历了模态与业态的创新、翻译技术的发展以及翻译环境的网络化和数字化，而且还见证了文本体裁从文学向应用转移，使得应用翻译异军突起，成为新的实践与研究的焦点。

---

1 Forceville, C. Non-Verbal and Multimodal Metaphor in a Cognitivist Framework: Agendas for Research. In C. Forceville & E. Urios-Aparisi. (Eds.) *Multimodal Metaphor-Applications of Cognitive Linguistics*. New York: Mouton de Gruyter, 2009, p. 22.

2 张旭东，张伟. 翻译的技术化倾向述评. 外语研究，2016，33（5）：88.

所谓的“应用翻译”是指“除文学翻译之外的所有以信息传达为主的文本翻译”，[1]这既包括了科技、商务、法律、经贸等领域的传统文本，又包括多模态文本（如网页、游戏、影视等）。与文学文本不同，应用文本的作者往往匿名，翻译时往往以文本信息忠实和准确为准，译文还可以在某种程度上循环使用。这就为翻译记忆和计算机辅助翻译在这类文本翻译活动中使用提供了必要的基础。

事实上，全球化推动了应用翻译的发展，使其在翻译总量中的比重越来越大，这种趋势又因新技术的发展和助推而呈现飞速发展。早在 1999 年，国际译联第十五届大会就曾经宣布过这样的结论，即世界翻译市场发生重大变化，翻译工作与信息收集结合，其范围扩大，科技翻译、经贸与法律翻译占了越来越大的比重；而在中国香港，文学翻译所占比重已下降到 4 %。[2] 在我国，人们普遍感觉到文学翻译量大不如前，科技、经贸等偏向现实应用的领域比重在迅速上升，这一点在《中国翻译服务行业调研报告 2014》中也得到印证。报告指出，我国的翻译服务企业的 3 个主要业务是翻译、本地化服务和语言咨询服务，其中翻译涉及的 3 大主要领域分别是制造业、IT 产业和科技，而其他行业（如教育、文娱）所占比重比较低，而且相对分散。[3] 在这样的背景之下，机器翻译、计算机辅助翻译系统将和人工翻译合作，在兼顾效率和质量前提下，满足不同文化、不同人群对不同类别的应用文本和海量信息的翻译需求。

（四）自动化翻译继续完善，人机交互成新常态

自动化（automation）是机器翻译的一个重要特征，指“计算机根据源语和目的语及其相互之间转换的规则、统计翻译模型或待译句子和现有句子的匹配关系，将源语文本自动转换成目标文本”。[4] 它不但使系统可以不受时空限制进行翻译，同时还能保证机器翻译能以远超人工翻译的速度处理大量文本。然而，很长一段时间内机器翻译难以兼顾效率与质量，翻译质量远远落后于人工翻译。近年来，机器翻译有了新的突破，尤其是神经网络机器翻译（NMT）和人工智能的发展，大幅地提升了翻译的质量。

机器翻译的发展已经带来翻译行业和翻译过程的深刻变革。从行业的角度，机

1 韩子满. 应用翻译：实践与理论研究. 中国科技翻译，2005（4）：49.

2 同上.

3 杨平，杨玲，张文等. 中国翻译服务业调研报告. 北京：中国翻译研究院，中国翻译协会，中国翻译行业发展战略研究院，2014，第 23-25 页.

4 胡开宝，李翼. 机器翻译特征及其与人工翻译关系的研究. 中国翻译，2016，37（5）：11.

器翻译以较低的成本和人工翻译难以比拟的效率和速度，提高人类在大数据时代的信息处理能力，应对和满足了海量的翻译需求，同时又给人工翻译带来了切实的挑战和威胁。从翻译过程看，人工独立翻译的翻译方式正在改变，人机合作似乎成为翻译行业中一个难以回避的趋势。王华树[1] 指出，"机器翻译 + 译后编辑"模式已经成为当前和未来职业译者的主流工作模式。事实上，一些翻译学者，如莎伦 · 奥布莱思（Sharon O'Brien）[2] 将翻译视为一种"人机交互"（human-computer interaction），以反映现实翻译过程中译者与机器翻译、计算机辅助翻译、翻译记忆以及其他基于计算机的翻译技术之间的互动与合作。崔启亮、雷学发[3] 基于文本的使用目的、译文质量要求以及成本限制等三因素，进行文本分层并提出相应的人机交互翻译策略。

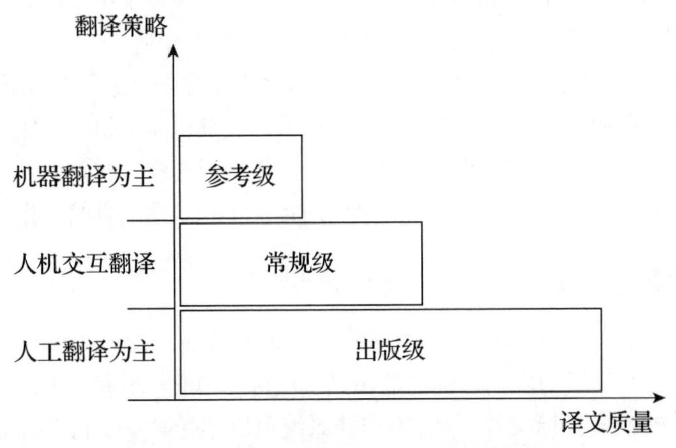

图 12-1　基于文本分层的翻译策略模型[4]

由图 12-1 可知，文本可分为 3 层:（1）参考级文本。旨在获取基本信息，以供读者参考。典型例子包括邮件、网页、天气预报、跨境电商、信息检索等，翻译质量要求低，及时性高，可采用以"机器翻译为主"的策略。（2）常规级文本。多用来获取信息或指导用户操作，常见的例子有旅游、经贸、IT、医药等领域的专业手册、

1　王华树. 语言服务的协同创新与规范发展——2016 中国语言服务业大会暨中国译协年会综述. 中国翻译，2017，38（1）：86.

2　O'Brien, S. Translation as Human-Computer Interaction. *Translation Spaces*, 2012, 1 (1): 101-122.

3　崔启亮，雷学发. 基于文本分层的人机交互翻译策略. 当代外语研究，2016（3）：46-52，94.

4　同上：49.

新闻稿、书名数、科技文等，翻译时要求译文忠实于原文，表达专业、清晰、通顺，术语准确，因此采用“人机交互翻译”策略比较适当。（3）出版级文本。用于印刷出版或网络发布的法律、文艺、科学类专著，翻译时要求忠实、准确、流畅可读，甚至优雅，以“人工翻译”策略为主。[1] 此外，他们还将“人机交互翻译”细分为人助机译（译前编辑中对源语缩写词的还原、特殊词语的替换和规范化处理）、机助人译（翻译过程中使用翻译记忆、术语库、在线翻译系统、翻译词典）和翻译系统的自我学习（译前编辑、术语库和记忆库的制作，以及译后编辑中自动学习人工校对过的翻译材料）等 3 个方面。[2]

总之，Web 2.0 技术、大数据、云计算为翻译带来了机遇，实现了翻译的规模、模态和文本类别的拓展和转移，并提供了各种适用于翻译不同阶段或不同类别翻译的工具与软件工具。随着 AI、深度学习（deep learning, DL）等领域研究的推进，机器翻译的质量还将不断提升，人机合作和对话将是未来翻译场域中一种新常态。

第二节 Web 2.0 时代下的职业翻译

Web 2.0 时代下机器翻译的发展，以及 Web 2.0 技术自身的整合型、参与性与民主性，带了翻译行业的变化。一方面，机器翻译效率高、成本低，近年来翻译质量显著提高，给职业翻译带来了挑战和冲击，甚至还让人们产生“机器翻译终将取代人工翻译”的想法。另一方面，互联网给大量来自不同背景却未受过专业教育或培训的人提供了从事翻译的技术条件和机会，产生了众包翻译等新业态，在一定程度上造成了翻译职业边界的模糊。本节将重点介绍 Web 2.0 时代职业翻译的情况，并对其未来变化进行展望。

一、职业翻译与职业译者的现状

在人类历史上，翻译在商务贸易、知识与思想的传播、人文交流等方面扮演了重要的作用。2017 年，联合国通过决议充分肯定了专业翻译工作者在加强各国交流、增进相互理解、促进和平与发展等方面的贡献，并将每年 9 月 30 日确立为“国际翻

1 崔启亮，雷学发. 基于文本分层的人机交互翻译策略. 当代外语研究，2016（3）：47-49.

2 同上：50.

译日”（International Translation Day），这是对职业翻译在现代社会中重要性的有利证明。虽然把翻译作为职业这种现象在历史出现得比较早（如我国古代周朝的“象胥”、汉代的“舌人”和南宋后的“通事”，以及国外集体从事圣经翻译的人员），但现代意义上的翻译职业始于20世纪。职业翻译（口译）发端于1919年的巴黎和会，之后一系列有关翻译的职业道德条例和职业标准建立，到1963年国际译联通过《翻译工作者宪章》，肯定了翻译的职业地位。[1]

职业译者是指那些受过翻译教育或培训，以翻译作为职业的语言专业人员。丹尼尔·葛岱克（Daniel Gouadec）[2]在《作为职业的翻译》一书中，将将译者描绘成这样一个群体：她们以语言对（language pair）为基础、针对某些细分专业进行书面文本翻译，谙熟各种交流和翻译技术，女性占大多数，通常从外语译入母语（虽然从母语译出越来越常见），可细分为“受雇译者”“自由译者”“出版社译者”“非法译者”（从事商业翻译却不缴税的人）与“隐形译者”（以双语秘书、文档管理人员等名义雇佣但从事翻译活动的人）五类。由于翻译行业相关调研数据，我们很难确定职业译者的人数，但可以从翻译协会或者行会的会员人数来进行简单了解。如2017年，美国翻译协会（ATA）宣称拥有80个国家的1万名会员，英国笔译和口译协会（ITI）则有3万会员。[3]根中国翻译协会2016年的资料显示，全国职业翻译只有4万多人。

过去10年间，职业翻译受到了一系列挑战。首先，单纯的翻译服务已经无法满足全球化与Web 2.0时代社会、经济、文化发展的多元化需要，语言服务业应运而生，翻译成为其中与“本地化服务、语言技术工具开发、语言教学与培训、多语信息咨询”[4]等业务相并列的一项服务，职业翻译的能力要求和业务范围被拓宽。其次，翻译技术（机器翻译）的发展提高了翻译的效率，降低了翻译的成本，但也给职业译者带来冲击。最后，作为一种新业态的众包翻译出现，在一定程度上帮助缓和大数据时代海量翻译需求和翻译服务提供的有限性之间的矛盾，但也在一定程度上模糊了职业与非职业翻译的边界，对职业翻译和职业译者形成严重冲击。如英国著名学者贝克[5]认为，

---

1 黄德先，杜小军. 翻译的职业化及对翻译研究的影响. 上海翻译，2010（1）：73.

2 Gouadec, D. *Translation as a Profession*. Amsterdam: John Benjamins, 2007, pp. 92-101.

3 Schäffner, C. Translators' Roles and Responsibilities. In E. Angelone, M. Ehrensberger-Dow & G. Massey. (Eds.) *The Bloomsbury Companion to Language Industry Studies*. London: Bloomsbury Academic, 2020, p. 64.

4 王传英. 语言服务业发展与启示. 中国翻译，2014，35（2）：78.

5 Baker, M. The Changing Landscape of Translation and Interpreting Studies. In B. Sandra & C. Porter. (Eds.) *A Companion to Translation Studies*. West Sussex: John Wiley & Sons, Ltd, 2014.

众包对翻译行业造成的影响让人们开始质疑其伦理性，并援引 Translators for Ethical Business Practices 等译者联盟“众包不道德，极大损害职业译者固有地位”的观点。弗拉纳甘（Flanagan）[1] 通过对译者博客的内容分析探究了职业译者对众包的态度，研究发现，职业译者认为众包有利于提升翻译行业的可见度，但它不能提高职业译者的显身度，他们对免费劳力、翻译质量以及伦理等方面存在负面评价。可以预见的是，无论他们是否喜欢，职业都将面临机器翻译、众包翻译和职业翻译“三足鼎立”，必须学会以开放心态接纳并拥抱翻译技术的日臻完善，以及日益崛起的“草根翻译”社群，相互合作，互补互促。

二、未来职业翻译的变化

近年来，自然语言技术快速发展，翻译技术也因此突飞猛进，一系列机器翻译系统相继问世并被广泛运用。从 2006 年推出的 Google Translate 在线翻译服务到 2009 年的 Google Translator 工具包，再到 2011 年支持 27 种语言互译的百度机译系统的问世，机器翻译发展迅猛，翻译质量明显提高，在某些文类（如技术文献）甚至可以获得与人工相近的质量。不少人开始担心人工翻译的未来，认为机器翻译最终将取代人工翻译。

事实上，机器翻译和人工翻译之间并不是非此即彼、相互矛盾的关系，二者可以相辅相成、相互促进。这主要体现在：（1）机器翻译基于人工翻译或机译后编辑的双语对语料；（2）机器翻译有助于提高人工翻译的速度和效率；（3）根据性质和质量要求的差异，灵活分配翻译任务给职业译者和机器翻译，如机器处理科技等信息类文本，译者负责文学等创造性高或表现型文本。[2]

无可否认，翻译技术的发展会给职业翻译带来巨大的变化与挑战。魏勇鹏[3] 提出了未来职业翻译的 2 种变化模型，并认为悲观模型的情况最有可能出现。

---

1 Flanagan, M. Cause for Concern? Attitudes Towards Translation Crowdsourcing in Professional Translators' Blogs. *Journal of Specialized Translation,* 2016 (25): 149-173.

2 胡开宝，李翼. 机器翻译特征及其与人工翻译关系的研究. 中国翻译，2016，37（5）：13.

3 Wei, Y. P. Challenges and Coping Strategies of Translation Technology Education in an Era of Artificial Intelligence. *Paper presented to the WITTA TTES inaugural conference on Translation Technology and Translation Training*. Huhhot, Inner Mongolia, 2018.

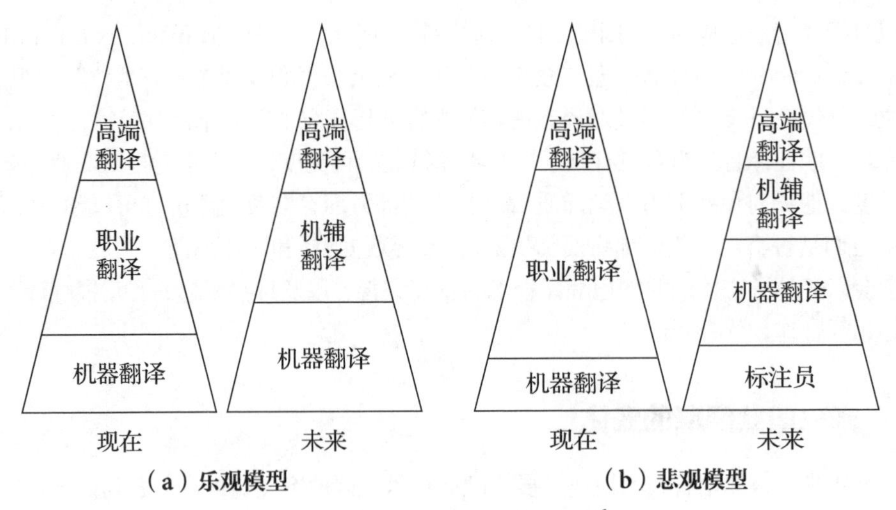

图 12-2　职业翻译的未来模型[1]

在乐观模型中，机器翻译的量有所增加，占据了中低端市场的主流，会逐步取代人工翻译中那些比较单一、重复性高、程式化的翻译工作（如邮件、即时通信、产品说明书等翻译），但对翻译精度要求较高、创造性较强的高端市场（如文学、政务、医学、法律等）不会造成太大的影响。与此同时，大部分职业译者会在机器翻译的辅助下从事翻译，在效率和质量之间实现某种可接受的平衡，同时还对机器翻译进行后期校对。在悲观模型中，高端市场的翻译没有受到太多冲击，机器占据了中低端市场，取代了大部分职业翻译的工作。人工翻译将出现分流，一部分译者在机器翻译的辅助下在中端市场进行翻译，而另一部分则从事标记员（tagger），负责标注数据库中的自然语言对，以帮助机器翻译提高翻译质量。

实际上，职业翻译与机器翻译在目标市场上分野，占据比通过生态位的趋势已经越来越明显。杜金华等[2]就指出，一个金字塔形状的翻译市场正在形成，出于成本考虑，人工翻译仅占翻译任务的 10%，机器占 70%，而中间的 20% 则需要人机交互，采用机译后编辑的方式进行处理。这样的错位竞争，不但可以提高了翻译的效率和质

1　Wei, Y. P. Challenges and Coping Strategies of Translation Technology Education in an Era of Artificial Intelligence. *Paper presented to the WITTA TTES inaugural conference on Translation Technology and Translation Training*. Huhhot, Inner Mongolia, 2018.

2　杜金华，张萌，宗成庆等. 中国机器翻译研究的机遇与挑战——第八届全国机器翻译研讨会总结与展望. 中文信息学，2013，27（4）: 6.

量，以满足信息社会内不同层级的翻译需求，也可以把优秀的职业译者从单一的、重复的、创意度较低的工作之中解放出来，用更多精力去从事更有意义的翻译，同时给予机器更高质量的语料深度学习，不断提高机器翻译的质量。

三、译者的新职业活动与新技能

伴随全球化、Web 2.0 技术以及机器翻译的发展，译者不再是传统意义上的翻译活动的从事者。他们的职业活动从单纯的文本翻译拓展到了译前编辑（pre-editing）、译后编辑（post-editing）、项目管理（project management）、术语与数据库管理（terminology and database management）、创译（transcreation）、技术写作（technical writing）、媒体可及性管理（media accessibility management）等。虽然机器翻译在一定程度上分走了原来职业译者在市场的份额，但提升机器翻译质量的“人机交互”模式中就存在“译前编辑”和“译后编辑”两种职业活动。前者发生在机器翻译之前，是对待译的文档进行有针对性的修改、编辑，以提高机译产出的质量，而后者是“在集成翻译环境中，为了保持译文质量和翻译效率，由专业编辑人员根据特定的质量目标，对输出的初始译文进行人工评审或部分自动化修订的过程”，[1] 这都是人工翻译可以通过其知识、能力和经验去促进和贡献的地方。再如，在全球化背景下，尤其是跨国公司在全球范围内寻求投资市场的语境下，创译不再是个别译者“妙手偶得”的创造力迸发，也不仅仅是广告翻译中一种翻译方法，而是本地化服务中一种“彰显文本的再创造功能和文本适应能力，以使其成为跨国公司市场进入的有效途径”。[2] 它指“在目的语系统中，对源文本进行编辑、重组、创作性重写、创意性重构等的转述方式，实现目标话语的表达性与目的性的文本，其方式可以为单模态或多模态”，[3] 涵盖了客户需求分析、文本创造与项目管理等环节，需要项目经理、客户经理、译员、文案写作员、编辑、（母语）译文校对等人员的团队合作。这种新型的职业活动将译者的任务从单纯的文本转换拓展到了符际翻译、跨文化调解和多模态交际。

新职业活动的出现，不但改变了译者的身份定位（即从翻译匠到跨文化交际与技术专家），更对译者的知识和能力提出了新的要求。以美国劳工部组织发起开发的职

1 崔启亮. 论机器翻译的译后编辑. 中国翻译，2014，35（6）：69.

2 王传英，卢蕊. 经济全球化背景下的创译. 中国翻译，2015，36（2）：72.

3 陈琳，曹培会. 论创译的名与实. 外语与外语教学，2016（6）：126.

位分析系统（occupational information network，简称 O*Net）中列出的职业译者知识与技能为参考框架，皮姆[1]指出，神经网络机器翻译环境下译者需要具备以下 4 方面的能力:（1）语言能力，尤其是阅读理解与写作（即以适合于受众需求的方式有效交际）;（2）知识储备，包括英语与外语、客户与个人服务、法律与政务，交际与传媒，教育与培训、计算机和电子、秘书学等领域;（3）信息处理技能，包括（基于某种顺序或规则进行的）信息排序、批判思维、问题敏感度、监控与评价自我或他人、选择性关注、积极学习;（4）社交技能，如社会洞察力、协作、服务至上、判断与决策能力等等。

在职业翻译中，自由译者人数最多，且工作方式相对灵活。与受雇译者相比，他们可能是 Web 2.0 时代的职业翻译中最容易受到众包兴起和翻译自动化迅速发展影响的群体，尤其是那些刚毕业初出茅庐的译者。施密特（Schmitt）[2]探讨了自由译者面临的 3 种选择:（1）屈从于翻译市场压力，接受相应的翻译报价（如 50 欧 / 千字或更低）;（2）从主流翻译市场中退出，以自己心中理想报价（如 200 欧 / 千字或 50 欧 / 时）持续获得翻译收入;（3）根据每次翻译任务灵活地调整报价、质量标准、翻译过程和使用的工具，从而获得适中（如至少 40 欧 / 时）但持续的收入。事实上，每一种选择都会带来不同的结果：第一种情况下，译者相对容易获得客户，活多但收入不足，以低价和同行竞争（通常会拉低行业报价），落入行业的底层，最终会被报价更低的众包或机器翻译所取代；第二种情况下，译者必须细分翻译领域，确保自己的质量比对手的好很多，客户维护相对较难，不过即使遇到项目少的新客户，只要工作模式合拍，也会带来不错的收入；第三种情况下，译者必须细分专业领域才能高效地进行翻译活动，翻译质量至少要高于机器翻译和低价译者，翻译速度具有竞争力，很容易在维持现有客户的同时拓展新客户，同时还可以承接价格合适的机译后编辑（PEMT）的工作。[3]相比之下，第三种选择较优，既能保证自由译者合法收入和市场竞争力，又能使其工作具有可持续性和可拓展性。虽然自由译者如何选择事关个人的技能和态度，但不能否认的是，未来的译者应该在未来瞬息万变的世界中更大地发挥自己的主观能动性、灵活性和创造性，以开放的心态应对翻译行业出现的可能性变化。

---

1 Pym, A. How Automation through Neural Machine Translation Might Change the Skill Sets of Translators?. *Paper presented to the conference Translation in the Digital Era*. Kuala Lumpur, Malaysia, 2019.

2 Schmitt, P. A. Translation 4.0—Evolution, Revolution, Innovation or Disruption?. *Lebende Sprachen*, 2019, 64 (2): 226.

3 Ibid: 227.

第三节 Web 2.0 时代下的非职业翻译

伴随“21 世纪初 Web 2.0 的出现、互联网在全球范围内的广泛渗透以及互联网用于协调与管理协作的技术平台的出现”,[1] 一些新的翻译实践形式和业态应运而生，并迅速走入公众视野。以开放性、参与性、去中心化与交互性等特点的 Web 2.0 技术搭建了网络交流与参与平台，让对翻译感兴趣的网民在几乎零门槛地加入翻译互动，这不但使“草根”译者聚集享受网络翻译嘉年华，更形成了一股势不可挡的非职业翻译的趋势。本节首先对非职业翻译进行概述，然后以字幕组和众包翻译为例对数字化时代网络中的非职业翻译进行介绍。

一、非职业翻译概述

“非职业”和“职业”是一对相对的概念。安东尼尼等（Antonini et al.）[2] 认为，“非职业”强调的是谁来译（who），而非如何译（how）。此处未采用“非专业”一词，一方面是为了强调译者的“业余”身份；另一方面从实际翻译项目来看，译文质量不一定“不专业”。人们通常认为职业翻译要么拥有翻译学历或证书，要么以翻译为谋生手段，要么二者兼具。[3] 从这个意义上说，“非职业翻译”（non-professional translation）是指由非翻译专业人士（即未经专业翻译训练、不以翻译营生的双语或多语者）从事的翻译活动。除“非职业”之外，形容这一群体及其翻译行为的修饰词还包括“自然”（native）、“志愿的”（volunteer）、“临时的”（ad hoc）、“未受训或非认证（untrained/non-certified）等。其中，“自然翻译”主要指翻译人员本身具有双语或多语能力，“志愿翻译”强调翻译的非营利性和利他性，“临时翻译”暗示翻译的频率不高，译者资历可能不深，而“未受训或非认证”则解释了翻译人员未接受正式的翻译教育或未取得相关的资历认证。这些词从不同层面解释了非职业翻译的主体或行为本身的特征。

---

1 Jiménez-Crespo, M. A. *Crowdsourcing and Online Collaborative Translations: Expanding the Limits of Translation Studies*. Amsterdam & Philadelphia: John Benjamins, 2017, p. 48.

2 Antonini, R., Cirillo, L., Rossato, L. et al. *Non-professional Interpreting and Translation. State of the Art and Future of an Emerging field of Research*, Amsterdam & Philadelphia: John Benjamins, 2017, p. 7.

3 Angelelli, C. Non-Professional Interpreting and Translation (NPIT). In E. Angelone, M. Ehrensberger-Dow & G. Massey. (Eds.) *The Bloomsbury Companion to Language Industry Studies*. London: Bloomsbury Academic, 2020, p. 115.

非职业翻译现象由来已久（如早期传教士为传教需要而兼任翻译、少数民族家庭的双语孩子临时为家人充当翻译等等），但随着全球化向纵深发展、国际人员流动频率的加大，以及大数据时代海量信息的流动，来自不同语言社区人们跨语际和跨文化交流的需求远远不是职业翻译可以满足的，从而促成了大量非职业翻译现象的涌现。这些非职业译者以无偿的“志愿翻译”和有偿的“众包翻译”这两种模式帮助特定社会语境中的服务群体获得信息，实现交际的目标。而从事非职业翻译的可能是成人，可能是儿童（如移民家庭子女临时为父母担任口译）。其服务可能是有偿的，也可能是无偿的。从事翻译的场所可以是现实的情景（如家庭、医院、社区、教堂、警局、灾害救援等），也可以是互联网等虚拟媒介（如字幕组、Wikipedia、TED 翻译、Bilibili、众包翻译甚至自媒体等）。

现以维基百科翻译为例对非职业翻译进行简述。与 Britannica 等在线百科全书不同，维基百科充分利用了 Web 2.0 交互性的特征，是一个发布用户生成内容（user-generated content, UGC）且内置了群体编辑系统的网站。其非英语语言网页的内容就是典型的非职业翻译的结果。维基内容的英文版出现以后，中国网民可以在阅读某个词条后将其译成中文。虽然用户的语言和翻译能力参差不齐，但往往从事翻译的都是对个人能力相对自信且相对活跃的人，而且后期还会有等级更高的用户对之前的翻译进行校对和润色，这样就保证了翻译质量。这些修改过程可以经由词条的“查看历史页面”了解，而其社群编辑系统则为协作翻译提供了技术平台。不可否认，非职业翻译的质量差异化很大，从基本可理解到可发表等级的都有，加上协作翻译有时使翻译风格缺乏连贯性和一致性。

虽然目前非职业翻译还没有撼动职业翻译的地位，但越来越多的非职业口笔译现象在不同的语言社区、不同的社会情景下涌现，成为 Web 2.0 时代下一种新型的翻译实践方式，受到了翻译学界的关注。2012 年 5 月，首届“国际非职业口笔译大会”在意大利的博洛尼亚大学召开，“非职业口笔译”（non-professional interpreting and translation, NPIT）这一概念被提出，此后大会每两年举办一次，这本身就肯定非职业翻译的趋势及对其进行研究的必要性、迫切性和可行性。此外，一些期刊，如《译者》杂志（*The Translator*）（2012 年）、《欧洲应用语言学期刊》（*The European Journal of Applied Linguistics*）（2016 年）也推出了专刊，聚焦这一独特的新兴研究领域。

在国外，学者往往通过认知心理学、双语能力、教育学、社会学、翻译学等视角，借助民族志、叙事研究、访谈等方法，对非职业翻译现象进行探究。如罗格尔

（Rogl）[1] 以2010年海地大地震国际救援中的多语翻译服务为个案，采用网络民族志的方法，探究了语言服务志愿者（包括职业与非职业译者）动员与组织临时的虚拟网络的方式、他们所发起与参与的翻译项目，在项目过程中使用并帮助改善的各种语言与翻译技术，以及他们在工作中面临的诸多挑战。目前，虽然国内有一些众包翻译或者字幕组研究的论文，但对于非职业翻译现象的研究整体上仍比较欠缺。[2] 至此，经历了10多年的发展之后，“以无偿翻译实践为特征的非职业口笔译终于成为一个独立的研究领域”。[3]

二、志愿者翻译：以字幕组为例

（一）志愿者翻译概述

网络用户曾经一度是网络信息的被动的消费者，对于信息的选择没有任何的发言权，但Web 2.0时代他们已成为了信息的生产者与消费者，即“产消者”（prosumer）[4]。除接受和传播网络上已有的信息外，网民还主动借助网络平台，集体参与到翻译活动之中，通过协作进行内容的创造和信息传播，这就是数字化时代的“在线合作翻译”（online collaborative translation）。我们以译者是否接受经济报酬为标准，将其分为“志愿者翻译”（volunteer translation）和“众包翻译”（crowdsourced translation 或 translation crowdsourcing）两类。

志愿者翻译的概念源自“志愿服务”（volunteerism）。威尔逊（Wilson）[5] 将其定义为“在不计物质报酬前提下，个体出于自由意志，并通过一定的组织方式奉献时间和精力，为他人、社群和社会提供服务的行为”。从这个意义上说，志愿者翻译就是网民所进行的志愿翻译活动，具有自愿性、无偿性、公益性和组织性等特征。一些翻

1 Rogl, R. Language-Related Disaster Relief in Haiti: Volunteer Translator Networks and Language Technologies in Disaster Aid. In R. Antonini, et al. (Eds.) *Non-Professional Interpreting and Translation. State of the Art and Future of an Emerging Field of Research*, Amsterdam & Philadelphia: John Benjamins, 2017, pp. 231-255.

2 邓春，文军. 我国社区口译的现状调查及其启示. 外国语文，2012，28（5）：113.

3 Evrin, F. & Meyer, B. Non-professional Interpreting and Translation: Transnational Cultures in Focus. *European Journal of Applied Linguistics*, 2016, 4 (1): 1.

4 Toffler, A. *The Third Wave*. New York: Bantam Books, 1980.

5 Wilson, J. Volunteering. *Annual Review of Sociology*, 2000 (26): 215-240.

译学者，如米纳科·奥黑根（Minako O'Hagan）[1]和皮瑞诺（Perrino）[2]，效仿 Web 2.0 时代传播学中的“用户生成内容”（UGC）这一概念，将这种翻译现象称为“用户生成型翻译”（user generated translation, UGT）。这一概念的核心在于：当下的数字媒体空间中非特定的个体用户，基于对某个话题的兴趣，凭借自己的语言能力以及对某种媒体内容或体裁的了解，主动无偿地参与翻译活动，以帮助先前有语言障碍的数字产品在新的语言和文化空间中传播。[3] 除之前提到的维基翻译之外，网络空间内进行的志愿者翻译还包括字幕组、TED 演讲、脸书翻译、罗塞塔基金会（The Rosetta Foundation）项目翻译、多邻国（Duolingo）等。如多邻国根据学习者掌握的单词量和语法点从真实的网页内容中选择难度适宜的句子让他们进行翻译练习，通过外语学习来激励用户来免费翻译网页内容，从而实现双赢。

那么，这些网民为什么会自发参加这些无偿的翻译项目？这就涉及翻译动机的问题。学界通常将志愿服务的动机分为内在利己和外在利他两大类，不同学者再依此进行细化。如吴鲁平[4] 将其细分为外在利他的“责任感”、内在利己的“快乐”、以及两者兼有的“发展”三种。实际上，志愿者翻译参与者的动机也具有一定的多元性和复合性。胡桑[5] 通过网络公开的译者访谈数据对 TEDTranslators 项目志愿者的翻译动机进行了探究。研究发现，其参与动机包括与他人分享、改变世界和社会、加强理解，获取知识、提高自身技能、对视频内容感兴趣、翻译带来正面情绪（如成就感、自豪）、社群互动、视频时长短、自我调节（翻译可以减压、暂离现实）和其他（如准备考试）等 10 种。不难看出，将来组织和机构在招募或动员志愿者参与其翻译项目时应该充分考虑和调动这些动机，以便集众人之力进行高效的翻译活动。

---

1 O'Hagan, M. Evolution of User-Generated Translation: Fansubs, Translation Hacking and Crowdsourcing. *The Journal of Internationalization and Localization*, 2009, 1 (1): 94-121.

2 Perrino, S. User-Generated Translation: The Future of Translation in a Web 2.0 Environment. *Journal of Specialized Translation*, 2009 (12): 55-78.

3 O'Hagan, M. Evolution of User-Generated Translation: Fansubs, Translation Hacking and Crowdsourcing. *The Journal of Internationalization and Localization*, 2009, 1 (1): 101.

4 吴鲁平. 志愿者参与动机的结构转型和多元共生现象研究——对 24 名青年志愿者的深度访谈分析. 中国青年研究，2008 (2): 4-10.

5 胡桑. 基于扎根理论的 TEDTranslators 项目志愿译者翻译动机探究. 语言教育，2019，7 (4): 70-76.

（二）字幕组

1. 定义与发展历程

Fansubbing，由 Fan（粉丝）和 Subtitling（字幕翻译）缩合而成，中文称“字幕组翻译”，最初指“由粉丝参与制作和翻译的日本动漫节目的字幕”，[1] 现在用来泛指粉丝为视听作品（如影视、短视频等）自制翻译字幕并传播的现象。未被粉丝翻译的媒体节目被形象地称为“生肉”，而被翻译过的就是“熟肉”。从事这一活动的网络群体被称为“字幕组”（fansub group），其制作的字幕被称为“粉丝字幕”（Fansub）。

字幕组翻译最早源自 20 世纪七八十年代开始的日本动画和漫画（anime and manga）粉丝翻译。20 世纪 60 年代，日本动画传播到美国，但由于有些内容不合时宜而受到了美国当局的审查和严格管控。到 1982 年，大批的字幕组涌现，粉丝自主翻译和制作动画字幕后通过模拟视频技术制作 VHS 录像带，将其邮寄给各个地方的其他粉丝。[2] 目前，最早关于字幕组翻译的记录是 20 世纪 80 年代中期粉丝以 VHS 录像带传播的《鲁邦三世》（*Lupin III*），它也因此被认为是字幕组翻译的起源。[3] 自 20 世纪 90 年代起，由于互联网、大众传媒以及数字技术的推动，字幕翻译的需求量激增，同时制作字幕的技术门槛急剧降低，一股字幕组翻译的风潮在全球传播开来，粉丝团体通过多人合作无偿翻译国外的电影、电视剧、动漫以及其他视听产品，推动了文化的无国界传播，促进了影视文化产业的发展。

在我国，翻译字幕组诞生于 2002 年，发端于讨论美剧《老友记》（*Friends*）的 F6 论坛。很长一段时间内，中国都以“译制片”的方式引进国外影视作品，但这种制作模式往往周期长、成本高而且具有的不太自然的“配音腔”。随着技术的进步和我国对外开放的深入，国民对国外视听产品的需求量增大，但引进周期相对较长，而且内容选择也缺乏多元性。在这样的背景之下，用于语言和技术能力的粉丝集合起来，借助互联网平台翻译和传播他们喜爱的视频或节目。到 2005 年，伊甸园、人人影视、风软、破烂熊等有影响力的字幕组在网络涌现。2006 年美剧《越狱》（*Prison Break*）在网络掀起的追剧热潮后，字幕组迅速进入公众视线，如雨后春笋般涌现，

---

1 Díaz-Cintas, J. & Muñoz-Sánchez, P. Fansubs: Audiovisual Translation in an Amateur Environment. *Journal of Specialized Translation,* 2016 (6): 37.

2 Jiménez-Crespo, M. A. *Crowdsourcing and Online Collaborative Translations: Expanding the Limits of Translation Studies*. Amsterdam & Philadelphia: John Benjamins, 2017, p. 48.

3 O'Hagan, M. Fan Translation Networks: An Accidental Translator Training Environment? In J. Kearns. (Ed.) *Translator and Interpreter Training: Issues, Methods and Debates*. London: Continuum, 2008, p. 161.

并被冠以“盗火的普罗米修斯”“布道者”“文化使者”“共享主义战士”等名称。然而，2009 年广电总局叫停了多家视听网站，很多点对点传输网络（如电驴网、BTChina）被迫关闭，给字幕组的发展带来了严重打击。可奇怪的是，字幕组并没有因此一蹶不振，相反数量上却依然呈现增长的趋势。张文鹤[1] 指出，在中国最大的字幕分享与下载平台 SubHD 上定期上传外挂字幕的字幕组超过 45 个，其中 33 个的上传量超过 1000。目前，字幕组依然通过以下 3 种方式翻译和制作字幕，在夹缝中求生存和发展：其一，转换运作模式，与视频网站或机构合作，寻求商业化的发展。2010 年，人人影视借着网络公开课流行的“东风”，与网易“全球名校视频公开课”项目合作，进行字幕翻译，并逐步从最初的粉丝翻译团体转变成为集美剧交流讨论和视频字幕、书籍、网游等有偿翻译的中国网络社群。第二，提供独立外挂字幕或翻译无版权争议的视听产品，以规避法律问题。第三，字幕组形成联盟，整合资源，扩大翻译体裁，提高翻译的效率和质量。[2] 目前，网络上的字幕组数量较多，大小不一，但整体上进入一个相对稳定但零散发展的时期，借助集体的力量翻译国外不同类别的视听产品，以满足网民多元化的观影和求知需求。

2. 字幕组翻译的流程和特点

虽然字幕组在运营模式、翻译体裁和内部分工上存在差异，但其基本流程为：寻找片源→组织翻译队伍→打轴和分割任务→翻译→修改和后期制作→压制和发布。通常字幕组中有专门负责片源（Raw，即“生肉”）的人，他们要么在国外网站上下载视频（和原文字幕），要么视频录制播放的节目，然后将其上传到某个平台。项目翻译的负责人（总监）将其下载后交给相关技术人员做格式调整和打轴，然后亲自将其分割成几个部分，由不同的译者分工合作进行翻译。每位译者通常获得 150~200 句，需要在规定时间内根据字幕组的翻译规范或风格指南完成字幕的翻译，然后交由校对人员（通常是组里的资深翻译）进行修订和润色，然后将校对好的字幕上传到相关的网站（如字幕库，Sub HD 等），或将其交给专人加入特效后和片源一起压制成视频发布在相关的网络平台（如字幕组的官网、新浪微博、B 站等），供网友下载。可以看出，字幕组翻译是一个把有共同兴趣的多重主体集合在一起，通过分工协作的方式分享、翻译和传播他们热爱的国外视听产品。

较之传统的商业字幕翻译，字幕组翻译 3 个明显的特征：其一，它是粉丝团体

1 张文鹤. 英汉字幕组翻译网络中的译者行为探究. 北京：北京航空航天大学博士论文，2020，第 19 页.

2 同上.

自发进行的非盈利翻译行为。这些粉丝背景多元，拥有不同的知识与技能，他们本着“分享、免费和学习交流”的理念聚集起来，利用业余时间无偿地翻译自己喜欢的节目或视频。其二，字幕组翻译集合了群体智慧，因此时间效益比商业翻译要高。某些字幕组中甚至还推出让影迷网友津津乐道的“0-day 剧”，他们往往在国外影视资源新发布后就从网络获取片源，然后组织团队在 24 小时之内将其翻译后发布。其三，较之商业字幕，字幕组翻译的字幕相对自由、创造性较强。字幕组不但使用直译、给文化词汇加注等策略以保留视听产品本身的“原汁原味”，还大胆地使用了汉语网络流行语、文化替换等归化策略，增强了字幕本身的表现力，更改善了粉丝的观影体验和文化亲切感。

3. 字幕组的合法性及翻译质量

虽然字幕组的翻译行为在一定程度上促进了国外视听产品的传播，但字幕翻译的合法性是一个不可回避的问题。尽管字幕组以及下载网站指出，“共享的视频和字幕仅供学习和交流之用，请于下载后 24 小时内删除”，但它们是在没有获得国外视听产品版权的条件下对其进行翻译和传播。这不但侵害了产品的版权，也不符合我国法律规范，因为“一方面，引入了大量未经官方审核许可的影视作品，对主流意识形态造成挑战；另一方面，使正版影视产业和出版业遭到打击，给这些行业带来经济损失”。[1] 事实上，也有一些学者认为，字幕组处于版权的灰色地带，但翻译行为本身是符合伦理的。如马西达（Massidda）[2] 指出，字幕组翻译具有利他性，本身是一种无私的行为，一种社会不服从，是一种无法满足粉丝需求的专业翻译的回应。目前，字幕组通过与购买版权的视频网站合作，仅仅制作外挂字幕或翻译无版权争议的开放视频等方式来规避版权和其他法律问题。

另一个字幕组面临的问题是翻译质量。由于字幕组流动性较大，不利于优秀翻译人员的聚集。此外，为了抢“首发”，字幕组通常会在很短时间内完成翻译（虽然之后也会根据观众反馈修改然后发布新版本），无法兼顾翻译的效率和质量。虽然网民对字幕组翻译质量整体上持肯定甚至褒奖的态度，但不同字幕组的翻译并不总如想象的那般让人满意。鲍古茨基（Bogucki）[3] 基于错误分析框架（error-analytical

1 曹艺馨. 互联网大众翻译模式微探：历史、现时、未来. 中国翻译，2015，36（5）：80.

2 Massidda, S. *Audiovisual Translation in the Digital Age: The Italian Fansubbing Phenomenon*. London: Palgrave McMillan, 2015, p. 18.

3 Bogucki, L. *Amateur Subtitling on the Internet. Audio-visual Translation. Language Transfer on Screen*. Gran Bretaña: Palgrave Macmillan, 2009.

framework）对粉丝翻译的《魔界使者》（*The Fellowship of the Ring*）波兰语版本进行了考察，发现大部分粉丝翻译时更多是跟着感觉走，而不是依照专业或行业标准，并指出原文的质量和译者的能力对翻译质量很关键。事实上，字幕组翻译的质量参差不齐，而且不少翻译的字幕中存在"滥用网络流行语、名人人名与事件、成语典故、方言和文化意象"等过度归化的现象。[1] 如将《哈利·波特与火焰杯》中的咒语"Avada Kedavra!"译成"天灵灵地灵灵，春哥曾哥快显灵"，把《摇滚黑帮》中的"What name do you like? Johnny? Tommy? You can have Elvis fucking Presley if you fancy."翻译成"你想用什么名字？张三？李四？你想用刘德华都可以"等，这样的"神翻译"的例子不胜枚举。一方面，我们需要肯定字幕组翻译本身及其翻译规范方面的创新是有价值的；另一方面，我们也应该对其翻译的字幕进行批判性审视，在发现其优点的同时也反思其问题，在泛娱乐化潮流中保冷静和理性，思考字幕翻译中译者意译的"度"。

（三）众包翻译

1. 概念的界定：众包与众包翻译

数字化与 Web 2.0 技术的浪潮，打破了专业人士和业余人士之间的壁垒，给予那些出于兴趣爱好而尝试翻译的业余者进入翻译活动的机会，众包翻译随之异军突起，并快速渗透到众多领域。众包翻译源于美国计算机杂志《连线》（*Wired*）记者杰夫·豪尔（Jeff Howe）在《众包的兴起》一文中提出的"众包"（crowdsourcing）商业模式。所谓"众包"是指"将过去由企业或机构中特定人员执行的任务，以公开招募的方式外包给一个非特定（通常数量庞大的）的社群承担或执行的做法"。[2] 换言之，众包是一种以背景多元的非职业或专业人士为发包对象的特殊形式的外包。

作为互联网时代催生的一种翻译模式，众包翻译则指"由公司或机构发起并在一定的网络平台上进行的协作翻译，而参与者不完全基于经济动机而展开协作翻译"。[3] 从上述定义可知，众包翻译是机构或者网络平台发起的，自上而下的一种翻译方式，管理的权限在发包方手里，这与其他在线合作翻译（如字幕组）截然不同，后者是自发组织的自下而上的翻译行为，参与者之间地位平等，不存在层级性的管理。目前，

---

1 谢复祥. 民间字幕组翻译中的过度归化现象. 江西电力职业技术学院学报，2015，28（2）：88-90，96.

2 Howe, J. The Rise of Crowdsourcing. *Wired*, 2006.

3 Jiménez-Crespo, M. A. *Crowdsourcing and Online Collaborative Translations: Expanding the Limits of Translation Studies*. Amsterdam & Philadelphia: John Benjamins, 2017, p. 25.

国外翻译学界对这种在线翻译现象的其他英文表述包括“Community Translation”、“Crowd Translation”、“Open Translation”、“CT3”（Community, Crowdsourced and Collaborative Translation）、“Hive Translation”等，这些从不同侧面描述了众包翻译的开放性、协作性以及相对较低的门槛。众包翻译的操作流程包括任务分割、众包翻译与译文整合三大环节，并通过一定的技术平台（如互联网、应用程序等）将知识结构与语言能力差异较大的非职业译者整合起来，通过规模的协作一次性处理大量的翻译。如 2008 年汶川大地震中，600 多名译者在译言网上参与抗震救灾资料的翻译，仅 1 周就翻译了 10 万字，这是传统的翻译模式无法比拟的。

众包翻译成功案例包括国外的 Facebook 与 Twitter 翻译、Skype 翻译、非营利组织 Kiva 小额贷款项目翻译，以及国内的译言网、果壳网、365 翻译等。近年来，得益于云技术和人工智能的发展，一些众包翻译平台兴起，并尝试性地进行机器译后编辑。常见的有微软协作翻译框架（collaborative translations framework）、基于云计算的大型协作翻译平台 Smarting、大型人工网络翻译平台 Gengo、Amara 幕翻译平台以及大型网络本地化平台 Crowdin 等。

2. 众包翻译的特征和优缺点

与传统的翻译模式相比，众包翻译具有以下 4 个特征：

（1）从翻译流程看，众包翻译打破了传统的“翻译 – 审校 – 发表”（TEP）单向翻译模式的限制，实现了翻译、审校、编辑与发表等环节的多向并行，使翻译过程更加开放，更具动态互动性。[1] 传统的垂直翻译模式下，审校工作往往发生在翻译之后，译文定稿后再进行发表，这个过程不具有可逆性，而且层级管理占用很多时间。在众包模式下，翻译之间、翻译和审校之间，甚至读者和翻译 / 审校之间可以在术语、翻译问题、翻译风格一致性与翻译解决等方面进行多层面、多头平行式互动和协作，使翻译模式参与性更强、更加开放。

（2）从参与者看，众包翻译将背景与兴趣多元化、人数众多且个体差异大的翻译者汇集起来，借助群体的力量与智慧进行翻译。他们中不乏受过训练的全职或自由译者，更有众多翻译爱好者。他们参与不以经济报酬为主要目的，更多是受非经济动力（如翻译乐趣、提高能力、实现个人价值与认同等）的驱使。从这个意义上说，众包翻译在一定程度上打破了职业译者与业余译者之间的界限。此外，在 Web 2.0 众包翻译环境下，参与者大多都是译文的读者。较之传统的职业译者，

1 张文鹤，文军. 众包翻译项目的 MTI 翻译课程模式研究. 上海翻译，2020（4）：35.

这些翻译的“产消者”更了解目标语读者的期待与需求，能在一定程度上提高译文的可及性与可接受性，在某些开放的翻译平台，读者甚至可以修改译文，从而使译者身份多元化。

（3）从协作看，众包翻译通过大规模的协作，整合各方优势，一次性处理大量翻译。同时，众包平台与信息通信技术使译者与译者之间、译者与其他项目组成员之间能够不受时空限制地协作与互动，共同协商与建构译文，使得翻译过程具有显著的主体间性。

（4）众包翻译对网络与技术的依赖性较强。大多数众包翻译都依托一定的技术平台。有些平台整合了传统的 TEP 模式与及时通信技术（如译言网、Kiva），有些则基于翻译管理系统建立新的平台（如罗塞塔基金会的 Trommons 系统），不但内置翻译记忆和术语库等功能，而且还可通过角色分配实施多向并行的“在线”翻译模式。[1]

从上述特征的描述中，我们不难发现：在讲求效率、创新与参与的今天，众包翻译也有其独特的优势，如大众不再是被动的消费者，主动参与内容创造的过程，[2] 模式低成本、高效率，调动了网络上潜在生产资源，提高了生产效率、还能满足用户个性化需求等等。[3] 虽然这种借助群体智慧进行翻译的模式在一定程度上缓和了信息社会中海量的翻译需求与翻译服务供给相对有限之间的矛盾，但免不了会在翻译质量、管理与平台建设等方面存在一些潜在的问题。如译者团队人数众多，兴趣与参与动机多样化，水平也参差不齐，这不但增加了管理的难度和风险，而且还可能使译文在准确性、连贯性、术语与风格一致性等方面难以得到实质性的保证。此外，平台的建立和维护需要资金与技术的投入，无形中加大了运营成本。

3. 众包翻译的核心问题与研究概述

众包翻译模式的出现给翻译行业带来了一定的冲击。在职业翻译领域，译者是精通语言、深谙技术并能帮助客户进行跨文化交际的专家，其教育背景、翻译证书以及翻译经历本身就是一种文化和符号资本，让他们具有某种权威性。众包翻译模式下，广大的业务爱好者参与翻译过程，在一定程度上模糊了职业与非职业的界限，使译者

1 Jiménez-Crespo, M. A. *Crowdsourcing and Online Collaborative Translations: Expanding the Limits of Translation Studies*. Amsterdam & Philadelphia: John Benjamins, 2017, p. 76.

2 陆艳. 众包翻译模式研究. 上海翻译，2012（3）：74-78.

3 胡安江. 数字化时代的“众包”翻译模式及其相关问题探讨. 外语教学，2017，38（3）：86-90.

在翻译活动中传统的地位被去中心化，难以维持，需要寻找新的途径以凸显自身的专业性和优势。此外，在翻译行业里，职业译者和客户之间是雇佣关系，译者根据其劳动获得相应的翻译报酬，但众包模式改变了这种劳动关系。译者往往出于兴趣爱好参与翻译项目，不以获得经济利益为主要目标，他们和发包人之间也不是雇佣关系。近几年，众包翻译模式已由最初的自发式、自主式、松散式、公益式管理模式演变为集中式、集约式、层级式、盈利式管理机制，[1] 但译者依然以较低的价格甚至无偿翻译，这不但会引起翻译市场价格的下滑（因为大多数客户总希望节省成本），而且还在“一定程度上构成了发起人与译员之间的剥削关系，也改变了传统翻译中‘赞助人’与‘译者’之间的关系，违背了正常的翻译伦理，这也是众包模式备受公众质疑的原因之一”。[2] 虽然也有一些人认为，众包模式使得业余译者在某种程度上占据了原本属于职业译者的业务资源，造成两者之间的竞争甚至冲突，但鉴于大数据时代海量的翻译任务完全超过了职业译者能承受的范围，众包翻译的兴起能有效缓解职业翻译的压力，在一定程度上满足客户多元化的需求。

翻译质量也是众包翻译中另一个值得关注的问题。由于发包方和众包译者之间不存在雇佣关系，且译者水平参差不齐，众包项目都有一定的机制对译文质量进行监控。如译言网译者可以通过网站内嵌的译文质量评估监督机制排队求“眉批”，请眉批者对自己的译文“找碴”，而译者也可以通过“挑错”专项让其他译者对译文进行纠错。[3] 然而，众包翻译的质量却因项目而异。如加拿大资深翻译莫索普（Mossop）[4] 指出维基百科翻译中存在转换、内容、语言和风格、外观等 4 个方面的错误或问题，但德瑞马尔克（Deriemaeker）[5] 通过实验对比了职业译者和非职业译者在对邻国界面上的译文，发现两组人所犯的错误数量相当，非职业译者翻译的旅游文本质量可以满足提供信息的需求，可被读者理解。事实上，众包翻译质量受到任务类型（文本类型、主题、难度、分割方式）、时间、参与者（能力、翻译态度、情感因素等）、项目管理等多重因素的影响，不能仅仅从文本层面进行思考，应该综合考虑和协调各种因素。

伴随众包翻译的兴起和发展，翻译学界对其展开了全方位的研究。主要研究主题

---

1 郝俊杰. 众包翻译的伦理探索. 上海翻译，2016（4）：45.

2 刘剑. 超文本语境下的翻译形态变化研究. 上海：华东师范大学博士论文，2014，第 73 页.

3 贾立平. 众包翻译模式下的群体智慧——以译言网为例. 中国科技翻译，2016，29（3）：38.

4 Mossop, B. *Revising and Editing for Translators*. 2nd ed. Manchester: St Jerome, 2006, p. 125.

5 Deriemaeker, J. *Power of the Crowd: Assessing Crowd Translation Quality of Tourist Literature*. MA Thesis. Belgium: Universiteit Ghent, 2014.

包括历史演变与翻译流程、翻译质量、译者翻译动机、翻译伦理、个案与对比研究、众包与新技术的整合、理论意义与教学价值等等。如德克勒克（Declerq）主张，众包应该被纳入翻译教学，成为译者培训中的一种“额外资产”（additional assets），[1] 而张文鹤、文军[2] 则基于大学生参与众包翻译的经历调查提出了众包翻译项目的 MTI 翻译课程模式，以推动翻译专业说是学生的实践教学与翻译能力发展。邵璐[3] 结合 AI 时代背景，探讨众包对传统翻译实践和理论带来的冲击，系统地勾勒了人工智能技术与众包翻译有机结合的可能方式的系统框架图，并分析了译前、译中、译后三个阶段中的潜在机遇以及每个技术切入点上人工智能与众包结合的具体实施策略。

总的说来，孕育在 Web 2.0 环境下的众包翻译拥有了有别于传统翻译的优势和特点，集合群体智慧和力量，有效整合社会闲散翻译资源，必将对未来的翻译图景产生重大的影响，众包翻译的未来值得期待，也值得进一步研究。

本章小结

本章勾勒了 Web 2.0 时代下翻译的整体图景和发展趋势，重点介绍了 Web 2.0 环境下翻译在规模、模态、文本类别以及技术性方案的 4 大发展趋势，阐述了职业翻译的现状和未来因为机器翻译的发展和众包兴起而可能发生的变化，以及非职业翻译领域兴起的志愿者翻译和众包翻译这两种新的翻译业态。

我们生活在一个技术日新月异的年代，而技术革新不但影响我们生产和消费信息的方式，更带来翻译在活动形式、文本和模态类别、行业结构、甚至概念内涵上的变化。作为翻译专业的学生，我们既要以开放的心态拥抱新的翻译业态，学习和应用新的翻译技术，来提高自己的翻译能力和效率，改善自己在翻译场域中的文化资本和竞争力，又要以理性和思辨的眼光去看到新业态和技术，正视其存在的合理性，也反思其中存在的问题，不因新业态的出现而恐慌，也不夸大或迷信技术的力量。此外，面对机器翻译和人工智能的飞速发展，我们更应该清醒地认识到：翻译不只是两种符码、两种语言之间的转换，更是思想的传播和文化的交流。因此，我们既要利用翻译

1 Declerq, C. Crowd, Cloud and Automation in the Translation Education Community. *Cultus: The Intercultural Journal of Mediation and Communication*, 2014 (7): 47.

2 张文鹤，文军. 众包翻译项目的 MTI 翻译课程模式研究. 上海翻译，2020（4）：35-40.

3 邵璐. 人工智能驱动下的众包翻译技术架构展望. 中国翻译，2019，40(4)：126-134.

技术的便利来提高交流的效率和精度，又要发挥人工翻译的主体性来增加交流的深度和温度，将翻译的科技性与人文性有机结合起来。

练　习

1. 思考题

1） Web 2.0 时代下的翻译都有哪些趋势？你怎么看待这些趋势？

2） Web 2.0 的开放性和参与性使很多业余人士参与翻译活动。这种现象会对翻译行业产生哪些影响？这是否意味着翻译行业的边界被扩大甚至模糊，为什么？

3） 谈谈你对第二节中提到的“未来职业发展的变化模型图”的看法。

4） 机器翻译和人工翻译之间是什么样的关系？为什么大众甚至一些学者会认为机器翻译终将终结翻译行业？

5） 对照第二节 O*Net 译者的知识与技能，反思自己哪些方面比较欠缺或还需要提高，讨论怎样才能获得这样的知识与能力？

6） 结合具体实例谈谈你对第三节中提到的某些字幕组翻译中过度归化的认识和态度？

7） 众包翻译与志愿者翻译有何异同？你如何看待众包翻译？

2. 实操题

1） 收集你生活中看到的字幕组“神翻译”，结合本书相关内容（尤其是第七、九章），分析其翻译策略使用的正面效果和可能带来的负面影响。

2） 在互联网检索最近 3~5 年媒体和企业关于机器翻译方面的报道或广告，分析内容后总结出主要的观点和态度，并结合本章的内容对其进行评价。

3） 以 3~4 人为一组，从翻译技术、字幕组或者众包翻译中选一个感兴趣的问题，结合第十一章、第十二章的内容，制定一个研究设计（包括题目、研究目的、研究问题、研究方法、理论基础、研究步骤等），并进行课堂汇报。

3. 扩展阅读

Chan, S. W. 2017. *The Future of Translation Technology: Towards a World Without Babel*. London: Routledge.

Cronin, M. 2013. *Translation in the Digital Age*. London: Routledge.

Gouadec, D. 2007. *Translation as a Profession*. Amsterdam: John Benjamins.

Jiménez-Crespo, M. A. 2017. *Crowdsourcing and Online Collaborative Translations: Expanding the Limits of Translation Studies*. Amsterdam & Philadelphia: John Benjamins.

Schmitt, P. A. 2019. Translation 4.0—Evolution, Revolution, Innovation or Disruption? *Lebende Sprachen*, 64 (2): 193-229.

曹艺馨. 2015. 互联网大众翻译模式微探：历史、现时、未来. 中国翻译，36（5）: 78-82.

胡安江. 2017. 数字化时代的“众包”翻译模式及其相关问题探讨. 外语教学，38（3）: 86-90.